GRACIAS

Es una rara ocasión para realizar una tarea como esta solo. Quiero agradecer a los siguientes grupos de personas por su apoyo y asistencia en este proyecto de escritura de seis años. (Realmente se necesitó un pequeño pueblo para llegar al punto de denación donde estoy). Mucha gratitud a mi editor y mentor. Familiares. Amigas: Janette, Lynne, Saray, Carol. Psicólogos, psiquiatras, médicos, consejeros y terapeutas que han trabajado conmigo a lo largo de mi vida adulta. Mi cariñoso perro de diecisiete años, Autee, que siempre está cerca. Ustedes, mis lectores, son la razón de esta historia.

DEDICACIÓN

Dedico este libro a mis nietos, quienes me enseñaron cómo puede ser una infancia llena de amor y seguridad. Gracias, queridos míos, por abrir esa puerta. Siempre te querré.

SILENCIOSO. MIEDO. COMENTARIOS.

...inquietante e inspirador...intrincada red de terror y engaño...Difícil de dejar.

Una novela de extremos, Tranquilidad. Miedo. Pasa de aterradoras agresiones en la infancia a una historia de sanación y prevención de abusos.

Una historia notable y convincente de trauma y perseverancia.

Esta es una historia detallada e inquebrantable de abuso y el daño que sigue, pero también de la increíble capacidad de la mente para soportar y sanar.

El autor ha sido muy valiente al traernos esta historia con la esperanza de ayudar a otros. Creo que todos, ya sea que hayan sido abusados, necesitan leer este libro.

Este libro me ha llevado a través de una montaña rusa. Pero al final, me hizo más fuerte. Siendo yo misma una víctima, es difícil tener una voz. Gracias por escribir esta historia.

La voz de Lilly cuenta una historia con una prosa hermosa y un abuso increíble dentro de su familia. Desgarradora y fascinante, la historia se desarrolla bajo el cuidado y la manipulación de confianza del abuso. Impactante y triste, sanar viejas heridas viene con terapia y saber que la vida puede continuar con apoyo y amor por el bien común. ¡No podía dejar de leer este libro!

—Peggy S.

Este es un libro poderoso y una lectura obligada para todos los padres. Mantén las líneas de comunicación abiertas…

—BruceLarson

Este libro es tan desgarrador y le da mucha esperanza a una persona.

—L. Hill.

… una de las mejores descripciones del comportamiento depredador infantil que he leído. Esta debería ser una lectura obligatoria para las víctimas de abuso infantil, los padres y los profesionales de la salud mental. Pero, también como novela, es cautivadora y una gran obra literaria.

—Simón

CYNTHIA J. GIACHINO

Conviértete en tu propio héroe

SILENCIOSO.
MIEDO.

Una novela autobiográfica
Segunda Edición

SILENCIOSO. MIEDO.: Una Novela Autobiográfica
Segunda Edición

Derechos de autor © 2025 **Cynthia J. Giachino**

ISBN (Rústica): 979-8-89672-053-9
ISBN (libro electrónico): 979-8-89672-054-6

Impreso en los Estados Unidos de América.

CONTENIDO

NIÑEZ
1952–1965

LOS AÑOS ADOLESCENTES
1966–1972

JOVEN ADULTO
1972–1976

L A ADULTEZ
1976–1986

EPÍLOGO
2016

1986 - PRIMERA SESIÓN DESGLOSE

"Ella caminó rápidamente hacia las grandes puertas de vidrio donde estaba su cita con el médico." ¡Debería haber cancelado esta cita! -gruñó Lilly en la entrada de cristal, Lansing ante su reflejo-.

¿En qué estaba pensando cuando me puse este atuendo? ¿Cómo podría olvidarme de terminar *mi maquillaje? Por eso estoy aquí.* ¡No puedo *ir a ningún lado sin entrar en pánico y llenarme la cabeza con demasiados pensamientos!*

Fue al baño, fue directamente a los lavabos y al espejo, humedeció una toalla de papel con agua fría y se la puso en la cara sudorosa, sintiendo una calma instantánea.

Minutos después, ella se lo quitó y observó su reflejo. "Oh, Dios mío", dijo con desaprobación, mirando las bolsas hinchadas debajo de sus ojos. "¡Gracias, madre! ¡Podrías haberme ahorrado este rasgo genético!"

Rebuscando en su enorme bolso, rebuscó en recibos de compras, envoltorios de chicles y viejos Kleenex en busca de maquillaje. Entre los escombros, encontró un viejo estuche de pólvora y un lápiz labial color baya.

Enrolló en una bola con un poco de papel higiénico, se aplicó el polvo en la cara y debajo de los ojos, se pintó los labios y luego se frotó un poco en las mejillas como rubor.

Dando un paso atrás del espejo, miró su ropa: jeans azules con las rodillas rotas, una sudadera rosa que se puso cuando estaba en el espejo.

Se levantó para preparar a su hijo para la escuela y zapatillas azules. "¡Bueno, es lo que es!", murmuró desesperada para sí misma.

Recogió su cabello en una cola de caballo, lo ató con una vieja banda elástica negra y luego enderezó su postura. Estaba tan preparado como podía estarlo. Salió cautelosamente a la sala de espera, se detuvo y examinó visualmente su entorno en busca de salidas, ventanas y ubicaciones de personas. Un hábito aprendido del pasado.

Una ola de dudas cayó sobre ella. *Nada me impide darme la vuelta e irme. Nadie me obliga a ir a esta cita. ¡Todavía estás a tiempo de salir!*

La voz grave de la recepcionista del mostrador interrumpió sus pensamientos. "¿Cómo puedo ayudarla?" Allí estaba ella, el guardián, mirándola por encima de las gafas con una mirada hipnótica.

Lilly se aclaró la garganta. "Hola, soy Lilly. Tengo una cita con el Dr. Ladrillos".

"Firma aquí". El guardia señaló un portapapeles. "Necesito hacer una copia de su tarjeta de seguro y su licencia de conducir. Toma asiento. Allí hay café o agua". Señaló una pequeña mesa en la esquina de la habitación.

Lilly optó por sentarse lejos de los otros pacientes y cerca de un estante lleno de revistas que chismorreaban sobre los ricos y famosos.

Tomó uno y rápidamente se perdió en sus historias. La alejaron de su realidad hasta que escuchó una voz que la llamaba por su nombre.

Nerviosa, devolvió la revista a su lugar, se alisó la sudadera y se dirigió a la puerta. *Mi corazón late como un martillo neumático. Puedo sentirlo en mi garganta.* Volvió la incertidumbre: ¿por qué *lo hice?* Sus ojos se posaron en la puerta abierta y en el médico que esperaba.

Era sorprendentemente guapo: alto, agradablemente delgado, de unos treinta años, con el pelo negro grueso y ondulado. Lo tenía peinado hacia atrás, dejando una frente despejada, y sus ojos se sentían atraídos por sus gafas de montura gruesa y sus ojos azul claro.

No es lo que esperaba, pensó, pensando que la mayoría de los psiquiatras parecían una versión antigua de Santa Claus.

Él le tendió la mano.

No le doy la mano a extraños, reflexionó.

Inmediatamente leyó su lenguaje corporal, bajó la mano y se presentó. "Hola, soy el Dr. Bricks". Su voz era firme con un volumen ideal; No amenazante, pero tampoco débil. Lilly percibió una reconfortante sensación de orden y securitiza en su carácter.

"Mi oficina está por aquí". Giró a la izquierda y avanzó por un estrecho pasillo.

Trató de seguirlo, pero sus pies, que no cooperaban, ignoraron el mensaje de su cerebro y permaneció congelada en la alfombra.

Está claro que no quiero estar aquí. El miedo a lo desconocido la dejó atónita y cimentada. "Estoy un poco nerviosa por este nombramiento", explicó.

"Lo entiendo. Nuestra oficina es nueva para usted. Tómate tu tiempo para sentirte familiarizado y seguro con ella", dijo con genuina preocupación. "¿Hay algo que pueda hacer para ayudarla a sentirse más cómoda?"

"No…Estoy bien. Esto es un poco inquietante, eso es todo". Sentía una fuerte necesidad de mentir para mantener el control de sus emociones. La doctora Bricks siguió caminando lentamente hacia su despacho mientras ella lo seguía rígidamente.

¿Dónde están las puertas de salida? Escudriñó los alrededores en busca de la señal de salida roja y blanca. Si tengo que escapar, necesito saber a dónde correr. Así es como funcionaba su cerebro en lugares desconocidos. Contó el número de puertas que la llevarían de vuelta a la salida principal de la sala de espera. Finalmente, al final del pasillo y a la vuelta de la esquina, vio el letrero bien iluminado. Un suspiro de alivio se apoderó de ella. Hizo una nota mental: ¡a *dos puertas de su oficina!* Le hizo señas para que entrara. Ella le permitió pasar primero.

Mientras lo seguía, una bocanada de aire fresco envolvió sus músculos nerviosos y tensos. Se volvió en la dirección de la brisa y vio una pared de ventanas que daban a un jardín de rocas y una fuente de agua. El vínculo familiar con la naturaleza la tranquilizaba.

"Por favor, siéntate". Su voz permaneció tranquila mientras señalaba una silla blanda.

Lilly miró más allá de ella a un sofá más lejano y luego a dos sillas modernas junto a las ventanas.

Eligió una silla moderna. Si fuera necesario, sería fácil escapar de sus pensamientos mirando el estanque. Su mente podía nadar allí durante horas mientras intentaba encontrar respuestas a su complicada vida.

El doctor Bricks se sentó en silencio en la silla junto a ella.

La habitación estaba demasiado silenciosa. Podía oír todos los ruidos, incluido un leve zumbido en los conductos de calefacción. Se concentró en lo que podía ver. Le debe gustar el arte moderno, pensó mientras miraba varios jarrones únicos en los estantes, todos con giros, texturas y colores inusuales.

"A usted le gusta el arte", comentó.

"Sí, tomé algunas clases en la universidad y en algún momento pensé en ello como una profesión". Podría hablar de arte durante horas y eso es exactamente lo que quería hacer. Toma el control de la conversación. Una hora de charla sobre arte sería mejor que una hora hablando de sus problemas y secretos.

Se acercó a una estantería y cogió un jarrón. "Pasé un tiempo en África y España antes de comenzar mi pasantía aquí en los Estados Unidos. De ahí es de donde vienen la mayoría de las piezas".

Es verdad, pensó. Es un niño rico malcriado que no tendrá ni idea de cómo relacionarse con alguien como yo. Claro, estudió en las mejores escuelas y viajó por el mundo, pero no lo experimentó. Tal vez no sea tan sabio como parece.

Continuó: "Cuando estuve en África, trabajé con mujeres y niños que habían sido afectados física y emocionalmente por la violación. Fue allí donde comencé a desarrollar un interés en ayudar a las víctimas de traumas".

Lilly lo replanteó. *Está bien, rico, pero no estropeado. Llegué a una conclusión. ¿Y mencionaste el trauma?* Obviamente ha leído mis registros. Desvió el tema.—¿Qué te trajo de vuelta a Estados Unidos?

"Mi esposa quería formar una familia y era más seguro hacerlo aquí".

Es una buena señal. Demuestra que te preocupas y proteges a tus seres queridos. Lilly escuchó con más atención. "¿Ahora tienes familia?", preguntó.

"¡Sí!" Sonrió con orgullo. "Tengo dos niñas de cuatro y siete años".

Lilly se animó. "Mi hijo Owen tiene tres. Ser madre todavía es nuevo para mí y a veces tengo algunos sentimientos extraños y contradictorios. ¿Está bien o mal? ¿Qué es normal y qué no? No sé por qué dudo de mí mismo. Estoy bien. Tengo una carrera, un esposo y un hijo. Tengo amigos y el pasado es el pasado". Lilly rápidamente cerró la boca, dándose cuenta de que había abierto el reino de los cielos para que él comenzara la terapia.

"Criar a un hijo puede traer recuerdos de la infancia, lo bueno y lo malo", le informó.

Lilly se sentó más erguida, pensando seriamente en el comentario. "¿Me estás diciendo que no es raro que el pasado regrese después de convertirse en madre?"

—Sí, es verdad.

"Así que no estoy loco por revivir mi infancia mientras veo a Owen crecer en la suya".

"Eso es absolutamente correcto, pero tu infancia está en el pasado y la de Owen está en el presente. Es importante tenerlo en perspectiva".

"Pero ¿cómo lo hago? Por ejemplo, a Owen le gusta que lo mecan y lo acurruquen, especialmente por la noche o por la tarde. Me encanta ese tiempo juntos. Sé que está a salvo en mis brazos y que nada le hará daño. Entonces, de la nada, tengo la sensación de que acurrucarlo es el toque equivocado". Estoy *soltando mucho más información que pretendía!* Cerró los ojos para ralentizar su mente. "¿Por qué es 'malo' acurrucarse?", preguntó.

"Sabes...¿Lo estoy jugando demasiado? ¿Son estos toques incorrectos?" Lilly se sonrojó de vergüenza.

—No hay nada anormal en acurrucarse con su hijo. -El rostro del doctor Bricks era suave y creíble mientras le hablaba directamente-.

"De hecho, es saludable. Proporciona seguridad, que es vital en el desarrollo del niño".

"Un niño necesita saber que está seguro y protegido", repitió Lilly. "¡Tienes razón! Me he estado preocupando innecesariamente. Estoy demasiado preocupada por hacer que todo sea perfecto, incluso la crianza de los hijos".

Se quitó las gafas y las puso en su libreta. "Es difícil ser perfecto".

"No conozco otra manera. Así es como me criaron". Lilly se movió inquieta en su silla, cruzando las piernas y balanceando la que quedaba libre. "Ser perfecta fue el camino hacia el corazón y la felicidad de mis padres. Y creo que es la manera de hacer felices a Owen y Mick también".

"Esa es una presión enorme: ser responsable de la felicidad de todos y al mismo tiempo ser perfecto".

—¡No tienes ni idea!—replicó Lilly—.

"Entiende que tus estándares de felicidad no siempre serán los mismos que los de los demás".—dijo el médico—.

"Verdad". Se echó hacia atrás, nunca había pensado tanto en esto. "Por supuesto, lo que me hace feliz no siempre hará felices a los demás. Pero ¿cómo cambio yo?"

"Trabajaremos en pensar de manera realista. Lleva tiempo. Por ahora, cada vez que empieces a dudar o a esforzarte por alcanzar la perfección, detente y mira a tu alrededor. Eso te ayudará a mantener los pies en la tierra y ver la situación con una mayor perspectiva de lo que realmente necesitas enfocarte, que es el presente, Lilly".

"Eso suena tan simple". Pausa. "¿Cómo me puse tan desordenado? ¿Estoy mentalmente débil o enferma por estar aquí hablando contigo?", preguntó sarcásticamente.

La habitación se volvió incómodamente silenciosa. En la cabeza de Lilly, escuchó el comentario de sus padres: *Arregla tus propios problemas o mantenlos en la familia. Las personas que hablan de las imperfecciones de su vida con un médico son enfermos mentales.*

NIÑEZ

1952–1965

EL AMANECER DE LILLY - 1952

El furioso cielo invernal se abrió, arrojando la nieve cristalizada y afilada contra la cara de Vincent.

"Conducir cuarenta millas hasta el hospital más cercano en esta ventisca va a ser un desafío", murmuró para sí mismo mientras paleaba la nieve, con una parte de cada una volviendo a su cara.

Gwen observaba desde el interior de la casa. *De todas las semanas para una ventisca, ¿por qué esta noche?*, pensó.

Aterrorizada por el viento, se alejó de la ventana y se acomodó en la mecedora. La radio y la televisión habían perdido recepción. *Es solo cuestión de tiempo antes de que la línea telefónica se caiga y el contacto con el mundo exterior sea imposible.* Recordó las tormentas pasadas. Los chasquidos del péndulo del reloj de pared y los vientos aullantes llenaban el silencio amortiguado.

Se envolvió un chal de ganchillo alrededor de los hombros y se pasó las manos por el vientre hinchado.—Esta noche no—suplicó en voz baja, cerrando los ojos en oración—.

Los espasmos se volvieron más incómodos. Se levantó y se paseó entre la sala de estar y la ventana de la cocina, sin dejar de comprobar la seguridad de Vincent. Su silueta se desvaneció en la nevada mientras trabajaba incansablemente para despejar el largo y estrecho camino de entrada.

"Has sido mi pequeño travieso", le dijo a su hijo no nacido. "Al principio eras pura alegría, pero luego vino el inevitable malestar matutino, que fue peor que mis otros embarazos. Luego, en el cuarto mes, casi te pierdo, pero tu fuerte voluntad y determinación hicieron que todo volviera a estar bien. Sé cuán desesperadamente quieres hacer tu entrada en este mundo, pero no esta noche. ¡Ningún ser humano o animal debería estar afuera en esta ventisca!"

Se ajustó el chal alrededor de los hombros y esperó a Vincent. Hasta que no estuviera a salvo y de vuelta en la casa, no habría sueño.

En las primeras horas de la mañana, Gwen salió disparada de la cama como un misil lanzado contra su objetivo. Suyo era el baño. Vincent retiró las mantas y lo siguió rápidamente.

"Se me rompió la fuente". Gwen estaba pálida como un fantasma. "Es mi tercer hijo, Vincent, el parto podría ser rápido y la ventisca no ha parado. Todavía puedo oír el viento sacudiendo las ventanas".

"Estamos listos. No te preocupes. Déjame hacer eso por ti. Iré a buscar a los vecinos para que cuiden a los niños". Corrió al garaje, agradecido de haber paleado y preparado el coche antes.

Gwen fue al dormitorio a vestirse y vio dos pares de ojos en la puerta. Un par pertenecía a su hija mayor, Joan, que tenía casi ocho años, y el otro a su hijo, Anthony, que tenía tres.

—La puerta del garaje nos despertó—bostezó Joan—.

Gwen hizo una pausa, teniendo en cuenta la inocencia de sus caritas somnolientas. "¡Es hora de tener a este bebé! Papá fue a recoger al señor y a la señora Hammond. Se quedarán contigo. Ahora vuelve a dormir. Los llamaremos desde el hospital".

El camino rural que conducía a la autopista se había convertido en un mundo de blanco sobre blanco. Vicente concentró su pensamientos sobre el haz de luz frente a él y sobre el sonido de las cadenas sobre el pavimento cubierto de nieve.

Gwen se sentó en silencio, mirando hacia adelante a la nieve cegadora mientras se concentraba en su respiración. "Una vez que lleguemos a la autopista, los caminos estarán algo despejados y estaremos a mitad de camino", la tranquilizó.

En el espejo retrovisor vio las luces parpadeantes y borrosas de un coche de policía. Giró ligeramente a la derecha y detuvo el coche justo antes de un banco de nieve. El oficial se detuvo por detrás. Vincent vio la silueta de un hombre acercarse a su puerta.

Le entregó a Gwen una pesada manta de lana y bajó la ventanilla.— Buenas noches, oficial—dijo, entrecerrando los ojos ante los copos helados que le soplaban en la cara—.

—¿Qué haces en esta tormenta, Vincent? ¿No escuchaste que la carretera está cerrada?" El oficial tuvo que gritar a través de los vientos azotadores.—No, señor, no lo escuché. Perdimos la televisión, la radio y el teléfono. Gwen está de parto. Hemos estado conduciendo durante una hora y solo estamos a mitad de camino del hospital".

El oficial apuntó su luz al lado del pasajero, revelando una expresión exasperada en el rostro de Gwen. "Hola, Gwen. Voy a ayudarlos a llegar al pueblo". Se volvió hacia Vincent. "Todavía está detrás de mi patrulla. Iré al frente".

"¡Gracias!" Vicente se sintió bendecido. "Cariño, ¿escuchaste eso? Vamos a estar bien. ¡Nuestra niña está recibiendo una escolta policial al hospital!"

—Dijiste 'chica'. Gwen sonrió.

—Sí, y la llamaremos Lilly.

—Son tus flores favoritas—Gwen miró amorosamente a su marido—.

"¡Mira toda esta nieve blanca! ¡Siente los vientos helados! Y milagrosamente nuestros lirios blancos brotan cada primavera".

"Son una planta fuerte. Lilly será un buen nombre para una niña, es decir, si no tenemos un niño.

Trece horas después, Gwen y Vincent estaban sosteniendo a Lillian. Y cuatro días después la llevaron a casa con su familia y su vida en el campo.

"¡El hospital Mel no era suficiente para descansar! ¡Esa era la ira mi cara! ¡Demuestra lo agotado que estoy! Cuatro días de trabajo de parto más difícil y pensé que sería el más fácil, siendo ella el tercero. ¡No teníamos forma de saber que iba a ser un bebé de nalgas!" Gwen habló a su reflejo, respirando profundamente y soltándola lentamente.

Por el rabillo del ojo, vio la foto de su boda y comenzó a recordar. *Me enamoré de él en octavo grado y ese amor ha crecido a través de la prueba del tiempo. La Depresión fue difícil para ambas familias, pero especialmente para la suya, ya que perdieron su granja y luego vino la guerra. Ahora estamos aquí, con tres hijos hermosos y saludables y una gran casa para criarlos. No me siento diferente por él de lo que me sentí en nuestra noche de bodas; Excepto que tal vez lo amo más.*

La fuerte llamada de Joan a su madre interrumpió los pensamientos de Gwen.

—Estoy en el dormitorio—respondió Gwen frustrada, abriendo la puerta a la cara de fastidio de su hija—.

—¡Lilly está inquieta!—se quejó Joan—.

"Si caliento el biberón, ¿te importa darle de comer? Necesito poner una carga de ropa para lavar".

"¡Calentaré la botella yo mismo! ¡No hay nada más que hacer por aquí!"

Gwen vio a Joan irse furiosa a la cocina.

Después de la cena y las noticias de la noche, vino la rutina de la hora de acostarse. Vincent ayudaba con los baños y el cepillado dientes. Luego, Gwen se encargó de los cuentos y las oraciones antes de dormir. Cuando todo estuvo en silencio, ella y Vincent entraron de puntillas en la habitación del bebé para echar un vistazo a Lillian.

"Tiene tus ojos almendrados". Gwen sonrió.

"Y tu boca y tu barbilla. Creo que es una buena mezcla de ambos", respondió Vincent, sonriendo a su bebé dormido.

—¿Crees que Joan y Anthony acabarán aceptándola? Los dos parecían molestos hoy".

—Por supuesto que lo harán—la tranquilizó Vincent—. "Sé paciente".

Gwen se inclinó y lo besó en la mejilla.—Te quiero—dijo, mirándose a sus brillantes ojos verdes—.

"Te amo más", dijo, después de un beso apasionado.

EL COLOR MÁS PURO

—preguntó Gwen a Vincent mientras le servía una taza de café. ¿Cuándo crees que deberíamos bautizar a Lilly?

"En algún momento a finales de la primavera sería bueno. El clima es más confiable para viajar de manera segura", respondió.

—Sería el momento perfecto—sonrió Gwen al pensar en la primavera—.

—¿A quién le pediste que fuera tu padrino y madrina?

—respondió Gwen pensativa—. "Al principio fue fácil: mi hermano David y su esposa Dee. Siempre estarían cerca, a solo siete millas de distancia. Entonces Millie llamó y se molestó tanto con mi elección que colgó. Ahora no sé qué hacer".

"Tu hermana tiene un don para ponerte de los nervios". "Pero él siguió diciendo que esta podría ser nuestra última y que nunca tendría otra oportunidad de ser madrina y tener una ahijada. Estaba muy molesta y ahora me siento culpable. Entonces Joan nos oyó hablar y se molestó".

"¿Por qué le importaría a Joan quiénes son los padrinos de Lilly?"

"Eso es lo que pensé, pero a él le importa. Dijo que Millie y Frank siempre están incluidos en nuestras celebraciones especiales y que sería divertido tener solo a la familia cerca. Con quién podemos reunirnos más a menudo. Tal vez estaba cansada".

"¡Posiblemente, se queda despierta hasta tarde leyendo sus libros!" Vincent dejó escapar un largo suspiro y continuó dirigiéndose a Gwen.

"Joan tiene razón. Millie quiere ser parte de todo lo que hacemos. Nunca debería haberse casado por despecho y haberse ido a vivir con Frank.

Esta es su casa, y siempre lo será, pero tuvo que ir a la ciudad para demostrar que era mejor que el resto de nosotros. Creo que deberías quedarte con tu primera opción: David y Dee".

"Haces que Millie parezca amargada y cruel". Gwen frunció el ceño ante Vincent.

"Solo digo lo que ya sabes. Millie no supo de tu madre que se casara con Frank. Le rogó a Millie que esperara. Millie podría haber tenido a cualquier hombre, con su aspecto de estrella de Hollywood, pero pensó que el encanto de los grandes sueños y las conversaciones aventureras de Frank era su boleto para salir del bosque. Ahora está tejiendo su vida con la nuestra a través de nuestros hijos".

"¿Qué debo hacer? Convertirse en madrina le daría a Millie algo positivo en qué pensar, estando tan lejos de nosotros y sin hijos. Por otro lado, sería bueno tener una ceremonia tranquila y sencilla con David y Dee".

Vincent le tomó la mano. "Frank no es católico y eso es un problema. Nunca ha sido un hombre de fe".

"Me doy cuenta de eso, así que le pregunté a Millie si ella podría ser la madrina de Lilly y David podría ser el padrino".

"¡Buena idea! ¿Cuál fue su respuesta?

"Se enfadó más. Si no podía ser madrina junto con Frank, entonces no quería serlo en absoluto". Gwen echó la cabeza hacia atrás y cerró los ojos. "Sabes que la relación entre Millie y yo es profunda. Después de la muerte de papá, nos cuidamos unos a otros y a la casa mientras nuestros otros hermanos ayudaban a mamá con el negocio".

"Parece que ya has tomado una decisión. El único inconveniente es que Frank tendrá que convertirse. ¿Habrá tiempo suficiente para que lo haga?

"Millie dijo que ya está tomando clases a través de su iglesia. Asiste a misa semanalmente y aprende las oraciones. Él también está bautizado, así que eso ayudará a acortar el proceso".

"Bueno, me sorprende. No creía en la religión y no quería casarse con Millie por la iglesia, pero ahora quiere cambiar todo eso para ser padrino. Hmm, la vida está llena de sorpresas. Bueno, ya está decidido. Llámala mañana y mira qué fin de semana te conviene.

Millie tranquilizó a Gwen: "No te preocupes. Frank será católico a tiempo para el bautismo. Está muy emocionado. Ojalá pudieras ver su entusiasmo. Se tomó dos semanas libres del trabajo. Compró un anillo de oro con una cruz para simbolizar su nueva fe. Nuestra madre estará feliz de que todos sus hijos y sus cónyuges vayan a una iglesia y compartan la misma fe. ¿No crees?

"Él lo será, y el padre Johan hará el bautismo. Sabes que se casó con Vincent y conmigo. También bautizó a Antonio y a Juana; Es como si fuera parte de nuestra familia".

"Lo sé, escucho hablar de él cada vez que hablo con mamá. Creo que quería que me casara con él, o con cualquiera que no fuera Frank.

"¡Estás siendo tonto! Mamá no se siente así", respondió Gwen, agradecida de que Millie no pudiera verle la cara, porque acababa de mentir descaradamente.

"A él no le gusta y lo hace saber. Me siento mal por Frank cuando lo visitamos. Por eso nos quedamos contigo. Nos sentimos más cómodos en su casa".

"Ambos son bienvenidos en cualquier momento. Entonces, ¿están listos los planes?

"Sí, muchas gracias por darnos esta oportunidad. Lilly va a ser nuestra ahijada especial. ¡Estamos emocionados!"

Dos meses después, la familia se reunió en la iglesia para el bautismo.

"Buenos días a todos", dijo el padre Johan después de la misa dominical, "quiero invitarlos a todos a reunirse alrededor de la pila bautismal".

"Vincent y Gwen a mi izquierda y los padrinos a la derecha. Todos los demás pueden apoyarse".

Gwen le entregó a Lilly a su hermana, mientras Frank se quedaba atrás, colocando su mano en el hombro de la bebé. Los padrinos juraron guiar a Lilly en su fe, renunciando a Satanás y creyendo en las enseñanzas de la iglesia.

El padre Johan hizo la señal de la cruz en la frente y el pecho de Lilly, desterrando toda oscuridad de su corazón y limpiándola del pecado original. Luego siguió con el derramamiento del agua bendita y ungió a Lilly con aceite santo.

"Millie y Frank, les doy una vela encendida como símbolo de fe, vivida por amor. Que Lillian camine en la luz de Cristo y que su paz esté siempre con ella".

Cuando terminó la ceremonia, toda la familia se reunió en los escalones del altar para fotografiarse.

"Yo tomaré las fotos", ofreció Frank. "Tengo esta nueva cámara y me gustaría practicar con ella". Levantó la cámara, atada a una larga correa que la mantenía firmemente en su lugar con su cuello musculoso.

Vincent quedó impresionado. "¡Qué cámara! Una gran mejora con respecto a mi antigua caja negra".

"Es una cámara profesional", se jactó Frank. "He estado aprendiendo sobre fotografía en mi tiempo libre".

Millie era todo sonrisas mientras observaba a su esposo. *Parece un hombre diferente, más seguro de sí mismo y directo desde que se interesó por la fotografía, pensó. Tal vez se convierta en un negocio y pueda salir de esa sucia acería. ¡Piensa en un edificio con nuestro nombre!*

Hizo una pausa en su ensoñación para mirar en dirección a su madre. Sus miradas se encontraron. Gwen se dio cuenta y se acercó a Millie.—¿Está todo bien?

"Mira a mamá. Ella se mantiene lo más lejos posible de Frank y, cuando él sostiene a Lilly, ella la arranca de sus brazos. ¿No puedes ver cómo has cambiado y cuánto disfrutas con los niños? Ella nunca confiará en él, no importa lo que haga para ganarla".

"Dale tiempo. No los ve a menudo". Gwen le dio unas palmaditas en la espalda a su hermana y se alejó hacia la reunión de personas. Millie se unió a Frank.—¿Te gustó cómo funcionaba tu cámara?

"Es genial. ¡No puedo esperar para revelar las fotos!"

"Te vi jugando con Lilly, balanceando las llaves del coche y haciendo que las alcanzara. Te veías tan feliz".

Frank rodeó con sus brazos a su hermosa pelirroja de ojos verdes. "Lo fui. Es adorable, pero no me hace tan feliz como tú". Se inclinó y le dio un beso.

Millie lo empujó hacia atrás. "¡Franco! ¡Estamos en el altar!"

"¡Eso lo hace más emocionante!", coqueteó.

Ella le lanzó una mirada traviesa. "¡Ten cuidado! Mi madre tiene muchos ojos".

TIEMPOS DE CONFIANZA

"¡Chaleco salvavidas naranja al suelo, quiero ponérmelo!", protestó Lilly, de tres años, lanzándola.

"¡Sé nadar y mamá todavía me obliga a usar uno! Si quieres pescar, tienes que ponértelo". Anthony trató de explicar, pero Lilly no quiso escuchar.

"¡Me pone caliente!" Su protesta se convirtió en gemidos.

¡Está *poniendo a prueba mi paciencia y tratando de salirse con la suya!*—pensó Anthony—.—Una regla es una regla, Lilly. Confirmó su decisión mientras se ajustaba las dos correas blancas alrededor de su cintura.

"Está demasiado apretado".

Los aflojó. "Escucha, Lilly, no te quejes más o los peces se irán nadando". Le entregó un anzuelo cebado y arrojó el sedal de la caña de bambú al agua.

—¿Ves la carroza roja? Lo señaló.

"¡Sí, se está moviendo! ¡Tengo un pez!", chilló.

—No, Lilly, las olas lo están moviendo. El flotador tiene que hundirse y aparecer en otro lugar. Entonces podrías comer un pez". Sacudió la cabeza, sintiéndose desesperado con sus enseñanzas. Luego tomó su caña, tiró el sedal y se sentó junto a él.

Hablaron del agua y de los bosques. Él le contó historias sobre los indios nativos americanos que una vez vivieron allí. Lilly escuchó atentamente, sin perder de vista su carroza.

Más de una hora después, Anthony se sentía acalorado e impaciente. "Parece que los peces están en otro lugar esta mañana.

¡Me estoy derritiendo! ¿Qué tal si nos quitamos estos chalecos salvavidas y nos vamos a jugar en el arenero?" Anthony notó su falta de atención. "Lilly, ¿me estás escuchando?"

"Quiero pescar un pez". Estaba concentrada en la carroza.

"Mira, estás sudando y hace mucho calor afuera. La caja de arena está sombreada y más fresca. ¡Te prometo que te llevaré a pescar mañana!"

Empapada en sudor, Lilly acordó que mañana sería mejor. Le entregó su caña a Anthony, quien rápidamente recogió el hilo de pescar, lo envolvió alrededor del bambú y guardó el anzuelo. "Aquí, tú te pones uno y yo llevo otro".

"Es demasiado grande. Tú los tomas".

—No, Lilly, papá dijo que tenemos que aprender a poner nuestras cañas en los ganchos junto al gallinero. ¿Te acuerdas?

Lilly agarró la larga vara y se tambaleó detrás de Anthony hacia el gallinero. Después de colocar las cañas en los ganchos correctos, corrieron hacia la caja de arena.

"Aquí hay un palito de helado. Mira cómo hago un camino con ello". Anthony le mostró cómo mover la arena y hacer los sonidos adecuados de una motoniveladora. Luego le entregó el bastón y le mostró dónde arar. Lilly, aburrida con el trabajo de hacer caminos, agarró a algunos de los soldaditos de Anthony. Los alineó y fingió que estaban marchando.

"¡Esos son míos, déjalos!", ordenó Anthony. "¡No! Yo también quiero jugar con ellos". Los empujó fuera de su alcance.

Unos minutos más tarde, Joan escuchó los gritos de frustración de Lilly. Se acercó a la ventana de la cocina y gritó: "Anthony, ¿qué le has hecho a tu hermana?"

"¡Nada!", respondió tajantemente.

"¡Claro!" Joan apagó el quemador de la estufa y salió a revisar. Lilly estaba sentada en medio del arenero, llorando y frotándose la cara mojada con arena. Joan la recogió.

—¿Cuál es el problema, Lilly?—preguntó.—Anthony se llevó a mis soldados—sollozó—.

"No necesitas a esos feos soldaditos". Joan la sentó y le tomó la mano. "Ven, te limpiaré antes del almuerzo". Cogidos de la mano, regresaron a la cocina. Joan se volvió por última vez y le gritó a Anthony: "Espera hasta que papá llegue a casa. ¡Lo vas a descubrir!"

Anthony se encogió de hombros ante las palabras.

—Tengo hambre—suplicó Lilly—.

"No me ruegues. No me dejo llevar por ti como mamá. Aquí hay una galleta y luego esperas". Lilly tomó la galleta.

Gwen regresó mientras los niños comían. Le agradeció a Joan por cuidar a los niños y se unió a ellos en la mesa.

"Yviaje de verano. Papá y yo estábamos pensando que podríamos ir a que estamos todos juntos, me gustaría hablar de nuestra ciudad y quedarme con la tía Millie y el tío Frank durante una semana. Pudimos visitar los museos y el zoológico. Joan, tú, yo y tía Millie podríamos ir de compras a uno de los centros comerciales para comprar ropa escolar.

Juana se animó. Como era la mayor, disfrutaba de un trato especial.

"¿Puedo hacer algo especial?"—preguntó Anthony. "Sí, vas a ir al acuario con el tío Frank y tu papá".

"¿Qué tiene de especial un acuario?", preguntó, frunciendo el ceño.

"Este es enorme. ¡Es tan grande como un campo de fútbol! Tiene tiburones nadando y buzos tomándoles fotos".

—¿En serio? Anthony estaba asombrado. "¡Verás más peces de los que jamás imaginaste!"

Anthony miró a Joan y sonrió con picardía. También estaba consiguiendo lo que quería. La vocecita de Lilly fue la última. "Quiero ver peces. Quiero ir con Anthony".

Anthony puso los ojos en blanco. Tal vez había creado un monstruo. Todo lo que él hacía, ella también lo tenía que hacer. Gwen se inclinó y besó a Lilly en la frente. "Usted, jovencita, puede sentarse en el asiento delantero con mamá y papá todo el camino a la ciudad".

Eso fue suficiente para satisfacer a Lilly. Rara vez le permitían sentarse entre ellos, y eso le encantaba.

Julio llegó con calor y humedad, y una población de mosquitos mayor de lo normal. La familia estaba emocionada de tomar un descanso del bosque. En menos de cuarenta y ocho horas tendrían el coche listo para una semana de compras, museos y turismo.

Gwen preparó siete trajes completos para Lilly y Anthony y comenzó a empacarlos cuidadosamente en una maleta cuando escuchó sonar el teléfono.

Dejó caer el suéter doblado en la maleta y se dirigió rápidamente a la cocina, recogiendo el auricular.

—¿Hola?

"Hola Gwen, soy yo, Millie. ¿Cómo estás?

Apoyada en la pared de la cocina, Gwen respiró hondo y comenzó la conversación. "Estaba haciendo las maletas".

"Anthony, Joan y Vincent pueden empacar el suyo", bromeó su hermana.

Gwen lanzó una mirada fulminante al teléfono. Millie lo sabía todo y lo hacía todo mejor que nadie en la familia. Siempre Era una competencia con ella. "No me importa. Se asegura de que no falte nada y que cada atuendo combine. Ya sabes cómo son los niños. ¡Llevarían cuadros con flores si se les permitiera!", respondió Gwen.

Millie se rió al pensarlo…y luego continuó: "¡No podemos esperar a que vengas! Frank tendrá que trabajar durante el día, pero tiene las noches y el fin de semana libres.

"Eso no es un problema. Tenemos museos que visitar, compras que hacer, y tal vez podamos llevar a los niños a una piscina antes de la cena".

"Sí, hay una piscina grande para el barrio a solo unas cuadras. Frank nada allí regularmente.

"Siempre fue un nadador, incluso en su infancia".

"Desearía compartir sus sentimientos hacia el agua, pero no lo hago. Destruye mi cabello y maquillaje. Sin embargo, me gusta tomar el sol".

"Eso suena relajante". Gwen suspiró, pensando en cuánto tiempo había pasado desde la última vez que lo había hecho.

"Te voy a consentir mucho. Tú también necesitas un descanso", dijo Millie en un tono reconfortante y luego agregó: "Hay algo de lo que quiero hablarte. Frank tenía una idea sobre los arreglos para dormir.

—¿Y ellos?—preguntó Gwen.

"El verano pasado todos durmieron en el desván. Lilly tosió toda la noche por el calor y el aire sucio. Es por eso por lo que Frank sugirió que este verano Lilly durmiera en nuestro dormitorio. El aire es más fresco y tal vez no tosas tanto. Todos dormirán mejor. ¿No estás de acuerdo?

"Oh, Millie, no hay necesidad de preocuparse. La tos no era tan grave". Gwen se encontró siendo deshonesta con su hermana, guardándose para sí misma lo que realmente sentía. Los arreglos para dormir el año pasado fueron horribles, y por mucho que Millie trató de hacer que el ático se sintiera como en casa, con alfombras y juegos de juegos infantiles, En el dormitorio, hacía un calor insoportable. Solo había una pequeña ventana, que albergaba un pequeño ventilador, que ofrecía poco o ningún alivio. – No lo sé, Millie. Sabes que Anthony tiene asma y una noche tuvimos que llevarlo a la sala de emergencias. Ahora estamos vigilando más de cerca a Lilly. No cambiemos nada".

Millie se mantuvo firme. "Yo estaría ahí, a su lado".

"Agradezco el gesto, pero me sentiré mejor si Lilly está cerca nosotros".

"¡Pero ya he cambiado las camas para tu comodidad! Y estoy muy emocionada de que Lilly, nuestra ahijada, y yo podamos tener una fiesta de pijamas. Por favor, Gwen—suplicó, sin querer rendirse hasta conseguir lo que quería—.

Gwen sabía que no había otra opción.—Solo por esta vez, y prométeme que dormirás con un ojo abierto, despertándome si hay alguna preocupación—ordenó Gwen, ignorando el hecho de que a su instinto no le gustaba la idea.

La voz alegre de Millie respondió: "Por supuesto, te aseguro que no le pasará nada a nuestra niña. ¡Hice un juramento para protegerla!"

Gwen colgó, sintiendo una mezcla de emociones. La autoridad de Millie la había afectado desde que eran adolescentes. Sin embargo, ahora que Millie y Frank eran los padrinos de Lilly, Millie llamaba constantemente para darle consejos sobre cómo criar a su ahijada.

Recalentó una taza de café de la mañana y picoteó un trozo de pan de plátano. No pasó mucho tiempo antes de que Joan y Anthony corrieran a la cocina, con Lilly siguiéndolos. "Mamá, ¿vamos a seguir empacando?"

"Sí, voy a terminar mi café primero. Ya que están todos aquí, siéntense. Tenemos que hablar".

—¿De qué, mamá?—preguntó Joan mientras sacaba una silla. Sabes que la tía Millie no tiene hijos.

—Tiene a Lilly—interrumpió Anthony—.

"¡No! Lilly es nuestra familia, no la de Millie y Frank". Gwen se mantuvo firme, y Anthony se echó hacia atrás, sabiendo que se había molestado a su madre. "La casa de Millie está impecablemente limpia. Tiene adornos en una vitrina de vidrio. Esas puertas siguen cerradas, Anthony. ¿Lo entiendes? Con la cabeza gacha, asintió.

"Su alfombra es casi blanca, lo que significa que no se usan zapatos en la casa. Quítate los zapatos de la puerta y el plástico del sofá, no digas nada sobre que esté pegajoso o caliente. Solo alégrate de tener algo en lo que sentarte cuando veas la televisión".

—¿No puedo sentarme en el suelo?—preguntó Anthony, descontento con todas las instrucciones.

"No, no puedes sentarte en la alfombra o comer en la sala de estar".

—¡La tía Millie tiene más reglas que tú!—protestó Anthony—.

"A ella le gusta mantener su casa ordenada, y a mí me gusta visitarla por eso", dijo Joan con una sonrisa.

"¡Por supuesto que sí!", se burló Anthony.

"Una última cosa: siempre espero buenos modales y cortesía, especialmente en la mesa. Tus padres o tíos no podrán responder. ¿Me entiendes?

"Sí", respondieron al unísono.

"Mamá, ¿Lilly entiende las reglas?", preguntó Anthony.

"Lilly, ¿entiendes lo que significa ser una buena chica?" preguntó Gwen.

"Sí, puedo ser una buena chica. Eso hace felices a mamá y papá. Hace felices al tío Frank y a la tía Millie".

—¡Oh, hermano! Anthony se dio una palmada en la frente. "¿Puedo jubilarme?"

"¡Casi se me olvida!", exclamó Gwen. Vamos a dormir en el ático otra vez, pero Lilly va a dormir abajo con Millie y Frank en su dormitorio. Millie piensa que sería mejor que la tos de Lilly durmiera abajo.

"¿No recuerdas cuando tuve que dormir en su sofá en la sala de estar durante algunas noches? No fue divertido. Prefiero dormir en el desván con la familia", afirma Joan con rotundidad.

—¿Por qué, Joan? Esperaba que volvieras a dormir en el sofá para estar cerca de tu hermana.

"No, nunca más, ese sofá es imposible para dormir con la funda de plástico. Era miserable, y la tía Millie y el tío Frank discutieron toda la noche.

Justo cuando Gwen estaba a punto de cuestionar el comentario de Joan, Lilly comenzó a llorar.

—Lilly, ¿qué te pasa?—preguntó Gwen, todavía meditando el comentario de Joan.

"Quiero dormir con mamá y papá".

Gwen la levantó y la sostuvo en su regazo. "Mamá y papá estarán en la misma casa, solo que en el piso de arriba. ¡Tú y la tía Millie van a tener una fiesta de pijamas!"

—¿Una fiesta? El estado de ánimo de Lilly cambió. "¡Sí, una fiesta!"

"¿Puedo hacer una fiesta también?" Anthony intervino.

Gwen estaba lista para arrancarse el pelo de la cabeza. Una vez más, su café estaba helado. Mandó a los niños a jugar mientras ella terminaba de empacar, sola.

—¿Es esta la calle, papá? Anthony estaba de pie en el asiento trasero detrás de su padre, ansioso por salir del auto.

"Estaremos en el suelo en cinco minutos", respondió Vincent. "¡Prepárate para el aterrizaje!" Aparcó el coche en la calle. "¡Yo primero!" Dijo Anthony mientras abría la puerta y salía de un salto.

Frank y Millie estaban esperando en la acera.

—Déjame ayudarte con las maletas -ofreció Frank mientras Millie y Gwen se cogían del brazo y subían los escalones del porche delantero- .—¿Cómo iba el tráfico?—preguntó Frank mientras sacaba una maleta del maletero.

"¡El tráfico era ligero, pero el calor era miserable!" Vincent se sentía marchito con su camiseta blanca húmeda y sus vaqueros azules con dobladillo. "Estoy seguro de que me vendría bien una cerveza fría. ¿Tienes uno en la nevera?

"¡Por supuesto que sí! Lo llené para nosotros. Va a seguir haciendo un calor miserable toda la semana".

Vincent suspiró. "Bueno, estaremos adentro la mayor parte del tiempo". Siguió a Frank a la cocina. Frank se detuvo y se dio la vuelta. "Podríamos llevar a los niños a la piscina después del almuerzo".

—¡Eso suena refrescante!—replicó Vincent, secándose la frente—.

Masticando la punta de su cigarro y haciendo sonar las monedas en el bolsillo delantero de sus pantalones, Frank continuó: "¡Espera hasta que veas lo que las chicas de la ciudad están usando en la piscina! Trajes de baño de dos piezas, los llaman bikinis. Algunos son más raros que otros".

"Vi uno en una revista en el trabajo. ¡No es gran cosa, cuando tienes esposas tan hermosas como las nuestras!" Vincent guiñó un ojo.

"¡Sí, supongo que tienes razón!" Frank sacó la mano del bolsillo.

Vincent rechazó la botella de cerveza que Frank le ofreció: "No más para mí. Estoy agotada. ¿Qué dices, Gwen? ¿Hora de dormir?

"Sí, mis ojos están empezando a cerrarse. Voy a ver a Lilly y luego me uniré a ti. Millie, pongo una botella en la nevera por si Lilly se despierta. Sé que es un poco mayor para eso y cuando lleguemos a casa, tendrá que renunciar. ¡Pero no en vacaciones!"

"No te preocupes, Lilly está en buenas manos; La cuidaré como una mamá osa y si hay algún problema, te despertaré. Ahora ve y duerme bien por la noche". Millie la empujó suavemente hacia adelante.

Con la casa en silencio y todos dormidos, Frank se paseaba de un lado a otro como un lobo enjaulado. Era la noche cuando su ciudad amanecía con un ambiente festivo. Esta era su hora del día. La oscuridad de la noche camuflaba el bien del mal. Fue una época de anarquía que le dio la seguridad que necesitaba para su segundo trabajo, el de dinero y amigos que compartían sus intereses. Estaba listo para ir a trabajar.

"Millie, quiero llevar a Lilly a ver las luces de la ciudad. Un corto paseo, digamos, tal vez treinta minutos o algo así.

—Es una locura, Frank. Está durmiendo—respondió Millie—. -¿No dijo Gwen que podía despertarse por el biberón?

—Sí, pero eso no significa que puedas llevarla a la ciudad a dar un paseo. ¡Por el amor de Dios, Frank! ¿Qué te pasa?

Las noches de Frank la irritaban, especialmente ahora que quería incluir a Lilly, pero nunca la había incluido.

"Bueno, se podría decir que se despertó y estaba inquieta después de su biberón, así que la llevé a dar un paseo hasta que se durmió".

Millie fregaba la estufa vigorosamente, temerosa de mirar a Frank a los ojos. Cuando llegó la noche, se transformó en una bestia. "Quiero mostrarle las luces. Despiértalo y prepáralo. Calentaré la botella. Él no lo pidió; Él lo ordenó.

—¿Qué le digo a Gwen si viene a ver a Lilly?—preguntó Millie.

"Lo mismo que te dije: no podía dormir, estaba inquieto, así que la llevé a dar un paseo. Lo hicieron en el campo con Anthony.

¿Te acuerdas? Frank se molestó con sus preguntas tontas.

"Eso es diferente. Ellos son los padres. No podemos hacer lo que queramos. Tienen reglas y rutinas que debemos seguir".

"Demasiados, si me preguntas. Me encanta viajar en coche por la noche y conozco esta ciudad como la palma de mi mano". Estaba enojado con Millie, pero necesitaba su ayuda. Se acercó a ella mientras él fregaba los lavabos con fuerza y frotaba su cuerpo contra el de ella. "Estaré en casa pronto. Puedes darte una ducha". Comenzó a lamerle el cuello y a morderle las orejas suavemente. "Nunca puedo estar a solas con Lilly cuando viene de visita. Te encantarán las luces de la ciudad. ¡Se sentirá como Navidad!"

Millie levantó las manos en el aire. Estaba cansada y no tenía fuerzas para discutir, además, sus insinuaciones la tentaban. – Está bien, pero prométeme que volverás en veinte minutos.

La acercó frente a él y le dio un beso largo y húmedo. "Esa es mi chica. Te lo prometo: veinte minutos. Abrió la nevera y sacó la botella. Después de calentarlo, se unió a Millie en el dormitorio.

"No te preocupes. Una vez que mi chica vea todas las cosas, ¡ve a verla, Frank! ¿Cómo puedes sacarlo así? Todavía está dormida.

luces, ¡se despertará!"

"¡Será mejor que la vigiles como un halcón!"

Se fue demasiado rápido para escuchar su advertencia.

Millie se incorporó temblando. ¿Qué pasa si Gwen se despierta y baja las escaleras y encuentra a su bebé desaparecido? Vincent se volvería loco. Podrías llamar a la policía. ¡Nunca más confiarían en nosotros para cuidar de nuestra ahijada!

¿Por qué siempre cedo a la insistencia de Frank? ¿Por qué le tengo miedo? Es la única persona en mi vida a la que no puedo manipular. Caminaba de un lado a otro, mirando su reloj. Pasaron veinte minutos, luego treinta, y todavía no había rastro de Frank y Lilly. Se sentó en el sofá, rezando y preguntándose, ¿a dónde podría haberla llevado a medianoche?

Sus oraciones se detuvieron cuando escuchó que se abría la puerta trasera de la cocina. Frank llevaba un lirio dormido. Se la entregó a Millie como a una vieja muñeca de trapo y se dirigió al baño para su ducha nocturna.

—Frank—susurró en un tono irritado y comedido—. "¿Dónde has estado? Has estado fuera durante más de una hora.

"¡No me digas! ¡No parecía tanto tiempo!" Actuó con indiferencia, mientras Millie lo miraba con desaprobación. "Vimos luces y jugamos un juego de colores, y luego se durmió con su biberón. Fui a la tienda de tabaco a comprar unos cigarros. Luego nos fuimos a casa".

"¿Estás loco? ¿La dejaste sola en el coche mientras ibas a comprar unos estúpidos cigarros?

"Me lo llevé y se lo mostré a mi amigo. Estaba profundamente dormida, nunca se despertó".

¿Has pensado alguna vez en lo que vamos a decir mañana por la mañana cuando le diga a tu mamá y a tu papá que fuiste a dar un paseo con el tío Frank? ¿Te das cuenta de la clase de problemas en los que podríamos meternos?

"Sí, pensé en eso. No dirá nada. No se acordará. Será como un sueño, ¡y así es como lo manejaremos!"

Millie pudo ver que estaba agitado, y su temperamento rápido y fuerte se manifestaba bajo el interrogatorio.

—Espero que tengas razón, Frank, porque si se enteran, nunca volverán a confiar en nosotros para cuidarla.

"Vete a la cama. Deja de preocuparte. Voy a darme una ducha".

Millie hizo una pausa y miró alrededor de la habitación.—¿Dónde está tu botella?

"Está en el coche. Lo lavaré más tarde".

Millie abrazó a Lilly con fuerza y la llevó al dormitorio.

Lilly durmió profundamente el resto de la noche. Soñaba con luces brillantes y una habitación cuyas paredes estuvieran pintadas de rojo y decoradas con oro. Una reina la arrancó de los brazos de Frank y lo envió a través de las grandes y altas puertas.

Luego la acostó en una cama grande con una suave colcha roja. Se sentía como la tela de un vestido de Navidad, suave y tersa. La reina tenía una linda sonrisa mientras peinaba el cabello de Lilly.

Luego jugó al juego del cerdito mientras le quitaba los zapatos a Lilly. La reina la amaba y le dijo que se quedara despierta porque se iban a divertir, pero primero tenía que conocer al valiente y guapo rey.

El rey llevaba una pequeña corona de diamantes. Colocó la corona en la cabeza de Lilly y le dijo que era una hermosa princesa y que estaban felices de tenerla en su castillo. Le mostró una cámara y señaló las luces brillantes que iluminaban la cama. Iban a tomar fotos familiares y todo lo que tenía que hacer era escucharlo. Lilly sonrió a las grandes lunas brillantes que hacían brillar la habitación.

EL HORNO QUE RESPIRA

"Anthony, escucho sonar la campana de nuestra vieja escuela".

Lilly tiró de la cola de la camisa de su hermano. Anthony se detuvo y escuchó…Uno, dos, tres, cuatro…esa fue la señal de Gwen para el almuerzo. "Será mejor que regresemos. Desearía que papá nunca hubiera tenido la idea de colgar esa campana en nuestro porche delantero. Ahora podemos oír a mamá llamándonos sin importar dónde estemos, en lo profundo del bosque o en el río".

"Me gusta la campana. Me hace sentir cerca de casa".

"¡Por supuesto que sí! ¡Tienes cinco años! ¡Vamos! Papá nos advirtió que tenemos que correr a casa, o no podremos jugar en el bosque durante una semana; ¡Tal vez más!"

Salieron a la carretera donde habían escondido sus bicicletas en la zanja, las recogieron y pedalearon febrilmente a casa. "¡Apuesto a que no puedes alcanzarme!", gritó Anthony.

"Espera y verás". Lilly se levantó y comenzó a pedalear con todas sus fuerzas, mientras Anthony continuaba ampliando su distancia. "¡Antonio! ¡Más despacio!", gritó.

Aplicó los frenos y esperó a un lado de la carretera, observando cómo las piernas de Lilly casi perdían el control. Resopló para recuperar el aliento y se detuvo junto a Anthony. "A veces eres simplemente cruel", lo regañó.

"¡Siempre quieres vencerme!"

"¡Eso no es cierto!"—gritó Lilly, pero sabía que tenía razón—. Era más joven que Anthony, pero eso no le iba a impedir hacer todo lo que hacía.

Amaba a su hermano, y se divertían juntos inventando juegos de espías y buscando tumbas de indios. Una vez dentro de la casa, sin embargo, era otra historia. Él se burlaba de ella y ella lo acusaba, lo que generalmente terminaba en algún tipo de castigo. Lilly aprendió rápidamente que cuando uno se metía en problemas, también lo hacía el otro. Por lo tanto, era mejor no decir nada, especialmente con los meses de Navidad acercándose.

"¡Anthony, has estado mirando por esa ventana durante una hora!", regañó Gwen.

"Lo sé, mamá. Pero tan pronto como llegan el tío Frank y la tía Millie, ¡Oficialmente será Navidad!"

Gwen sonrió cálidamente a su hijo. "Sería extraño no tenerlos. No se han perdido ni una Navidad desde el bautizo de Lilly—dijo, inclinándose hacia el nivel de Anthony—.

"¡Y siempre me traen un regalo!", dijo con entusiasmo.—Avísame cuando lleguen—dijo ella, despeinándole y de vuelta a la cocina.

Menos de una hora después, Anthony vio el gran auto negro que bajaba la colina desde la entrada de su casa y gritó: "¡Están aquí! ¡Están aquí!"

Gwen llamó desde la cocina: "¡Todos, están aquí!"

Anthony observó cómo el coche se detenía y Frank salía con estilo, con un abrigo largo de lana, gorro, guantes de cuero y zapatos nuevos y brillantes. Para Anthony, parecía un gángster sacado de las películas, masticando su grueso y rechoncho cigarro. Caminó casualmente hacia el lado del pasajero y abrió la puerta de Millie. Los ojos de Anthony se abrieron como medio dólar. Bajó corriendo los escalones hasta la cocina, gritando: "¡Mamá, mamá! ¡La tía Millie lleva un gran abrigo de visón, como los de la televisión!

—Siéntate ahora mismo, Anthony Michael, y ve a buscar a Lilly.

—¿Dónde está? Bailé con anticipación.

"Abajo, en la sala de juegos; ¡Ahora apúrate!" Anthony recibió un disparo.

Gwen miró su reflejo en el cristal de la ventana. Con los dedos, se esponjó el cabello.—Un abrigo de visón—murmuró—. "No pueden ser tan pobres como dice Millie". Se desató el delantal, se alisó el vestido y corrió hacia la puerta.

Frank estrechó la mano de Vincent y le dio una fuerte palmada en la espalda, actuando como si fueran viejos camaradas de guerra, lo que irritó a Vincent.

Frank había esquivado la guerra con una exención de granjero, pero le gustaba actuar como si hubiera llevado el uniforme, mientras que Vincent se había unido a la Fuerza Aérea del Ejército y había pasado años en el extranjero.

Gwen intervino: "¡Millie, pareces una estrella de cine! El pelaje es hermoso y me encanta tu peinado en un moño francés".

"Gracias. Frank me compró el abrigo hace un mes para el invierno. Puedes probártelo más tarde si quieres. Y mc peiné en la peluquería".

"Debe ser agradable". Gwen lo dijo con sarcasmo, pero sonaba como una adolescente adulando a la chica más popular de la clase. Millie tenía una forma de llamar la atención.

"Vamos a entrar donde hace calor. Los chicos se encargarán del equipaje". Gwen abrió la puerta del vestíbulo. Si no te importa, Joan tomará tu abrigo y lo pondrá en tu cama.

—Es muy amable de tu parte, Joan, gracias. Millie dobló el abrigo por la mitad con gracia y se lo entregó. "¿Dónde está mi Lilly?", preguntó Millie mientras miraba a su alrededor.

Lo más probable es que volviera a bajar a la sala de juegos con Anthony. La llamaré. Gwen subió las escaleras del sótano y gritó: "Lilly, ven a visitar a la tía Millie". Gwen le sonrió a Millie. "Subirá en unos segundos".

Esperaron, pero Lilly no apareció. Gwen volvió a llamar. Esta vez oyeron el golpeteo de sus piecitos subiendo paso a paso hacia la cocina.

Lilly asomó la cabeza por la esquina y luego corrió directamente hacia Gwen, abrazándola alrededor de su cintura y sin mostrar interés en su madrina. Impaciente, Millie la regañó: "¡Guau, Lilly! Te comportas como un bebé, escondiéndote detrás de la falda de tu madre. ¡Qué vergüenza!". Gwen se puso tensa. "Lilly no es un bebé, y está aquí, escuchando". Le dirigió a Millie una mirada de desaprobación. "Y está lejos de ser consensuado. A lo mejor está cansada. Los niños se levantaron temprano hoy, esperándote".

"Todo lo que veo es a una niña asustada y malcriada que se asoma por detrás de su madre. No es de extrañar que tuviera que esperar hasta los seis años para ir a la escuela". Millie restregó las irritantes palabras sobre su hermana.

Gwen miró a Millie y luego le dijo a Lilly: "Cariño, ¿qué tal si traes tus nuevos libros para colorear y le haces un dibujo a la tía Millie?"

Tan pronto como Lilly estuvo fuera del alcance del oído, Gwen se acercó a su hermana. "No hables así frente a ella. ¡Deberías saberlo mejor! Estaba lista para ir a la escuela a los cinco años, pero su fecha de nacimiento no cumplió con la fecha límite del distrito: ¡por un día! ¡Se deshizo!"

"Estaría en primer grado este año si no vivieras en esta vida rural desolada y atrasada".

—¿Está diciendo que, si Lilly viviera con usted en la ciudad, recibiría una educación mejor que la que podemos ofrecerle?

Millie estaba interesada: "¿Realmente nos dejarías hacer eso? ¿Te llevas a Lilly a casa? Sus ojos brillaron de emoción.

"Oh, no puedo creerlo. Por supuesto que no. Ella es mi bebé. ¿Qué te pasa hoy?" Gwen volvió a la estufa mientras Millie volvía a mezclar una masa.

En menos de treinta minutos, Lilly regresó con un dibujo de la escena de la Natividad, coloreado exactamente como aparecía en los libros y cuidadosamente delineado. "Aquí tienes, tía Millie, te lo coloreé".

"Gracias, Lilly. ¿Puedo llevármelo a casa y ponerlo en nuestra nevera?"

Lilly asintió y volvió a agarrar las cuerdas del delantal de su madre. Gwen pensó que algo podría estar mal. Lilly era normalmente alegre y curiosa. Ese no fue el caso hoy, ya que solo quería estar con su madre.

Le tomó la temperatura para ver si tenía fiebre. Estaba agradablemente fresco. ¿Tenía hambre? ¿Quería jugar con Anthony? A cada pregunta, Lilly negaba tímidamente con la cabeza. Gwen pensó: *Si Millie dejara de hablar tanto, toda la cocina sería menos estresante y Lilly no se sentiría tan ansiosa.*

Después de otros quince minutos en los que Millie murmuraba sobre niños desobedientes y malcriados, Gwen gritó: "Joan, ven a buscar a tu hermana y saca sus muñecas para jugar".

Joan entró a regañadientes. "Mamá, ya no juego con muñecas".

"No tienes que jugar con ella. Solo ocúpate de ello. ¡Por favor! Ha sido se me pegó toda la mañana".

Juana, obediente, aunque a regañadientes, tomó la mano de su hermana y la condujo al dormitorio. Sacó la caja de muñecas de debajo de la cama y le dijo a Lilly que fuera a jugar al otro lado de la habitación para que pudiera seguir escuchando sus discos.

Lilly jugaba con sus muñecas, pero la música la distraía. Se giró para mirar a su hermana mayor. Joan bailaba alrededor, abrazada a la portada de un álbum. Cuanto más miraba Lilly, más se reía.

Esta era exactamente la razón por la que Joan no quería ser parte de la vida de su hermana menor. Lilly era exasperante.

"¡Lilly Francis, te voy a arrancar los ojos!" Joan abrió los dedos, mostrando sus largas uñas, y persiguió a Lilly por toda la cama.

Lilly se echó a reír y salió corriendo por la puerta, bajó por el pasillo y volvió a la cocina, a la sala de juegos del sótano. Joan la estaba persiguiendo de cerca cuando Gwen gritó: "¡Joan!" Joan se detuvo en seco.

"¿Qué estás haciendo? ¡Se supone que debes cuidarla!", regañó Gwen.

Millie se burló, "Le dije a tu madre lo mal que se portó Lilly".

"Tienes razón, mamá. Lilly está siendo una mocosa. ¿Puedo dejarlo en la sala de juegos con Anthony? Será más feliz ayudándole a mover los camiones y echando humo en la chimenea del tren", suplicó Joan. Preferiría ayudarte a ti y a la tía Millie.

Tal vez Anthony era la solución por el momento. Gwen ya estaba harta de los niños por la mañana. Le entregó a Joan un delantal, le dio instrucciones para una receta y no pensó más en Lilly.

"Lilly, ve a jugar con tus estúpidas muñecas", sugirió Anthony.—

¿Puedo jugar contigo y con el tren, por favor?—suplicó. "¿Por qué ¿Siempre quieres mis juguetes?", respondió.

"Porque hacen más cosas. Se mueven y suenan silbidos. Mis muñecas están ahí. ¡Mira!" Señaló las muñecas en la cuna.

Anthony los miró. "Tienes razón. Mis juguetes son más divertidos".

Jugaron durante una buena hora antes de que Anthony se impacientara. El sol brillaba a través de la pequeña ventana del sótano y sintió la necesidad de salir con su trineo.

"Vas a ir en trineo, ¿verdad?", preguntó una atenta Lilly. "Es un día perfecto y quiero estar sola un rato. Pero yo te llevaré mañana". Esperó su objeción.

Lilly pensó, *realmente no quiero ponerme el traje de nieve y las botas.* "Está bien. Ahora jugaré con mis muñecas".

—¿Prometes que te quedarás en la sala de juegos y no me seguirás?

—Lo prometo. Ella sonrió. "No te espiaré".

Entendió las promesas. Frank le hizo prometer muchas veces que no contaría cuando hiciera algo que no quería que sus padres supieran y ni una sola vez había roto su promesa. Era buena guardando secretos y promesas.

Lilly se acomodó en su mecedora de tamaño infantil con su nueva muñeca. Tenía un agujero entre los labios por donde podía fingir que la alimentaba con un biberón. Estaba profundamente inmersa en la comodidad de su juego imaginario hasta que un sonido familiar la sobresaltó. Era un sonido que reconoció como peligroso: el tintineo de las llaves y las monedas en el bolsillo delantero de los pantalones de Frank. El miedo llenó su pequeño cuerpo.

—¿Escuchaste eso?—le susurró Lilly a su muñeca—. – Frank está aquí abajo. Nos está buscando". El sótano, que alguna vez tuvo buenos recuerdos de enlatar y congelar verduras con su madre, ver a su padre atar moscas a los peces, la música de piano de Joan y sus juguetes, de repente se sintió oscuro y desconocido.

Silenciosa como un ratón, se deslizó de la silla, agarrándose la muñeca y se acercó de puntillas a la puerta. Asomó la cabeza en la neblina polvorienta del sótano mugriento.

"No lo veo, pero sé que está aquí. Él nos está observando. No llores porque él te escuchará y entonces nos encontrará", le dijo valientemente a su muñeca.

"No hay lugar para esconderse en la sala de juegos, pero podemos escondernos detrás del horno. A lo mejor no miro allí. No le gusta ensuciarse los zapatos y el suelo del horno está sucio con polvo de carbón. No tengas miedo. Te abrazaré". Apretó la muñeca contra el pecho.

Abrazado a la pared, se deslizó a lo largo de sus tablones de madera hasta que pudo correr detrás del gran horno de acero que parecía Escupir fuego. "Sé que papá nos dijo que nunca, nunca fuéramos al horno, pero este es el único lugar para escondernos". Estaba susurrando preocupado y sus piernas se sentían débiles.

Volvió a oír las monedas.

"Está llegando; Está jugando al escondite, pero no queremos jugar con él. Nos duele y nos hace sentir mal. Dejó de jugar bien hace mucho tiempo". Su respiración se volvió rápida y superficial.

"Ahora me asusta y me dice que le va a hacer daño a mamá. Luego se ríe de mí. Es grande y fuerte. Escondernos es nuestra única escapatoria. Esta esquina es buena. No puede caber entre estas tablas como tú y yo.

Ella se acurrucó, encogiéndose para sentirse más pequeña, para que él no la viera. El olor a carbón le rascaba la garganta, pero no se atrevía a toser.

Apretado firmemente en la esquina, permanecía tan quieto como los dos por cuatro de madera.

Presionando su muñeca contra su pecho, le dio sus últimas instrucciones de seguridad: "Hagas lo que hagas, no dejes que te escuche respirar. Él espera y escucha para oírnos respirar. Creo que así es como nos encuentra".

Cerró los ojos, protegiendo a su nueva muñeca, y esperó en el rincón oscuro a que las monedas dejaran de sonar y el sonido de sus zapatos subiendo las escaleras en retirada. Eso no sucedió.

—¿Dónde estás, Lilly? Sé que estás aquí abajo. Frank comenzó a cantar en voz baja una canción de Navidad.

"Conoces las palabras. ¿Qué dice Papá Noel? – Te ve cuando estás durmiendo. Sabe cuándo estás despierto. Debes saber si has sido malo o bueno'…termina la canción, Lilly. Dime lo que dice Papá Noel". ¡Caminó hacia su escondite y se rió de la ingenuidad de los niños pequeños y su incapacidad para ocultar sus pies!

Observó cómo los brillantes zapatos negros de Lilly y sus calcetines de encaje blanco se movían de un lado a otro junto al horno. "Lilly, conoces este juego. Es mi favorito". Sonrió mientras masticaba ansiosamente su cigarrillo.

"Apuesto a que estás detrás del horno, donde tu papá te dijo que nunca fueras.

Creo que podría decirle que estabas jugando allí. A lo mejor te voy a dar una paliza. Frank apretó los dientes y se rió mientras se acercaba a ella.

"Escondernos nos asusta. ¿No es una sensación divertida?" Respiró el aire viciado, disfrutando de su mal olor. Lilly permaneció en silencio, excepto por su corazón y su respiración.

Con un movimiento brusco y rápido, la agarró, tapándole la boca con su pañuelo para silenciar sus gritos. La acercó a su pecho mientras ella pateaba y se retorcía.

"Nadie puede oírte ni verte. Patear solo me va a hacer enojar. ¿Quieres verme enojado?" Al escuchar la amenaza, Lilly se quedó paralizada. Cuando Frank se enfadaba, era más cruel.

En un tono duro y sin compasión, le susurró al oído: "¿Recuerdas nuestro secreto? Al igual que Papá Noel, tus ojos siempre te están observando. Si se lo dices a alguien, castigaré a tu madre. No quieres que eso suceda ¿verdad? Con una mirada aterrorizada, negó con la cabeza…No.

La obligó a mirarlo directamente a la cara. Mientras lo hacía, soltó la muñeca de sus brazos, viéndola caer al suelo cubierta de polvo de carbón.—¡Mira lo que hiciste!—dijo Frank—. "Arruinaste el vestido de tu muñeca. Ya no sirve".

Colocó el pie en la muñeca y lo aplastó lentamente contra el suelo, como si estuviera apagando un cigarrillo. Luego se echó a reír. "¡Esto es tu culpa!" Vio su expresión de culpa y jugó con ella, recogiendo la muñeca sucia y llevándosela a la cara.

Lilly trató de alcanzarla, pero rápidamente la empujó fuera de su alcance.

"Te voy a mostrar lo que les pasa a las muñecas sucias y rotas y a las niñas que no guardan secretos". Los condujo a ambos hasta la puerta del horno y abrió su gran boca de acero, dejando al descubierto el fuego ardiente.

Arrojó la muñeca en su centro.

Lilly luchó por soltarlo. La agarró por el pelo, obligándola a mirar fijamente las llamas furiosas. Lilly observó con horror cómo la cara de su muñeca se retorcía y se derretía. Con solo unas pocas respiraciones del horno, todo había terminado. Su muñeca había desaparecido.

—¡Mira!—ordenó él, acercándola para que pudiera sentir el intenso calor en su cara. "Si cuentas nuestros secretos, yo mismo te pondré en ese fuego y te veré arder, al igual que tu muñeca y nunca se lo diré a nadie. Tus padres solo sabrán que has desaparecido. Serás un montón de cenizas atrapadas dentro del monstruo".

Se rió inquietantemente y masticó su cigarro con el placer de su astucia. Luego la sentó y se arrodilló a su nivel, sosteniendo su rostro con fuerza entre sus manos una vez más.

"Ahora ve, corre a ver a tu madre y no se lo digas a nadie". Él la miró con fiereza.

Aterrorizada, Lilly perdió la voz, pero sus ojos decían todo lo que estaba buscando.

Frank soltó su agarre y observó cómo los zapatitos de charol de Lilly subían los escalones tan rápido como podían, y luego la siguió lentamente, haciendo sonar las monedas en su bolsillo.

Corrió hacia Gwen, que estaba lavando los platos, y la abrazó con fuerza por la cintura. Gwen se detuvo, se inclinó y le devolvió el abrazo. "Aquí está mi pequeña Lilly. Jugaste con tus muñecas durante mucho tiempo. Eras una buena chica. ¿Quieres leche y una galleta?"

Frank se sentó a la mesa. "Yo también quiero. Me gustan las galletas, ¿verdad, Lilly?", preguntó. Lilly temía su mirada. "Sí", respondió.

Gwen sonrió. "Voy a traer unos cuantos en un plato y dos vasos de leche. Es muy amable de tu parte ayudarla a mantenerse ocupada". Dirigió su comentario a Frank.

Frank le sonrió a Lilly. "No hay problema. Amo a nuestra ahijada. Es una buena chica. ¿No eres una buena chica?"

—Sí, tío Frank. Gwen metió los vasos y el plato.

"Mami, cuando termine, ¿puedo ir a mi habitación y tomar una siesta?"

"Es una gran idea. Nos quedaremos despiertos hasta tarde esta noche.

Lilly se dirigió al refugio de su dormitorio, donde no podía oírlo ni olerlo. Ahí es donde finalmente se sintió segura.

Vincent la despertó con un beso en la mejilla.

"¡Hola, papá!" Le echó los brazos al cuello, sintiéndose protegida en su abrazo.

"¡Es un gran abrazo! ¿Me has echado de menos?

"Siempre te extraño cuando vas a trabajar", dijo, apoyando la cabeza en su hombro y pensando que cuando su papá estaba en casa, Frank no jugaba.

"¿Qué tal si vamos a ver el árbol de Navidad?"

"¡Eso sería divertido!" Ella le tendió la mano. Miraron las brillantes luces blancas que iluminaban las guirnaldas de oropel. "¿Te gusta tu nueva muñeca?" Lilly frunció los labios.

"¿Qué pasa?", preguntó Vincent. "Lilly, cariño, ¿dónde está tu nueva muñeca?"

Lilly se echó hacia atrás y, con las manos extendidas frente a ella, explicó: "Se ha ido".

Su expresión tranquila molestó a Vincent. En ese momento, Frank entró.

"¿Hay algún problema?", le preguntó a Vincent.

—No, eso espero. Lilly dijo que su nueva muñeca desapareció. Frank miró a Lilly con fiereza. "Las muñecas no desaparecen. ¿Por qué no bajas a la sala de juegos y lo buscas? Está ahí, en alguna parte". Lilly hizo lo que le dijo.

Vicente permaneció perplejo.—Ha sido raro, ¿no?

"No, ha estado de mal humor y pegajosa todo el día, probablemente cansada de la compañía y la emoción de la Navidad. Hablando de estar cansado, pareces agotado. ¿Qué tal si te hago un Manhattan?

—Me gustaría, gracias.

Frank regresó con dos tragos. "Después de la cena, te ayudaré a encontrar la muñeca de Lilly".

"Es una buena idea. Estoy seguro de que lo dejó en algún lugar y lo olvidó, pero eso no es propio de ella. ¡No se olvida de nada!"

"Por supuesto que no. Esa niña es inteligente. Vas a tener que estar atento", se rió Frank.

"Sí, es diferente a los demás. Un día es tan terca e independiente, y al siguiente no nos deja solos, nos mantiene alerta".

Más tarde buscaron a la muñeca. No lo encontraba por ningún lado.

"Lilly, ¿estás segura de que no recuerdas la última vez que jugaste con ella?", preguntó Vincent. Lilly se guardó su historia.—La muñeca se ha ido—respondió, encogiéndose de hombros—.

—Ah, estoy seguro de que aparecerá. No me preocuparía por eso", le aseguró Frank a Vincent.

—Frank tiene razón—intervino Millie—. "Cuando nos vayamos y la casa vuelva a su rutina, aparecerá. Lilly tiene otras muñecas y muchos juguetes nuevos con los que jugar".

Gwen miró a Vincent. "Creo que Millie tiene razón. Dejemos eso a un lado por ahora". Luego se volvió hacia Lilly y agregó: "No estamos contentos con esto, y es posible que no consigas más muñecas por un tiempo. Ahora vete a tu habitación".

Abatida, Lilly se alejó. Una vez a solas, con la puerta de su habitación cerrada, se dijo a sí misma: *"No me gusta lo que me hace el tío Frank. Pero no puedo decir nada. No quiero quemarme. No quiero ir al horno. Y no quiero que lastimen a mamá".*

Se sentó sola, en silencio, llena de miedo y preocupación.

1986 - SEGUNDA SESIÓN - OJOS ABIERTOS

Exhausta, Lilly se desplomó en la silla sobrecargada frente al Dr. Bricks, se quitó las chanclas y subió las piernas hasta el pecho.

Su atención se centró en la serenidad de la cascada fuera de las ventanas. El movimiento y el sonido la sumergieron en la tranquilidad de la naturaleza, su amiga más antigua. En lo que a ella respectaba, el doctor Bricks no existía en ese estado de paz.

Se sentó cerca, escribiendo en su libreta amarilla, observando la evasión de Lilly, que había notado en su primera sesión. "Lilly…Dime dónde estás.

Su voz la sacó de la serenidad. No estaba seguro de qué, cuándo y por qué de los últimos momentos. Con una mirada confundida, respondió: "Estoy aquí".

"Has estado mirando por la ventana durante varios minutos. Dime en qué estabas pensando.

"Nada, no pensaba en absolutamente nada. Esa es la belleza de esto. Era solo la roca, el agua y yo. Todos nos complementábamos, sintiéndonos seguros y tranquilos. Me sentí increíblemente en paz, existiendo como una hermosa característica de la naturaleza".

Colocando ambos pies firmemente contra el suelo, desenrolló su cuerpo acurrucado, respiró profundamente unas cuantas veces y comenzó a explorar la habitación. No había cambiado mucho desde la semana anterior, lo que la ayudó a sentirse segura.

"¿Cómo está tu estado de ánimo en este momento?", preguntó.

"Más centrado". Se sonrojó de vergüenza, sabiendo que se había retirado del presente, algo que había hecho desde la infancia. "¿Con qué frecuencia te encuentras haciendo esto?", preguntó.

Lilly se encogió de hombros, despreocupada. "Depende de cómo me sienta, de lo que esté haciendo y de dónde esté. Calma mi cerebro hiperactivo".

Hubo una pausa incómoda.—Cuéntame más.

Procedió con cautela. "Yo lo llamo desconexión. Me di cuenta de esto cuando era adolescente. A veces ni siquiera sé que me fui hasta que regreso, si eso tiene algún sentido". Mientras hablaba, sintió que su ansiedad se apoderaba de ella y se puso inquieta.

Al notar el cambio, el Dr. Bricks respondió: "Todo el mundo se desconecta a veces".

Lilly se sorprendió. "¿En serio? ¿Es algo normal, incluso tú lo haces?"

"Sí. Por ejemplo, una vez iba conduciendo al trabajo y pensaba en una discusión que tuve con mi esposa. Conduje por toda la ciudad hasta la oficina y no recordaba nada, como si hubiera estado en piloto automático. Me di cuenta de que me había disociado cuando llegué a mi lugar de estacionamiento. Sucede cuando estoy especialmente cansada o muy estresada".

Lilly asintió. Era normal, pero lo más importante era que también la hacía sentir normal.—¿Entonces no soy tan raro o diferente?

—No, no eres rara, Lilly. ¿Ha oído hablar de la disociación?", preguntó el doctor Bricks.

"Sí, en mis clases de psicología en la universidad".

Dime qué recuerdas de él.

"Es una especie de evasión o escape de lo que está sucediendo. Les sucede a los soldados durante los traumas de la guerra. ¿Por qué? ¿Crees que me estoy disociando? Para Lilly, la idea era absurda.

No había estado en una guerra.

"Sí, siento que es un área que debemos abordar".—No lo entiendo.

—¿Alguna vez te has sentido atrapado?

Lilly se inclinó hacia atrás y puso los ojos en blanco, "Muchas veces".

"Cuando te sientes atrapado en una situación que es emocional y físicamente agotadora, la mente necesita escapar. Lo hace desconectándose del cuerpo. Eso es disociación".

"¿Aprendí a hacerlo o mi cuerpo lo hace por mí?"

"El cuerpo humano es increíble. Tu mente reconoce cuando no hay forma de escapar física y emocionalmente, y para sobrevivir, se desconecta".

"Es como si hubiera aprendido a desconectarme".

"Así es. Y aprendiste a reconocer cuándo era necesario".

"¿Cómo puedo evitar que suceda?"

"Aprender qué es lo que lo desencadena. Cuando nos conocimos, hablamos de cómo el desarrollo de Owen despertó los sentimientos que tenías de niño. Cuando te alejas de tu yo adulto, te estás disociando. Háblame de otros desencadenantes que suelen alejarte del presente".

—Preferiría no hacerlo. Lilly giró la cabeza para evitar el contacto visual.

—Aquí estás a salvo—le aseguró—.

"Preferiría volver a la nada para recordar. Así de asustada estoy". Continuó evitando el contacto visual.

"Da miedo permitirse recordar".

"Tengo miedo de que regrese y empiece de nuevo, o que me mate a mí, o a alguien a quien amo, o que se lleve a Owen. ¡No entiendes lo peligroso que es!"

Empezó a temblar nerviosamente. "¡La idea de que estoy contando secretos me está volviendo loco!"

—No te sientes seguro hablando del pasado—intervino el doctor Bricks con cautela—.

Lentamente, suavemente y con sincero temor, Lilly se inclinó hacia adelante y le susurró al Dr. Bricks:—Él matará. Le gusta matar. Es el diablo. O peor aún, irá a por tus hijas".

El doctor Bricks mantuvo la calma. "¿Quién es…—¿Él?

Apenas dijo el nombre.—Franco. Luego hizo la bola más pequeña que pudo con su cuerpo, cubriéndose la cara con las manos, y esperó a que llegara el fin, que el techo se derrumbara y la tierra se abriera, tragándola por completo, pero eso no sucedió. Miró a través de los dedos. Allí estaba el doctor Bricks, tan sereno como el día en que lo vio por primera vez.

¡Estoy *vivo!* se dijo a sí misma. *Le dije su nombre a un médico y no pasó nada.* La esperanza reemplazó parte del miedo a una muerte que una vez prometió. Le tocó el estómago mientras ella sentía una oleada de náuseas que le daba vueltas y vueltas dentro de ella.

"No hay palabras en el idioma inglés que describan a Frank", explicó Lilly.

—Puedes intentarlo—sugirió el doctor Bricks—.

Un nudo de miedo se formó en su garganta. Ansiosa, más fuerte de lo que pretendía, soltó: "Frank fue mi padrino".

—¿Cómo es que despierta tanta ira y miedo?

"No debería estar aquí, hablándote de secretos familiares, ¡pero eso es lo que soy! Soy un cuerpo de secretos, mentiras y mundos de fantasía". Se levantó y comenzó a caminar frente a las ventanas. "Cada maldito día es una tarea para arreglarme por la mañana, poner gasolina en mi auto, hacer las compras, ir a una cena fingiendo que soy como todos los demás, cuando no lo soy. Nada en mi vida se siente normal. Sigo pensando que me está observando y que me va a atrapar. Estoy agotada de tanto preocuparme". Su voz sonaba pesada. "Necesito ayuda".

El Dr. Bricks la tranquilizó: "Estoy aquí para ayudarte".

Lilly miró hacia el techo, evitando cualquier contacto visual. "Me dijo que estaba loco, y si te digo lo que estoy pensando, parecerá una locura".

"No estás loco".

"Podrías cambiar de opinión sobre eso". Lilly se tomó un respiro. "Por ejemplo, sigo pensando que él está mirando y sabe lo que estoy haciendo. Miro por la ventana todas las noches como si fuera a estar parado debajo de la farola, mirando y fumando su cigarrillo. Guardo los cuchillos antes de irme a la cama por si entra en la casa, para que no sean tan fáciles de encontrar, y compruebo tres veces las cerraduras de las puertas. Dormir con las ventanas abiertas no es una posibilidad. La amenaza de que entre en la casa sigue existiendo".

"¿Cómo es posible que alguien esté siempre mirando y esté en todas partes al mismo tiempo?"

Lilly hizo contacto visual directo. "No lo había pensado antes. Es este miedo estúpido el que bloquea mi pensamiento racional. Por supuesto que no es posible. Me hizo creer que los árboles tenían ojos, lo cual sé que no es factible. Sin embargo, cuando era niño creía que podían. También me inculcó que tenía seguidores en todas partes que lo miraban cuando él no estaba. Cada vez que oía el tintineo de las monedas en el bolsillo de un hombre, sabía que era uno de sus hombres, porque eso era lo que hacía. Oler un cigarrillo era otra señal. Hizo que su presencia cobrara vida dondequiera que estuviera a través de uno de mis sentidos. Esa era mi realidad y lo sigue siendo".

—¿Es necesario que esa realidad exista hoy?

Lilly suspiró. "No, pero a veces no soy lo suficientemente fuerte como para luchar contra los mensajes que plantó en mi cabeza".

"Sí, lo eres. Dígase a sí mismo que es humano, que no tiene poderes especiales y que tiene defectos. Verlo como un ser humano normal le imposibilita llevar a cabo la tarea de estar en todas partes y verlo todo".

"Lo entiendo, pero cuando me desconecto y pienso como un niño, pierde sus rasgos humanos. Vuelve a ser un monstruo y un bestia, nada de este mundo". Lilly cerró los ojos, lista para volver a la cascada.

"Lilly, quiero que mantengas el contacto visual".

Se apretó la cara y se obligó a abrir los ojos. En cámara lenta, volvió a mirar a los ojos de su médico.—Piensa con los ojos abiertos—dijo en voz baja—.

Se encendió la ira. "¿Por qué? ¿Por qué tengo que mantener los ojos abiertos? Frank lo hizo. Me obligó a mirarlo. ¿Qué tiene que ver con los ojos?

"Para mí, mantener los ojos abiertos te ayuda a mantenerte conectado con el presente. Puedes mirar alrededor de la habitación y observar los colores o movimientos, todo lo cual despierta tus sentidos al ahora".

—Entonces, ¿por qué Frank me obligó a mirarlo a los ojos?

—No estoy segura, Lilly.

"Dame una explicación. Necesito entenderlo antes de dejarlo ir. ¿Por qué crees que lo hizo?

"Se pueden leer muchas emociones a partir de la reacción facial de una persona".

Lilly se molestó. "Así que me estaba leyendo y aprendiendo lo que me asustaba, lo que me hacía llorar y lo que me dolía. Porque repetía lo que veía, me identificaba con lo que decía: chica asustada, chica mala… Hasta el día de hoy, si alguien me toca la cara, tengo que contenerme para no golpearlo".

—Pero tú estás aquí, Lilly, no en tu infancia. Debes recordarlo—le instruyó amablemente el doctor Bricks—.

DECEPCIÓN

"Honestamente, estoy cansado de fingir que disfruto estar aquí", estoy listo para irme a casa; Basta de esta vida en el campo. Millie murmuró para sí misma mientras doblaba y reorganizaba su maleta. "¿Cómo puede alguien no gustarle el toque de la angora? Gwen no sabe lo que se está perdiendo, ¡tan lejos de la vida en la ciudad! ¡Todavía cree en una colección de algodón barato! ¡Imagínate eso!"

Su mente se volvió hacia Lilly. *No tengo ninguna duda de que Frank tuvo algo que ver con la desaparición de esa muñeca. Es como un niño celoso cuando se trata de niños y sus juguetes. Probablemente la estaba molestando y algo le pasó a la muñeca. No podía hacérselo saber a Vincent, así que amenazó a Lilly para que se callara, lo que hizo. Como debe ser, siendo nuestra ahijada.* Millie echó astutamente su larga y espesa cabellera sobre un hombro. *El temperamento de Frank puede superarlo. Es prudente volver a casa.*

Los ligeros pasos de Frank entraron en la habitación. Observó cómo sus dedos se movían sobre el material como las alas de una mariposa. Se acercó por detrás y le rodeó la cintura con los brazos.

"¡Franco! ¿Qué estás haciendo, apareciendo así de repente?"

"Estaba pensando que podríamos acurrucarnos por un tiempo y ver a dónde nos lleva". Lo giró para mirarlo. "Quiero darte las gracias por ayudarme con Lilly".

Millie se removió sospechosamente por dentro.—¿Fuiste bueno con ella?

Comenzó a explorar su voluptuoso cuerpo. "Hago de profesor, eso es todo. Le enseño sobre una vida que sus padres no entienden".

Millie permitió que sus manos errantes fueran a donde quisieran. Tenía la habilidad de complacer a una mujer.—¿Sabes dónde puso su nueva muñeca?—preguntó Millie, respirando hondo y conteniendo otras respuestas muy deseadas.

"No lo sé. Tal vez pueda encontrarlo aquí abajo. Le levantó la blusa.

—Eres un poco atrevido esta noche—le reprendió ella mientras él la tumbaba en la cama—. "Frank, hay niños en la casa".

—¿De verdad te importa eso?

Millie se rindió. Luego, se acurrucaron bajo el edredón, envueltos en los brazos del otro. Quiero volver a ver a Lilly antes de que nos vayamos. Me ayudarás, ¿verdad? La voz de Frank era tranquila y directa.

Millie se encogió en su abrazo, perdiendo el disfrute de su acto amoroso. Él acercó su rostro al de ella. Ya sabes lo que tienes que hacer. Mantén a Gwen ocupada y sugiérele que lleve a Lilly a dar un paseo para ver algunos de sus senderos favoritos con Anthony.

—Frank, dijiste que solo sería una vez y ahora es…-Antes de que ella pudiera terminar, él le puso un dedo firmemente en los labios-.

"¡Shhh! Sabes cuánto detesto las preguntas y las súplicas lastimeras. Todo lo que tienes que hacer es lo que has estado haciendo: manipular a tu hermana". Su voz cambió de esposo coqueto y encantador a comandante dominante. "¿Te imaginas la reacción de Gwen si recibiera por correo algunas fotos de su Santa Millie sin hijos? ¿Te acuerdas de esos? Ya sabes, los que llevabas puestos…

Apretando los dientes, lo interrumpió. "Sí, recuerdo esas fotos. Me prometiste que eran sesiones de fotos privadas, para los ojos de nadie más que los tuyos. ¿Ahora los usas contra mí?"

—¿Contra ti? Reí.—Eres muy inteligente, Millie, pero yo también. Es por eso por lo que esas fotos permanecen ocultas y listas para usarlas como mejor me parezca".

—¿Por qué siempre llevas la cámara?

"¿Te molesta que me guste tener mi cámara conmigo?" –

¿Por qué la pones cuando estás con Lilly?

"Todo lo que tienes que hacer es hacer lo que te digo y disfrutar de mis regalos de ropa y joyas". Cansado de sus preguntas, la miró desde arriba. "Voy a darme una ducha. ¿Te unirás a mí? Enarcó las cejas.

Millie se levantó de la cama, se envolvió en una bata y comenzó a caminar de un lado a otro. "No puedo. Tengo que planear qué distracción puedo crear para tu paseo con Lilly mañana. Se sentía amargada y llena de odio. *Todo esto es culpa de Gwen. Es demasiado ingenua y confiada. Su piedad la ha dejado a ella y a su familia vulnerables. La Gwen perfecta no duraría una semana en la ciudad.* Millie cerró la maleta de golpe, echándole la culpa a su hermana.

Frank se quedó donde estaba, divertido por la tensión en su rostro. "Podría ser peor".

Los ojos de Millie se entrecerraron con ira. "¿Cómo podría ser mi vida peor?"

Frank se rascó las uñas. "Podrías estar en la cárcel sin suéteres de seda o angora, porque si a mí me arrestan, a ti también. Cantaré como un pájaro si eso sucede. Querrás saber quién me ayudó, y yo te diré: 'mi esposa'. Tengo fotos que lo demuestran. Finges ser inocente cuando no lo eres. No eres más que un lobo con piel de oveja".

Sus ojos se pusieron en blanco, mirando a lo lejos. Es cierto. Él tejió mi vida en su mundo, y puedo vivir con sus mentiras o perderlo todo. Sería el chisme de la gente, lo que me mataría. No tengo una vida sin Frank. No tengo ninguna razón para sentirme culpable. Le encantan los niños y no tiene uno propio. Es un maestro, como él dice.

Le tomó la mano desanimada y la llevó a la ducha.

El día estaba soleado y la temperatura estaba por encima del punto de congelación, lo que no es común a finales de diciembre. Era una mañana perfecta para que Lilly y Anthony fueran a patinar sobre hielo. Anthony salió corriendo, saltando sobre el banco de nieve con sus patines y entrando en territorio prohibido.

—¡Anthony!—gritó Lilly—. "¡Anthony, vuelve aquí! ¡Te meterás en problemas si mamá te ve!"

Lilly sabía lo estrictos que eran sus padres para respecto para patinar en el río sin la presencia de un adulto. Vincent había comprobado la profundidad del hielo con un taladro y había marcado cuidadosamente el límite más allá del cual, advirtió, podrían caer a través del hielo.

—¡Te preocupas demasiado, gallinita liria! ¡Te reto a que me atrapes!"

Lilly nunca se echó atrás ante un desafío de Anthony. Una vez se comió un gusano porque él la desafió. Ella llenó sus bolsillos con serpientes bebés porque él la desafió. Llevó una caja de sapos al sótano y los puso en la bomba de sumidero porque él la desafió.

"¡Sí, lo haré!" Lilly entrecerró los ojos con determinación y se abalanzó, ganando velocidad para saltar sobre el banco de nieve de tres pies. Lo consiguió, aterrizando sobre sus nalgas.

Anthony se rió mientras caminaba rápidamente por la orilla del río. Se sacudió y se recuperó. No pasó mucho tiempo antes de que ambos estuvieran sentados en el hielo, exhaustos.

—¿Crees que mamá nos vio saltar el banco de nieve?—preguntó Lilly.

"No, Millie y Frank la mantienen muy ocupada, papá está en el trabajo y a Joan no le importa". Lilly alzó la vista hacia el hielo.—¿Crees que podría ver un pez?

"No, tonto, los peces hibernan en el fondo del barro y en las aguas frías".

—¿Cómo respiran?

"Te mostré cómo respiran los peces el verano pasado".

"Branquias, ahora me acuerdo. ¿Qué pasaría si caiéramos al río? No tenemos branquias".

"Nos ahogaríamos a menos que nos agarráramos al hielo. ¿Por qué tantas preguntas?

—¿El tío Frank juega contigo a juegos de miedo?—preguntó, mirando las burbujas de aire atrapadas en el hielo.

"¿Qué clase de pregunta es esa? ¡Ni siquiera le gustan los niños! Tienes suerte de que sea amable contigo y te traiga regalos caros", comentó con un dejo de celos. "¿A quién le importa Frank de todos modos? ¿Por qué no hacemos una carrera de vuelta a la pista? Te daré la sartén por el mango".

Se levantó de un salto y, con los brazos balanceándose de un lado a otro, volvió rápidamente a patinar a la pista, hambrienta de almuerzo.

Gwen sonrió al ver las mejillas rojas de Lilly después de jugar afuera. "Tal vez después del almuerzo, el tío Frank te ayude a ti y a Anthony a llevar leña a la pista para hacer una fogata esta noche. ¿Qué te parece, Frank? Debes estar cansado de ver a Millie y a mí cocinar toda la mañana.

Frank miró a Lilly. Lilly volvió la cabeza, negándose a darle el placer de su atención. Mordió su cigarrillo. "Por supuesto. Me encantaría salir al aire libre. Tomaré la cámara y tomaré algunas fotos de los niños".

—¡Oh, Frank! Es una idea maravillosa", intervino Millie. "Puedes tomarles fotos jugando en la nieve, y luego Lilly puede mostrarte algunos de los senderos que ella y Anthony hicieron en el bosque de pinos. ¿Harías eso por el tío Frank, Lilly? ¿Le mostrarías algunos de tus caminos?

Lilly se tensó. *Los paseos con* él me asustan. No *quiero hacer lo que* él me diga. «Estoy cansado de patinar. Anthony puede apilar leña con el tío Frank.

"Lilly Francis, no seas tan grosero. Solo te llevará una hora y luego podrás venir a descansar", le espetó Gwen. Millie agregó: "¡Y es un día tan soleado! ¿Estás seguro de que quieres dejar que Anthony se divierta solo?

Millie y Frank compartieron una sonrisa. Lilly la vio. *No voy a ir con Frank*, se dijo a sí misma.

—¿Puedo irme, por favor?—preguntó Lilly cortésmente.—Sí—dijo Gwen—. "Te conseguiré ropa seca para estar al aire libre".

Lilly abandonó la mesa sintiendo una incómoda sensación de peligro en el estómago. Tuvo que esconderse y empezó a pensar en dónde no lo había intentado. *Definitivamente no en el sótano, ni en ningún lugar del patio. Me encontró en el garaje, ¿dónde estoy a salvo?*

Suavemente, se deslizó hacia su dormitorio, se metió debajo de su cama y empujó su cuerpo contra la pared en la base de la cabecera. Respiró hondo, se escondió y buscó zapatos, los zapatos de Frank.

ENTRA EL DIABLO

La jactancia de Millie sobre su astuta manipulación no duró mucho, ya que escuchó a Gwen gritar: "¡Lilly, ven aquí ahora mismo!

¡Tengo listo tu traje de nieve!" No hubo respuesta.

Gwen volvió a la cocina. "¿Alguien vio a dónde fue Lilly? Él no responde".

Tanto Joan como Anthony negaron con la cabeza. Frank agregó: "La vi entrar a la habitación y luego caminar por el pasillo". Su ojo se contrajo mientras se mordía nerviosamente las uñas.

Todos, excepto Frank, comenzaron a registrar la casa y a llamar a Lilly por su nombre. Abrieron los armarios y miraron debajo de las camas, pero no había ni rastro de Lilly. Anthony se puso la chaqueta y revisó el patio, pero todavía no había señales de Lilly.

Gwen se puso frenética. "Anthony, piénsalo, ¿dónde podría estar?"

"¡No lo sé, mamá! Tu chaqueta y tus botas están aquí. Tiene que estar en alguna parte de la casa". Anthony también estaba preocupado. Esto no era típico de Lilly. Lilly siempre obedeció a sus padres.

"Joan, ¿qué te parece? ¿Dónde podría estar Lilly? Gwen no pudo contener las lágrimas de preocupación y miedo de que Lilly pudiera haberse ido al hielo o al bosque.

"Mamá, tal vez piense que es gracioso que todos la estemos buscando".

"¡No es gracioso!"—gritó Gwen—. "¡Lilly Francis, ven aquí ahora mismo!"

Millie frunció el ceño a Gwen. "Si tuvieras control sobre ella y no la trataras como a un bebé, tal vez entendería que esto no es una broma".

"¡Millie, ahora no! ¡Este no es el momento de darme más problemas!"

"Solo estoy diciendo un hecho. Lilly se ha vuelto desobediente e irrespetuosa con sus mayores. Espero que tengas un castigo adecuado para ella cuando…o si…Lo encuentras".

Gwen rompió a llorar. El miedo a perder a su pequeña hija era demasiado.

Frank estaba de pie junto a la mesa, escuchando y poniéndose nervioso. *Sé cómo sacarlo de su escondite*, pensó. Se levantó y comenzó a hacer sonar sus monedas mientras se unía a la búsqueda.

Millie gritó con rabia maliciosa: "Tu madre está preocupada hasta el punto de la locura. Sal ahora mismo y discúlpate, Lilly.

¡Esto no es un juego!"

Lilly permaneció pegada a la pared. Vio los zapatos de Frank entrar y salir de su habitación. Oyó las monedas. No iba a salir a caminar.

Desesperada, Gwen caminó por la casa una vez más antes de llamar a Vincent, mientras Millie cambiaba su tono a un llanto dramático. Poco después, el fuerte grito de alivio de Gwen resonó por toda la casa: "¡La encontré! ¡Lo encontré!"

Todos corrieron a la habitación. "¿Dónde está?", preguntaron, sin ver a Lilly.

"¡Está debajo de la cama, pegada a la pared y no quiere salir!"

Gwen suplicó: "Por favor, Lilly, esto no es gracioso. No te lo estoy preguntando. Te lo digo.

—¡No! Lilly se negó a escuchar.

Millie apagó sus lágrimas en un segundo.—Joan, ve a buscar la escoba a la cocina—ordenó—.

—¿Qué vas a hacer con una escoba?—preguntó Gwen.

"Tú, querida hermana, la vas a barrer de allí. ¡Esto ha ido demasiado lejos!"

"Eso suena muy duro. Tiene que haber una razón por la que se esconde y no habla".

Frank estaba de pie en la puerta, agitando ansiosamente sus monedas. "Creo que sé por qué está actuando así". Todos dejaron de hablar, gritar y llorar. "¿Por qué?", preguntaron varias voces.

"Lilly y yo jugamos al escondite. Le encanta el juego. Creo que quiere jugarlo dentro de la casa en lugar de salir al frío". Sonrió con picardía.

—Frank, deberías habérnoslo dicho antes. Millie le sonrió a Gwen.—¿Ves, querida hermana? No hay nada de qué preocuparse. Está jugando contigo".

Joan corrió a la habitación y le entregó la escoba a Gwen.

Gwen lo aceptó a regañadientes. "Lilly, por favor sal para que mamá no tenga que usar la escoba". No hubo respuesta. El sonido de las monedas llenó los pensamientos de Lilly.

"¡Si no puedes hacerlo, entonces dame la escoba!"—le espetó Millie a Gwen—.

—No, no voy a dejar que le hagas eso a Lilly. Tomó el mango de la escoba y lo deslizó en el cuerpo de su hija. Sin conocer su fuerza, la empujó demasiado fuerte en el estómago de Lilly.

"Oh…¡Mamá, eso dolió!" Lilly comenzó a llorar y comenzó a salir de su escondite.

Gwen la agarró de los brazos y la deslizó el resto del camino. "¡Niña tonta! ¿Por qué te escondías así?" Sacudió a Lilly, sujetándola firmemente por los brazos.

Conteniendo todas sus emociones, Lilly respondió: "No me gusta el tío Frank". El silencio llenó la habitación.

"Bueno, eso es una locura. ¿Por qué no te gusta tu tío? Siempre te lleva a dar un paseo y trata de ayudarte. Ha dicho que te gusta jugar al escondite—dijo Gwen con brusquedad—.

Lilly oyó el tintineo de las monedas. Apartó la mirada de su madre y miró a Frank. Muy lentamente, sacudió la cabeza en señal de "no".

Luego se volvió hacia ella. "Siempre quieres ganar, y esta vez lo hiciste. ¡Muy inteligente, Lilly!

Sus ojos brillaron con una mirada severa, asustándola aún más.

Bajando la cabeza, respondió: "Es verdad, mamá. Quería vencer al tío Frank con el mejor escondite".

Millie había estado esperando el momento adecuado para lanzar un último puñetazo. "Después de esa pequeña escapada, creo que debería cargar más leña para la pista de hielo. Tal vez no debería ser parte de la fogata. El tío Frank se quedará atrás y la cuidará.

"Millie, eso es suficiente. Lilly está a salvo. Eso es lo único que importa ahora. Vincent y yo nos encargaremos de las consecuencias". Gwen se recompuso, dirigiendo toda su atención a Lilly.—Lilly, la tía Millie tiene razón en una cosa—reprendió él—. "Fuiste muy desobediente al no responder a mis llamadas. Estoy enfadado, y tu padre también. Ve y ponte tu traje de nieve".

—¿Tengo que enseñarle el camino al tío Frank? La mente de Lilly se quedó con su único pensamiento: estar a salvo escapando de Frank. "Sí, tienes que hacerlo. Una siesta ahora está fuera de discusión".

—Pero no me gusta, mamá.

"No quiero oírte hablar así nunca más. Estás siendo tonto. El tío Frank va a salir herido. Gwen tomó la mano de su hija y la preparó para salir. Luego se lo entregó a Frank y los vio caminar hacia la pila de leña con Anthony.

—Estoy segura de que eso es exactamente lo que Lilly necesita— consoló Millie a Gwen—.

Con una buena cantidad de troncos y ramas secas apiladas junto al camino, Anthony regresó a la casa mientras Lilly llevaba a Frank a dar un paseo por el camino. Señaló un camino y preguntó: "Lilly, ¿a dónde conduce eso?"

Lilly quería liberar su mano de la suya, pero cada vez que intentaba soltarla, él la agarraba con más fuerza. "Ve al cobertizo de papas. Es un viejo edificio de madera.

—Muéstrame—ordenó—.

"Papá dice que no podemos ir allí sin él. No está dentro de nuestros límites".

Frank se llevó el cigarro al otro lado de la boca y se echó a reír. "Así que tu papá te ha puesto límites, pero papá no está aquí. ¿Qué importa hoy un acto desobediente más de una chica mala que no escucha a sus padres? La empujó fuera del camino y la metió en el sendero ligeramente cubierto de nieve.

El corazón de Lilly estaba lleno de un miedo inminente. Si no puedo escapar, entonces me haré el muerto. Dejó que su cuerpo cayera y Frank tropezó con el peso muerto.

Recuperó el equilibrio y le dio a Lilly un fuerte tirón, levantándola. "¡Crees que eres inteligente! Soy tu padre, tu padrino, así que también puedo castigarte. ¡No lo olvides!" Le puso las manos en la cara y la obligó a mirarle.

Nada de lo que pudiera decir lo haría irse. Tenía que guardar sus sentimientos en su interior, donde estuvieran a salvo del escrutinio. Frank sacó un paño grueso y blanco de su bolsillo, se lo ató a la boca, lo recogió y se lo echó al hombro.

Cerró los ojos con fuerza, para recordar tiempos más felices cuando ella y su padre iban al cobertizo a por un nuevo saco de papas. Bailaban sobre el suelo de madera, haciendo ruidos fuertes con sus botas. Se rieron mientras ella daba vueltas y vueltas hasta que cayó en un mareo. Ahora el cobertizo se convertiría en otro lugar para que habitara el demonio de Frank, al igual que el sótano.

Lo colocó sobre una vieja cómoda que estaba guardada allí. Se quitó el abrigo y las botas, colocándolos cuidadosamente en el suelo, junto a su sombrero y abrigo. Luego preparó la escena solo para sus ojos.

Cuando los destellos dejaron de cegarla, supo que no había terminado. Nunca terminó después de las fotos.

"Apuesto a que desearías estar en casa con tus padres, pero no lo estás. Estás aquí conmigo. Nadie te conoce como yo". Deslizó la hoja de una navaja roja por el cuello de Lilly y luego por su cara, estudiando sus reacciones.

Lilly mantuvo los ojos cerrados.

"¡Abre los ojos!", exigió.

Sus ojos se abrieron de par en par, mirando directamente a los suyos.

"¡Eso es mejor!" Volvió a jugar con la navaja contra su piel blanca como un lirio. "Un día tus padres dejarán de quererte y serás nuestro". La agarró del pelo y le echó la cabeza hacia atrás.

"¡Ahhhh!", gritó Lilly.

Mantuvo un fuerte tirón, manteniendo su atención mientras la miraba intensamente durante lo que a Lilly le pareció una eternidad. Luego le susurró al oído: "Vales un buen dinero en la ciudad".

Se soltó el pelo y soltó una risa siniestra. Luego se acercó a su abrigo y sacó una página doblada de una revista. "Antes de que regresemos, tengo una historia que contarte". Abrió el papel doblado y levantó una foto frente a Lilly.

Llena de terror, Lilly grabó la historia en una película mental, una que se reproduciría una y otra vez a lo largo de su vida, incrustada en su mente como un recuerdo eterno.

"Érase una vez una chica que vivía en el campo y tenía un gran secreto. El secreto era demasiado grande para guardarlo y quería desesperadamente contárselo a alguien, pero ¿quién sería? Podría ser a un maestro, a un médico o a un sacerdote. Podría ser un vecino, una tía o un tío, pero lo más probable es que se lo contara a su madre y a su padre. Y eso es exactamente lo que hizo".

Lilly estaba absorta en la imagen mientras escuchaba, tomando instantánea tras instantánea de la foto con la cámara en su cabeza.

La voz de Frank zumbó: "Esa noche, ella les contó a sus padres el secreto que prometió no contar nunca, pero no le creyeron. La llamaron mentirosa. Quizás, pensaron, estaba loca".

Mamá usa esas palabras cuando está enojada conmigo, recordó Lilly. "Así que la familia se fue a la cama y todos durmieron profundamente. Pero había un diablo en la casa, y el diablo estaba vigilando a la niña".

"¡No!", espetó ella. "¡Tenemos ángeles que nos cuidan, no demonios!"

Frank se rió insultantemente de su protesta. "Oh, Lilly, eres una chica tonta. ¡El diablo es mucho más fuerte que un ángel indefenso con alas! Los pájaros tienen alas y vuelan contra las ventanas y se rompen el cuello. Los ángeles son igualmente tontos. Sin embargo ¿El diablo? Es pesado, está en el suelo y es fuerte. ¿Alguna vez has visto un diablo blanco, esponjoso y hermoso?"

Lilly absorbió cada palabra, pensando: "Tiene razón, los ángeles son demasiado bonitos para ser fuertes y malvados".

Sonrió ante la confusión que vio en su rostro. Era la reacción que estaba esperando: duda sobre su fe. "¿Lirio? ¡No escuché una respuesta!" Él la pinchó.

—¿Lo hizo el diablo? Lilly señaló la foto.

"Sí, esta es una imagen de la obra del diablo. La niña contó su secreto cuando no debía, por lo que el diablo castigó a su familia. ¿Ves esto aquí?" Frank señaló una ametralladora. "Esa es el arma que usó el diablo para matarlos".

Los ojos de Lilly se centraron en la pared manchada de sangre detrás de cada cuerpo, todos muertos excepto Una de ellas, la niña, estaba acurrucada en el suelo, asustada y llorando. Esa sería ella si contara y los muertos serían su familia.

En las primeras horas de la mañana, Joan gritó desde el dormitorio de las niñas: "Mamá, Lilly volvió a mojar la cama".

"¡No lo hice! Sudé mucho. Joan está mintiendo—le gritó Lilly—.

Las dos hermanas se miraron fijamente hasta que llegó Gwen para resolver la disputa.

Lilly había empezado a mojar la cama después de Navidad, y nueve meses después seguía siendo un problema, incluso cuando estaba en el jardín de infantes. Gwen y Vincent estaban nerviosos con despertares tempranos.

Gwen entró en su dormitorio. "Levántense de la cama, ustedes dos". Palpó el colchón del lado de Lilly. Estaba mojado, lo suficiente como para filtrarse en el costado de Joan.

"Lilly, ¿por qué no fuiste al baño? Está justo en frente de tu habitación. Guardamos una luz nocturna para ti".

"Tengo miedo por la noche". Lilly empezó a rascarse las uñas.

"¡Deja de rascarte las uñas! Sabes que eso vuelve loco a tu padre. ¡Tus uñas tienen toneladas de gérmenes y te las pones en la boca! Oh, Lilly, ¿qué te pasa?

Lilly se sentó sobre sus manos para dejar de morderse las uñas. "No quería despertar a todos y hacerlos enojar. No recuerdo haber sentido que tenía que ir al baño". Se sentía mal, no quería enojar a sus padres.

Gwen y Joan desnudaron las sábanas, las mantas y el protector de colchón, los enrollaron en una gran bola y luego se pusieron un nuevo conjunto. "Joan, llévate esto a la lavandería".

Joan le dio a Lilly una mirada de odio mientras los recogía y se iba. "Ven y siéntate en el regazo de mamá", le dijo Gwen a Lilly.

Lilly se subió, con la esperanza de encontrar consuelo.—¿De qué tienes miedo, Lilly?—preguntó Gwen pacientemente.

"Hay hombres del saco y monstruos en mi armario y debajo de la cama".

"Papá revisó toda la habitación contigo antes de que te durmieras. No había monstruos".

Lilly hundió la cabeza en el hombro de su madre. Pronto tendría siete años, y eso era demasiado grande para tener accidentes por la noche.

Juana regresó. "No puedo dormir. Moja la cama y duerme a cuatro patas, meciéndose de un lado a otro. ¡Solo mira el nido de ratas en su cabello! ¡Eso es por el columpio!"

Gwen trató de suavizar el enredo, y un mechón de cabello cayó en su mano. "Lilly, ¿por qué duermes así?"

No sabía cómo explicar lo asustada que estaba, especialmente por la noche cuando estaba oscuro. "No lo sé. Simplemente lo hago". El manto de la vergüenza pesaba sobre sus hombros. "Por favor, no le digas a papá que me pegue".

"¡Entonces debes parar!" La voz de Gwen se volvió firme, pero cariñosa.

"¿Por qué no puedo dormir en la cama doble al lado de Anthony?", preguntó Lilly. "Me siento seguro allí. Anthony no tiene hombres del saco".

"Ya hemos hablado de esto antes. Anthony es demasiado grande para compartir su habitación con una niña pequeña. Ahora vuelve a dormir. En unas horas será el momento de prepararse para la escuela".

Joan dejó escapar un suspiro de frustración y se cubrió la cabeza con las mantas. Gwen le dio un beso y Lilly.

Lilly cerró los ojos, fingiendo que iba a intentar dormir de nuevo, pero sabía que se quedaría allí, despierta, hasta que sonara el despertador.

JABALÍES

Los domingos por la noche eran especiales para Lilly y su familia.

Después de la cena, todos ayudaban a limpiar, y luego los niños se preparaban para acostarse temprano, anticipando la película familiar del domingo por la noche.

"¿Cuál es la película de esta semana?", preguntó Anthony.

—Se trata de un niño y su perro llamado Old Yeller—respondió Lilly—. Se acurrucó en el sofá entre sus padres, mientras Anthony y Joan se sentaban en el suelo.

Lilly creía en las películas que veía. A menudo pensaba en reyes y reinas, princesas salvadas por un príncipe, brujas buenas y malas. Observaba atentamente, absorbiendo cada escena como si estuviera sucediendo en ese momento.

Se inclinó y le susurró a Vincent: "Papá, ¿podemos tener un perro?" Le acarició la cabeza y sonrió. "Shhhh, no esta noche".

En la siguiente escena, Lilly vio su primer jabalí. Eran malos y feos, y perseguían al Viejo Yeller, que no era tan fuerte como ellos. Enterró la cabeza en el pecho de su padre y gritó: "¡No me gustan esos cerdos!"

Anthony y Joan le gritaron que se callara.

—¿Tenemos esos cerdos grandes en nuestro bosque?—susurró Lilly en voz alta—. "No, tonto, no viven aquí y se llaman jabalíes. Viven en bosques alejados de nosotros. Es solo una película", respondió Anthony. "¡Cállate y mira!"

Lilly no lo creyó. Sabía que las películas no eran reales, pero esta parecía serlo porque daba vida a las palabras e imágenes de Frank.

En la mente de Lilly, Frank era un jabalí y cualquiera que lo ayudara era parte de su orgullo. Ella era la fiel y obediente Old Yeller, incapaz de luchar contra ellos, y al final, Old Yeller murió, tal como Frank advirtió que le sucedería si alguna vez se lo contaba a alguien.

La película terminó con todos aplaudiendo a la camada de nuevos cachorros, excepto Lilly.—¿No te gustó?—preguntó Anthony.

"¡No! No me gustaba que el viejo Yeller muriera y no me gustaban los jabalíes. No me gustaba nada, excepto la amistad entre el chico y su perro".

"*Old Yeller* es una película, y el perro realmente no murió. También es una estrella de cine, como la gente. Tuvieron que enseñarle a hacer esos trucos para que pareciera real", explicó Anthony.

Gwen conmovió a los niños. "Recoge tus tazones de palomitas de maíz y ponlos en el fregadero. Luego, a sus habitaciones. Iré y los meteré. ¡Vamos!"

Lilly fue a su habitación y miró por la ventana. A la luz de la luna podía ver fácilmente la vieja y desgastada cabaña de troncos al otro lado del río, cerca de la orilla de la isla. La tosca cabaña le recordaba a la casa de la película. Hace mucho tiempo, unos muchachos vecinos lo habían construido con troncos. Ahora estaba abandonado. Vicente les había ordenado que nunca entraran debido a su antigüedad y al peligro de colapso.

"Lilly, ¿qué estás mirando?" Gwen se acercó por detrás para compartir la vista.

"Estaba mirando la luna". Lilly ocultó su ansiedad. "Métete en la cama". Gwen bajó la persiana. – ¿Has ido al baño?

"Sí, y me lavé los dientes. Tampoco voy a hacer swing esta noche". Lilly tenía tantas ganas de dejar el hábito y tener a sus padres se sentían orgullosos, pero mecerla la relajaba y la ayudaba a dormir.

"Oremos juntos". Gwen dirigió a Lilly en una breve oración pidiendo a los ángeles de la guarda que estuvieran al lado de su hija, que iluminaran y protegieran, que gobernaran y guiaran. La besó y le subió las sábanas hasta la barbilla.

Lilly se durmió pensando en la protección que le daría un perro. Pronto el sueño se trasladó a la vieja cabaña frente a la ventana de su dormitorio.

Un pequeño ejército de jabalíes se acurrucó alrededor de una gran mesa de picnic de madera en el centro de la cabaña de una habitación. El aire del interior estaba lleno de humo de cigarrillo y el hedor del güisqui viejo. Los jabalíes vestían uniformes policiales y llevaban pequeñas pistolas en fundas y armas más grandes colgadas del hombro. En la mesa de madera estudiaron un mapa, haciendo planes para cruzar el río y entrar en la casa. Su misión era matar a la familia de Lilly. Hicieron una balsa con troncos viejos atados con cuerdas.

En silencio, en medio de la noche, se alejaron de la orilla y cruzaron las aguas abiertas, acercándose cada vez más a la casa. Cuando llegaron a la orilla, se arrastraron sobre sus vientres a lo largo de la orilla y se deslizaron como serpientes por el patio y entraron por las ventanas.

Sacaron a la familia de Lilly de sus camas, los llevaron al comedor y los alinearon contra la pared. El jabalí más grande sostenía a Lilly con fuerza en sus brazos, obligándola a ver cómo apuntaban con armas a su familia, atadas y amordazadas con horror en sus rostros. Hubo una cuenta de tres, y los fusiles dispararon al unísono. Lilly vio cómo los cuerpos inertes de su familia se desplomaban en el suelo, dejando rastros de sangre deslizándose por la pared.

Los jabalíes reían y celebraban con güisqui y puros. Lilly ahora les pertenecía y la lanzaron como una muñeca de trapo, apostando cuánto valía. Estaba sola y desprotegida, con demasiados jabalíes para huir. El jabalí policía más grande masticando un palillo de dientes a medida que se acercaba y sus ojos amarillos se iluminaron. Ahora ella era suya.

En el silencio de una noche somnolienta, un grito desgarrador salió del dormitorio de las chicas.

Joan se despertó y vio a su hermana dormida sentada en la cama, gritando por su vida. Joan corrió a la habitación de sus padres.

Se encontró con Vincent a mitad de camino. Llevaba su rifle .22 y le hizo señas para que se pusiera detrás de Gwen y Anthony mientras se dirigía hacia los gritos de Lilly.

Con el arma lista para disparar, Vincent entró en la habitación de Lilly. Se balanceaba de un lado a otro, sosteniéndose la cabeza con ambas manos. Vincent puso el seguro en el arma, la puso en el suelo y rápidamente se acercó a ella.

"Lilly, soy papá. ¡Despierta, cariño! Estás teniendo una pesadilla". Al tocarla, los brazos y las piernas de Lilly se agitaron y sus gritos se convirtieron en gritos jadeantes. Su familia observaba desconcertada. De nuevo, pensó Vincent. "¡Lilly, despierta!" Ella permaneció atrapada en la pesadilla, pateando su cuerpo y arañando su cara.

"¡Gwen, trae un vaso de agua fría, rápido!"

Gwen regresó rápidamente. Vincent ahuecó su mano y salpicó una pequeña cantidad de agua en la cara de Lilly. Sobresaltada, sus ojos se abrieron de par en par.

—Ahí está, Lilly. Está bien. Tuviste una pesadilla", la consoló.

Joan trajo un paño, y Vincent lo empapó con el agua fría restante y lo pasó por la frente y la cara de Lilly. A medida que su temperatura bajaba, sus gritos se convertían en gemidos.

—¡No! De repente apartó la mano de Vincent. "¡Están en el comedor!"

—¿Quién está en el comedor?

—¡Los jabalíes! Una vez más, Lilly estuvo al borde de la histeria. "Quédense aquí, todos. Voy a revisar la casa". Gwen reemplazó a Vincent mientras él recuperaba su arma.

—¡Las ventanas!—gritó Lilly—. "¡Cierra las ventanas! ¡Así es como entran!" Vincent y Gwen intercambiaron miradas preocupadas.— Anthony—dijo Gwen—, quiero que vuelvas a tu habitación.

"Pero mamá…"

"Sin peros, vuelve a tu habitación".

"Joan, puedes ayudarme con Lilly hasta que regrese tu padre".

Vincent regresó. "He revisado toda la casa, incluso el sótano, y todo está cerrado y seguro. Es hora de que todos volvamos a dormir".

—¿Puedo dormir contigo y con mamá esta noche?—suplicó Lilly. "Puedes dormir en el borde de nuestra cama, pero solo por esto noche. ¿De acuerdo?"

"Lo prometo, solo esta noche".

Se aferró a Vincent mientras él la llevaba a su dormitorio.

El médico le hizo un chequeo de rutina con un análisis de orina y le pidió a Lilly que le contara sobre el sueño. "Soñé con jabalíes que venían de la isla y se arrastraban por nuestras ventanas".

—¿Y ahora qué?

—No lo sé. La misma respuesta que dio a sus padres. Sin embargo, Lilly lo sabía. Se trataba de Frank y de los secretos que le hizo prometer que guardaría.

—¿El sueño se detiene siempre en las ventanas?—preguntó el doctor.

—Sí—mintió Lilly—.

"Dime, ¿dónde viste jabalíes?"

—En la película que se llama Old Yeller. "Ahhh, ¿te gustan las historias?"

"Me encantan las historias".

"¿Cuál es tu favorito?"

"La bella durmiente y Cenicienta".

—¿A ti también te asustan esas historias?

"No, tienen finales felices. La princesa se enamora de un príncipe.

Apuesto a que te gustaría ser princesa.

"No, quiero ser el príncipe que salve a la princesa".

El doctor sonrió sorprendido. "Bueno, tengo buenas noticias para ti y tu madre". Se volvió hacia Gwen. "¡Tu hija tiene una imaginación sana!" Luego se volvió hacia Lilly. "A veces nuestra imaginación puede dar rienda suelta. Ahí es cuando tenemos que pensar con más claridad sobre lo que es real y lo que no lo es. ¿Podrías trabajar en eso para mí?"

—Sí—respondió Lilly con seriedad—.

"Mientras tanto, mantenga la rutina de no beber líquidos después de la cena y si se despierta sintiendo que podría necesitar ir al baño, levántese y pruébelo. Si dejas de mojar la cama y de tener pesadillas, no tendré que volver a verte hasta el próximo otoño. Estrechó la mano de Lilly.

Lilly y su madre caminaron hacia el auto. "Lo hiciste muy bien en el consultorio del médico hoy. ¿Entendiste lo que dijo?", preguntó Gwen.

Lilly suspiró. "Ya no puedo fingir y tengo que levantarme por la noche para ir al baño". Bajó el cabeza avergonzado. *Volvió a mentir, pero no puedo decir la verdad, porque si lo hago, el tío Frank lastimará a mamá.*

"Lilly, todavía puedes fingir, pero es importante que no dejes que se convierta en algo real para ti". Gwen deseaba poder leer la mente de su angustiada hija.

"Lo sé. Mi maestra dijo lo mismo". Lilly vio el coche y corrió hacia él. Gwen la observó, con la esperanza de que este punto de inflexión devolviera a Lilly a su estado habitual de felicidad, dejando el sueño en el pasado. Había estado ocurriendo durante meses, noche tras noche. Esa noche, mientras Gwen realizaba su rutina habitual de historias, oraciones, besos y buenas noches, Lilly preguntó: "Mamá, ¿Cómo no voy a tenerle miedo a la noche?"

Ella respondió: "Cuando era niña y tenía pesadillas, la abuela me decía que hiciera la señal de la cruz en mi almohada. Eso llamaría a los ángeles de la guarda y ellos se llevarían los malos sueños".

—¿Funcionó?—preguntó Lilly con curiosidad. "Escuché que los ángeles no son muy fuertes".

Gwen frunció el ceño.—¿Quién te dijo eso?

"Un niño en la escuela".

"Bueno, él no sabe mucho acerca de los ángeles. Derrotaron al diablo. Puede que no sean fuertes de músculos, pero son muy sabios, y eso también es una fortaleza".

Lilly sonrió. "Le dije que estaba equivocado".

"¡Bien hecho!" Le dio unas palmaditas en la espalda a Lilly. "¿Te gustaría probar lo que me enseñó la abuela?"

"Sí, la echo de menos. Está en el cielo, ¿no es así, mamá?

—Sí, lo es. Juntos hicieron la señal de la cruz en la almohada de Lilly.

"¡Me gusta eso!" Lilly se acurrucó bajo la sábana superior, metiendo el cabeza justo donde habían hecho la cruz.

—Tengo otra idea—dijo Gwen—. "Espera aquí, volveré enseguida". Gwen regresó con el libro de oraciones negro de Vincent. "Este es el libro de oraciones de tu padre, el que lee los domingos. Él quiere que lo tengas".

"¿Qué hago con él?" Lilly miró inquisitivamente a su madre.

"Papá dijo que le dieras un besito en la funda y lo pusieras debajo de tu almohada. Es su forma de decirte que siempre está cerca de ti".

Lilly hizo exactamente eso.

En medio de la noche, cuando volvió a dormir, se despertó y recordó el libro de oraciones. Deslizó la mano por debajo de la almohada, la sacó, la volvió a besar y la volvió a bajar, dejando la mano sobre ella.

Sintiendo la protección de su padre, rápidamente se volvió a dormir.

1986 - TERCERA SESIÓN INTRIGAS Y MENTIRAS

Lilly se sentó frente al doctor Bricks. "Durante tres décadas mi vida me ha consumido de manera negativa. Ya no quiero ese peso. Me está impidiendo ser quien soy".

—¿Quién es usted?—el doctor Bricks se echó hacia atrás con interés—.

Lilly se animó. "Realmente no soy un desastre nervioso o ansioso. Eso es lo que aprendí a ser. El verdadero yo está relajado y no se preocupa innecesariamente. Amo a las personas y disfruto ser útil en sus vidas. Me gusta ser gracioso, hacerme reír a mí mismo y a los demás, y abrazo completamente a la madre naturaleza. El exterior es mi iglesia. Me gusta la belleza de la simplicidad. Valoro la honestidad y la lealtad. Estoy emocionado de estar vivo".

"Veo todo eso en ti, y más".

"Pero perdí esos sentimientos aquí". Lilly se tocó el pecho, señalando su corazón.

"Recuerda, Lilly, que eras una niña pequeña e hiciste todo lo que sabías hacer para encontrar un equilibrio saludable en tu vida. Como dijiste antes, hiciste lo que tenías que hacer para ver otro día".

El doctor Bricks la observó mientras ella se cruzaba lentamente de brazos y miraba hacia abajo con tristeza. "Dime lo que sientes".

"Para cuando Frank me devolvía a casa de sus paseos o viajes en coche, yo había sido reducido al nivel más bajo de ser humano que un el niño puede tener. Estaba tan avergonzada y convencida de que era una chica mala y que mis padres siempre estarían decepcionados de mí si alguna vez se enteraban".

—¿Recuerdas lo que hiciste para sobrellevarlo?

"A menudo iba a mi habitación y desahogaría mi ira con mis muñecas. Si yo estaba en problemas, ellos también. Tuve que mostrarles quién estaba a cargo. Les hice lo mismo que Frank me hizo a mí. Esa fue una forma de liberar mi ira".

"Eso fue ingenioso y seguro".

"Recordar me duele por mi niño interior. Los ataba con mis cintas para el cabello y luego los tiraba por toda la cama. Los golpeó y les dijo que eran malos y feos. Los llamó bebés asustados. Les quitaba la ropa y tenían frío y me rogaban que parara, pero no sentía lástima por ellos. En cambio, me reí. Tomaba una aguja de coser y les rascaba la piel. Trataron de alejarse de mí, pero no pudieron. Y yo les dije que nunca serían bonitas, porque eso es lo que Frank me dijo. De hecho, les arrancó la mayor parte del cabello. Eso no es normal".

"Estabas descargando tu ira en un juego de roles. Eso era saludable, Lilly. La ira creció. "Todavía está en mí…esa ira odiosa. Tomó lo bueno de mi vida y lo convirtió en malo. ¡Un acto puro e inocente de jugar con muñecas no era posible para mí! Luego vinieron las pesadillas de los jabalíes, la misma que se repitió durante años, siempre despertándome de terror. ¿Cómo sucede eso?

"Es común tener pesadillas a una edad temprana. Así es como una mente joven procesa lo que no entiende. Pero el trauma también podría haber influido, como tener un flashback".

"¡Es por eso por lo que el sueño seguía regresando! Estaba tratando de juntar todo lo que me estaba pasando, pero era demasiado joven para entenderlo. Así que se metió en mi mundo onírico usando lugares y personajes de una película".

"Es muy posible. Los niños pequeños y los bebés están en sus años altamente formativos y necesitan modelos positivos para expresar sus sentimientos y emociones de manera adecuada. Sin eso, los sentimientos se vuelven abrumadores; y el niño deja de tratar de comunicarse, o se vuelve disruptivo para llamar la atención".

"Dejé de comunicarme y, al hacerlo, guardé más y más sentimientos dentro de mí. No solo eso, empecé a perder la confianza en mis padres".

"Es sabido que el amor en una familia puede debilitarse y tomar un curso diferente cuando la protección y la seguridad no están firmemente establecidas".

Lilly se quitó los zapatos, puso una mano detrás de ella y sacó un cojín decorativo, que abrazó con fuerza contra su pecho, como un escudo.

"¡Odio los planes y las mentiras de Millie más de lo que odio a Frank!" Lilly golpeaba el cojín cada vez que pronunciaba la palabra odio. "Odio cómo fingió ser mi madre como si yo fuera su hija y pudiera confiarle cualquier cosa. Odio el hecho de que haya traído a Frank a nuestra casa, y odio la forma en que jugó con mi sentimiento de culpa al obedecer a mis padres. Nunca se culpó a sí misma. Era malicioso y falso. ¡La odio!" Lilly se quedó sin aliento.

Tu tía Millie traicionó tu confianza.

"¡Oh, por supuesto que lo hago!" Lilly puso los ojos en blanco mientras recogía su largo cabello en la parte superior de su cabeza, inquieta. "Durante muchos años de mi infancia creí que Millie era mi segunda madre, y una mejor. De alguna manera, la noción de que le debía amor, perdón y respeto está en mi cabeza. No voy a ceder ante eso. No la amaré. No sentiré lástima por ella. ¿Eso me convierte en una mala persona? ¿No estoy siendo un buen católico? ¿Necesito perdonar?"

"El perdón es un viaje personal. La gente perdona para ayudarse a sí misma a seguir adelante y sanar".

"Está bien, entonces, Dios puede perdonarla a ella y a Frank. Dios tiene poderes mucho más allá de los míos. En la Tierra sabían distinguir entre el bien y el mal. Era su deber protegerme a mí y a otros niños. En cambio, colaboró con su esposo sexualmente desviado y luego pasó su culpa a otros. No me arrepiento".

"Sientes que es importante entender el comportamiento de Millie para poder seguir adelante".

"Sí, porque las respuestas me ayudan a soltar la ira. Saber nos quita la culpa a mamá y a mí, y se la devuelve a Millie".

"El proceso de descubrimiento requiere empuje, que es claramente uno de los puntos fuertes de tu trabajo".

Lilly se secó las gotas de sudor de la frente. "Millie me metió en una pelea entre ella y mamá. Es horrible hacerle eso a un niño".

"Solo pensaba en sí misma".

"Me hicieron creer que mis padrinos me querían". Lilly respiró hondo, tratando de calmar sus nervios. "Nada más lejos de la realidad. ¿Cómo puede una familia o un niño tener una oportunidad con personas tan malvadas como esa? Tal vez sea mejor evitar la verdad y dejar de revivir el pasado".

"Ha sido difícil para ti, guardar estos secretos…"

"Aferrarme al pasado me está destruyendo física y mentalmente. Por eso estoy aquí. Necesito ayuda. He tratado de curarme a mí misma, pero fallo, y luego me odio aún más. Eso es diferente ahora. El aprendizaje y la comprensión me están sacando del pantano y me permiten defenderme. Voy a superar esto. Lo haré. Debo hacerlo".

Lilly cerró los ojos con fuerza, tratando de expulsar todas las cosas malas que había visto y sentido.

LA MENTIRA ES PECADO

"¿Cómo puedes amar el final del verano y volver a la escuela?"—preguntó Anthony mientras acompañaba a Lilly a su clase.

Lilly se encogió de hombros, pensando que *el final del verano era un* momento seguro*: ni Frank ni Millie hasta Navidad. No debo tener miedo hasta entonces. Me siento segura en la escuela y me gustan las reglas. Son fáciles de seguir.*

Le respondió a su hermano de manera diferente. "Me gusta jugar con todos mis amigos, me gusta aprender y me encanta tener un escritorio solo para mí".

El escritorio era su pequeño hogar lejos de casa. La mantenía limpia y ordenada, tal como esperaba su maestra, y como su madre mantenía su casa. Lilly estaba muy orgullosa de su responsabilidad y estaba emocionada de ver dónde se sentaría.

Caminó por los pasillos de su salón de clases, mirando cada pupitre en busca de la estrella con su nombre. Para su sorpresa, la encontró en la última fila, justo al lado de los grandes ventanales. Se iluminó con una gran sonrisa. Era la mejor fila de la sala.

¡Qué año tan fantástico!, se dijo Lilly. *Mamá va a tener un bebé y yo estoy en segundo grado con un asiento justo al lado de las ventanas. ¡Será como un recreo todo el día!*

Comenzó a descargar su bolsa de suministros, siguiendo el diagrama de la pizarra. Lápices de colores, caja de lápices y papel a la derecha; libros a la izquierda.

Su nueva regla favorita era tener descansos para hablar entre los sujetos, siempre y cuando no hubiera susurros durante la instrucción. En ese momento, la clase tenía que estar tan callada como un ratón.

Un viernes por la tarde a finales de otoño, un fuerte golpe en la puerta de madera resonó en toda la habitación durante su clase de lectura. La maestra dejó de enseñar y se acercó a la puerta, abriéndola un poco para que los niños no pudieran ver quién estaba allí. Luego llamó a Lilly.

Lilly se sonrojó. *No recuerdo haber hecho nada malo. Sigo las reglas y hago lo que dicen los maestros. No me gusta que me llamen delante de los demás niños. Da vergüenza que te miren. Me hace pensar en Frank.* Su rostro se sonrojó aún más. "Lilly, ven aquí".

Lilly se puso de pie, bajó la cabeza para evitar las miradas, y se acercó a la maestra.

La señora Wilder se inclinó y le susurró al oído: "Tienes una hermanita. Su nombre es Eva. Tu madre está bien y tu padre te recogerá a ti y a Anthony después de la escuela en tu autobús".

¡Tengo una hermana pequeña! Anthony ya no puede llamarme el bebé y perdió su apuesta. ¡Doble victoria! Volvió a su escritorio sin importarle quién la miraba. La vida iba a cambiar, y para mejor. Iba a ser una "hermana mayor". Iban a ser amigos para siempre.

Eva fue bautizada en una pequeña ceremonia después de la misa dominical, y después, el padre Johan se unió a la familia para la cena de celebración.

"Creo que este es el momento perfecto para hablar de la Primera Comunión de Lilly esta primavera", dijo el padre Johan, llamando la atención de todos.

Vincent dejó el tenedor. "Gwen y yo estábamos hablando de eso. La primavera pasada fue difícil para ella. Primero tuvo sarampión alemán y luego escarlatina. Perdió dos meses de escuela".

"Sí, sí, por supuesto, lo recuerdo bien, ¡y mira cómo se ha recuperado!" El padre se volvió hacia Lilly. "¿Estás listo para comenzar las clases en unas semanas? Tendrás más que estudiar que tus tareas escolares".

"Me encanta estudiar y se me da bien. Mamá, ¿puedo hacer mi Primera Comunión esta primavera?"

—Sí, querida, puedes. Gwen compartió una sonrisa con Vincent. Todos los miércoles por la noche durante los meses de invierno, los tres niños asistían a clases de religión, a pesar de las tormentas de nieve y las carreteras peligrosas. El maestro de Lilly era el padre Johan, y su clase se reunía en los bancos delanteros de la iglesia.

"¿Alguien sabe lo que significa la palabra 'Eucaristía'?", preguntó el padre Johan, mirando a la clase en busca de una respuesta, sin recibir ninguna. "Bueno, niños", continuó, "significa 'acción de gracias'. Es la parte más emocionante de la misa porque es el momento de dar gracias".

"¿Gracias por qué?", preguntó un estudiante.

"Gracias a Jesús porque cumplió su promesa".

"¿Hizo Jesús una promesa?", preguntó Lilly mientras pensaba en la promesa que le hizo a Frank.

"Sí, Jesús hizo muchas promesas a los que obedecen los mandamientos y a los que no. Si eres obediente, un día irás al cielo a vivir con él".

"¿Qué pasa si alguien no obedece un mandamiento?", preguntó Lilly. "Así que han pecado y necesitan confesarse o tal vez no irán al cielo".

"¿Así que guardar un secreto de tus padres es un pecado?", preguntó.

—Quizás.

Lilly guardó silencio. *Estoy guardando secretos. Eso significa que he pecado y soy malo.* Si no puedo ir al cielo, entonces iré al infierno. ¡No quiero ir allí!

El padre Johan continuó: "Cuando nos casamos con Jesús como niños, nos casamos con nuestra fe y sus enseñanzas. Le demostramos nuestro amor".

Lilly escuchó atentamente. No entendía a qué se refería con "amor". *Veo amor entre mamá y papá, pero todo se trata de cómo se tocan. El tío Frank dice que el juego que juega es sobre el amor.*

"Padre, ¿cómo podemos mostrarle a Jesús que lo amamos sin tocarlo?", preguntó.

"Jesús está en todas partes". El padre levantó las manos por encima de la cabeza. "Lilly, te encanta el río, ¿verdad?" Lilly asintió. "Amar el agua es una forma de amarla. Él creó la tierra y todo lo que hay en ella. El amor que sientes por Jesús está en lo profundo de tu corazón".

El peso del pecado entró en la vida de Lilly. *He mentido sobre algo más que el secreto. También he mentido sobre las pesadillas y la iglesia dice que debería confesarme. Si lo hago, Frank lastimará a mi familia o me matará, y si no lo hago, me iré al infierno.*

Miró alrededor de la iglesia, concentrándose en cada rincón oscuro, dejándose llevar por los pensamientos de Frank. *Me dijo que los demonios viven en los rincones de las iglesias donde está oscuro y que pueden oír todo. Me pregunto si ellos también conocen mis pensamientos y le contarán a Frank sobre mi confesión.*

Sus nervios se convirtieron en miedo. Dirigió su atención a las estatuas de los santos cerca del altar. Eran buenos. Vivían en el cielo. "Lilly, ¿estás prestando atención?" El padre Johan notó su mirada distraída.

—Padre—Lilly señaló una estatua de tamaño natural de María en la pared—, ¿por qué está pisando una serpiente con los pies descalzos?

"Esa es una pregunta interesante y estoy seguro de que la clase quiere escuchar la respuesta. La serpiente es el símbolo que representa a Satanás. María le está dando a Satanás una advertencia de que él será destruido".

Lilly tenía una imagen de la cabeza de Frank bajo los pies de Mary en lugar de la serpiente. Recordó cómo llevaba un palo, usándolo para hurgar en la hierba mientras la paseaba por el bosque. Le dijo que lo único que le temía eran las serpientes. Estaba segura de que el miedo de Frank tenía algo que ver con la estatua de María y la muerte del diablo.

A Lilly se le ocurrió un plan, pero para que funcionara necesitaba la ayuda de Anthony.

TIEMPO DE RECUPERACIÓN DE LA INVERSIÓN

"¿Podemos ser solo nosotros cuando se trata de mis fiestas?", preguntó Lilly, decepcionada y preocupada.

"¿Por qué no invitamos a mis padrinos a la Primera Comunión?" Vincent le dirigió una mirada de advertencia.

"Pero, papá, no entiendes…" Lilly se detuvo, guardando las palabras que tanto quería decirse a sí misma.

"Sí, lo entiendo. Estás faltando el respeto a los deseos de tu madre". Lilly apartó la mirada.—No, no lo estoy.

—¡Ahora me respondes!—advirtió Vincent—. "¿Puedo retirarme?", preguntó amablemente.

—Sí, y ve a buscar a Anthony. Ustedes dos tienen el deber de lavar los platos esta noche".

Encontró a Anthony en el jardín de gusanos, cavando en busca de cebo.

"Anthony, tengo un truco que quiero hacerle a Frank cuando venga a mi Primera Comunión".

"Me interesa. ¿Qué clase de truco?", preguntó, continuando su indagación.

"Primero tienes que cruzar tu corazón y prometer que vas a morir, lo prometo".

—¿Es tan grave? Le encantaba bromear con Lilly porque ella se enfadaba rápidamente. "Está bien, lo prometo. Cruzo mi corazón y espero morir".

"Prométeme con tu meñique también". Ella le tendió el meñique y él lo entrelazó con el suyo.

"¿Ahora dime cuál es el truco?", preguntó.

"Vamos, vamos a dar un paseo por el río. ¡Te va a encantar esto!"

Mientras caminaban, Lilly le contó sobre el miedo de Frank a las serpientes y su plan para asustarlo con una muerta. "¿Cuándo vamos a tener tiempo suficiente para cazar una serpiente?", preguntó.

"Estaba pensando en el sábado, justo después de nuestras tareas, y prométeme que mantendrás esto en secreto. Es importante para mí". Lilly frunció el ceño.

"Te prometo que es solo entre tú y yo. ¡Esto va a ser un espectáculo, ver al tío Frank correr por su vida! Un tipo grande en la ciudad asustado por una serpiente…¡te burlas como lo hace papá!", respondió Anthony.

"¿Qué dice mamá? 'Las manzanas no caen lejos del árbol'?" Lilly sonrió. "Así es como funcionará. Encontraremos una serpiente, dejaremos que se enrede alrededor de un palo grande y la soltaremos en el patio cerca del gallinero. Ahí es cuando gritaré como si me estuvieran matando, correrás a buscar a mamá, y luego ella vendrá corriendo para salvar a las gallinas y a nosotros. ¡El gancho es cuando se corta la cabeza de la serpiente!"

—¿Qué vamos a hacer ahora?

"Uno de nosotros lo tirará al río, pero nosotros solo tiraremos la cabeza. Tiraremos el cuerpo cerca de la orilla para poder sacarlo tan pronto como mamá regrese a la casa".

"Oye, hermana, un problema: ¿cómo vamos a evitar que se pudra?"

"Uy, no pensé en eso. ¿Tienes alguna idea?

"Tenemos que mantenerlo frío o congelado, ¿nuestro congelador?" Anthony sonrió, levantando las cejas.

Lilly soltó una gran carcajada. "Anthony, es una imagen muy divertida de imaginar: ¡Mamá baja a pescar y descongela una serpiente!" Se rieron cada vez más fuerte hasta que ambos rodaron por el suelo, encorvados por el dolor de estómago.

"Está bien, tenemos que ponernos serios. No más bromas—dijo Lilly, tratando de que los dos se volvieran a concentrar—. "¿Recuerdas cuando traté de salvar una rana en un frasco de vidrio?"

—¡Sí, y murió, apestando todo el sótano! Anthony se rió al recordarlo.

"Tengo que mantenerlo fresco durante una semana. El sótano no es lo suficientemente frío", concluyó Lilly.

"No, pero el arroyo sí", respondió Anthony.

Lilly lo miró. "¡Eso es todo! Podemos sellar la serpiente en uno de los frascos de vidrio de mamá con piedras de peso, atar una cuerda alrededor de ella y dejarla en el arroyo". Compartieron un apretón de manos de felicitación y corrieron de regreso a la casa para hacer su tarea.

El sábado siguiente caminaron y caminaron en busca de una serpiente de pino, pero sin suerte.—¿Qué vamos a hacer ahora?—preguntó Anthony, exhausto.

Lilly se sentó en el suelo del bosque. "No me rendiré. Iremos de nuevo después de la iglesia y la cena. ¿Estás conmigo?

"Tengo que estar allí ahora; No puedo romper una promesa". Lilly sonrió. "¡Eres el mejor hermano!"

"Solo cuando esté bajo tus órdenes", bromeó, y luego comenzó a correr por el bosque hasta la zanja donde estaban sus bicicletas. "¡Lilly, me golpeaste!" Anthony estaba jadeando y sorprendido mientras recogía su bicicleta.

"Son todos los juegos de persecución de niños que juego durante el recreo", jadeó. "No voy a correr a casa. Puedes hacerlo si quieres, pero me tomaré mi tiempo. Tal vez una serpiente esté tomando el sol en la calurosa carretera de asfalto.

"Está bien, pero te apuesto un centavo a que no podrás decir que no a una carrera".

Caminaron unas dos millas antes de que ella cediera el paso. "Está bien, querido hermano, acepto".

Estaban corriendo por el camino de entrada de un cuarto de milla cuando Anthony gritó: "¡Lilly, mira tú guardabarros trasero!"

Giró la cabeza. A su vista había una enorme y gorda serpiente de pino. A Lilly no le importaban las serpientes, pero ver una deslizándose hacia ella en el guardabarros de la bicicleta la asustó terriblemente.

Gritó mientras saltaba de la bicicleta y caía al suelo.

"¡Voy a buscar a mamá! Mira a dónde va—gritó Anthony mientras corría hacia la casa—.

Se puso de pie sin apartar los ojos del reptil que planeaba. Se acurrucó en la hierba seca al borde del camino.

Gwen y Anthony llegaron corriendo con la azada. El rostro de Gwen estaba deformado por la rabia, y de un solo golpe decapitó a la serpiente. Era como un cuento de hadas hecho realidad.

Luego se volvió hacia Lilly. "¡Mira tus piernas, están todas raspadas! ¿Cómo será eso para tu Primera Comunión?

—¡Esos pequeños rasguños habrán desaparecido para entonces!— replicó Lilly, sacudiendo la grava—.

"¡No hagas eso! ¡Solo lo estás empeorando!", regañó Gwen y luego se volvió hacia Anthony. "Ve a tirar esa serpiente al río mientras ayudo a Lilly".

"¡Mamá, esa serpiente estaba en el guardabarros de mi bicicleta! Tendría el placer de tirarlo al río. ¡Me lo gané!", insistió Lilly. "Hazlo rápido. Estás sangrando".

Lilly pudo ver que su madre estaba cansada de cocinar y limpiar, y ahora esto. Tenía que terminar rápidamente. "¿Quieres ayudar, Anthony?", preguntó.

"¡No me lo perdería!", respondió con una sonrisa maliciosa.

Lilly recogió la cabeza y Anthony agarró el cuerpo. Con un fuerte lanzamiento por encima del hombro, lanzó la cabeza al agua, lo suficientemente lejos como para que su madre pudiera verla cumpliendo con su deber. Satisfecha, regresó para limpiarse las heridas y mantener la atención de Gwen lejos de Anthony.

—Anthony—gritó Gwen—, asegúrate de tirar el cuerpo lejos. No queremos que vuelva a la orilla".

"¡Claro, mamá!"

Lilly caminó con Gwen, mirando a su hermano y sonriendo. El frasco de vidrio estaba en su bolso.

Todos los días después de la escuela, Anthony y Lilly corrían al arroyo para ver cómo estaba la serpiente. Se mantenía frío, y Anthony había puesto un poco de agua en el frasco para mantenerlo húmedo. No había huellas de animales alrededor, y al tercer día estaban bastante seguros de que su plan había funcionado. Todo lo que tenían que hacer era esperar a que llegara Frank.

Cuando llegó el día, se bajaron rápidamente del autobús, bajaron por el camino de entrada y entraron en la cocina, donde encontraron a Gwen y Millie. – Hola, tía Millie. Lilly le dio un abrazo. "Hola, mamá.

¿Dónde está el tío Frank?

—Salió a fumar su cigarrillo—respondió Gwen con una expresión sospechosa en su rostro—. "¿Tuviste un buen día en la escuela?"

"¡Todos los viernes son buenos días!" Lilly agarró una galleta. Tengo una sorpresa para el tío Frank. Me cambiaré de ropa y saldré a buscarlo".

Corrió a su dormitorio, se quitó el vestido de la escuela y se puso un par de jeans y una camiseta. Luego corrió a través de la cocina y se dirigió al arroyo.

Millie observó con asombro. "Veo que ha cambiado su forma de pensar por una más agradable".

"¡Parece que sí! Vayamos al porche y veamos cuál es la sorpresa".

Salieron y encontraron a Antonio ya sentado en un escalón, como esperando a que comience la película.—Anthony—preguntó Gwen—, ¿qué está tramando Lilly?

"No tengo ni idea. Conoces a Lilly y su imaginación.

Lilly recuperó la serpiente y se dirigió a buscar a Frank, encontrándolo, caminando a lo largo de la orilla y hacia la casa.

Era el momento perfecto para jugar al diablo. Salió corriendo de los bosques circundantes hacia Frank, sosteniendo a la serpiente detrás de su espalda. Cuando estuvo a una distancia audible, gritó: "¡Oh, tío Frank tío Frank, tengo algo que mostrarte!"

Se detuvo y se dio la vuelta con una enorme sonrisa de satisfacción. *Sabía que ella llegaría a apreciarme*, pensó.

"¡Sorpresa!" Lilly sacó la serpiente muerta, balanceándola en el aire como una soga y rozando el vientre de Frank. Vaciló y tropezó con Millie y Gwen. Lilly observó con alegría mientras corría por su vida, creyendo que la serpiente estaba viva.

Su cigarro cayó al suelo mientras corría por la orilla del río. Su vientre rebotaba. El sudor le corría por la frente y Lilly no dejaba de balancear la serpiente mientras lo perseguía, gritando: "¡Aquí viene el diablo!"

En su carrera frenética y torpe, de repente tropezó y cayó al suelo, golpeándose la cara. Gwen y Millie corrieron hacia él. "¡Lilly, tíralo al agua ahora mismo!"—le gritó Gwen—.

Lilly saboreó su triunfo por un momento más. *Me pregunto cómo le gusta tener miedo y tratar de huir con el público mirando.* Entonces sintió las manos de su madre arrebatándole la serpiente.

Gwen vio que le faltaba la cabeza y se puso roja de ira.

—Debería estar preocupada, jovencita. El tío Frank podría haber resultado herido. Eso fue una falta de respeto y una humillación para él. Vete a tu habitación, sin bocadillos, sin cena. ¡Vamos!" Gwen señaló hacia la casa.

A Lilly no le importó retirarse a su habitación. Quería tiempo a solas para interpretar toda la escena. Entró en la casa con la cabeza gacha, deteniéndose solo un momento para sonreírle a Anthony.

Horas más tarde, hambrienta y cansada, Lilly escuchó que llamaban a su puerta.—¿Quién es?

"Soy papá".

Lilly respiró hondo mientras caminaba hacia la puerta, preguntándose cuál sería el castigo. Fuera lo que fuera, valía la pena la venganza.

Lentamente, abrió la puerta.

Sorprendentemente, Vincent estaba allí, bastante tranquilo, con un sándwich de mantequilla de maní y un vaso de leche. "Debes estar muriendo de hambre, así que te traje un bocadillo antes de acostarte".

"Gracias." Lilly mantuvo la cabeza gacha con la esperanza de evitar el castigo. – He oído hablar de la broma que le hiciste a Frank. Permaneció en silencio.

"¡Ojalá hubiera estado allí para verlo! Frank todavía está furioso".

Sorprendida, incluso asombrada, Lilly miró la sonrisa de su padre y supo que no estaba bromeando. Continuó: "Era una idea inocente, no tenía la intención de lastimar a nadie, pero nunca más, Lilly.

—¿No estás enfadado conmigo?

"En realidad no", respondió, "pero una segunda broma como esa no se tomará a la ligera. Ahora come tu bocadillo y vete a la cama. Te amo".

"Yo también te amo, papá".

Lilly durmió bien esa noche sabiendo que podía defenderse.

LA CALA DE LOS PIRATAS

"Se ve perfecto, y la corona de flores con el velo es puro centenar de Lilly, ¡hoy se ve tan feliz y es tan linda con su vestido! Se lo dije en su inocencia".

"¡Es una chica hermosa!" Vincent miró con orgullo a su hija, que una vez fue un bebé.—Ahí viene Frank. Vincent le dio a Eva a Gwen.

"Fue una ceremonia encantadora", dijo Frank, acercándose con un apretón de manos profesional.

Vincent siguió mirando a Lilly y dijo: "Mírala con el padre Johan. Se han hecho amigos y parece que él la está ayudando a lidiar con sus preocupaciones. Sabes que se preocupa por todo: la escuela, los amigos, incluso la iglesia, pero el padre sigue reuniéndose con ella con la esperanza de encontrar la causa subyacente".

"¡No me digas! ¿Lo ves más que los domingos?", preguntó un nervioso Frank.

"Oh, sí, este invierno tenía clase de religión todos los miércoles por la noche y era su maestro. Fue entonces cuando Lilly comenzó a tomar su fe en serio y a mostrar más preocupación que los otros niños", respondió Vincent.

Frank la observó interactuar con el sacerdote.—¿Ya se ha confesado?

"Todavía no", respondió Vincent. "Hicieron una confesión fingida en clase y en unas semanas iremos en familia. Ella y Anthony ya están escribiendo su lista de pecados juntos. Sabes, Frank, esos dos tienen una relación especial.

"¡No me digas! ¿Habéis pasado más tiempo juntos desde que llegó Eva?

"Casi siempre no están en la escuela".—¿Cómo les va en la escuela?

—Bueno—dijo Vincent—, Anthony todavía tiene problemas para hacer los deberes, los niños típicos, y Lilly viviría en la escuela si pudiera. Mira, me está llamando. Quería una foto de ella y su padre en el jardín de flores. No nos llevará mucho tiempo, y luego tendremos que volver a la casa para la fiesta. Nos vemos allí".

"Claro, nos vemos en casa". Frank observó cómo la familia se reunía con Lilly y el padre Johan.

Millie puso su brazo en el de Frank.—¿Observando a la familia?

—Sí—dijo Frank mientras estudiaba sus interacciones mutuas—.

"Gwen lo tiene todo, ¿no?" respondió Millie mientras ella también Estaba examinando a la familia de su hermana.

Frank la acercó un poco más. "No todo. Es una familia atrasada. No tienen la ciudad con toda su magia". Frank hizo una pausa.—¿Por qué no me hablaste de las clases de religión de Lilly?

"No sabía que eso era importante. Todos los niños los toman para la Primera Comunión, ¡ya lo sabes!"

"Yo no crecí católico, ¿cómo iba a saberlo?"

Millie escuchó su tono agudo y amargo. "Qué tontería, por supuesto que no lo sabrías".

"Tendríamos que haber venido para Semana Santa. Eso habría sido lo más sensato. A Lilly no parece importarle que estemos aquí. Ha pasado demasiado tiempo".

"Ya no es una niña, tiene ocho años. Es posible que no desee dar paseos juguetones por el bosque. Tendrás que inventar algo diferente que hacer con eso".

Frank sonrió y echó una última y larga mirada a su querida novia saltando en el asiento trasero del coche de su familia. "Acompáñame a saludar a Iris". Millie tiró del brazo de Frank. "¡No la he visto en años!"

Caminó con Millie entre la multitud, haciendo sonar las monedas en su bolsillo. *Tantas chicas hermosas*, pensó, pero solo una mantuvo su interés.

Los rayos cegadores del sol se reflejaban en el agua, brillando su superficie mientras ella y el padre Johan caminaban a lo largo del río en su casa.—¿No parecen estrellas?—preguntó Lilly.

"¡Lo son!", respondió el padre. "Por la noche brillan desde lo alto, y durante el día caen a la tierra y a las aguas. Cada uno de ellos te está cuidando". Habló en voz baja. "¿Entonces las estrellas en el agua me protegerán?"

"Mientras creas en el cielo y en la tierra", respondió.

Lilly lo miró. "Creo que podrías caminar sobre el agua, como lo hizo Jesús, si lo intentaras".

El padre se echó a reír. "¡Oh, Lilly, tienes tanta imaginación!"

Caminaron de la mano de regreso a la fiesta. Lilly fue a buscar a su madre, y el padre se unió a los hombres. Lilly saltó hacia Gwen. "¡Ahí estás! ¿Has dado un buen paseo?", le preguntó su madre.

"¡Sí! ¿Puedo abrir mis regalos ahora, por favor?"

"¡Qué buen momento! Haré un anuncio, pero primero quiero que abras nuestro regalo. Ven. Gwen llevó a Lilly a la sala de estar y sacó una caja grande de debajo de un mantel de lino.

"Esto es para ti, de parte de papá y mío".

Lilly desató con cuidado el lazo de seda blanca, abrió los bordes de la lámina de plata y deslizó la caja dentro. No podía ocultar su Sorprende sosteniendo una estatua más pequeña pero idéntica de la Virgen María aplastando a la serpiente.

"¡Mamá, gracias! ¡Me encanta!"

"Papá nos dijo lo interesado que estabas en la estatua de la iglesia y que a menudo te veía mirándola. Él nos ayudó a encontrar esta versión en miniatura".

Lilly la abrazó. "¿Puedo ponerlo en mi habitación para que no se rompa?"

"Claro, pero vuelve rápido. Los invitados te estarán esperando".

Recibió velas, libros de oraciones, rosarios y tarjetas, algunas con dinero y otras sin él; Sin embargo, su favorita era otra estatua.

"¡Mamá, mira!" Lilly observó sus detalles. Era pequeño, de unos seis o siete centímetros de alto, con una monja de pie junto a una pizarra escolar. En su hombro se posaba un lindo pajarito azul, y otros animales pequeños rodeaban sus pies. En la pizarra estaba escrita la Oración de San Francisco, cuidadosamente. "Mamá, ¿puedo…?"

"Sí, adelante, ponlo en tu dormitorio y pon las cartas en la repisa de la chimenea".

El corazón de Lilly estaba lleno de alegría. Fue un hermoso día para recordar.

Los invitados se dispersaron, y cuando el último coche se alejó por el camino polvoriento, la atención se centró en la casa. Estaba en el típico lío de una fiesta. Había que guardar la comida, lavar los platos y desmontar las mesas. Gwen, Joan y Millie se pusieron a trabajar en la cocina y el comedor mientras Anthony ayudaba a Vincent a desmontar las mesas y sillas, cargarlas en el todoterreno y devolverlas a sus dueños.

"Anthony, ¿viste a dónde fue Frank? ¡Nos vendría bien su ayuda!", dijo Vincent.

"No, la última vez que lo vi estaba en la punta, mirando el agua y fumando su cigarrillo".

"Hmm, parece desaparecer cada vez que hay trabajo y todo el mundo está ocupado".

"¿Por qué Lilly no tiene que ayudar a limpiar? ¡La vi sentada en el suelo de la sala contando su dinero!", se quejó Anthony.

"Es su día especial. Eso significa que está justificado. Además, no te importa asumir parte de su carga de trabajo, ¿verdad? Vincent sonrió cuando vio la envidia en los ojos de su hijo.

Mientras Lilly contaba sus regalos de dinero, pensó: *Creo que pondré diez dólares en mi alcancía para las vacaciones de verano y el resto en mi cuenta de ahorros.* Al fondo, Millie y Gwen charlaban en la cocina.

Nos vamos en un par de días, y Frank no ha pasado mucho tiempo a solas con Lilly. ¿Te importaría que caminara por el sendero del río con ella? La vio antes con el padre Johan, y creo que está un poco celoso". Millie añadió un tono suplicante a su voz.

"Todavía está en su vestido. Tal vez más tarde, después de que todo se calme".

Millie murmuró en voz baja: "¿Por qué Gwen no puede enviar a Lilly a dar un paseo? No hay nada más que hacer. Pero no, ahora tengo que pensar en otro ángulo".

Las palabras caminan y Frank asustó a Lilly. Una repentina ola de miedo se apoderó de ella e inmediatamente comenzó a pensar en su seguridad. *Pondré mi dinero en el estante, como dijo mamá, e iré a mi dormitorio.* Él nunca entra allí.

Se levantó y se giró justo en el momento en que la mano de Frank le arrebataba los sobres y los colocaba él mismo en la estantería. Luego la sacó de la casa sin esperar a que Millie obtuviera el permiso de Gwen.

Con voz severa advirtió: "Cierren o ese dinero desaparecerá. ¡Imagínate el problema en el que te meterás!"

Le aplastó el zapato con el pie e intentó liberarse, pero su cabeza se encontró con su puño. La mirada que tenía le decía que era mejor no volver a intentarlo.

Él la empujó silenciosamente hacia adelante, por un camino que ella y Anthony habían tomado. Conducía a su lugar secreto, al que llamaban la Cueva de los Piratas. Frank la empujó por detrás con su palo de serpiente, haciendo que se moviera más rápido de lo que quería.

El instinto de Lilly le decía que algo andaba peligrosamente mal. Parecía irritado, enojado y nervioso. *Tal vez todavía esté molesto por la serpiente, pensó.*

Llegaron a la cueva donde ella y Anthony habían despejado un gran círculo de ramas muertas y troncos caídos. En el centro estaba el tocón que no podían quitar, el tocón liso y plano de un roble muy viejo.

Se agachó, se tapó la boca con la conocida boquilla y se ató las muñecas y los tobillos. Luego lo dejó allí, en el suelo, entre las hojas secas y muertas, para observar cómo preparaba la escena.

Sacó un paño blanco delgado, similar al que el sacerdote puso en el altar de la iglesia. Lo desdobló y lo colocó delicadamente sobre el muñón. Lilly, obsesionado con sus movimientos, trató de leerlos, pero sus acciones eran desconocidas. Era inusualmente meticuloso. Mirando su trabajo con placer, se acercó a Lilly y le agarró el pelo a través de la abertura central del velo.

"¡Arrodíllate!", ordenó.

Sintió un dolor agudo que le recorría la frente.

"Besa el anillo". Bajó la mordaza y se llevó la mano a la boca.

Lilly recordó las palabras del padre Johan acerca de que el amor entre Jesús y ella era privado. Ya no tenía que amar al Dios de Frank. Ella tenía la suya propia, que podía ver lo que estaba sucediendo y la protegería. La idea de que el Dios de Frank era todopoderoso ya no tenía poder sobre ella.

"¡No, no lo haré! ¡No puedes obligarme!" Respiró hondo y escupió sobre el emblema dorado brillante. "¡Te odio! ¡Eres el diablo!" Ella lo miró furiosamente a los ojos.

Enfurecido, Frank alzó a Lilly hacia su cara. "Eres un niño sucio, lleno de pecado". La llevó hasta el tocón del árbol.

Lilly se sintió humillada.

"¿Dónde está tu Jesús ahora?" Frank se burló de su impotencia. "Estoy más vivo y soy más poderoso que Dios o Jesús. Piensas que estás atado a un matrimonio por una ceremonia tonta en la iglesia. ¡Eso no es matrimonio!"

El rostro de Lilly se sonrojó de terror, seguido de lágrimas.

"Mira lo patético que eres, llorando como un bebé. La iglesia te ha hecho esto. Te ha debilitado. La iglesia es para la gente débil como tú, que cree en un Dios fantasma". Hizo una pausa mientras le quitaba el velo. "Jesús no puede cuidar de ti. Nadie puede, excepto Millie y yo. Solo nosotros podemos corregir tus errores y cuando termine contigo hoy, nunca serás como las otras chicas. Nunca encajarás en la familia que tienes ahora; nunca. Serás demasiado pecador".

Incapaz de sentir su cuerpo, Lilly flotaba dentro y fuera, volviendo a la realidad el tiempo suficiente para ver sus ojos amarillos saltones mirándola como un animal hambriento con presas frescas.

Mirando por encima de las copas de los árboles, a través de las hojas jóvenes de la primavera contra el cielo azul, Lilly pensó en una sola cosa: iba a morir en la cala secreta que había construido con Anthony. Pensaría que era su culpa. Nunca sabría la verdad. Frank también destruiría a su hermano.

Esperé en estado de shock a que se detuviera; que dejara de tocarla, que dejara de tomar fotos.

La humillación y la vergüenza se filtraron a través de su piel. La única parte de su cuerpo que funcionaba era su cerebro, lleno de sentimientos. Estaba lista para morir.

Había vivido lo suficiente.

Los ladridos y gruñidos de un perro despertaron su mente al presente. Era Jess, el viejo perro del vecino. Se agachó y se acercó a ella, gruñéndole a Frank. ¡Jess me salvará! ¡Va a asustar a Frank! ¡Dios está ayudando!

En ese momento, Frank tomó un palo grande y se lo arrojó a Jess, golpeándolo en la cadera trasera. Jess gimió y se retiró al bosque.

"Lilly, Lilly, Lilly…Ni siquiera un perro puede salvarte. Nadie puede. Estás destrozado y si ese perro vuelve, lo mataré con mis propias manos justo delante de ti. Y luego puedes cavar un hoyo para enterrar al viejo callejero.

Le acarició el pelo.—Me recuerdas a tu madre.

Más fotos, más toques, y luego, lenta y meticulosamente, comenzó a armar a Lilly de nuevo, quitando cada trozo seco de hoja y corteza de su ropa y cabello. Cuando terminó, se echó hacia atrás y lo estudió.

"Es como si tu madre te hubiera vestido. Incluso las horquillas que sostenían tu velo están exactamente como ella las colocó. Pero ambos sabemos lo diferentes que eres y los pecados que cometiste". Caminó alrededor de su postura de maniquí, sin decir nada, solo tocándola ligeramente, lo suficiente como para causar un espasmo. Disfrutaba de su yo desprotegido.

Lilly miró su vestido. Lo odiaba. Nunca lo volvería a usar. Era una prenda malvada que le recordaba pecados imperdonables. La enterró ese día, en una tumba sobre el suelo.

Llegar a casa y fingir que habían compartido un tiempo maravilloso y lleno de diversión en el paseo era otra mentira, sin embargo, no tenía otra opción. La misma mentira que había estado diciendo desde que era pequeña, con la sonrisa falsa en su rostro y la falsa actitud despreocupada, mantuvo a su familia a salvo y a ella misma de irse a vivir con ellos.

Soy lo que todos a mi alrededor esperan que sea. No soy nada, y no seré nada hasta que pueda confesar mis pecados y limpiar mi alma.

Lilly entró en la cocina. Frank la siguió y se sentó a la mesa. Se metió la mano en el bolsillo, sacó la navaja de afeitar y empezó a limpiarse las uñas, deteniéndose de vez en cuando para mirar a Lilly.

"¡Ahí estás! Millie me dijo que Frank te llevó a dar un paseo mientras limpiábamos después de la fiesta. Llegaste justo a tiempo para un sándwich y las sobras. Pero primero, ve y cámbiate a tu ropa de juego". Gwen empezó a sacar las horquillas del velo. Lilly apartó la mano.

—¿Estás molesto por algo? Gwen retrocedió. Lilly podía sentir los ojos penetrantes de Frank.

"Yo misma puedo sacar las horcas, mamá. Has estado trabajando todo el día.

Gwen la tocó ligeramente en la mejilla. Lilly se abstuvo de apartarla de nuevo. "¡Te ves tan hermosa con ese vestido!"

Lilly se tragó las palabras que quería decir y respondió respetuosamente: "Gracias. Será mejor que cambie".

Tan pronto como llegó a su habitación, se quitó el vestido y lo colgó en el rincón más alejado y oscuro del armario. Sus pantalones y blusa se sentían protectores y libres de su hedor. Se acercó a su nueva estatua en el tocador y se arrodilló, leyendo las palabras de la Oración de la Paz.

Señor, haz de mí un instrumento de tu paz. Donde hay odio, déjame sembrar amor; donde hay injuria, el perdón; donde hay duda, fe; donde hay desesperación, esperanza; donde hay oscuridad, luz y donde hay tristeza, alegría.

Se levantó, repitiendo las palabras: *amor, fe, esperanza* y alegría. Podía tratar de vivir de acuerdo con esas palabras con la esperanza de ser perdonada. Cerró la puerta detrás de ella y comenzó a caminar de regreso a la cocina para cenar. Se detuvo en seco mientras miraba hacia la sala de estar.

Frank estaba sentado en la alfombra, blandiendo las llaves fuera del alcance de Eva. Es una chica muy guapa, muy parecida a ti, Lilly.

Un tsunami de protección materna la llenó.

Frank se levantó con calma.—Será mejor que la vigiles—dijo ella, mientras se alejaba, silbando una melodía alegre—.

Lilly corrió hacia Eva y la tomó en sus brazos.—Haré cualquier cosa para protegerte, Eva—prometió—. "Moriría por ti".

Eva debía tener a alguien que la protegiera de la serpiente que se deslizaba por la familia. Lilly se preparó para la batalla. Los días de su infancia habían terminado.

Una parte de ella quería morir, y la otra mitad tenía que vivir, por Eva.

1986 - CUARTO PERÍODO DE SESIONES - GLACIARES

"El anillo, el que Frank usó después de convertirse al catolicismo. Todavía me molesta".

"Describe cómo te hace sentir".

"Avergonzado…No debería haberlo mencionado". Lilly se encogió.

"Partes de tu pasado son recuerdos dolorosos que quieren impedirte avanzar".

"Lo sé. Por eso estoy aquí. Pero algunos días los efectos del abuso son tan abrumadores. -El Dr. Bricks hizo una pausa-. "Creciste experimentando grandes tormentas de nieve".

—Sí, lo hice—dijo ella solemnemente—.

El doctor Bricks se inclinó hacia delante. "Piensa en una gran tormenta de nieve y en los diferentes tamaños de los ventisqueros. Algunos son profundos y nos quedamos atrapados en ellos: necesitamos que venga una quitanieves y quite la nieve del camino. Podemos recordar ese ventisquero durante algún tiempo, pero ya no puede impedirnos avanzar. Otros ventisqueros son pequeños y, con la ayuda de buenos neumáticos, podemos atravesarlos nosotros mismos. Nos frenan, pero no les damos mucha importancia. Imagínate esos ventisqueros; ¿Es el anillo un ventisquero grande o pequeño?

"El anillo en sí…Es un pequeño ventisquero, pero tal como lo usó, es un ventisquero profundamente enloquecedor que aún no se ha limpiado".

"Aprovecha la ira que sientes hacia el anillo y su uso".

El silencio llenó la oficina. "Quiero agarrarlo y tirarlo al río, pero luego una parte de mí quiere alejarse y dejarlo ir. Pienso en la iglesia y quiero correr. Es una lucha. ¿Me rindo o lo enfrento?"

"Háblale como a un adulto".

Lilly miró fijamente a la mesa, trayendo a su mente su imagen. "Eres un pedazo barato de metal de mierda. No tienes poderes. Eres insignificante, igual que la persona que te llevó. Eres un engaño. Tú no vienes de la iglesia. Frank te compró en una joyería barata. Ya no puedes engañarme".

"Eso fue muy bueno. Estás llegando a una comprensión de su origen y su propósito cuando permaneces presente. Frank usaba imágenes y objetos para asustarte y controlarte, ahora no".

"Ahora lo entiendo, pero cuando era niño, su poder sobre mí era real".

"Pero como adulto, sabes que el anillo no tenía poderes especiales. Puedes dejar de lado sus efectos".

Lilly sacudió la cabeza con incredulidad. "No tenía ningún compromiso con la iglesia. Frank inventó todo para avergonzarme. ¡Esto es tan enloquecedor!" Apretó los dientes.

"La vergüenza se esconde bajo la ira".

"El anillo me recuerda lo débil y crédulo que era cuando era niño".

"Eras un niño inocente. Mirando hacia atrás, esperas mucho de tu yo infantil".

"Mi niña interior se avergonzaba de mantener a Frank en secreto y protegerse a sí misma y a los demás. Mi vergüenza de adulto tiene más que ver con la culpa".

"Piensa en ti mismo cuando crecías cuando tu tío no estaba, ¿Cómo eras tú?

"Era feliz, me reía de cualquier cosa, amaba el gran mundo".

—¿Te dio vergüenza hacer eso?

"No, por supuesto que no, no había nada de qué avergonzarse. Estaba jugando y viviendo la vida de un niño. Si alguna vez hiciera algo malo, diría que lo siento y seguiría adelante".

"Ahora, piensa en ti mismo mientras crecías y pasabas tiempo con tu tío. Cuando regresaste con tu familia, ¿cómo te sentiste?

Lilly estaba menos entusiasmada con la respuesta. "Me sentí sucia y enojada. Quería estar solo. No quería que nadie me mirara. No me gustaba nadie, especialmente a mí mismo. Me sentí culpable y avergonzada". Apartó la mirada. "Ya nada era divertido. Quería ser invisible por mi vergüenza".

"La vergüenza te hacía sentir avergonzado, lo que a su vez te enfadaba, y eso se convertía en odio".

Lilly lo miró fijamente, pensando en silencio. "No tenía las palabras para describir lo que Frank hizo y la verdad sería su palabra contra la mía, con Millie apoyándolo. Creía que mamá y papá nunca creerían que no era mi culpa porque permití que sucediera". Lilly estaba furiosa.

—Estás a salvo aquí, Lilly, y puedes decir lo que piensas.

Lilly dejó de moverse inquieta, recobrando la compostura. "Nadie puede ver mi ira. Nunca lo he permitido, y no voy a empezar ahora". Su voz se volvió firme y fuerte. "Debería haber sido capaz de detener a Frank. Debería haberlo hecho, podría haberlo hecho…"

—¿Es así como te sentiste entonces, o ahora como adulto, al decírmelo?

"Ahora soy yo, pensando como un adulto y desquitándome con mi niño interior".

"¿Cómo crees que se siente tu niña interior?" El Dr. Bricks vio un destello de comprensión en Lilly mientras sus expresiones faciales se relajaban.

—¡Pobre niña! ¡La estoy golpeando emocionalmente! ¿Estaba tan enojado conmigo mismo cuando era joven? ¿Qué podría decirle a mi niña interior para ayudarla a darse cuenta de que no estoy enojado con ella?"

"Trata de decirle la verdad".

Cerró los ojos, con la esperanza de desconectarse del momento y viajar a cualquier lugar menos a donde él estaba.

"Me amenazó. Me deshonró. Se rió y me hizo sentir horrible. Incluso hoy en día, si alguien se ríe de mí, es difícil no volver a ser ese niño indefenso e incomprendido".

"Explica cómo te sentiste".

Las lágrimas caían de sus ojos. "Todo lo que siempre quise fue ir a casa y ser una chica normal y olvidar que algo sucedió, pero no podía deshacerme de la imagen de su cara aterradora y escuchar sus amenazas. Y cuanto más avergonzado me sentía, más callado me volvía". Trató de ocultar su temblor. "Frank debería ser el que se sienta humillado y avergonzado, no yo. Lo veo, pero es difícil quedarse en el presente. Los desencadenantes y los flashbacks lo cambian todo".

"Te sentiste impotente".

Lilly se secó los ojos. "Olvidé quién era yo en ese entonces. Era pequeña, como mi hijo".

—Sí, lo estabas. Dile estos sentimientos a tu niño interior".

Lilly se secó las lágrimas con la manga de la camisa. "Lamento haberte culpado y dejado que crecieras sintiéndote avergonzado, pero no lo entendí en ese entonces. Sin embargo, ahora lo entiendo y puedo protegerte. Frank es el responsable. Nunca le hiciste nada que fuera tu culpa. Extendió su vergüenza como un virus contagioso, pero ese virus está muerto para siempre. Se acabó.

¿Verdad, Dr. Bricks? Se acabó, ¿no?

La idea de que su padrino pudiera volver a su vida era más de lo que podía soportar.

LOS CÁNONES DE LA IGLESIA SIA

En los días tranquilos que siguieron, Lilly comenzó a retirarse de su vida social tanto en la escuela como en casa. Buscaba momentos más tranquilos junto al río y bajo sus árboles favoritos, examinando los actos de pecado. Cuanto más pensaba, más preocupada y confundida se sentía. *Antes de empezar a asistir a clases para mi Primera Comunión, el pecado era lo último en lo que pensaba. La vida consistía en jugar con mi hermano, construir fuertes y pescar. Había bien y mal, y había que corregir el mal. La iglesia era un lugar seguro para ir con la familia. No veía ni sentía el pecado como parte de nada de lo que hacía o decía. Ahora está en todas partes y en todo lo que hago.*

¿Cómo puedo confesarme con el padre Johan? ¡Será demasiado vergonzoso! Sin embargo, es la única manera de liberarme del pecado, y al mismo tiempo estaré salvando a Eva del diablo que visita y se sienta a la mesa de nuestra cocina. Tal vez las palabras vengan con la práctica, mucha práctica. No va a ser fácil, ¡pero es lo que tengo que hacer!

Estudió las reglas de la confesión adecuada. El principio y el final fueron fáciles, pero le costó encontrar las palabras que necesitaba para el medio. Arrodillada junto a su cama, ensayó: "Bendíceme, Padre, porque he pecado".

"Cuéntame tus pecados", se respondió a sí misma en voz baja y tranquila, imitando al padre Johan. "Les mentí a mis padres sobre dónde estaba".

—¿Por qué lo hiciste?

"Mentí porque no quería que supieran de los juegos que juega el tío Frank".

—Háblame de los juegos de tu tío.

Lilly se detuvo. ¿Qué debo decirle? ¿Cómo explico los juegos?

Repetidamente comenzó de nuevo, sin llegar a un final con el que se sintiera cómoda, pero eso no la detuvo. Sabía que esta era la única manera de romper su silencio y dejar ir todos los secretos que la mantenían con miedo de ir al infierno o morir.

Cuando llegó el domingo, llamaron a Vicente para que trabajara. Con un solo coche, tendrían que esperar hasta la semana siguiente. Lilly suplicó: "Mamá, tenemos que ir a confesarnos hoy. ¡Le prometí al padre Johan que estaríamos allí!"

"¡No te preocupes! Asistiremos a la confesión la próxima semana después de la misa temprana. El Padre entiende que algunas personas trabajan los domingos".

Lilly se alejó. El hogar era un velo de decepción que llevaba con demasiada frecuencia. Odiaba esperar. Tuvo que esperar cuando se escondió de Frank. La espera llevó cada una de sus respiraciones. Jugaba con su mente. Eso la puso más ansiosa.

El domingo siguiente, Lilly se sentó en el banco con su familia, pero sus pensamientos estaban lejos del presente. Su mente la mantenía atrapada en la duda.

¿Debería arriesgarse a confesar o permanecer en silencio y proteger a su familia?

La voz del sacerdote se hizo más fuerte al comenzar el sermón. Lilly parpadeó, fijando su mirada en él.

"Mis queridos feligreses, es con gran pesar que les cuento lo que sucedió esta semana cuando me reuní con el obispo". El padre Johan hizo una pausa, mirando a su gente de veinte años. "Estoy siendo llamado a continuar mis deberes sirviendo a Dios y a su iglesia en otra parroquia. Entiendo que esto es un shock para todos, según tengo entendido era para mí. Estaré disponible después de la Misa para preguntas. La confesión será como de costumbre, el próximo sábado y domingo".

Aturdida, Lilly alzó la vista hacia las esquinas del alto techo. *Los demonios sabían que estaba listo para confesar, así que me están quitando al padre Johan.*

El camino a casa fue tranquilo, excepto por Lilly. La ira creció dentro de ella.

"¿Por qué la iglesia haría esto? ¡Es como de la familia!", gritó. "Odio a la iglesia. No voy a ir más. Solo me gusta el padre Johan".

—No sabes si el nuevo sacerdote no será igual de bueno—intervino Anthony—.

"¡Silencio a los dos! Esto es difícil para todos nosotros", reprendió Vincent.

El resto del camino a casa fue tranquilo, al igual que el brunch. La charla animada habitual en la mesa estaba ausente. El único sonido era el de los cubiertos golpeando los platos de vidrio. Su ritmo monótono estaba despojando a Lilly de su paciencia. Sin previo aviso, empujó su silla hacia atrás y se fue enojada a su habitación. La familia esperó, escuchando el portazo que no tardó en llegar.

"Está molesta por la partida del Padre. Iré a hablar con ella", tranquilizó Gwen con calma a la familia. "Lilly era muy cercana a él". Gwen llamó a la puerta. "¡Vete! ¡No quiero hablar con nadie!", sollozó Lilly.

—Abre la puerta, Lilly.

Lentamente, la puerta se abrió. Se sentaron en el borde de la cama, con la cara de Lilly roja por el llanto. Gwen trató de ofrecer consuelo. "Lamento que esto haya tenido que suceder, y entiendo lo triste que debes estar sintiéndote".

"No, no lo entiendes. Nadie puede leer mi mente. Nadie sabe cómo me siento, excepto yo—respondió Lilly enojada—. "¿Por qué tiene que irse? ¿No puede luchar para quedarse?

—No, Lilly, no puedes. Esta es su vocación". Lilly explotó, "¿Qué es una llamada de todos modos?"

"Un llamado es algo que el Padre siente que Dios lo está guiando a hacer". Gwen le dio unas palmaditas en la espalda a Lilly. "Sabes, querida, hay cosas en nuestras vidas que no podemos cambiar, pero aprendemos a aceptarlas".

"¡Lo sé!"—siseó Lilly—. "Eso no cambia el hecho de que no me gustará ningún otro sacerdote y no necesito la iglesia. Me quedaré en casa". Lilly hablaba en serio. Había perdido más que un sacerdote; Había renunciado a su esperanza de decirle la verdad a la única persona en la que confiaba.

"Puedes tomar esa decisión cuando te vayas de casa".

—Te gustaría enviarme a casa del tío Frank y de la tía Millie, ¿verdad?—replicó Lilly con odio—.

"¡Ese es un pensamiento tonto, por supuesto que no! ¿Qué te hace pensar que yo haría algo así?

"Millie cree que es mejor madre que tú, y siempre me pide que vaya a su casa".

—¡Oh, Lilly, para una visita, no para quedarse!

Lilly gritó lo suficientemente fuerte como para que todos en la casa lo escucharan: "¡Todo es mentira!"

No tenía hambre. No quería ver a su familia. Ya no quería confesarse. Todo era un truco. Como dijo Frank…La iglesia la estaba debilitando.

"Voy a bajar al río. No te preocupes por mí. De todos modos, a nadie le importa".

Salió furiosa de la casa y buscó refugio bajo el sauce que siempre escuchaba y entendía. Allí solía desahogar su tristeza.

Me pregunto si realmente hay un Dios. Si es así, ¿cómo explicaría esto? ¿Quién soy yo para pensar que lo desconocido e invisible me salvaría? Soy un estúpido, un tonto loco.

Lilly se alejó cada vez más de la iglesia y de su familia y se adentró en sí misma.

"Hoy tuvimos otra llamada de la escuela", le dijo Gwen a Vincent cuando los niños se fueron.

—¿Qué ha pasado ahora? Vincent se frotó la frente con la mano. Su tolerancia estaba llegando al límite, y controlar su temperamento era un desafío con el comportamiento de Anthony y la independencia de Lilly.

"Sus calificaciones y comportamiento en la escuela son sobresalientes, ese no es el problema; Está fuera del aula".

"¿Te estás metiendo en problemas durante el recreo?" Vincent enarcó las cejas.

"No, tampoco es eso. La maestra piensa que Lilly está demasiado preocupada por cometer errores, cometer errores y pedir ayuda".

—¿Te dio algunos ejemplos?

"Hoy, Lilly estaba en el baño durante el almuerzo, algunos estudiantes de sexto grado se empujaban entre sí, jugaban, y accidentalmente empujaron a Lilly contra el radiador".

—¿Se quemó? La impaciencia de Vincent se convirtió en preocupación. "Tiene una quemadura de segundo grado en el codo. Llamado a la enfermera de la escuela, que luego me llamó. Eso ocurrió al mediodía. A las dos y cuarto la clase tuvo recreo. Lilly no quería salir. La señora Hanson pensó que Lilly estaba sudando y parecía pálida. Apenas tocó el codo de Lilly para llevarla a la enfermera y Lilly hizo una mueca. La señora Hanson levantó suavemente el suéter de Lilly y encontró la quemadura. Lo que nos preocupa a la maestra, a la enfermera y a mí es, ¿por qué Lilly no le contó a nadie lo que había sucedido? En cambio, se sentó durante tres horas con un dolor insoportable".

—¿Alguien te preguntó por qué no dijiste nada?

"Lo hicieron; Dijo que no quería que nadie se metiera en problemas. ¿Qué te pasa, Vincent? ¿Por qué tendría miedo de hablar?"

El cuerpo de Vincent se relajó. Siempre tuve una respuesta para Gwen, pero con Lilly, las respuestas no fueron fáciles. No tenía razones. "No lo sé. Se preocupa por todo y pasa más tiempo sola. Ha sido así desde su Primera Comunión y cuando el padre Johan se fue, empeoró. Tampoco la veo jugando mucho con Anthony, ¿y tú?

"No, hablan por la noche antes de dormir, pero tienes razón. Hace seis meses no podíamos separarlos".

—¿Y Joan? ¿Le has preguntado cómo está Lilly?

"Lo hice. Joan es indiferente. Tiene dieciséis años. Se mantienen alejados el uno del otro".

"El mayor debe cuidar del menor".

"No hagamos de esto un problema para Joan. Es de Lilly de quien tenemos que preocuparnos".

Vincent se reclinó en su silla, recordando los días de su juventud y lo que lo ayudó a salir del mal humor. Sonriendo, miró a Gwen. "¿Qué tal un cachorro? Cuando era niño, mi perro fue mi salvación. Tal vez sea hora de que ampliemos nuestra familia".

—¿Con un perro? ¿Es esa tu solución?—preguntó Gwen sorprendida.—¿Se te ocurre uno mejor?

"¿Y dónde vamos a conseguir un cachorro? No permitiré que un perro entre en esta casa, y definitivamente no en los muebles o las camas. No, Vincent, eso no va a pasar.

Vincent puso su mano sobre la de ella. "Prometo que encontraré un cachorro que pueda vivir afuera. Construiré una caseta para el perro. Lo aislaremos y lo llenaremos con paja y abrigos viejos, y cuando el clima sea extremo, el perro puede quedarse en el sótano, si se lo permites".

Gwen miró sus brillantes ojos verdes. Unos ojos a los que aún no podía decir que no.—Podemos intentarlo.

—Es lo correcto, Gwen. A Lilly le encantan los animales y el aire libre. También será bueno para Anthony. Criar a un cachorro les dará nuevas responsabilidades. Conozco a un granjero con una camada de cocker spaniels. Hablaré con él mañana".

EL LECHERO

—¿Puedo, por favor, por favor?—suplicó Lilly.

"Tendrás que sujetar la correa más fuerte que apretada. Chipper es fuerte y dispara".

"Lo haré, lo prometo. Soy más fuerte de lo que crees".

"Aquí tienes, pero quédate conmigo. Caminaremos juntos". Le entregó a Lilly la correa de plástico roja. Chipper tenía ahora seis meses de edad y era una adición saludable a la felicidad de la familia.

Lilly sostenía la correa con orgullo en su mano y la agarraba con firmeza, esperando lo inesperado, tal como Anthony le había dicho.

"Lo estás haciendo muy bien, Lilly. Chipper te escucha bien. Creo que ustedes dos son muy cercanos".

"Lo estamos. Hablamos todo el tiempo y le cepillo el pelaje. Es la mejor amiga que he tenido".

"¿Quieres jugar a buscar el palo al costado de la carretera?"

"¡Por supuesto! Busca un palo".

"Dejaremos la correa puesta en caso de que tengamos que agarrarla rápidamente".

Jugaban en la hierba húmeda de la mañana al borde de la carretera. De vez en cuando, Chipper perdía el equilibrio y se deslizaba por el palo como si llegara a la base de su casa. Lilly y Anthony se rieron al verlo.

Un fuerte ruido a lo lejos detuvo su juego.—¿Es el autobús escolar?—preguntó Lilly, confundida.

"No, viene de la dirección equivocada". Anthony también estaba desconcertado.

Segundos después, vieron un camión de reparto de leche que avanzaba a toda velocidad por el centro de la carretera, zigzagueando de un lado a otro. Anthony apartó a Lilly del borde de la carretera y luego trató de agarrar la correa de Chipper, pero ya era demasiado tarde. Chipper había corrido detrás de las ruedas del camión.

Lilly vio que Anthony no podía alcanzar la correa, así que la agarró mientras se deslizaba por las hojas mojadas y se aferró con fuerza mientras Chipper la arrastraba. Anthony gritó: "¡Suéltalo, Lilly, suelta la correa!"

Prefiero pasar por debajo de las ruedas del camión con Chipper que soltar esa correa. Es mi trabajo y responsabilidad mantenerla a salvo. Lilly se aferró con fuerza.

Joan escuchó los gritos de Anthony y miró en el alboroto para ver el cuerpo de Lilly siendo arrastrado a la carretera, con la correa todavía firmemente agarrada en sus manos sin intención de soltarse.

"¡Lilly, suelta la correa!", gritó. El camión no frenaba.—¡No!— gritó Lilly—.

Joan corrió hacia adelante y agarró las piernas de Lilly, tirando fuerte y rápido para sacarla de la carretera y del camino del camión. Lilly no esperaba el tirón, y la correa se le escapó de las manos. Chipper saltó a las ruedas.

Tumbada en el suelo, Lilly observó cómo las ruedas delanteras y luego las traseras pasaban por encima del cuello de Chipper.

"¡Astillador! ¡Chipper!", gritó horrorizada, observando cómo la cabeza de Chipper se movía de un lado a otro. Su mascota y mejor amiga yacía sin vida en medio de la carretera. Nadie tuvo que decirle que Chipper se había ido. Lo sabía y deseaba estar allí, a su lado. Lilly cayó en un profundo estado de shock, incapaz de contener el aliento. Miro la escena, atrapado en el oscuro mundo que asocié con Frank.

Chipper se había ido…Un minuto estaban jugando y al siguiente estaba muerto…como su muñeca en el caldero, como el padre

Johan…Estaban en su vida y luego se fueron. Frank le había advertido que no se lo dijera a nadie, y Chipper lo sabía todo. Frank la estaba castigando. De alguna manera, él sabía lo que ella estaba pensando y haciendo.

"Joan, recoge a Lilly y ayúdala a subir al autobús. Anthony, cuida de Eva para que pueda ir a recoger a Chipper", ordenó una desesperada Gwen. Levantó suavemente el cuerpo cálido, pero sin vida de su mascota y lo tomó en sus brazos. A toda prisa, llevó a Chipper de vuelta a la casa, con Eva siguiéndole de cerca.

Entonces llamó desesperadamente a Vincent.

—Vincent, si Joan no hubiera sacado a Lilly de la carretera…

"Gwen, cálmate. Lilly está a salvo", la tranquilizó Vincent. "Anthony y Joan la subieron al autobús. Estaba llorando en voz alta.

No sé por qué no la llevé a casa conmigo y con Eva. "Probablemente sea bueno que esté distraído por la escuela.

¿Dónde está Chipper?

"Lo puse en el garaje. ¿Puedes volver a casa?"

"Ponle una manta encima. Pronto estaré en casa".

Cuando llegó, Gwen lo llevó a su cachorro. Vincent retiró la manta para observar las heridas. "Murió rápidamente. Su cuello está aplanado. No sabía qué la había golpeado. Maldito conductor del camión de leche". Vincent reprimió su ira. "¿Cuánto tiempo falta para que los niños lleguen a casa?"

—Unas tres horas.

"No quiero que Lilly vuelva a ver a Chipper así. Construiré un pequeño ataúd".

Cuando Lilly se bajó del autobús, corrió hacia su padre que la esperaba.

En sus brazos, sintió un consuelo que necesitaba desesperadamente y que no había sentido en todo el día.—¿Pudiste salvar a Chipper? Miró a su padre con el rostro lleno de lágrimas y esperanza.

—No, querida, Chipper está en el cielo con la abuela. Ella cuidará de nuestro cachorro y será seguro para Chipper correr como el viento, persiguiendo todo lo que esté a la vista".

"No hay cielo para los perros", respondió ella. "¡Por supuesto que sí! ¿Por qué lo dudas?

"Porque si realmente tuviéramos ángeles, Dios y un cielo, no pasarían cosas malas". Lilly hablaba en serio. "Maté a Chipper y no puedo deshacerlo. Ella era mi responsabilidad".

A Vincent le dolió escuchar a su hija asumir tanta culpa.

"Lilly, no la mataste. El conductor del camión de leche lo hizo. Conducía de manera imprudente. Él fue el irresponsable".

"Tú no estabas allí. Si Anthony hubiera tenido la correa, Chipper estaría aquí moviendo la cola. No puedo soportar pensar que nunca podré…Vuelve a acariciarla. Era mi mejor amiga", sollozó Lilly.

"Tal vez podamos encontrar un perro de peluche que se parezca a Chipper. Podías abrazarlo e incluso peinar su pelaje".

—¿No podemos volver a tener otro perro nunca más?—preguntó con rostro apesadumbrado.

—Tal vez algún día, Lilly, pero por ahora tenemos que curarnos.

Después de unas semanas de compras en todas las ciudades cercanas, Vincent y Gwen finalmente encontraron el peluche correcto, y un brillo volvió a los ojos de Lilly. "¡Mamá, papá, muchas gracias! ¡Se parece a Chipper! ¿Dónde lo encontraron?

"En un estante especial en una tienda especial", respondió Vincent con una sonrisa.

"¿Puedo ponerle la correa roja y sacarla a pasear?"

Gwen y Vincent se miraron el uno al otro, sin saber cómo Lilly iba a lograrlo. – Claro -respondieron los dos-.

Lilly recogió a Chipper II y la llevó afuera. Colocándola en el suelo, comenzó a caminar, tirando del perro de peluche detrás de ella.

Se acomodaron bajo el sauce. Lo único que importa es que vuelva a tener un perro. No puedes reemplazar a Chipper, pero puedo hablar contigo y Frank no podrá hacerte daño, porque no estás vivo. Estaremos a salvo. Abrazó al perro de peluche contra su pecho y enterró su rostro en su suave y rizado pelaje.

Cuando se fue a la cama esa noche, colocó Chipper II encima de la cabecera, frente a su cama. Esto la ayudó a sentirse segura y protegida, al igual que sus estatuas y el libro de oraciones negro que permanecía escondido debajo de su almohada.

Con la llegada de la primavera, Lilly continuó llorando la pérdida de su amigo de cuatro patas.

"No sé qué haría sin ti", le dijo al agua. "Siempre estás aquí para mí, animándome en mis días tristes con tus olas rompiendo y tus estrellas brillando".

Observó cómo la corriente se llevaba una gran rama. "Eso es lo que me gustaría poder hacer, dejarme llevar a una tierra sin preocupaciones, donde no me sentiría tan diferente a los demás. Soy un patito feo. No encajo con mi familia". Comenzó a tirar piedras al agua. "No puedo hacer nada bien. Siempre hay algo mal, no importa cuánto lo intente. Estoy enojado y a veces soy malo con mamá y papá. Es su culpa. Siguen permitiendo que Frank y Millie nos visiten".

Después de un período de silencio, continuó liberando sus pensamientos en el río. "Nunca dejas de moverte. ¿Es eso lo que estás tratando de decirme?

"¿No rendirse y seguir adelante?"

Se sentó en la orilla, abrazando sus piernas contra su pecho, en sintonía con la serenidad de su entorno y dejando que el viento se llevara sus preocupaciones.

Su pesado espíritu se alivió. Creo que le preguntaré a Jane si quiere salir en la canoa hoy. Por lo general, eso me hace sentir mejor. Gracias a Dios la tengo como vecina. Es mi única amiga aquí en el campo.

Se levantó y se sacudió el polvo. "Gracias, me río, por escucharme y por permitirme sentir lo fuerte que eres. Hasta luego, Chipper. Miró al cielo.

Una ola más grande que las otras se acercó a la orilla, cerca de sus pies. Sonrió.

1986 - QUINTA SESIÓN - LUZ ROJA, LUZ VERDE

"A en sus pensamientos. Lilly se envolvió el pelo alrededor de un dedo, concentrándose en todas las edades en las que me culpo a mí misma. Incluso ahora".

"Crees en los mensajes negativos que vinieron de Frank".

"Sí. Me inculcaba culpa y vergüenza en la cabeza como si fueran de conocimiento común, como si supieran distinguir la izquierda de la derecha". Se sentía inquieta, como si se acercara una densa niebla, lo que no era inusual cuando estaba ansiosa y estresada.

"Hacer que te culpes a ti mismo le dio el control".

"Y también le dio más poder, al tiempo que me lo quitaba a mí".

El doctor Bricks hizo una breve pausa. "Vamos a probar una actividad. Quiero que le eches la culpa".

"¿Cómo le doy la vuelta a la culpa?"

"Con palabras, trata de usar *'responsabilidad'* en lugar de *'culpa'*."¿Cómo puede una palabra cambiar la forma en que me siento?"

"Un simple cambio en las palabras y en el pensamiento puede empoderarte; El Dr. Bricks continuó: "Por ejemplo, diga: 'Culpo a Millie y Frank por arruinar mi infancia'".

Lilly repitió sus palabras. Escucharlo salir de su boca la sorprendió. "Eso me enojó mucho", advirtió.

"Permite que ese sentimiento permanezca. Ahora repite: 'Considero a Millie y Frank responsables de arruinar mi infancia'".

Repitió la frase y el sentimiento de rabia incontrolable cambió. Sorprendida, Lilly dijo: "Eso se sintió diferente. Sentí que era mayor y más sabio. Por encima de Frank, y no por debajo de él responsable. Es empoderador". Lilly estaba sorprendida de que una sola palabra hubiera hecho un cambio tan grande en su proceso de pensamiento.

"Ahora diga en voz alta: 'Me culpo a mí mismo por el abuso en mi vida'".

Luchó por pronunciar las palabras y tuvo que buscar en lo más profundo de sí misma para liberarlas. "Me culpo a mí misma por el abuso en mi vida".

"Describe cómo te hizo sentir eso".

"Me hizo sentir mal del estómago y solo. Era muy difícil decirlo. Tuve que forzar las palabras".

"Inténtalo de nuevo, usando '*responsable*'."

"¡Soy responsable del abuso en mi vida!" Pasaron unos segundos. "Eso es completamente falso. No soy responsable de lo que me pasó".

"Explica."

"¿Cómo puede una chica ser responsable de crímenes como el de Frank? Lilly hizo otra nueva conexión.

"¡Sí! No fuiste ni responsable ni culpable".

Lilly inclinó la cabeza hacia un lado, curiosa. "Cuando me escuché a mí mismo decir que Frank era el responsable, sonó como si fuera a ir a la cárcel. Esto también funciona cuando se lo aplico a Millie. Pero ¿Por qué tuvo un efecto diferente cuando me lo apliqué a mí mismo?"

"Porque vosotros conocéis la verdad porque lo verdadero; Usted no es responsable. Usted no es culpable. Estás liberando esos sentimientos y acercándote a restaurar lo que naciste para ser".

"¡Pero la verdad me deja una rabia que no sé qué hacer con ella!"

"La ira es difícil de manejar; sin embargo, vale la pena el esfuerzo. Muchos de los grandes actos democráticos comenzaron con ira, como el derecho de las mujeres al voto".

"La ira siempre ha sido algo negativo en mi mente, algo que lleva a la violencia. Nunca lo pensé como algo positivo".

"Tú eliges cómo lidiar con tu ira. Ayudar a los demás es un ejemplo de cómo cambiar lo negativo por lo positivo y creo que lo has estado haciendo inconscientemente durante la mayor parte de tu vida".

"No me gusta la violencia y la evito a toda costa. Yo busco lo contrario. Quiero corregir todos los errores. No quiero ser odioso. Hay una oración que dije todas las noches desde los ocho hasta los dieciocho años que me ayudó a convertirme en esa persona".

—¿Te acuerdas de ella?

"Fragmentos. 'Donde hay tinieblas, déjame sembrar luz. Donde hay odio, déjame sembrar amor'". Guardó silencio, recordando. "Está escrito en una pequeña estatua de una monja enseñando. Lo recibí como regalo en mi Primera Comunión".

"Que una oración te haya influido con tanta fuerza y compasión es extraordinario. Y desde los ocho años, aprendías a empoderarte positivamente a partir de la ira".

"¿Entonces la ira es lo mismo que la culpa y la ansiedad? ¿Son como fichas de dominó?

"Interesante pregunta. La culpa es un sentimiento de ansiedad. Es difícil sentir culpa sin sentirse ansioso. Por otro lado, la ira está más relacionada con el miedo o el dolor".

"Creo que estoy empezando a entender esto mejor. Frank tocando mi cuerpo y usándolo como lo hizo me hizo enojar. Dijo que todo lo que yo hacía era mi culpa. Eso me dio miedo y ansiedad. Esa ansiedad se convirtió en culpa, a pesar de que yo no era culpable".

"Así es. No eras culpable. Llegaste a creer lo que Frank dijo de ti. En psicología los llamamos 'introyectos' o mensajes negativos".

"¿Cómo logré manejarlo? ¡No me va bien como adulto, y mucho menos como niño!"

Lilly miró por las ventanas, hacia el jardín. "Sus feos mensajes nunca perdieron la voz; por otro lado, ¡perdí la mía!"

El Dr. Bricks se quitó las gafas mientras hablaba con Lilly. "Deja que estas palabras encuentren un lugar seguro en tu mente: 'Estoy en el presente. Estoy a salvo y protegido. Estoy frente a mi pasado'. Imagínate a ti mismo de pie, fuerte y en control, mientras el pasado queda atrás. Mantenlo ahí, no permitiéndole avanzar".

En el silencio de la habitación, Lilly se repitió a sí misma: *Estoy a salvo y protegida. Estoy en el presente y el pasado ha quedado atrás.* Visualizó el mundo oscuro arrastrándose por detrás, queriendo estar al frente y al centro del escenario.

Extendió los brazos y gritó con autoridad: "¡No!"

APAGÓN

"Edad suficiente para tomar el tren y visitar a tu maldito Francis, estás a punto de cumplir once años. Esos son sin duda los padrinos. Será divertido y serás la única chica durante una semana. Te van a llevar de compras y al zoológico. Millie tiene muchos planes para mimarte mucho".

"Pero mamá, tengo miedo de ir sola en el tren".

"Lo tenemos resuelto. Frank tomará el tren a nuestra ciudad y te acompañará de regreso. Una semana después, iremos en familia a recogerte. No tienes nada que temer y será divertido".

«No conoce a Frank y a Millie como yo», pensó Lilly. Ven conmigo, ¿eh? Siempre tienen planes diferentes a los que le cuentan a mamá y papá.

"¿No tengo nada que decir sobre cómo pasar mis vacaciones de verano? Además, siempre viajamos a otro estado. ¿No vamos a hacer eso?"

—No podemos viajar este año, Lilly. Tal vez el próximo año ahorremos suficiente dinero para un gran viaje. Nuestras vacaciones serán para ir a la ciudad a encontrarnos con ustedes".

Algo terrible va a pasar. Puedo sentirlo. Lilly le acarició el vientre. "Mamá, ¿por qué no puedo esperar e ir con la familia?

¡Como la ciudad! ¡Dos semanas serán una eternidad!"

"Los planes ya están hechos. Millie ha estado esperando que tengas la edad suficiente para pasar tiempo a solas con ella y Frank.

Esto es un privilegio, Lilly. La mayoría de las chicas de tu edad no tienen esta oportunidad".

Con mucho gusto se lo daría a uno de ellos, pensó Lilly en su mente. Nunca se perdonarán si vuelvo a casa muerto, porque así es como me siento. No hay esperanza de estar seguro en su hogar. Se sentía enferma de preocupación y estrés.

—Cuéntanos qué hiciste con la tía Millie y el tío Frank durante tu visita—preguntó Gwen en su camino de vuelta a casa.

—No me acuerdo. Lilly se sentó como un maniquí en el asiento trasero y respondió robóticamente.

"Oh, Lilly, estoy seguro de que hay algo que hiciste que nunca olvidarás".

La verdad es que no me acuerdo. Me veo subiendo al tren, pero no recuerdo el viaje ni me bajo. Ni siquiera recuerdo a Millie durmiendo en su casa. Lo que veo no se lo puedo decir a mis padres, porque es muy extraño. Sé que Frank me metió un rombo rosa en la garganta. Me dijo que me ayudaría con el dolor de estómago. Lo siguiente que recuerdo es sentirme mareado y luego estar en una iglesia o una escuela con mucha gente cantando y riendo. Pensó mucho en un recuerdo agradable.

"Fuimos a un centro comercial con una escalera mecánica muy alta, y había vidrio por todas partes y candelabros".

"Mira, sabía que disfrutarías parte del viaje. No tenemos centros comerciales así cerca de nosotros".

—No tenemos muchas de las cosas que tiene la ciudad—murmuró Lilly—. "Me alegro mucho de que la hayas pasado bien. Millie no puede espero que vuelvas el próximo verano".

La boca de Lilly se abrió de par en par. *No voy a volver. Prefiero morir o huir de casa.* Sus cuernos de resistencia y autodefensa se hicieron más fuertes y afilados para su propio bien.

De vuelta en el campo, su mundo estaba a salvo, pero su constante ansiedad empeoró. Estaba obsesivamente alerta, tanto dormida como despierta, temiendo lo peor en cualquier momento. Durante el resto del verano, estuvo perdida y sin vida, tratando de recordar lo que sucedió esa semana, pero su mente permaneció en blanco. Era enloquecedor.

Una noche, se sentó con la espalda contra el tronco del sauce, absorbiendo su fuerza y apoyo.—Mi querido sauce—dijo—, por favor, ayúdame a ver lo que me hicieron. Ayúdame a entender. No saber es como ser torturado. Veo caras que no conozco. Veo un altar. Veo un escenario. Veo un payaso y mi recuerdo más nítido es el de dos hombres trajeados que me sujetan por los brazos y me arrastran hasta el coche de Frank. No podía caminar. Mis piernas eran como de goma. Pasamos a través de puertas de doble vidrio mientras Frank abría el camino. Me empujaron al asiento trasero. Recuerdo sentirme aliviado de que todo hubiera terminado, pero ¿qué había terminado? ¿Dónde estuve todo ese tiempo?

¿Cómo puede una semana entera desaparecer para siempre?"

Lilly golpeó su cabeza contra la corteza, reanimada por el dolor que sentía.

"Tengo una memoria increíble. Recuerdo la muerte de mi abuela y yo solo tenía cuatro años. Recuerdo sus zapatos, su pelo y el vestido que llevaba el día antes de morir. Entonces, ¿por qué no puedo recordar una semana con Frank y Millie?

La inquietud llenaba su cabeza de miedo, y el miedo caminaba con ella a cada paso, como si fuera su sombra.

El verano estaba a punto de terminar y pronto comenzarían las clases. Gwen llamó a Lilly: "¡Tienes correo! ¡Baja las escaleras!"

Lilly bajó corriendo los escalones con Eva pisándole los talones; Anthony incluso abandonó su práctica de guitarra para ver qué se interponía en el camino en el paquete. La llegada del correo al campo era un gran acontecimiento, y más aún cuando había un paquete.

—¿Es para mí?—preguntó Lilly sorprendida, mirando una caja envuelta en papel marrón.

"Sí, es un regalo de Millie y Frank", respondió Gwen.

La sonrisa de Lilly desapareció mientras debatía si abrir o no la caja. El último regalo que le hicieron fue un estúpido y ornamentado cepillo, peine y espejo de oro para su tocador. Le recordaba a ellos y a la ciudad, nada que ver con ella. Siguió metiéndolos en el cajón de la cómoda, y Gwen volvió a colocar el atuendo en su lugar frente al espejo. Lilly sabía que el juego de pinceles era otra forma de que sus padrinos mantuvieran vivas su imagen y sus recuerdos. Nunca dejaron de tramar formas de meterse en su cabeza.

"¿Puedo guardarlo para Navidad y abrirlo entonces?" *Vale la pena intentarlo,* pensó Lilly, *aunque faltan seis meses para la Navidad.*

—Abre el paquete—ordenó Vincent—.

Lilly se negó a mirarlo. Vincent, el padre de sus sueños, se estaba volviendo mandón e incapaz de controlar su temperamento. Cuanto menos se enfrentaba a él, más segura se sentía.

—Deja de ser tan lento—se quejó Gwen—.

Tal vez debería darle este regalo a mamá, ya que está más emocionada que yo, pero eso me metería en problemas. Lilly abrió la caja. Sus ojos se abrieron de par en par al ver la tela verde neón con pequeñas estrellas de mar azules esparcidas por todas partes.

No era nada que tuviera en su lista de deseos.

"¡Sácalo! Muéstranos lo que te envió la tía Millie—dijo Gwen emocionada—.

A regañadientes, Lilly sacó un traje de baño de dos piezas.

"¡Oh, Dios mío, ¡es un bikini!" Gwen finalmente dejó de alabar y se tapó la boca con la mano.

"Mamá, es como usar ropa interior en público y no voy a hacer eso. ¿Podemos devolverlo? Nunca lo usaré. Me gusta mi traje de una sola pieza y me siento cómoda con él".

"No devolvemos regalos. Eso sería francamente grosero", le informó Vincent directamente.

—Lo que cuenta es el pensamiento, Lilly. La tía Millie y el tío Frank están tratando de complacerte. Es un bikini caro. ¡Siente la tela! ¡Mira dónde lo compraron!", agregó Gwen.

"No me importa quién más los use, o cómo se sientan, o de dónde vengan. ¡Puedes usarlo tú mismo si te gusta tanto!" Las palabras salieron de su boca llenas de ira.

Vincent golpeó la mesa con el puño, lo suficientemente fuerte como para que la caja cayera al suelo. Lilly dio un paso atrás y Eva se acercó al lado de su madre.

"¡No quiero escucharte hablar así a tu madre otra vez! ¿Entendido? Vincent se acercó a Lilly.

Lilly ya no se sentía como una niña; Se estaba criando a sí misma y no aceptaba órdenes de nadie. "No me lo voy a poner", confirmó.

"Vienen a visitarnos para el fin de semana del Día del Trabajo y vamos a ir al lago a hacer un picnic. Ahí es cuando mostrarás tu agradecimiento y te lo pondrás. ¡Ahora discúlpate con tu madre!" Las venas de la frente de Vincent palpitaban y sus puños estaban apretados con fuerza.

Lilly lo miró directamente a los ojos. No eran los ojos de su padre. Pertenecían a una bestia, otro monstruo que intentaba poseerla y controlarla.

"No voy a disculparme". Señaló el bikini en el suelo. "Y definitivamente no voy a usar eso en la playa con ellos aquí". Se dio la vuelta y corrió a su habitación, cerrando la puerta tras de sí.

El golpe fue la gota que colmó el vaso para Vincent. Corrió detrás de Lilly, abrió la puerta de un puñetazo y la agarró por el pelo.

Lilly abandonó la realidad. No sintió las manos de su padre tirando de su pelo, sino las de Frank, mientras la arrastraba por el pasillo hacia su madre. Gwen se quedó inmóvil en la silla de la cocina, como si fuera su trono.

"¡Suéltame! ¡Te odio!" Lilly luchó y le gritó que se detuviera, pero Vincent la dominó. Buscó a Eva y la vio asomarse por detrás de Gwen. Lilly dejó de pelear. No quería que Eva la viera de esa manera.

"Aquí, ahora estás a los pies de tu madre. ¡Bésalos y discúlpate!"

Lilly estaba de vuelta en el bosque; estaba de pie junto al altar de Frank, escupiendo y lustrando sus zapatos, besando su anillo, haciendo todo lo que le decía que hiciera.

Otra vez no, pensó. *Nunca me rebajaré tanto.* Se mantuvo firme sin llorar ni gritar, y escupió en el pie de Gwen.

Sintió que la mano abierta de Vincent la abofeteaba repetidamente en la cara y luego se movía por su cuerpo. Cada vez que vislumbraba a Eva, su corazón se sentía como si estuviera sangrando. Ese dolor era peor que cualquier golpe físico.

Todavía estaba esperando su respetuosa disculpa, pero ella no tenía ninguna. *Me niego a ser como* él *o como Frank. Pondré la otra mejilla; Eso es lo que papá dice que debemos hacer cuando estamos enojados con alguien.* Vio la expresión inexpresiva en el rostro de su padre mientras la empujaba por el pasillo hacia el dormitorio, encerrándola por dentro.

"¡No salgas todo el día!"

Lilly se metió en su vestidor y se acurrucó en el oscuro rincón. Repitió la escena en su mente, viendo a su madre sentada allí como una reina viendo a un tigre destrozar a su hijo.

¿Por qué mamá no hizo algo para detener a papá? *Ni siquiera sacó a Eva de la habitación. No tengo un hilo de amor por ella. No necesito una madre.*

Horas después llamaron a la puerta del armario.—¿Quién es?— preguntó desafiante.

"Cállate, soy yo, Anthony. ¿Puedo entrar?

"Sí, la puerta está abierta". Escondió la cara entre las rodillas, no quería que Anthony viera cuánto había llorado.

Anthony se sentó en el suelo junto a Lilly y le rodeó los hombros con los brazos. "¿Por qué no lloraste o dijiste que lamentabas que se detuviera? Cuanto más callado estabas, más enojado se ponía papá. Lo vi como una falta de respeto. Lo único que tenías que hacer era llorar".

"Lo sé, pero hoy ha ido demasiado lejos. Es como Frank.

—¿Qué quieres decir con eso?—preguntó Anthony.

Lilly entró en pánico. Tuve que pensar rápido sin mentir del todo.

"Ya sabes, todo grande y crecido y él puede hacer lo que quiera y no responder a nadie".

—No, no entiendo. Anthony no se lo creyó.

"Frank hace lo que le da la gana cuando le da la gana. Si quiere dar un paseo, lo hace. Si quiere ir a nadar, lo hará; ese tipo de cosas".

"Ahora lo entiendo. Apesta ser un niño, pero mejorará cuando comiences la escuela secundaria y la escuela secundaria. Mamá y papá te darán más libertad".

"No veo que eso suceda. Lo consiguieron conmigo".—Cambia tu actitud, Lilly. Nunca fuiste malo o hiriente;

¿Por qué empezar ahora?"

—No lo entenderías, créeme.

"Es por ser una niña, ¿verdad?"

A pesar de lo enojada que estaba, no pudo evitar ver el humor en el comentario de Anthony. "Ese es exactamente el problema", respondió. Fue un comienzo impecable.

"Entonces, ¿te vas a poner el bikini o no?"

"Lo usaré, pero solo ese día, y luego lo tiraré al río".

"Te verás genial, de verdad, hermana, no te preocupes por eso".

"Ese no es el punto. No debería tener que usar algo que me haga me siento incómodo".

"No te culpo y asegúrate de atarlo a una roca grande cuando lo arrojes al río. De lo contrario, flotará de regreso a la orilla". Se puso de pie y le ofreció su mano para ayudarla a levantarse del suelo.

Ella lo tomó. Era el mejor hermano que una chica podía pedir.

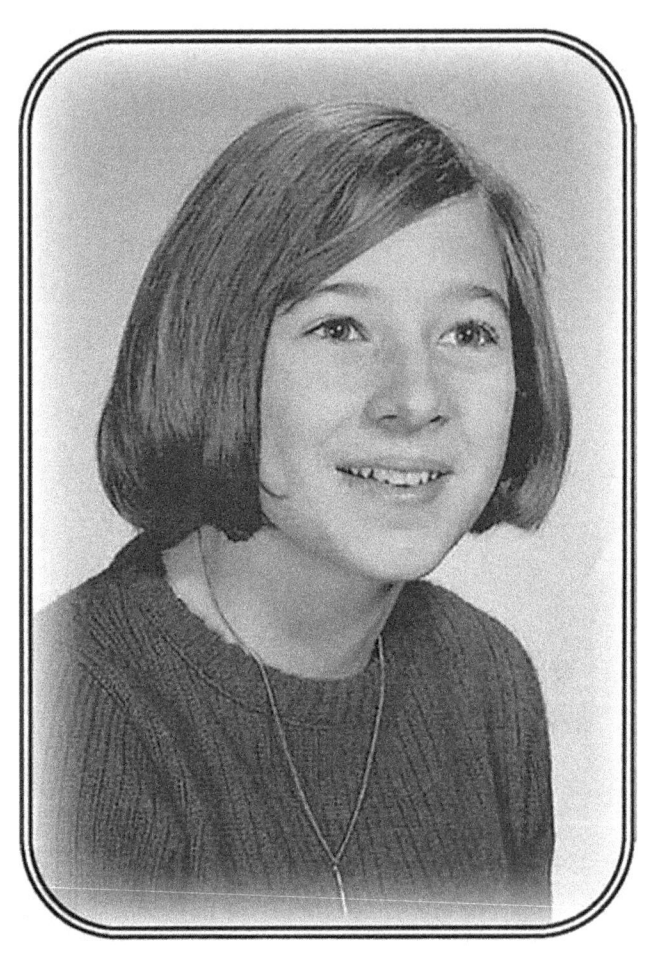

LOS AÑOS
ADOLESCENTES

1966–1972

TIEMPOS DE CONFUSIÓN

La ira residual por el bikini y el hecho de que pronto tendría que usarlo no se había disipado para Lilly mientras se preparaba para la escuela secundaria.

Ir de compras con mamá ya no es divertido. ¡Todavía quiere que me ponga vestidos! No podemos ponernos de acuerdo sobre la moda, los colores o los estilos, así que discutimos. Lilly resopló mientras revisaba los estantes de opciones.

"Mamá", dijo, "sé que quieres que compre vestidos, pero ya no son tan populares como solían ser. Como cuando Juana tenía trece años. Las niñas rara vez los usan en la escuela ahora, pero ¿qué hay de las faldas?" Sostenía una falda de línea A frente a ella, sonriendo desesperada y esperanzada al mismo tiempo.

—Las faldas son demasiado cortas—respondió Gwen—.

Lilly no quería discutir y mantuvo la conversación ligera. "Sí, son cortos, pero podemos usarlos en la escuela si también usamos medias.

¡Me gusta ese estilo! Pudimos encontrar algunas faldas, bragas a juego, y un par de jerséis y blusas. Eso me durará todo el año. Haré combinaciones".

Gwen observó a Lilly devolver la falda a la estantería y pensó: «Nunca *fue una chica de encaje y volantes*». *Siempre ha sido más natural y moderno. Los tiempos han cambiado desde que Juana tenía su edad.*—Echemos un vistazo—dijo él de acuerdo—. "Siempre me ha gustado el azul marino y el verde pintado de la escuela. ¡Tal vez haya una falda así!"

"¡Lo hay! La vi cuando entramos. ¿No sería lindo con una blusa blanca y un suéter azul marino con cuello en V y bragas azules?"—respondió Lilly agradecida—. "¡Vamos, te lo mostraré!"

Un par de horas más tarde, Lilly salió de la tienda departamental con bolsas de ropa que sabía que le quedarían bien para su primer año de escuela secundaria. "¿Estás nervioso por transferirte a una nueva escuela?", preguntó Gwen.

"Estoy un poco preocupada por las personas mayores. Escuché que metieron a los niños de séptimo grado en los casilleros y les quitaron los libros; cosas así".

"Creo que los encontrarás mucho más maduros; Esos son solo rumores. Anthony será un estudiante de tercer año este año. Eso puede ser útil. ¿Y qué pasa con los amigos? ¿Con quién sales estos días?

"No he tenido ningún amigo de verdad desde que Rita se mudó, excepto Jane, y solo nos reunimos cuando estamos en casa. En la escuela vamos por caminos separados". Lilly se encogió de hombros. "No sé con quién saldré, pero habrá muchos chicos a los que conocer".

"Esa es una forma madura de pensar".

Eran palabras de aliento, pero Lilly sentía que las amistades eran como Chipper: aquí un día, se iba al día siguiente, dejándola con el corazón roto.

—¿Cómo fue tu primer día, Lilly?—preguntó Vincent, anticipando con impaciencia sus habituales historias creativas.

"Era un desastre y confuso, y me perdía casi cada hora. ¡Tuve que pedir direcciones para encontrar mi casillero! ¡Qué vergüenza!".

—¿Has conocido a chicas nuevas?—preguntó Gwen.

"Conocí a algunos de ellos en la clase de banda. Son agradables, pero viven en la ciudad, que está demasiado lejos para que me una a ellos. ¡Y luego estaban los chicos! No me dan patadas en la espinilla ni me tocan el hombro para llamar mi atención. Coquetean con las palabras. Están buscando novias, y las chicas están buscando novios".

"¡Por fin puedes dejar de coquetear con mis amigos!", bromeó Anthony.

"Dejen a los niños en paz. Además, eres demasiado joven para estar coqueteando", aconsejó Vincent. "Hay mucho tiempo para eso en el futuro. Disfruten de sus amigos por ahora".

Lilly reflexionó sobre el comentario de su padre. *Mamá coquetea con papá, Joan coquetea con muchos chicos y Anthony coquetea con chicas. Dice que son hermosos. Quiero que un chico piense que yo también soy hermosa.*

Para Lilly, ir a la escuela secundaria fue una oportunidad para empacar la vieja maleta, llena de recuerdos de la infancia, y ponerla en el ático mientras abría una nueva y la llenaba de diferentes recuerdos; Esperemos que sea más feliz. Sin embargo, ella creía que sus padres pensaban de manera diferente, queriendo mantenerla como una niña.

"¿Batidos y hamburguesas un día a la semana, después del día en que salía con las chicas de la banda en la tienda de la escuela? Es donde van para conocerse mejor", dijo Lilly, envidiando a los niños que vivían en la ciudad. "Me sentiría más como todos los demás si pudiera hacer eso".

La respuesta de ambos padres fue rápida y definitiva: "¡No!"

"¿Por qué no, ¿cuál es el daño?", preguntó. "Son buenos chicos de buenas familias. No pasaría nada malo". Empezaba a hervir de rabia. *Mamá y papá no confían en mí. Piensan que quiero estar con los alborotadores. Están muy equivocados. No tienen idea de lo que he estado pasando y lo importante que es para mí ser una adolescente normal. Quieren frenarme, al igual que Millie y Frank.*

Esta es una conversación que tendremos cuando tengas dieciséis años y no un día antes, fin de la discusión.—replicó Vincent con severidad—.

¡Esa es *la regla más estúpida que he escuchado en mi vida! Tratarme igual que a Joan y esperar hasta que tenga dieciséis años para ser como todos los otro.* Manteniéndose firme en sus creencias, continuó. "¿Puedes darme la oportunidad de mostrarte lo seguro y divertido que sería, solo uno, por favor? Anthony, háblales de la tienda de batidos.

"No voy a entrar en esto". Colocó sus platos en el fregadero y se fue. Gwen ayudó a Eva a limpiar su desorden mientras Lilly y Vincent se sentaban, listos para enfrentarse.

—No, no hasta que tengas dieciséis años—repitió Vincent—.

"Papá, no estás siendo justo. Ni siquiera estás tratando de negociar".

"Cuando seas más maduro, discutiremos esto más a fondo".

¡Madura! La cabeza de Lilly palpitaba de furia. He *estado protegiendo y cuidando a esta familia desde que tengo memoria, ¡y él está tan ciego a eso!* "¿No está maduro para cocinar la cena para la familia? Limpio esta gran casa de esquina a esquina y me va bien en la escuela. Tengo muchas responsabilidades como adulto. ¿Cómo no vas a ver eso? Quiero parecerme más a las otras chicas de mi edad y no ser un modelo para seguir para mamá".

—Dieciséis, Lilly, nada de citas hasta los dieciséis y cuida tu lengua.

"¡Dieciséis es una eternidad! Esa es una forma ridícula de pensar y no se trata de citas. ¡Solo quiero pasar el rato con otros chicos!"

Hizo una pausa para observar la reacción de Vincent. No había nada positivo en ella. Se reclinó en la silla.—¿Y qué pasa a los dieciséis? ¿Me despierto milagrosamente en mi cumpleaños con una sabiduría y comprensión que ahora no tengo?

"No es seguro estar con un grupo de niños de la misma edad. Las cosas pueden salir mal".

"Así que no confías en mí. Eso es lo que realmente estás diciendo, ¿No es así?

"Eres demasiado joven para tener ese tipo de confianza a los trece años. La confianza hay que ganársela".

Oh, Dios mío, pensó Lilly. *Si puedes confiar en alguno de tus hijos, soy yo.*

"Voy a ser un adolescente, no diez, y sé de los peligros".

—¿Qué peligros conoces? Vincent hizo una breve pausa sobre su postre y lo miró.

Lilly se contuvo. Esto era acercarse demasiado a su mundo secreto. Continuó cautelosamente: "Sé sobre el peligro de los extraños y sobre subirse a los autos, y nunca haría eso. No me gustan los chicos mayores, excepto Anthony y sus amigos. Es más seguro estar con mis compañeros de clase".

Vincent le señaló con un dedo autoritario. "Ya terminamos de discutir esto".

Furiosa, Lilly respondió: "Mamá quiere que esté con chicas y actúe más como una niña, y quiero hacerlo, pero ninguna de ustedes está dispuesta a darme la oportunidad. No hay chicas por aquí, excepto Jane, y las dos somos. ¿Cómo pueden tener un doble rasero?"

"¡Vete a tu habitación! Puedes lavar y secar los platos más tarde". Vincent tiró la servilleta sobre el plato.

"Lilly, ¿siempre tienes que empezar una discusión en la mesa?" preguntó Gwen.

Lilly empujó la silla hacia atrás y entró en su habitación. *¡No me entiendes! Este es el momento en que se supone que debo ir al cine con las chicas, mientras los chicos se sientan en una fila detrás de nosotros y nos tiran palomitas de maíz en el pelo. Los chicos no van a esperar a que crezca. Se moverán, porque así es como funciona. Estás dentro o fuera, y si tengo que esperar hasta los dieciséis, estaré fuera. No es una respuesta aceptable. Traté de razonar con ellos, pero no me dejaron otra opción. Tengo que tomar cartas en el asunto.*

Cuando estoy con otros niños de mi edad siento una esperanza de normalidad, de ser como ellos, incluso con mis secretos. Pero para que eso suceda, necesito libertad, que mamá y papá no creen que sea importante.

La cuerda retorcida del amor de sus padres se enredó alrededor de sus tobillos.

LO QUE NADIE VER

"Y va a hacer calor y es el último fin de semana del verano".

"Sí, y no puedo esperar a un día en la playa. ¿Se supone que este fin de semana es el Día del Trabajo?", le preguntó a Anthony.

"Eso no es cierto. Oficialmente, el verano no termina hasta mediados de septiembre".

"Estás molesta por el bikini".

"¡Tienes toda la razón! Piensa en todos los niños que sabemos que estarán allí. ¡Es vergonzoso!"

"Relájate, es solo un día".

Sí, pensó Lilly, *un día de humillación en la playa, pero ¿qué más planean mis malvados padrinos?*

Llegaron la madrugada del sábado. Lilly se sintió enferma al ver su nuevo y más caro estacionamiento en el camino de entrada.—Lilly, querida, ven a besar a tu tía.

Lilly lo besó en la mejilla a regañadientes.

"No puedo esperar a verte en el traje de baño que te enviamos. Tu madre dice que pareces una modelo—se jactó Millie, mirando a Frank, que le devolvió la sonrisa y masticó su cigarro con placer—.

Lilly observó su mirada. Definitivamente estaban tramando algo, y fuera lo que fuera, no era bueno para ella.

"Frank y yo nos divertimos mucho cuando nos visitaste.

Nos hemos dado cuenta de que ya no eres nuestra 'pequeña' Lilly. ¡Fue entonces cuando vimos este traje en el centro comercial y tuvimos que comprártelo!"

"Podrías haberlo traído contigo; no tuvieron que gastar el dinero para enviarlo", sugirió Lilly, recibiendo una mirada de desaprobación de Gwen.

"Queríamos que lo tuvieras de inmediato, para que pudieras disfrutarlo antes de que llegáramos".

Más bien, querían torturarme durante unas semanas para molestarme, pensó Lilly.

"Puedes venir y pasar tiempo con nosotros cuando quieras: Navidad, Pascua, nuestra puerta siempre está abierta para ti", continuó Millie.

Claro, pensó Lilly. Te encantaría. *Para destruir lo poco que queda de mí.*

"La ciudad no es mi tipo de lugar. Me gusta estar aquí", respondió Lilly.

"Es posible que cambies de opinión cuando crezcas". Millie desairó a Lilly y se volvió hacia Gwen.—¿Cuándo vamos al parque?

"Tan pronto como terminemos de empacar la comida", respondió Gwen. "Lilly, ve a prepararte. Revisa también a Eva.

Lilly sintió oleadas de náuseas. Su intuición solía ser correcta: este no iba a ser un día seguro y lleno de diversión.

La familia encontró una mesa con una parrilla cerca, cerca del agua. Vincent y Frank abrieron unas cervezas frías, mientras Millie y Gwen sacaban los bocadillos y comenzaban a preparar el almuerzo. Lilly llevó a Eva a la playa de arena para construir un castillo. La vieja camisa blanca de su padre ayudaba a cubrir el humillante bikini de neón que había debajo.

El calor y la brisa cálida eran hipnotizantes. Había una niebla en el aire que añadía una sensación mística. Eran días como estos sobre los que podía escribir en la escuela, sin el bikini.

Después de terminar un castillo de arena, Lilly llevó a Eva de regreso con Gwen. Luego saltó al agua fría para unirse a Anthony en un partido de chapoteo.

"Gwen, mira a tus adolescentes. ¿Es ese un comportamiento aceptable?", preguntó Millie.

Gwen sonrió, "Lo es, Millie. Todavía son niños y no están causando ningún daño. Lilly se ve tan linda en ese bikini, ¿no crees?" Millie miró a su nervioso marido.

—¿Me estás escuchando, Millie?—preguntó Gwen.

"Sí, por supuesto que lo soy. Lilly se ve linda con cualquier cosa. ¡Va a tener muchos novios!".

"Millie, es demasiado joven para siquiera pensar en los chicos. Todavía saca sus muñecas Barbie de vez en cuando".

"¡No le diría eso a mucha gente! Es demasiado viejo. Millie le dirigió a su hermana una mirada de reproche.—¿Por qué no dejas que Frank la lleve a aguas más profundas para practicar su estilo libre?

"Es una buena idea. Ese estilo es difícil para él. Tal vez una o dos lecciones de Frank ayudarían". Gwen llamó a Lilly a la mesa de picnic. "¿Qué te pasa, mamá?", preguntó mientras agarraba una galleta.

"Frank te va a llevar al agua para practicar tu estilo libre, solo por un ratito, y luego comeremos". Lilly se quedó sin palabras. *Esta fue la razón detrás del bikini.*

"Vamos, Lilly, tengo algunas sorpresas para ti". Frank la tomó de la mano y la llevó al agua. Volvió a mirar a sus padres. Estaban mirando, sonriendo y saludando, sin tener idea de las verdaderas intenciones de Frank.

—¿Qué sabe usted de ahogarse?—le susurró Frank al oído—.

Lilly estaba aterrorizada por la palabra. Vincent le había inculcado hechos sobre el ahogamiento en su cabeza y en la de Anthony, para

para mantener en ellos un miedo sensible, ya que el río era su patio de recreo.

Frank se rió de la expresión de su rostro. "Eso es lo que pensé. Cállate y sigue el juego, y no habrá un accidente".

La vergüenza la estaba matando cuando sus manos desnudas tocaron su piel en las aguas profundas. Nadie podía ver, pero ella podía sentir. Nunca había corrido el riesgo de ser atrapado hasta ahora. Siempre había sido en privado. Lilly miró hacia la playa y sintió cientos de ojos mirándola. Se estaba ahogando en la humillación. Creía que todo el mundo veía lo que Frank le estaba haciendo en las aguas profundas. Se sintió deshonrada y degradada. *Ahogarse sería una bendición,* pensó.

Ya no había necesidad de esconderse o tratar de escapar. Frank y Millie ahora disfrutaban de la emoción de hacerlo público.

Frank observó a la familia reunirse para almorzar. Había estado en el agua con Lilly el tiempo suficiente, pero no lo suficiente como para preocupar a sus padres. La llevó de vuelta a la orilla.

Lilly no podía pensar en nada más que en el horror que acababa de pasar mientras sus padres estaban allí mirando, pero incapaces de ver.

"Había tantas branquias azules en esas aguas profundas", se jactó Frank, tratando de impresionar a Vincent con sus conocimientos de pesca y desviar la atención de Lilly hacia sí mismo.

"¿Es eso cierto? ¿Viste algún otro pez?—preguntó Vincent a Lilly.

Lilly sintió que todos los ojos estaban puestos en ella. "Peces pequeños, había muchos peces pequeños". Otra mentira, el odio que la llenaba siseó. Frank está tratando de hacer que parezca que me hizo un gran favor al ayudarme con un estilo de natación. Mirar. Nadie se da cuenta de lo falsos que son él y Millie. Nadie más que yo. ¡No me enseñó nada sobre natación!

¡Tengo que mantenerme *alejado de todos ellos!*—¿Puedo irme, por favor?—preguntó Lilly a sus padres. "No tengo mucha hambre".

"Bebe tu agua y te puedes ir". Lo bebió de un trago, se puso la gran camisa blanca sobre él y encontró un lugar en la playa de arena, lejos de la familia, para acostarse.

Miró hacia el cielo, observando grandes cúmulos que se perseguían entre sí. Envió su odio hacia ellos y lo vio alejarse. Su corazón comenzó a calmarse y su respiración volvió a un ritmo cómodo, hasta que una bola de arena lo golpeó en el estómago. Era Anthony, esperando represalias.

Algunas cosas tenían que mantenerse constantes en su vida. Eso era vital para sobrevivir. Se levantó y lo persiguió por la orilla húmeda y arenosa, apuntándole una bola de arena aún más grande en la parte posterior de la cabeza.

Por ahora, estaba fuera de peligro.

1986 - SEXTA SESIÓN - CONFINACIONES SERIAS

"M todos los cambios que estaban ocurriendo. Estaba decidida a que sus primeros años de adolescencia fueran confusos debido a que había hecho una nueva vida, con recuerdos felices, para que Frank no dominara mi pensamiento. Y la escuela secundaria fue la oportunidad perfecta para un nuevo comienzo".

"Háblame de los cambios".

"Papá no confiaba en mí en absoluto, y su temperamento se acortó. Mamá rara vez escuchaba lo que él estaba tratando de decir. Quería que fuera una réplica de sí misma, lo cual no iba a suceder. Luego está Frank, que me estaba destruyendo mentalmente y forzando la entrada de drogas en mi sistema para que no recordara sus ataques.

Era como si el mundo no me quisiera en ella".

"Te sentiste abandonado".

"Abandonados, incomprendidos…Sabía que mi vida no era normal, pero cuando me convertí en adolescente, me di cuenta de que mi hogar tampoco lo era. La única forma en que podía ver la felicidad era alejarme de mamá y papá y cuidarme a mí misma".

"Su nueva conciencia trajo consigo la necesidad de una mayor independencia".

"Se podría decir eso. Observé y aprendí. Pensé que, si podía ser más como los otros chicos, estaría bien. Pude escapar de las dos cosas mundos para encontrar mi normalidad. Nadie entiende lo difícil que fue tratar de encajar mientras se vivía con tantas mentiras y secretos".

"Parece abrumador".

"Mi corazón anhelaba gritar la verdad. Era una tortura andar de puntillas en secreto. ¡Cómo podía sentirme normal después de lo que me hizo en la playa y todas las demás veces! Estaba aterrorizado pensando en lo que iba a hacer a continuación, ¡como tal vez suicidarme! Ya no tenía miedo de que lo atraparan. Eso cambió su juego y me hizo sentir más aterrorizada".

"Qué aterrador y solitario sería eso para cualquier persona a cualquier edad".

"Dijo que, si se lo decía a la policía, sería mi palabra contra la suya, y a los jueces no les gustan los niños. Parecería y sonaría loco. Me meterían en un hospital para locos por mi memoria fragmentada de esas malditas drogas que me obligó a tomar. Ese era su plan de seguro. Tan pronto como tuve la edad suficiente para defenderme, borró mi memoria. Da miedo perder años. Entre los diez y los trece años, recuerdo muy poco. Fue entonces cuando me volví más insegura y desconfiada de todos, incluso de mis padres. Ahí empezaron los problemas en casa".

"Fue un momento de crecimiento muy sensible y emocional".

—Así que lo bloqueé, para siempre —respondió Lilly con severidad—.

"Te ayudó a sobrellevar la situación. Tal vez esos años sea mejor dejarlos desconocido para su propia seguridad y salud".

—¿Eso evitará que se cure?

"No. Lo que recuerdas está llenando esos años".

El doctor Bricks escuchó atentamente, mientras Lilly se revolvía nerviosa en su silla.

"Sentí que podía ser un mejor padre que ellos", dijo Lilly mientras envolvía su cabello alrededor de su dedo índice.

"Te das cuenta de que, en tu adolescencia, tu cerebro aún no estaba lo suficientemente desarrollado como para razonar y ver las consecuencias de la misma manera que un adulto".

Lilly lo miró con incredulidad. "No estoy de acuerdo. Creo que hubo situaciones en las que tenía más sentido que ellos, porque sabía lo que ayudaría. No tenían ni idea. Su voz era la única voz. Mamá me veía como una vergüenza y papá me veía desafiante y desdeñoso. No era ni lo uno ni lo otro. Estaba enojada. Empecé a culparlos por mi vida".

—¿Cómo querías ver a tus padres?

"Quería que me hablaran como un adulto, explicando sus ideas y escuchando las mías en lugar de gritar y exigir. Y ser físico era completamente inaceptable a mis ojos. Podrían haberme castigado sin salir, o insistir en que habláramos hasta que llegáramos a un entendimiento, y habría tenido un impacto mucho mayor. Pero no lo hicieron, y sus acciones me alejaron aún más".

"La mayoría de los adolescentes luchan con la transformación de niño a adolescente sin abuso o lazos familiares rotos. El trauma que sufriste tuvo que hacerlo aún más difícil".

"Tal vez sea parte de eso. Perdí la esperanza de que fueran los padres que necesitaba".

—Háblame de la relación que tuviste con tu padre durante ese tiempo. "Cuando me convertí en adolescente y me volví más independiente, se volvió sobreprotector y desarrolló un temperamento explosivo. Se tomaba todo lo que hacía como algo personal. Estaba arruinando su mundo perfecto, y tenía que reclamarlo demostrando que tenía el control".

"Sentiste que quería que fueras perfecto", respondió el Dr. Bricks al recordar su primer encuentro con Lilly.

"Papá tenía una obsesión con la limpieza y el orden. Tuvimos que limpiarnos los pies siete veces en la alfombra del pasillo al entrar en la casa. Luego nos miraba lavarnos las manos antes de la cena, contando números de nuevo. Había conteos exactos para usar jabón, otro para lavarnos las manos y otro para lavar los platos, y así sucesivamente. A veces explotaba solo de pensar que no lo estábamos escuchando. Era imposible cumplir con sus expectativas. Al saber esto, me rebelé, lo que llevó a más enfrentamientos".

"Él gobernaba la casa".

"La verdad es que no. Papá era el encargado de castigarnos. Mamá no golpeó ni azotó a ninguno de nosotros. Ella gritaba: 'Espera a que tu padre vuelva a casa'. Entonces papá escuchaba su versión y nos castigaba".

"¿Eran castigos, no disciplina?", preguntó.

Sintiéndose confundida, Lilly respondió: "¿Hay alguna diferencia?"

"El castigo es un acto impulsivo de ira. La disciplina es un acto de amor. La disciplina se basa en el punto de vista del niño sobre lo que está bien y lo que está mal para ayudarlo a tomar decisiones saludables, lo que lleva a la independencia. Por otro lado, el castigo lastima al niño, quitándole el control y fomentando la dependencia".

Lilly respondió rápidamente. "Recibí castigos. La palabra *disciplina* pertenecía a la escuela, pero no a casa. Y cuando mencionaste que el castigo crea dependencia, conecté de inmediato".

—¿Cómo es eso?

"Creo que papá sentía que ser un buen padre significaba que sus hijos tenían que depender de él. Tampoco podía soltar el control. Los niños debían ser vistos, no escuchados. Luché contra él en ambos aspectos. Nadie me iba a controlar y yo podía cuidarme".

Lilly se detuvo, miró por las ventanas y se calmó. Luego continuó.

"Pero mamá y papá no sabían nada sobre el desarrollo infantil, excepto por lo que ellos mismos experimentaron".

—¿Eso justifica el maltrato físico?

Lilly se removió inquieta en su silla. "No, no es una excusa, especialmente ahora. Está en todos los televisores, revistas y libros, pero sentí lástima por mi padre. Llevaba una carga pesada".

—¿Qué te hace pensar eso?

"Con frecuencia entraba en mi habitación, se disculpaba y lloraba conmigo. Me contaba historias de su padre, que era muy cruel y habló de cómo la guerra lo cambió. No me gustaba que me pegara, pero entendí que estaba haciendo lo que hacía un padre, por orden de mi madre. Papá me golpeó y yo tuve la última palabra. Uno pensaría que lo odiaría más, pero en realidad no siempre fue así. Ver a mamá mirando y sin hacer nada era imperdonable. Sentí que mamá se había dado por vencida conmigo y la culpaba por las golpizas".

El Dr. Bricks explicó: "El dolor físico se cura más rápido que el dolor emocional. Eso puede ayudar a explicar algunos de sus sentimientos encontrados".

"Es cierto, los moretones sanaron y seguí adelante, pero los mensajes emocionales, especialmente los negativos, permanecieron mucho más tiempo".

"Lilly, es normal sentir una variedad de emociones hacia ambos padres. Son humanos, y con la crianza vienen los éxitos y los fracasos".

"Nos damos cuenta de eso cuando tenemos nuestros propios hijos, ¿no? Parece que nuestra casa fue una pesadilla todo el tiempo, pero eso no es cierto. Había un equilibrio, que me mantenía cuerdo durante los tiempos locos, especialmente en mis años de juventud. Vi amor y sentí amor. Ese ha sido un elemento clave en mi supervivencia. Seguí buscando para volver a sentirlo".

"El amor es un regalo importante que se debe recibir de ambos padres". Lilly tomó un pañuelo para secarse los ojos. "Esto es muy difícil.

A veces quiero rendirme, salir y volver a una vida sin terapia. Volver a mi cómodo caparazón y vivir como siempre lo he hecho, evitando la realidad".

"El viaje de curación no es una prueba cronometrada".

"Lo sé. Vivo dando pasos hacia adelante y hacia atrás. Eso no es nuevo para mí; Es mi norma".

"Si pudieras regresar, ¿qué harías o dirías de manera diferente con tus padres?"

"Les explicaba por qué era así. Les perdonaría todas las cosas que hicieron mal, porque al igual que yo, fueron manipulados. Todos sufrimos, pero siempre hubo amor, aunque no lo pareciera. Y les diría lo importante que es ese amor, incluso hoy en día". Lilly abrazó con fuerza la almohada decorativa.

—El tiempo sigue avanzando, Lilly; Nunca se detendrá a esperar el momento adecuado. Entonces, ¿qué te impide compartir lo que acabas de decir con ellos ahora?"

Estaba dispuesta a reconciliarse, pero su terquedad la detuvo. Se levantó y caminó hacia una estantería. Mirando una estatua de una mujer y un niño, la levantó y observó la belleza de sus líneas. "A veces el mundo es feo y no hay mucho que podamos hacer. Si se presenta una oportunidad para mejorarla, debemos aprovecharla, ¿verdad?", le preguntó al doctor Bricks.

Asintiendo con la cabeza, respondió: "Creo que esa es una forma saludable de ver la vida".

SIN HADA MADRINA

"Poco maquillaje". Gwen se apartó, admirando a su joven illie, ven a ver a nuestra Lilly. Le recogí el pelo y le di una hija, mientras Millie corría al dormitorio, vestida con un vestido de noche.

Millie se detuvo y se tapó la boca con las manos. "¡Oh, Lilly, te ves tan adulta! Frank, Frank…"

"Trae tu cámara. Tenemos que tomarle fotos a Lilly".

—Mamá—Lilly miró a Gwen con inquietud—. "Por favor, dile a la tía Millie que no quiere fotos. Tú y papá pueden enviar el que tomaste".

"No has hecho más que quejarte desde que llegamos aquí".

"Te dije que me dejaras en casa con la familia de Jane y te advertí que no me hicieras usar este estúpido vestido. ¡Las bodas son para adultos, no para niños!"

La opresión en su pecho la estaba asfixiando. Las medias la asfixiaban, los tacones la hacían sentir inestable y el vestido la hacía sentir como si tuviera ocho años y pretendiera ser una adulta; Quería volver a sus vaqueros.

"Millie, a Lilly no le gustan las fotos, nunca le han gustado. No tengo ni idea de por qué odia tanto las cámaras. Te enviaré uno de los nuestros.

"Tonterías, Frank está aquí". Millie se volvió hacia él. "Toma uno junto a la ventana con las cortinas de encaje ondeando contra ella. ¡Es perfecto!"

Lilly no miró a Frank ni a la cámara. Sabía que, si lo hacía, él estaría masticando ese cigarro viscoso como siempre lo hacía para amenazarla y hacerla retorcerse. Cuando cesaron los chasquidos, se volvió hacia su madre.

—¿Es hora de irse?

La imprudencia de Lilly molestó a Gwen. "¿Vas a arruinarle el día a todo el mundo por una cámara estúpida?"

—¿Y qué hay de este estúpido vestido, de esos estúpidos zapatos y de esas estúpidas medias?—replicó Lilly.

"Dejaré esto pasar por ahora, pero no quiero escuchar más insolencias durante el resto del viaje". Gwen miró a Lilly. "Baja y asegúrate de que Eva esté lista mientras termino de maquillarme".

—¿Qué sabes de la niñera que Millie contrató para más tarde? Lilly sospechaba de los planes que sus padrinos habían puesto en marcha.

Tiene diecinueve años y Millie no contrataría a cualquiera. Estoy seguro de que será divertida y hará un gran trabajo. Frank lo recogerá cuando os traiga a todos de vuelta aquí.

"Claro, estoy seguro de que lo hará". Lilly fue en busca de Eva.

¿Qué quiso decir con eso? Gwen pensó mientras observaba a Lilly alejarse. *Ya no tengo ni idea de lo que pasa por la cabeza de esa chica.*

Después de la cena, Millie reunió a Lilly, Anthony y Eva como si fueran suyos; luciendo con orgullo mientras desfilaba con ellos entre la multitud.—Aquí están, Frank.

¿Estás listo?", preguntó.

"Por supuesto que sí. Volveré en una hora—respondió Frank rápidamente—. "¡Tenemos que avisar a mamá y papá que nos vamos!", insistió Lilly.

"Están bailando una de sus canciones favoritas. Míralos, como dos jóvenes enamorados. Te lo diré tan pronto como termine la canción", respondió Millie.

—Podemos esperar—respondió Lilly—.

—Tonterías—interrumpió Frank—. "No hay nada de qué preocuparse. Conozco esta ciudad como la palma de mi mano. Millie, volveré antes de que te des cuenta.

Lilly tomó la mano de Eva. *No creo ni por un momento que Millie y Frank no estén tramando algo. Nunca es tan simple como "irse a casa".*

No pasó mucho tiempo antes de que regresaran a la casa de Frank. Lilly respiró aliviada. Tal vez este viaje resultó bien después de todo. Tal vez se equivocó acerca de su complot contra ella.

Frank se detuvo junto a la acera. "¡Aquí estamos, chicos! Anthony, llévate a Eva y prepárala para dormir. Lilly, tú y yo recogeremos a la niñera. Necesito compañía que me mantenga despierto. Anthony, aquí tienes la llave de la puerta principal y asegúrate de cerrarla con llave en cuanto entres.

Los ojos de Lilly se abrieron de par en par. ¿Cómo *pude ser tan estúpido? ¿Cuántas veces he caído en esta trampa? Me metí de lleno en su pequeño plan.* Continuó regañándose a sí mismo. *Veo exactamente lo que está haciendo. Sabe que a Anthony no le parecerá extraño que vayamos solos, porque ya me ha llevado a dar un paseo antes. ¿Cómo no lo vi venir?* Sus manos comenzaron a temblar.

Con Anthony y Eva a salvo en la casa, Frank le dio a Lilly sus órdenes.

—¡Fuera!—ordenó, sacando a Lilly del asiento trasero y empujándola hacia el frente. Cerró la puerta tras de sí y rápidamente se dirigió a la carretera.

Colocando su mano alrededor de su brazo, la acercó más, sonriendo como el Gato de Cheshire. Era un hombre feo. El amarillo era su color. Su piel y sus dientes estaban amarillos. El blanco de sus ojos era amarillo, y sus uñas eran capas de un amarillo repugnante y tan duro como una piedra. Parecía una cazuela de una semana.

El olor a alcohol llenó el coche mientras bebía su güisqui y conducía imprudentemente por la carretera. Miró a Lilly más de lo que miraba a la carretera. Se tensó de miedo.

—Toma, toma un trago—insistió, entregándole la botella—.

—No, gracias—respondió ella bruscamente, sin apartar la vista de la carretera—.

Él se rió de su reacción. "Te ayudará a relajarte y disfrutar de nuestro tiempo juntos".

"Nunca disfruto de nuestro tiempo juntos". Dejó la botella de güisqui en el suelo.

"Es bueno ver que te pareces más a tu madre. Y este vestido…" Hizo una pausa para ponerse la mano en la rodilla. "Realmente resalta tu figura". Cuando su mano se movió más alto, Lilly la apartó de un golpe.

Frank masticó su cigarro nerviosamente y se agarró la pierna con más fuerza. "No seas tan inteligente. La gente muere en esta carretera todos los días. Debería ver cuando un camión choca con un automóvil. ¡Eso es algo!" Se rió con emoción. "Vi uno hace unas semanas y me detuve a echarle un vistazo. No podía decir dónde estaba la gente, era un lío tan enredado. Tengo una foto. Te lo mostraré". Hizo un ademán de sacar la cartera, dejando las manos fuera del volante.

—¡No!—gritó Lilly, mientras observaba cómo los coches pasaban zumbando mientras cambiaban de carril—. "¡Te creo!" Él *es la* última persona *en esta tierra con la que quiero estar cuando dé mi* último *aliento. Oh, Dios mío, no me despedaces de carne.* Cerró los ojos y dejó que su mano hiciera lo que quisiera, mientras seguía todas sus órdenes. Cuando tuvo suficiente, comenzó a acariciarla como si fuera una especie de animal.

Al ver solo los colores de las luces traseras frente a ella, permitió que su mente flotara hasta que Frank salió bruscamente de la autopista, bajó por una rampa y entró en una zona residencial.

Se detuvieron frente a la casa de la niñera. Ella estaba esperando en el porche. Lilly la vio bajar los escalones hacia el coche. No aparentaba diecinueve años, vestía un suéter escotado y fumaba un cigarrillo. Su cabello era largo y rubio, con raíces oscuras, casi negras. Su rostro estaba muy maquillado, especialmente alrededor de los ojos. Millie había vuelto a engañar a Gwen. No había forma de que su madre permitiera que esta persona cuidara de Eva, y mucho menos que estuviera en la casa.

Frank se inclinó sobre Lilly y abrió la puerta.—Ve por la parte de atrás—gruñó—. Lilly escapó al asiento trasero con entusiasmo, sintiendo que lo peor había pasado.

"Hola Gracie, cariño, ¿estás lista?" Su voz era dulce y nauseabunda.

"Hola, grandullón". Involucró a Frank en sus besos franceses descuidados y exagerados.

Frank miró a Lilly y se rió entre dientes: "Toma nota, tal vez puedas aprender algo de Gracie".

—Aquí. Cogió la botella de güisqui y se la entregó a la niñera, que bebió varios tragos grandes.

Era un largo camino de regreso a la casa, con Frank moviéndose a paso de tortuga. Podía soportar los ruidos del asiento delantero y sus ocasionales comentarios sarcásticos sobre su falta de experiencia, siempre y cuando no la volviera a tocar.

UNA MIRADA, UN TOQUE

El estrés de sentirse como una mezcla entre adulta y adolescente le estaba quitando la vida, dejándola con muy poco optimismo y demasiada tristeza. Tenía que salir, tener cierta libertad y estar con otros de su edad. Tenía que hacer algo que la ayudara a sentirse normal.

"Mamá, estaba pensando que me gustaría competir por el primer lugar en la clase de banda y para eso necesito clases particulares", explicó mientras preparaban la cena juntas.

—¿Cuándo se los ofreces?—preguntó Gwen.

"Ese es el problema; siempre están después de la escuela". Lilly cruzó los dedos.—¿Cuánto tiempo duran?

Su corazón latía con fuerza. "Unos cuarenta minutos, tal vez un poco más, depende de la música en la que estemos trabajando".

"Déjame hablar con tu padre. Anthony tiene su licencia, por lo que podría venir a la ciudad a recogerte, y serviría como práctica de manejo".

Lilly se mordió el labio inferior y sonrió. Esto fue lo más cerca que su madre había estado de escuchar sus necesidades.

En la mesa de la cena, el tema volvió a surgir. "Vincent, Lilly quiere tomar clases particulares de música para competir por el primer puesto. ¿Crees que Anthony podría ir a la ciudad una noche a la semana a recogerla? Vincent miró a Anthony y luego a Lilly. No pudo evitar preguntarse qué estarían tramando los dos.

—Supongo que podemos intentarlo, pero solo para las lecciones de la banda, Lilly. No vayas más allá. Y Anthony, revisaré el kilometraje para asegurarme de que sea solo un viaje de ida y vuelta a la ciudad".

Después de la cena, ella y Anthony se emparejaron para lavar y secar los platos. Anthony susurró: "¿Por qué no me contaste sobre esto?"

"Se me ocurrió de repente. Buena idea, ¿no crees? Lilly sonreía de oreja a oreja.

—Sí, pero sé que te vas a ir con tus amigos.

"Tienes razón, pero primero voy a tener una lección de treinta minutos. Tardarás otros treinta minutos o más en llegar a la ciudad, ¡lo que me da una hora para ser yo mismo! Lilly necesitaba eso: tiempo para ser la adolescente que era, y no la niña que sus padres vieron.

"Nos vas a meter en problemas a los dos".

"No, no lo haré. Siempre estaré frente a la escuela a la hora exacta que me digas, te lo prometo, cruzo mi corazón y todo lo demás. No hay otra forma de divertirme. Traté de preguntar honestamente, no funcionó, así que ahora tengo que escabullirme. No importa cuánto me esfuerce por complacer a mamá y papá, no puedo. Últimamente no están contentos con nada de lo que hago. No soy la inteligente Joan ni la cariñosa Eva. Soy Lilly, y soy complicada".

"¿Por qué tienes que ser tan complicado?"

"Simplemente soy. Así es como nací".

"Eso no es cierto".

"Bueno, las cosas cambian y las personas también. Ojalá pudieran ver eso".

"Estás deseando un milagro".

Lilly miró a Anthony con sorpresa.—Tú también te sientes como yo, ¿verdad?

"No, pero trato de entender tus sentimientos. Creo que hay algo sobre lo que no estás siendo honesto, y si lo fueras, mamá y papá no lo serían tan tú".

"Eso es ridículo". Volvió a concentrarse en los platos, pensando en el comentario de Anthony.

"Lamigas mientras estaba sentada en una cabina en la heladería. Illy, ¿qué es lo que te gusta de un chico?

"Mi chico ideal tiene que ser bien arreglado, inteligente y educado", preguntó uno de sus nuevos amigos.

"Tendría que pasar el examen de mis padres, ¡lo cual no será fácil! No me interesan los locos".

Lilly quería pellizcarse para asegurarse de que esto realmente estaba sucediendo.

"¿Estás bromeando? ¡Son tan aventureros!"

"Yo no los veo de esa manera. Me molestan cuando interrumpen la clase, o cuando silban al pasar. Es repugnante". Frank silbaba, y siempre le daba escalofríos.

Con el tiempo y la ayuda de sus amigos, y un largo descanso de Frank, Lilly se sintió más cómoda con los chicos de su clase. En octavo grado, tenía una nueva confianza y atracción: un chico que la hacía girar la cabeza cada vez que estaba cerca. Había algo diferente en él, y verlo le daba vueltas en el estómago, en el buen sentido.

Caminaba con confianza y tenía una risa sincera, de esas que hacen reír a los demás con él. Era inteligente y olía de maravilla. De hecho, no me había dado cuenta de que los chicos tenían olor hasta que él apareció. El problema era que él no sabía que ella existía.

Pensaba en él todos los días, en sus momentos de tranquilidad junto al río. Era agradable tener algo en qué pensar aparte de un pasado problemático y una vida familiar complicada. Se acostó temprano para que la mañana llegara más rápido y pudiera ir a la escuela. Escuela para verlo de nuevo. Había un rebote en el paso de Lilly y un cálido resplandor en su rostro.

Un día, Julie bromeó con ella: "Oye, Lilly, te he visto mirando a Blake durante el almuerzo durante los últimos tres meses. ¿Cuándo le vas a hacer saber que te gusta? ¿O simplemente lo vas a mirar estupefacto?

"¡No estoy estupefacto!" Lilly se sonrojó. Además, no creo que él sepa que existo. Siempre está con un grupo de chicos, y ya sabes cómo son".

"Él lo sabe; Lo he visto mirarte. La sonrisa de Julie llenó todo su rostro.

—No puede ser. Lilly sacó una pelota de una servilleta y se la lanzó.

"Eso no es gracioso".

"¡Mira, estás totalmente rojo en tu cara! Te gusta mucho, ¿verdad?

—Sí—admitió él, con un rubor aún más profundo—. "Creo que es perfecto y tiene una risa que me hace reír".

"Wow, ¿desde cuándo te sientes así?"

"Lo noté en séptimo grado, pero este año, no sé, se ve diferente y más interesante".

"¡Oh, te equivocaste!"

"¿Qué es lo que tengo 'mal'?"

—¡Estás en un a-m-o-r!—dijo Julie, haciendo un gesto de beso con los dedos—.

"Oh, déjalo. Es un enamoramiento unilateral, eso es todo. Nunca sería lo suficientemente bonita para él".

"¡No digas eso! Eres muy linda, y hay muchos chicos que estarían felices de acompañarte a clase o llevarte al cine".

"Olvídalo. Mis padres no me dejarán tener novio hasta que tenga dieciséis años. Entonces un hechizo mágico caerá sobre mí y seré completamente adulto. Hasta entonces, olvídalo".

—¿Pero ¿qué hay de todos los buenos momentos que pasamos en la ciudad?

"Pensaron que estaba en un ensayo de la banda". Se rieron juntos, recordando momentos especiales. Entonces Lilly se enderezó.

—¿Cómo iba a hacer que se fijara en mí sin parecer o comportarse como un estúpido?

"Sé que corre en el equipo de atletismo y tienen una competencia este viernes por la noche. Está fuera de la ciudad, pero puedes hornear algo para él, como galletas. Eres el mejor cocinero de la economía doméstica".

"¿No es un poco cursi darle unas galletas?"

"¡Dicen que la forma de llegar al corazón de un hombre es a través de su estómago!"

"Eres tan tonto. Lo pensaré, pero hablar, como lo estamos haciendo ahora, me tiemblan las piernas y me palpitan los ojos".

"Como dije, te equivocaste".

A lo largo del día, Lilly repasó todas las recetas de galletas que conocía en su cabeza y sus piernas no paraban de temblar. ¿Pensaría que estaba loca y se reiría de ella? Ese sería un destino peor que la risa de Frank, y los rumores se extenderían por toda la escuela. Otro horror que temía.

Luego llegó el viernes, además de la clase de economía doméstica, la última hora del día. Esta era su oportunidad. "¿Le vas a hacer galletas hoy o no?", preguntó Julie.

"Sí, mis galletas con chispas de chocolate". "Excelente; ¡Son los mejores! ¿Cómo se los vas a dar?"

"Su casillero está justo afuera del aula de economía doméstica. Me apresuraré hasta el final del día y esperaré. No quiero estar ahí cuando lleguen sus compañeros. Eso sería vergonzoso tanto para mí como para él".

"¡Mírate! ¡Eres un desastre! Será mejor que te relajes un poco antes de hornear".

"Oh, déjalo, por supuesto que estoy nervioso. ¿Y si piensa que estoy loca?

"Él no es ese tipo de persona. Él te lo agradecerá, pero también te verá. Eso es lo que quieres, que se fije en ti".

"Espero que esto funcione, porque no tengo el coraje de intentar otra cosa".

"¡Te va a ir muy bien! Ojalá pudiera estar en el fondo para mirar".

"¡Me alegro mucho de que no puedas!"

"¡Maldita sea, tendré que esperar hasta el almuerzo de mañana para saber cómo fue! ¡Eso me va a matar!" Julie hizo un puchero. "Ahí está la campana. ¡Hablaremos mañana! ¡Buena suerte!"

Lilly vio a Julie dirigirse a clase y luego entró en su última hora del día, con la esperanza de que fuera una que nunca olvidaría.

Observó cómo el reloj de la pared del aula se movía de un punto negro a otro mientras su corazón latía rápidamente y el rubor de sus mejillas le llegaba hasta el cuello. Estaba asustada, pero feliz al mismo tiempo, un nuevo tipo de felicidad, como un gran paseo en una montaña rusa.

Cuando sonó la campana final, salió disparada hacia el casillero de Blake. Él estaba allí, guardando sus libros. Se detuvo a unos metros de él. Se dio cuenta de su estado de congelación y tuvo la amabilidad de sonreír. La sonrisa más linda que había visto en mi vida. Lilly se acercó y puso el paquete de galletas calientes en su mano.

"Hola, Blake, estos son para ti. Pensé que te gustaría disfrutarlos después de la competencia de atletismo". Trató de hacer que su voz sonara como si no fuera gran cosa y estaba llena de confianza, lo cual estaba lejos de la verdad. "Los hice en economía doméstica en la última hora".

Él los tomó con cuidado, tocando su mano muy suavemente, y respondió en voz baja: "Gracias". Luego la miró directamente. Lilly oyó al equipo de atletismo salir del vestuario. "Ganen sus carreras", dijo, y se deslizó entre la masa de estudiantes.

La sonrisa, el tacto de sus manos y el contacto visual la dejaron en algún lugar entre el cielo y el cielo. El viaje en autobús a casa, que normalmente odiaba, no importaba. El sol brillaba más intensamente y la sangre nueva corría por sus venas.

Esa noche se fue a la cama, soñando despierta y escuchando un álbum de los Beatles. Este era su mundo, sin padres, sin hermana menor y sin hermana mayor, sin nada que perturbara sus sueños. Se sentía segura; como otras chicas de su edad. El mundo secreto se estaba desvaneciendo y estaba naciendo un nuevo mundo. Iba a tener su maleta llena de nuevos recuerdos felices y cuentos de aventuras, sin que un oscuro miedo se cerniera sobre su cabeza.

—¿Te ha dicho algo?—preguntó Julie mientras caminaban hacia la clase. "No, pero una vez se 'tropezó' conmigo, si eso significa algo".

Lilly puso los ojos en blanco, dudando de su significado. Julie saltó delante de ella.

"¡Sí, significa! ¡Realmente chocó contigo! Eso es algo muy importante en el lenguaje de los niños".

"Eres un tonto. No significa nada, excepto que los pasillos están demasiado llenos y tal vez no sea su tipo de chica, pero lo intenté", respondió Lilly, sintiéndose triste.

"¡Tonterías! He tenido curiosidad, viéndolos a los dos coquetear con las miradas del otro durante el almuerzo. No te rindas todavía. Tengo una corazonada". Lilly suspiró. "Gracias por tratar de hacerme sentir mejor, pero hablemos de otra cosa".

—¿Por qué íbamos a hacer eso?—preguntó Julie. "Esto es mucho más interesante que la escuela".

"Tengo que irme. Me pondré al día contigo más tarde". Lilly corrió a clase.

Pasó otra semana con más sonrisas y miradas coquetas en el almuerzo. *Tal vez no debería rendirme,* pensó. *Hay algo que nos atrae: ¡puedo sentirlo y Julie puede verlo! ¡Aguanta, Lilly Francis!*

Entonces, cuando menos esperaba una reunión, sucedió. Un lunes por la mañana, mientras corría hacia su casillero, balanceando sus libros en un brazo y tratando de forzar su cerradura con el otro, sintió un suave golpecito en su hombro. Sobresaltada, se dio la vuelta rápidamente, dejando caer sus libros y pensando en lo peor, una reacción aprendida de todas las veces que Frank la había sorprendido.

Era Blake.

"Hola, Lilly. ¡Estás un poco nervioso esta mañana!", dijo con una mirada galante. Déjame ayudarte a recoger tus libros.

Lilly miró sus ojos color avellana. Fue hermoso. Sin saber qué decir, se las arregló con un "Gracias". Juntos recogieron sus pertenencias. "¿Tienes tanta tarea todas las noches?", preguntó, calculando su peso.

"La mayoría de las veces", respondió nervioso, girando su cerradura porque de repente no podía recordar la combinación. Después de su tercer intento, Blake preguntó: "¿Quieres que lo intente?"

Lilly se sonrojó. "Creo que sería una buena idea, especialmente si no queremos llegar tarde a la primera hora".

—¿Cuál es tu combinación?

¿Mi combinación? ¡No me acuerdo! ¡Piensa, Lilly, piensa! Cerró los ojos y se concentró. Llegaron los números. *Um, se supone que no debo dárselo, ni siquiera a un mejor amigo…¡pero es Blake!* "Son treinta y tres, siete, sesenta y ocho", les soltó rápidamente.

"¿Nadie te dijo que no deberías dar tu combinación?", bromeó. Ella soltó una risita.

Les dio la vuelta a los números y lo abrió en su primer intento. "¿Qué clase tienes?", preguntó.

"Lengua y literatura, subiendo las escaleras y a la derecha, no, estaría a la izquierda". No podía creer lo difícil que era pensar. Por lo general, los chicos no tenían ese efecto en ella.

"Estás teniendo una mañana difícil, de derecha a izquierda, volteando números…" Estuvo a punto de desmayarla con su sonrisa.

"Podría ser, nací zurdo y me obligaron a usar la derecha". *¡No puedo creer que acabo de decir eso!* Lilly quiso retractarse de sus palabras.

"Hmm, entonces eres ambidiestro".

Lilly se rió, "¡Un hombre de grandes palabras!"

"No, eso es lo que es".

¡Directo, me gusta eso!

La acompañó hasta la puerta del aula.—¡Hasta luego!—le dijo, y le entregó sus libros—.

"¡Sí, claro, entonces estará bien!" Se dio la vuelta y flotó hacia la clase, pensando, *¿cuánto tiempo hasta entonces?*

El resto de la mañana miró los relojes, sin tomar notas ni prestar atención a las lecciones de sus maestros. Lo único en lo que podía pensar era en su voz y en que había tocado sus libros y su casillero; Ese tenía que ser el primer paso de algo.

Entonces sonó la campana del almuerzo. *El día ha terminado y no lo he visto,* pensó mientras se detenía en su casillero y se dirigía al gimnasio.

"¡Ahí estás!" Era Blake. "¿Quieres caminar a la panadería conmigo? Hacen una gran hamburguesa y batido, te invito".

"Claro, déjame agarrar mi suéter".

"No hay tiempo, tenemos que movernos rápido: treinta minutos y suena la campana". La tomó de la mano y la sacó de la escuela.

Nunca había salido del campus durante el almuerzo. ¡Es divertido, incluso un poco arriesgado! No puedo creer que esto esté pasando. Sintiendo el calor de su mano, soltó sus miedos y se dejó llevar por cualquier sensación que surgiera.

Durante el invierno, caminar a clase y almorzar con algunos amigos era la norma para Lilly y Blake. Para cuando llegó la primavera, los dos habían formado una estrecha amistad.

"Nunca le había temido al verano como este año. No podremos vernos todos los días", dijo Lilly con tristeza.

Blake levantó la barbilla. "Es cierto, pero todavía nos veremos".

"¿Cómo? Ninguno de los dos tiene dieciséis años. Te extrañaré. Echaré de menos escuchar música juntos y cogerte de la mano. Nunca me han gustado los grandes cambios; Me entristecen".

"Encontraremos una solución. Mi trabajo tiene muchas horas y son seis días a la semana, pero si tenemos un día lluvioso, tendré tiempo libre. Esos días nos encontraremos".

Lilly quería confiar en él, pero confiar era difícil. "Mis padres no permiten salir con nadie hasta que tenga dieciséis años". Vaciló y luego se iluminó. "Pero podemos encontrarnos junto al río".

—¿Será el puente un buen lugar?

Lilly volvió a quedarse sin palabras mientras lo miraba a los ojos que hablaban más claramente que las palabras.—Sí, el puente.

—Te llamaré.

Cuando sentía su mano en la suya, nada más en el mundo importaba. No había Frank, ni padres enojados, ni ojos aterradores mirando. Encontró una nueva sensación que le levantó el espíritu. Más que el río, más que su sauce. Había visto esa sensación antes, muchas veces, cuando vio bailar a sus padres.

Ahora era suyo. Era posible encontrar el amor fuera de la familia.

POR EL MOMENTO

Desde el primer día de la escuela secundaria, ella y Blake se conectaron, a menudo en el pasillo más oscuro y menos supervisado de la escuela.— ¿Qué tal si nos saltamos la siguiente clase?—preguntó Blake, jugando con la pequeña trenza que tenía en el pelo.

Lilly vaciló. ¿Qué *podría haber de malo en perder tiempo de estudio? Todo lo que hago allí es susurrar y hacer cosas tontas. ¡Lilly Francis, deja de tenerle miedo a la vida!*

Ella sonrió, aceptando el desafío. "Estoy listo, pero ¿a dónde vamos?"

"Es un día increíble; Nos relajaremos debajo de las gradas".

"Me encantaría salir, pero las puertas se cierran y no podremos volver a entrar".

"Lo tengo cubierto".

—¿Estás seguro de que no nos van a atrapar? Un destello de preocupación cruzó por su mente, pensando en los problemas que podría tener con sus padres.

"No lo harán. No es que faltemos a la escuela todos los días". Su mirada seductora era irresistible y su amor por la aventura era innegable.

Ella le devolvió una mirada coqueta y le tomó la mano. "¡Entonces, vamos!"

Entre risas, corrieron por el campo de hierba y se metieron debajo de las gradas. Cayó al suelo con la calma, riendo con una sensación de logro desafiando a la autoridad. Se acostó a su lado mientras se sumergían en el sol y el cielo.

"¡Oye, mira esas nubes! ¿Qué forma ves? Señaló una nube de tormenta que se estaba formando. "Veo un barco".

—¡Yo también! Me encanta mirar las nubes. ¡A veces en el campo, no hay nada más que hacer!" La expresión de Lilly se volvió seria. "Sabes, nunca he roto una regla seria en la escuela.

Bueno, tal vez lo hice en quinto grado".

—¿Qué hiciste?

"Hice un retrato feo de mi maestra y lo dejé en mi escritorio, sin saber que ella revisaba todas nuestras cosas por la noche".

"Oh, vaya, ¿ella hizo eso? ¿Qué pasó? Lilly se echó a reír. "¡Tuve que usar un sombrero de tonto!"

"¿Un sombrero de tonto?", preguntó con incredulidad.

"Para ser honesto, fue bastante divertido. Todo lo que podía hacer era mantener la cara seria para no meterme en más problemas". Blake guardó silencio.

—¿Por qué tan callado de repente? Lilly se sentó, cruzó las piernas y se concentró en él.

"No creo que haya nada más de qué hablar". Se inclinó hacia ella y la besó.

Sus labios eran cálidos y suaves. El beso fue muy delicado, como si ella fuera frágil. Nadie le había hecho sentir los repentinos despertares que sentía en su interior. Estaban en un momento atemporal cuando la campana de advertencia interrumpió bruscamente la magia.

"De verdad, ¿tenemos que volver a clase?" No sabía cómo iba a ser posible.

"Tenemos que hacerlo. No puedo faltar en álgebra, y no se puede perder en ciencia". Él la ayudó a levantarse y corrieron de regreso a la puerta.

Una vez dentro, le apretó la mano con fuerza. "Nos vemos después de la escuela en mi casillero". Él le dio un besito en la mejilla. Lilly sonrió tan fuerte que sus ojos entrecerrados casi desaparecieron de su rostro.

"Solo quedan dos horas", dijo, preguntándose si podría aguantar tanto tiempo.

Se separaron, y no hubo nada que llenara su cabeza más que el lento rebobinado de su primer beso.

El calor entre ellos se hizo más fuerte y difícil de contener. Ambos tenían una misteriosa timidez, y en el centro de ella había una línea amarilla de no pasar. Esa línea había evitado que cayeran demasiado seriamente en una relación. Sin embargo, la línea amarilla se fue desvaneciendo a medida que el año escolar llegaba a su fin. Eran dos camisetas en una espalda y sus espíritus vivos con una curiosidad inagotable.

Lilly apoyó la cabeza en su hombro. "El tiempo se mueve demasiado rápido cuando estamos juntos. Desearía que se desacelerara".

"No podemos controlar el tiempo, pero tenemos el momento". Ella sonrió. Estaba enamorada no solo de Blake, sino también de la vida que estaban creando juntos. Era un mundo de seguridad y una energía que la despertaba y la hacía dormir sin miedo ni ansiedad. Finalmente, Lilly había encontrado algo perdido en su vida: la felicidad.

CAMINANDO EN SECRETO

Ser deshonesta no hacía que Lilly se sintiera bien consigo misma, sin embargo, era la única forma en que podía tener la libertad de ver a Blake.

Había cumplido quince años y se acercaba la edad mágica. Pensó que intentaría una vez más ser honesta con sus padres.

Cruzando los dedos, se acercó a Gwen. "Mamá, mi amigo Blake me pidió que fuera al cine con él y un grupo de amigos. Tengo muchas ganas de ir. Llevo casi dos años diciendo que no a las citas y reuniones grupales. ¿Lo pensarás al menos antes de volver a decir que no? Lilly puso una expresión esperanzada.

"Hemos tenido esta conversación una docena de veces. Sabes lo que tu padre y yo pensamos acerca de las citas. Gwen continuó con su cocina.

"Pero ahora es diferente. Estoy a punto de cumplir dieciséis años, y prometo que volveré a casa en cuanto termine. Incluso puedes recogerme si quieres. ¿Qué te parece esa idea? No hubo respuesta.

"Mira, cruza mi corazón y espero morir, no miento. Habrá otros chicos alrededor. Te juro por una Biblia si quieres". Lilly lo decía en serio. Si tuviera que usar la Biblia, que así fuera.

"La respuesta sigue siendo no". Gwen se mantuvo firme.

"¿Al menos puedes hablarlo con papá?", suplicó. La expresión en el rostro de Gwen no necesitaba aclaración.

Lilly arrojó su guante de cocina sobre la mesa y se alejó.

Sabía que, si no se iba, su boca iba a explotar con palabras de enojo. *Solo una vez,* pensó, ¿podrían mostrarme el respeto que exigen para sí mismos? No entiendo lo que es crecer porque nunca fueron niños o adolescentes. Eran adultos desde que nacieron. Así es como lo hacen sonar. El hogar es como una prisión. Están quitando tiempo y recuerdos preciosos. Recuerdos sanos, felices, inocentes, los que debería tener y no los que me atormentan.

En silencio, dentro de su propia mente, se dejó caer en su cama, miró hacia el techo y continuó liberando sus sentimientos.

"Hasta aquí la honestidad, supongo que tengo que seguir mintiendo para ser feliz. Por mucho que mamá y papá no me entiendan, yo no los entiendo a ellos. Solo Anthony me entiende. Sabe lo solitaria y aburrida que puede ser la vida en el campo, y papá no le pregunta por asistir a un partido de béisbol. ¡Es decir, tiene el respeto de papá! ¡Hablaré con Anthony!"

"Oh, terminan al mismo tiempo. Puedes divertirte con tus amigos y, por favor, diviértete solo esta vez. Comienza el juego y la película, me divertiré con la mía. Te prometo que no volveré a involucrarte.

Anthony se detuvo: "El juego sería divertido. Déjame preguntarle a papá. Te mantienes al margen y no le dices una palabra a él ni a mamá. Quédate en tu habitación. ¿De acuerdo?"

"¡Sin tirantes!" Saltó de la cama y le dio un gran abrazo a Anthony.

El viernes por la noche llegaron al estacionamiento donde Blake estaba esperando.

"Prometo volver tan pronto como termine la película. ¡Gracias!

¡Eres el mejor hermano!" Ella le dio un fuerte abrazo.

Anthony la vio prácticamente saltar hacia Blake, luciendo feliz y libre. Le hizo sonreír, recordando a la pequeña Lilly con la que creció.

Blake le tomó la mano. Lilly vaciló, recordando haberse subido a los coches con Frank. "No sé si esto es correcto. Tal vez deberíamos quedarnos a ver el partido".

—Vamos, Lilly. Te estás preocupando de nuevo". Abrió la puerta. "Estoy sentado a tu lado. Estarás bien".

Con su brazo alrededor de sus hombros, soltó el miedo y siguió a su corazón. *Si él no está preocupado, yo tampoco.* Se deslizó en el asiento trasero del coche.

Poco después, se estacionaron en el espacio del teatro al aire libre. Los amigos de Blake se fueron para reunirse con otros, dejándola a ella y a Blake solos.

"No estamos en la escuela ni cerca de casa". Los ojos de Lilly se llenaron de una atrevida burla al sentir una emoción nerviosa.

—Lo sé. Se colocó el largo pelo detrás de las orejas.

Envueltos el uno en los brazos del otro, las fuerzas naturales de la pasión vencieron toda restricción. Sus besos cortos y amorosos se convirtieron en fervor ansioso, y sus manos se movieron salvajemente antes de disminuir la velocidad hasta un rastreo exploratorio. Entrelazados, respondieron a los toques prohibidos mucho más allá de la línea amarilla de precaución.

El fuerte golpe del puño de un amigo en el techo de metal hizo que se detuvieran de repente. En un abrir y cerrar de ojos pasaron de ser uno a ser Blake y Lilly. Desaliñados, se apresuraron a recomponerse.

—¿Cómo es posible que la película haya terminado?—preguntó Lilly, sintiéndose avergonzada de que la hubieran pillado besándose.

"Como dijiste, el tiempo pasa más rápido cuando estamos juntos".

"¿Me veo bien?" Lilly se sonrojó. Blake la miró. "Te ves soñadora, casi atrevida, y tal vez un poco coqueta. Me gusta". Se inclinó hacia delante para darle un último beso apasionado. Lilly lo empujó hacia atrás. "No, ahora están justo afuera de esa ventana".

"Pero no pueden ver el interior; ¡Está todo empañado!" Su segundo intento fue exitoso.

Las puertas de entrada se abrieron. "¿Están ustedes dos listos? ¡Deja de besarnos: tenemos que movernos rápido para volver antes de que termine el juego!"

Hundió la cabeza en el hombro de Blake mientras el coche avanzaba a toda velocidad por la autopista hacia la ciudad. Estaban muy por encima del límite de velocidad. Un destello de la cara de Frank apareció en su mente. Estaba riendo y en una carretera de la ciudad. Cerró los ojos y forzó la idea, reemplazándola con nuevos recuerdos de la primera vez que se besó. Se sintió protegida en los brazos de Blake. *Estoy a salvo,* se tranquilizó. *Nada malo me puede pasar cuando estamos juntos.*

Llegaron al estacionamiento con quince minutos de retraso. Anthony estaba esperando junto a su coche, luciendo molesto. "Tengo que irme". Lilly miró nerviosamente a Blake.

Abrió la puerta y la ayudó a salir. "Déjame caminar contigo. Explicaré que la película fue más larga de lo que pensaba; Eso no es mentira".

"No, estoy bien. ¡Nos vemos el lunes!" Corrió hacia Anthony. *Voy a arruinar sus posibilidades de ir a otro partido, y eso no es lo que él quería. No merezco perder la confianza de mamá y papá por mis decisiones de vida.*

—Lo siento, Anthony, de verdad. ¡Tratamos de llegar a tiempo!"

"Abróchate el cinturón. Voy a parar en la gasolinera y Llama a mamá y papá. Te diré que estamos de camino a casa—dijo con severidad—.

"¡Es una gran idea!" *Gracias a Dios, Anthony tiene más sentido común que yo,* pensó Lilly. *Estoy demasiado nervioso para pensar con tanta claridad.*

"Quédate en el auto. Vuelvo enseguida.

Anthony regresó rápidamente, con una expresión decepcionada. Cautelosamente, Lilly preguntó: "¿Cómo te fue?"

Papá se alegró de que llamara, si eso es lo que quieres decir, y nos recordó que debíamos estar atentos a los ciervos en el camino.

Giraron por el camino rural de quince millas que los llevó a casa. Lilly vigilaba a los ciervos, tal y como le había pedido su padre, mientras que Anthony se concentraba únicamente en conducir. La tensión silenciosa afectó sus nervios, sin embargo, no se atrevió a decir nada que pudiera molestarlo más.

A mitad de camino, rompió el silencio.

"¿No crees que deberías saber sobre el juego, para que no tengamos problemas?", preguntó.

"Solo si quieres compartirlo, si no, aceptaré mi castigo. Valió la pena".

—No hiciste nada estúpido, ¿verdad? Miró rápidamente a Lilly.

"No, en realidad no, no si consideras que besar es estúpido". Se dio cuenta de que su rostro estaba más rosado de lo habitual.

"Ten cuidado, Lilly; No te dejes llevar".

Lilly mantuvo los ojos a los lados de la carretera.—¿Ya te has besado?

"No, no lo he hecho, y no me lo arruines".

Ella se echó a reír. "No lo haré, pero te diré esto, si estás destinado a estar con esa chica, lo sentirás. Tu cuerpo lo sabe y se apodera de ti. Es increíble". Lilly podía oler y sentir a Blake como si estuviera a su lado.

"Sobre el juego..." Anthony le contó todos los detalles que pensó que papá le preguntaría. Escuchaba atentamente, memorizando ciertos acontecimientos. Se preguntaba si Anthony sabía cuánto lo respetaba y cuánto lo iba a extrañar el próximo año cuando se fuera a la universidad. No tener un hermano mayor cerca iba a ser difícil.

Al pasar por la granja de sus tíos, se dieron cuenta de que el Cadillac de Millie y Frank estaba aparcado en el camino de entrada. Un escalofrío recorrió su espina dorsal. "¡Mamá no dijo nada sobre la visita de Frank y Millie!"

"Los escuché hablar de eso la semana pasada. Mamá está dolida porque Millie no pasa el fin de semana con nosotros".

"Bueno, no lo hago. Han comido suficiente de nuestra comida y nos han sacado de nuestras camas".

"Realmente los odias, ¿no?"

"Sí, más de lo que te imaginas. Mienten".

"Lo sé, el tío Frank lo hace. Papá dijo que Frank le dijo que compró las cuerdas que le dio para amarrar el bote, pero en realidad las robó de su trabajo. Sin embargo, adoro a la tía Millie. Es la mejor cocinera".

Lilly respiró hondo. "Así que ella es una gran cocinera, ¡gran cosa! ¿Por qué están en casa de la tía Dee?

"Ni idea, tal vez sea por el bebé de la tía Dee. A la tía Millie le encantan los bebés, igual que a mamá".

"Mamá es muchas cosas, pero no es Millie. Nunca digas que lo es". Ambos guardaron silencio.

¡Me alegro mucho de que no estén en nuestra casa! Reconoció sus sentimientos. *Esta noche es para Blake y para mí. No tenerlos cerca asegurará que este sea el caso. Ya no soy esa niña estúpida. Sus amenazas de muerte no van a funcionar. Sé que Frank no va a matar a nadie. Es demasiado peligroso y la gente empezaría a husmear. Eso expondría el mundo criminal de él y Millie y los llevaría a la cárcel.*

"Oye, Lilly, ¿estás buscando ciervos o soñando despierto?", preguntó Anthony.

Lilly miró a su hermano.—Un poco de las dos cosas—y volvió a centrar su atención en la carretera—.

Para Lilly, todo se trataba de ser una adolescente. Estaba feliz, profundamente feliz, y estaba enamorada. Sus días eran como estrellas en el agua, brillantes y hermosos, y ahuyentaba cualquier pensamiento que pudiera cambiarlo.

NO PUEDES PERDER
LO QUE NO TIENES

En la mañana de su decimosexto cumpleaños, Lilly se despertó pensando en cuánto tiempo le había llevado llegar a esta edad mágica. *Aquí estoy y no me siento un poco más inteligente o diferente. Ha sido una pérdida de tiempo y ha provocado demasiadas discusiones. ¡Qué regla tan estúpida! Supongo que pensaron que, si funcionaba para uno de nosotros, funcionaría para todos. ¿Entenderán alguna vez que cada uno de nosotros es diferente?*

—¡Buenos días, Lilly! ¡Feliz cumpleaños!" Gwen la saludó en la mesa del desayuno.

"¡Gracias! Hoy tengo dieciséis años, lo que significa que puedo salir oficialmente". Le recordaba a su madre.

"Así es. Papá y yo estuvimos hablando de eso anoche. Sabíamos que iba a ser lo primero que preguntarían esta mañana.

—Entonces, ¿cuál es el plan? Lilly mantuvo sus ojos en Gwen, tratando de leer sus pensamientos.

"Acordamos una noche de fin de semana y un toque de queda a las once y media".

Lilly no podía creer lo que oía. "Una noche a la semana durante el año escolar, bien. ¿Pero también todo el verano y a las once y media? No podía ocultar su decepción. "Blake vive en la dirección completamente opuesta a la mía. ¡Las once y media no nos dan tiempo suficiente para ir al cine y comer una hamburguesa!"

"Es lo que es. Esa era la regla para Joan, y es lo mismo para ti".

—¡Yo no soy Joan! Lilly apretó los dientes y luego alzó la voz.

"¡Esto es tan estúpido!"

—Bueno, entonces no tienes que salir con nadie—dijo Gwen con firmeza—. "Ese tiempo es suficiente".

—¿Para hacer qué?

"Puedes ir al pueblo, a la heladería o a la panadería".

"Mamá, la ciudad es un agujero. ¡No hay nada que hacer allí o en estos bosques! ¡Quiero ir a citas reales! Quiero poder ir a Frankton, donde hay tiendas, restaurantes y un cine de verdad".

"Lilly, es tu cumpleaños. No empecemos con una discusión".

Lilly hurgó en su desayuno. "No puedo creer que tú y papá no confíen en mí lo suficiente como para darme un toque de queda a medianoche. Los dos saben que, estemos donde estemos, tendremos que salir a las diez y media para llegar aquí dentro de una hora. Es solo una vez a la semana y no en una noche de escuela. ¿No me puedes dar treinta minutos más, por favor?

"El año que viene, pero no este año, y casi se me olvida. Tu padre quiere que empieces a trabajar para sacarte el carné de conducir.

Lilly se estremeció por dentro. La idea de conducir la había asustado desde la boda. "Lo sé. Ya me inscribí en la clase de educación vial este verano, pero no estoy demasiado emocionado. Me pongo tan nervioso al volante que no pienso con claridad".

"Eso desaparecerá con la práctica. Yo también estaba nervioso cuando me enteré. Por cierto, papá y yo no aprobamos que las chicas recojan a sus citas. Eso no va a pasar".

Lilly puso los ojos en blanco.—¿Entonces es definitivo, a las once y media?

—Sí.

—Dieciséis. Pensé que iba a ser el mejor día de mi vida", comentó Lilly con sarcasmo.—Es lo que pienses de él—replicó Gwen—Secamente. "Lilly, tengo que trabajar hasta tarde esta noche. ¿Quieres que compre un pastel en la tienda de comestibles?"

Desde que empezó a trabajar, nada es igual, resopló Lilly para sí misma. "No te molestes. En su lugar, podemos comer un pastel de cerezas del congelador".

"¿Estás seguro de que es lo que quieres para tu cumpleaños?"—

Me encanta la tarta de cerezas—murmuró Lilly—.

Gwen la besó en la mejilla. "No seas tan gruñón. Al menos puedes salir en citas y no escabullirte por la ciudad. Es mejor que lo que tenías".

—¿Quién te dijo que se estaba escabullendo?—preguntó Lilly sorprendida.

—Millie me ha dicho que el padre de Frank os ha visto a Blake y a ti juntos en la ciudad.

"Millie miente y no tiene derecho a entrometerse en los asuntos de nuestra familia".

"Oh, Millie es inofensiva".

Las sonrisas y risas que Lilly había llevado a la mesa del desayuno desaparecieron hasta que bajó del autobús y encontró a Blake esperándola.

El sábado por la noche fue su noche. Aparcaron junto al río, observando el rápido chorro de agua pasar por debajo del puente. Hablaban de todo y de nada: de los Beatles, de los coches, de los atardeceres y del río. Estaban enamorados, pero no de un amor estúpido. Entendieron que tenían que estar sexualmente seguras, un tema que surgía cada vez con más frecuencia entre ellas.

—Lilly, no te enfades conmigo, pero ¿entiendes tu anatomía femenina?—preguntó Blake, mirando a lo lejos para evitar sus expresivos ojos.

La pregunta la tomó por sorpresa. Volvió su rostro hacia el de ella. "Bueno, no te rías de mí, pero no, no le presté atención a la película en quinto grado".

"¿Tu mamá no te habló cuando tuviste tu primera menstruación?"

"Mamá y yo no hablamos de mucho más que de recetas y tareas". Lilly estaba mortificada, sintiendo que su corazón latía con fuerza en sus ojos. No había hablado de sexo con nadie. Era un tema tabú en su casa y, curiosamente, en su mente, Frank y su comportamiento no entraban en esa categoría. Lo que hizo fue pecaminoso y violento; Sus acciones no tenían nada que ver con el sexo y el amor.

"¿Por qué mencionas esto? La mayoría de los hombres no mencionarían la maldición femenina".

"Deberías saber más sobre tu cuerpo, y el mío también", respondió.

Lilly se sintió extremadamente incómoda.

"No quise hacerte sonrojar", agregó. "No es gran cosa". Blake le rodeó los hombros con el brazo. "Acabo de leer un libro. Se trataba de todo lo que necesitas saber antes de tener relaciones sexuales. Era gracioso y pensé que a ti también te gustaría leerlo".

Los ojos de Lilly se abrieron de par en par. "Si mamá o papá vieran un libro así en mi habitación, que ellos inspeccionan, me castigarían de por vida".

"Entonces, ¿qué tal si lo leemos juntos?", sugirió con una sonrisa pícara.

"Estás bromeando, ¿no? ¡Leamos un libro sobre sexo juntos, justo lo que la mayoría de los hombres hacen en una cita!" Lilly se echó a reír. "No debería haberlo mencionado".

"¡No, me alegro de que lo hayas hecho! Pero tienes que admitir que es un poco raro aprender sobre el sexo y mi cuerpo de mi novio y un libro.

¡No es una situación común!"

"Será bueno para los dos, si queremos ponernos más serios".

—¿Dijiste 'más serio'? Somos novios, pero también somos mejores amigos. ¿Ir más allá de eso nos quitaría eso? Porque no quiero perder lo que tenemos".

Blake reflexionó profundamente. "Algún día querremos ir más allá, y si es así, debemos estar preparados".

Ahora era el turno de Lilly de reflexionar sobre la idea. "Si voy a aprender sobre sexo de alguien, te elijo a ti. Confío en ti". La seriedad de su rostro se transformó en una sonrisa maliciosa mientras sacaba el libro de debajo del asiento.

"¡Eres un tramposo! ¡Has estado jugando con mi cabeza!" Lilly le dio un empujón coqueto.

Blake sonrió ante su aventurera aceptación de la vida. A medida que su relación se volvía más seria, no quería que ella sintiera que se estaba aprovechando de ella, y el conocimiento era la respuesta.

—¿Tienes fotos? Lilly sintió un nudo en el estómago al recordar una escena de la película de chicas.

"La verdad es que no. Algunas ilustraciones, eso es todo. Creo que te hará reír".

Su actitud la convenció de ver ese libro del conocimiento. Acurrucados uno al lado del otro, comenzaron a leer.

Lilly hizo todo lo posible por contener la risa. "Me gusta una especie de cita para contar historias. Nadie me ha leído un libro que me haya abrazado tan estrechamente desde que era una niña". Se giró para mirarle a la cara. Era tan guapo que ella prefería empezar a besarlo antes que involucrarse con el libro, pero esto era importante para él, así que se calmó.

Durante las siguientes dos horas, se rieron. Más tarde, dio su interpretación de los hechos. "Así que hago un óvulo increíble al mes que espera que el espermatozoide superior complete la entrada por sí solo. Si eso no sucede, entonces tengo mi período, que es el desprendimiento del revestimiento decepcionado de mi útero. No hay bebé, vuelve la regla. El ciclo continúa, mes tras mes, con la esperanza de que ese millones de espermatozoides pasan a través del óvulo, desencadenando la chispa eléctrica que inicia el crecimiento celular, creando así una nueva vida.

¿Cómo lo hice?", preguntó orgulloso.

"¡Lo tienes!"

"Una cosa más, lo tienes fácil. Ser el hombre, eso es. Todo lo que haces es producir millones de espermatozoides. Ni dolor, ni sangre, ni útero, ni trompas…"

"Ahora espera, yo también tengo tubos".

"¡Oh, un río llora! Nunca me di cuenta de lo interesantes que son nuestros cuerpos y cómo encajan, como piezas de un rompecabezas. De hecho, siento un nuevo orgullo de ser una niña, más adulta. Tenías razón; Esto fue bueno para mí. Debería haberlo aprendido hace años. ¡No le dirás a nadie lo ingenuo que fui! ¿Verdad?

"Te prometo que mis labios están sellados".

Crearon un final para una cita nocturna increíble, pero se detuvieron antes de que se convirtiera en parte del libro y nunca pensaron en Frank. El cuerpo masculino sobre el que habían leído pertenecía solo a Blake. Llenó sus pensamientos con su pasión.

Vivía para los sábados por la noche. Su tiempo juntos fue espontáneo y desinhibido. Él se aseguró de que ella se sintiera segura mientras ella se aseguraba de que él se sintiera amado.

El único momento que tenían era el presente, y allí era donde vivía Lilly.

1986 - SÉPTIMA SESIÓN - UNA CONCIENCIA IMPACTANTE

"Cme me dijo que me tomara una aspirina. Esa fue mi lección sobre las abejas cuando traté de hablarle a mamá sobre cómo convertirme en mujer, los pájaros y las abejas. Hablar de sexo en casa era tabú, como si fuera una palabra sucia y pecaminosa".

—Eso hacía que fuera más difícil para ti tratar de hablarles de Frank.

"No es más difícil; ¡imposible! Mamá y papá dijeron que todo lo que necesitaba saber sobre crecer estaba en una película que vería en quinto grado".

—¿Te ha resultado útil la película?

Lilly se burló de la pregunta. "No la escuché".

Debes haber tenido una buena razón.

"¡Lo tuve! Fue vergonzoso con todos mis compañeros de clase allí. Estaba en la primera fila, con la pantalla directamente frente a mí, lo que me hizo sentir como el centro de atención. Me estaba ahogando de ansiedad. La enfermera me dirigió una pregunta mientras en la pantalla aparecía una imagen de la anatomía masculina. Estaba mortificado, pensando que podía ver a través de mí mismo y dentro de mi mundo secreto. Cualquier cosa que dijera hacía reír a las chicas. Soy muy sensible a que se rían de mí, ya que Frank lo hacía muy a menudo".

Lilly se cubrió la cara con una mano para ocultar el vergüenza. "Quería meterme debajo de la silla o cualquier lugar para escapar".

—¿Recuerdas la pregunta?

"¡No! El único sonido que recuerdo es la risa".

"Háblame de la imagen que estaba en la pantalla".

"Tengo una imagen borrosa de las partes íntimas del hombre en un dibujo en blanco y negro de tipo médico. Ese dibujo desencadenó un flashback". La cara de Lilly se enrojeció.

—¿Cómo lo sabes?

"¡Recuerdo que pensé que era un dibujo de Frank! No podía creer que finalmente hubiera encontrado una manera de comunicarse conmigo en la escuela. Siempre decía que lo que hacía era privado y secreto, ¡pero ahí estaba!" Sus pensamientos se agitaron.

Se tomó unos minutos para estrechar las manos y concentrarse en la respiración. Cuando se relajó, continuó: "Esa película era una película de terror. Me sentí atrapado dentro de una sala con público y sin ningún lugar a donde huir. El único lugar para esconderse era en el interior.

"Es muy posible que estuvieras asimilando la información sexualmente y no anatómicamente".

"La película era sexual. No lo vi de otra manera". Lilly hizo una pausa desconcertada.—¿Había otra manera?

"Lo más probable es que la película estuviera pensada para ser vista anatómicamente, como una clase de biología sobre el cuerpo humano". Lilly se desplomó en su silla.—Oh, Dios mío—echó la cabeza hacia atrás y miró al techo—. "No vi el lado físico. Solo lo vi como cada cuerpo usaba sus partes para el sexo. ¿Qué tan enfermo es eso? Tenía once años". Ella se retiró.

Esperó.

Con los ojos fijos en el techo, murmuró: "Me siento terrible y vergonzosamente estúpida".

"Te estabas dando cuenta de algo nuevo, probablemente confundido, sin nadie con quien hablar".

Hablaba en voz baja, como si estuviera en un mundo lejano. "Físicamente estaba subdesarrollado, y sexualmente estaba sobredesarrollado. Las otras chicas no eran tan ingenuas. Esa era una gran diferencia entre ellos y yo. ¿No debería haber sabido más?

"Alrededor de los ocho años, un niño comienza a descubrir su yo sexual. Sin embargo, en su caso, la sobreexposición a la sexualidad puede haber bloqueado el interés físico normal. Y luego está la disociación".

—¿Me desvinculé tan joven?

—Puede que sí.

"¡Esa foto solo pertenecía a Frank! Yo no veía a los chicos de esa manera, y menos a Blake. Los chicos eran como mi hermano, compartíamos un terreno común en nuestros gustos y disgustos. Blake era como yo, solo un niño. ¿Tiene sentido?

"Lo consiguió. Lograste separar el hecho de que el hombre que abusó de ti era un hombre enérgico y poco amoroso; por tanto, temíais a los hombres. Sin embargo, veías a los hombres como seres confiados y seguros, físicamente diferentes y más parecidos a tu hermano, hasta que creciste y comenzaste a sentir el interés y la atracción naturales por el sexo opuesto".

Lilly se tomó su tiempo para ordenar los pensamientos en su cabeza y luego comenzó a contar su punto de vista. "Frank sabía que estaba entrando en una edad en la que era más consciente sexualmente, y se metió con eso al comparar mi cuerpo con el de mamá y otras mujeres. Era una chica a la que le habían dicho que fuera una mujer. Eso dañó mi autoimagen. ¿Por qué no sabía lo que estaba haciendo? ¿Cómo es que tardé décadas en descubrirlo?"

"Demos un paso atrás. Como niño, ¿reaccionarías como un adulto a las amenazas y el horror de Frank?

Lilly suspiró con frustración, bajando los hombros.

—Por supuesto que no.

"Las introyecciones de Frank, junto con tu ansiedad, debilitaron tu sistema de creencias y te alejaron de la confianza en tus padres. No es tu culpa".

"Muchas cosas habrían sido diferentes si Millie no se hubiera casado con el diablo".

"Pero lo hizo, y trajo a ese demonio a tu casa. Eso era el pasado. Ya no estás allí".

"¿Dónde estoy exactamente?", preguntó ella, mirándolo directamente.

"Eres un adulto. Te has transformado en una versión más saludable de ti misma, esposa y madre para Owen".

Escuchar el nombre de Owen cambió su estado de ánimo a uno más esperanzado. "Owen nunca tendrá la vida que yo viví. No me pertenece. Tiene espacio para pensar libremente y puede decirme cualquier cosa. Sabe que moriría protegiéndolo".

—¿Crees que Owen podría defenderse de un hombre como Frank?

"No, es solo un niño", respondió ella bruscamente.

—Y tú también lo eras, solo un niño.

Ojalá, Frank, estuviera muerto.—¿Qué te libraría de su muerte?

"Si está muerto, no puede hacerme daño ni a mí ni a nadie más".

"Esa es la perspectiva de un niño".

"Puedes ser molesto". Hizo una pausa, reevaluando sus comentarios y los de él. "Está bien, como adulto sé que la muerte no me quitará lo que me hizo ni el daño que queda. Nada puede quitártelos, solo yo queriendo hacer un cambio positivo".

—Es verdad.

"Pero no tendría que sentir su tacto, ni mirar esos ojos feos y saltones, ni oler y ver ese asqueroso cigarro rodar por su boca nunca más".

"Tu ser físico se habría ido, pero lo que está dentro de ti no se irá con tu muerte. Esas son emociones en las que vamos a trabajar".

Lilly suspiró. "Puedo superar el pasado, ¿verdad?"

"Puedes. Sin embargo, algunos impactos emocionales siempre pueden estar ahí".

Se desplomó en el sofá, derrotada. "Entonces, ¿cuál es el punto de gastar este dinero y traer a colación el pasado si no hay garantías?"

"Así que puedes aprender a aceptar lo que no se puede cambiar, cambiar lo que puedes y seguir adelante. Tienes el poder de no permitir que el pasado te supere. Te estás elevando por encima de la supervivencia, encontrando la paz interior. Eres una guerrera valiente y decidida, Lilly. Colocó una visión en su mente del agua fluyendo alrededor, por encima y por debajo de una gran roca. No se detuvo. Avanzado. Podía sentir su energía decidida. Ella era el agua. No hubo rendición.

DEBAJO DE LA PIEL

"Qué camino tomar en la bifurcación. Le pregunté a ese policía, ¡no es mi culpa! La señal de stop estaba inclinada, y yo no tenía un sabor desagradable, y él dijo: 'Haz lo que creas que es mejor'. Había un coche detrás de mí, y si me hubiera detenido, habría golpeado la parte trasera de nuestro coche. Tomé una decisión y seguí conduciendo".

"Lilly, deberías haberte detenido. Si el otro coche te hubiera atropellado, habría sido su culpa por no tener su coche bajo control".

"Hice todo lo demás al 100 por ciento", resopló. "¡Odio conducir! Es por eso por lo que he estado posponiendo esta prueba de manejo. Me pone nervioso".

"¿Qué te pone nervioso? La mayoría de los niños esperan tener ruedas y ser independientes".

"Es la ciudad y la forma en que Frank conduce. Me asusta hasta la muerte y no puedo quitármelo de la cabeza".

"Solo está tratando de hacerse importante, nada más. No permita que su imprudencia interfiera con su conducción. Un poco más de práctica y estarás listo para intentarlo de nuevo".

Lilly se molestó. "¡De ninguna manera voy a volver a subirme al auto con ese oficial! Fracasaré una y otra vez".

—Cambiarás de opinión—le aseguró Vincent—.

"No, papá, no creo que lo haga. Realmente no me importa si alguna vez obtengo mi licencia de conducir. Nadie puede obligarme a conducir un coche. Iré en mi bicicleta. De hecho, lo haré ahora mismo". Fue una sabia decisión salir de la casa y evitar la confrontación.

Deslizarse por la colina y sentir el viento en su cabello ayudó a que sus pensamientos volvieran a Blake. *¿Está mal pasar todo el camino sin estar casado? Sé que la iglesia dice que sí, pero ¿qué saben los sacerdotes sobre el amor?*

Blake dice que respetará mi decisión. Dijo que la idea de hacer el amor se trata de lo que ambos queremos, no solo de uno, y que debería pensar en ello, porque es irreversible. Creo que, si pierdo mi virginidad con alguien a quien amo y él me ama, no me arrepentiré.

Giró por un camino de tierra polvoriento que la llevó a la orilla del río. Estaba de pie a la orilla del agua, observando su reflejo. *Frank se equivoca. Puedo ser bonita y los demás pueden quererme. Ha pasado tanto tiempo desde que me sentí tan bien conmigo misma. Amo a Blake, y eso es todo lo que importa.*

Ella sonrió para sí misma. La respuesta fue tan clara como el agua.

En el asiento trasero de su coche, la ansiedad y la intensidad consumían a Lilly mientras le susurraba al oído a Blake: "¿Tienes protección?". Se sentó y metió la mano en el bolsillo trasero.—¿Estás seguro?

Miró profundamente a los ojos de los que se había enamorado. Mirando hacia atrás estaba la misma mirada soñadora que tenía.—Sí, estoy seguro.

Sus cuerpos se cerraron como un capullo, entrelazándose sin espacio para el aire entre ellos. Siguió un silencio hipnótico.

Lilly acarició su grueso cabello y dijo en voz baja: "Te amo".

Se acurrucaron, absortos en los hipnotizantes sentimientos de hacer el amor, mucho después de que terminara.—Un penique por tus pensamientos—dijo—.

"No tengo pensamientos. No recuerdo haberme sentido tan libre. Es como si todos los nervios de mi cuerpo se hubieran aplanado. ¿Cómo puedo estar tan muerto y al mismo tiempo tan vivo?"

Blake se llevó el dedo a los labios. "Piensas demasiado".

El único sonido en el coche era una canción de los Beatles en la radio. Eventualmente, Blake se volvió inquieto.

"¿Qué pasa?", preguntó Lilly.

No quería quitarle el momento, pero estaba desconcertado.

Vacilante, preguntó: "¿Lo has hecho antes?"

Los sentidos de Lilly se pusieron a la defensiva mientras lo alejaba. "No, nunca había hecho el amor con nadie. ¿Por qué me preguntas eso? Te lo habría dicho antes de que leyéramos el libro. Sabes lo desorientado que estaba. ¡No puedo creerlo! Era mi primera vez, Blake. No he hecho el amor con nadie más que contigo.

Blake vio que sus ojos se llenaban de lágrimas y se explicó. "Te lo pregunté porque no sentiste dolor ni sangre". Lilly se sentó y se puso el suéter con enojo.

Blake extendió suavemente la mano para tocarle los hombros. "Lo siento. No quiero molestarte, especialmente esta noche".

"Entonces no deberías haberte referido a mí como una zorra que se ha estado acostando con otros. Además, sentí presión, me dolió, pero no lo llamaría dolor y algunas chicas no sangran la primera vez. ¿No te acuerdas de esa parte del libro?", le espetó.

La magia de la noche perdía su fuerza. Blake trató de girarla para que lo mirara, pero ella se apartó, ocultando sus lágrimas. "Lilly, lo siento mucho. Te creo. Sé que no mentirías. Ven aca; Volvamos a ser nosotros".

Ella podía ser tan directa como él. "¡Yo también tengo preguntas!"

"Adelante, dispara".

—¿Cuántos amantes has tenido? Parece que sabes mucho de sexo por primera vez.

El rostro de Blake se iluminó, aliviado de ver que su espíritu de lucha había regresado. Tenía una manera de convertir un mal momento en uno bueno. "Esa es una pregunta justa. Hay un hombre con el que trabajo en la fábrica de papá que me trata como a un hijo. De ahí es de donde he estado sacando mi información". Se secó la última lágrima de la cara. "Tú también eres el primero".

"¿Qué más te quedas?", continuó preguntándole ella. "Solo tú eres hermosa". Él sonrió, sosteniendo su rostro entre sus manos. Un toque que normalmente la haría reaccionar, ahora era reconfortante para ella.

—¿Esto nos convierte en novios? No pudo evitar reírse del comentario.

"Creo que siempre lo hemos sido, pero ahora estamos más cerca". Habían creado un mundo pacífico y amoroso que sólo existía entre ellos.

Lilly no podía conciliar el sueño mientras su mente se llenaba de pensamientos sobre su encuentro amoroso. Sintió a Blake a su lado, a pesar de que estaba a kilómetros de distancia. Era como si hubiera dejado atrás su fantasma. Finalmente, se dejó llevar por el sueño, hasta que su mente inquieta la despertó.

"Maldita sea, quiero dormir. ¿Por qué no puedo apagar la cabeza?", dijo, girando. "Voy a abrir la ventana y escuchar al búho. Siempre me da sueño".

Se deslizó de la cama y abrió la ventana más cercana. Mirando hacia el cielo nocturno y escuchando los sonidos de la naturaleza, se preguntó en voz alta: "¿Qué quiso decir Blake con la primera vez? Dijo que no sentía dolor. ¿Me pasa algo? Sangre, no sangre, no he tenido sangre desde…¿Desde cuándo? Sintió una oleada de náuseas y vaciló. "¿Por qué me molesta tanto esto? Es la palabra sangre…"

Las nubes de su mundo oscuro se abrieron y llovieron mientras recordaba haberse inclinado sobre la orilla del río, tratando de lavar las manchas de sangre de su ropa interior, pero fue en vano. "Tenía miedo de lo que diría mamá, así que los enterré en el bosque.

¿Cuántos años tenía?

Se tiró del pelo, sin saber si quería recordar o no.—¿Fue el día de mi Primera Comunión?

La realidad desentrañada se apoderó de su mente. Con la mano sobre la boca, se sentó en el suelo en estado de shock. "Pensé que la sangre era de un corte, pero ¿era así? Sus uñas siempre fueron afiladas, pero tal vez no eran sus uñas". Sus manos comenzaron a temblar y su cabeza palpitaba con un latido constante de su corazón. Se obligó a levantarse.

"¡Oh, Dios mío, ¡fui tan estúpido! ¡Fui tan malditamente estúpido! No es de extrañar que se ría de mí. No sabía lo que era el sexo. Me estaba lastimando, avergonzándome, haciendo lo que nadie debería hacer. Era pecaminoso. Fue insultante".

Trató de empujar sus recuerdos hacia los rincones más oscuros de su mente, pero la caja negra estaba abierta y más confusión surgió de ella.

Apretó los puños mientras escuchaba la voz de Frank diciéndole: "*Siempre estaré ahí en los momentos más importantes de tu vida. No importa con quién estés, un novio o un esposo, seré parte de tu vida.*

¡Tenía razón! La primera vez que hice el amor y ahora su fea, horrible cara sucia está en mi cabeza.

"¡No hay Dios! ¡Quiero gritarle al mundo!" Entonces el miedo corrió por su torrente sanguíneo. "Pero no, tengo que estar callado. Nadie puede saberlo jamás. La vergüenza de todo es que Frank, un viejo feo y podrido, me usó para tener sexo. ¡No puedo cambiar eso! ¡Y yo tampoco puedo lidiar con eso!"

Visualizó la cabeza de Frank en la serpiente que yacía bajo los pies de Mary. "Aplasta, Madre María. Aplasta su cuello plano, como lo hicieron los neumáticos con Chipper. Hazlo morir. No lo es un hombre. Es un monstruo. Me quitó todo. No tenía ningún derecho, ningún permiso. Esa era la mía. Me pertenecía a mí".

Dirigió su conversación hacia Frank. "Querías que esto sucediera. Lo planeaste, pero espera y verás. No ha terminado. Te voy a atrapar algún día. Vas a sufrir, como yo he sufrido. Y tu único lugar de descanso será el infierno".

Un odio profundamente arraigado resonaba en toda ella. Imaginó su cara amarilla en el centro de su almohada y lo golpeó, una y otra vez, hasta que murió.

Sin embargo, sus pensamientos seguían fluyendo. "Tal vez me equivoque. No sé qué pensar. Frank me llama loca, porque es una locura pensar que me violó cuando era niña".

Sintió como si mil hormigas rojas se arrastraran bajo su piel y le arañaran las piernas y los brazos. "Tengo que quitármelo de encima". Luego se detuvo. "Pero Blake también está conmigo. ¿Cómo puedo tenerlos a los dos en mi piel al mismo tiempo? Lo que Blake y yo hicimos esta noche no tuvo nada que ver con Frank. Hacíamos el amor, no el sexo. Blake me llenó de asombro. No había miedo ni ansiedad. Me sentí amada y especial. Todavía puedo oler su aroma. Tal vez era mi primera vez…¿cómo puedo saberlo con certeza?"

Se golpeó la cabeza contra la pared, con la esperanza de detener el caos en su mente. No funcionó. A través de las batallas mentales de una guerra interna de tres mundos: la familia, los padrinos y Blake, se sentó sola.

—¡Hagua! La voz resonante de Vincent atravesó la puerta del baño. Has estado en la ducha el tiempo suficiente. Cerró los ojos, pensando, no *puedo lidiar con* él *ni con mamá ahora. Necesito espacio.*

"¡Está bien, te escuché! ¡Déjame enjuagarme el pelo!", le gritó. *¿Por qué* no podían ver lo molesta que estaba en el desayuno? No, probablemente no, gracias a Frank. Me enseñó a ser un maestro en ocultar mis verdaderos sentimientos. Incluso si quisiera mostrarles no sabría cómo. Perdí esa habilidad hace mucho tiempo. No puedo ir a la iglesia hoy. Dejó que el agua le golpeara la cara. *Fingiré estar enfermo.*

Lilly se secó, se puso la bata y bajó las escaleras.

"Mamá, no me siento muy bien. Es por eso por lo que he estado en la ducha durante tanto tiempo. ¿Puedo quedarme en casa y descansar para no faltar a la escuela mañana?"

Gwen se acercó y le tocó la frente. "No tienes fiebre".

"¿No puede la gente estar enferma sin tener fiebre?" Estabas lo suficientemente bien como para salir anoche.

—Yo tampoco me sentía bien entonces, llama a Blake si quieres y pregúntale. Apoyó la cabeza en la mesa, sabiendo que su madre nunca haría la llamada.

Gwen la observó. Ese era su Lilly, arriba y abajo, pero nunca en equilibrio.

"Está bien, pero quiero encontrarte en la cama, no en el agua. Beba muchos líquidos y quédese con las galletas".

"Gracias, de verdad, mamá". Luego volvió a su cama.

Envolviéndose en las mantas, sacó su libro de oraciones de debajo de la almohada y lo colocó sobre su pecho.

Querido Dios, ¿qué he hecho para merecer esto? ¿Es cierto o no...? ¿Franco...? Las fotos que tomó fueron muy humillantes. Eso y bajar al río es todo lo que recuerdo. Haz desaparecer a Frank. Ayuda a mantener a Blake en mi vida. Me siento tan fea en este momento. ¿Puede amarme? ¿Sentiré el mismo amor que sentí anoche?

Un escalofrío recorrió su cuerpo. Se subió las sábanas hasta el cuello y trató de recuperar la seguridad y la calidez que solo sentía con Blake, el único hombre en su vida en quien confiaba y amaba.

SIN CERRADURA DE SEGURIDAD

Él la estaba esperando en las puertas de la escuela. Ella lo observaba atentamente desde la ventanilla del autobús escolar. Era erguido, alto y definitivamente seguro de sí mismo. Era naturalmente guapo, con su piel profundamente bronceada y su aspecto curtido por el viento por trabajar al aire libre. Lilly pensó que, si realmente podía ver el viento, se parecería a él.

"¿Qué tal el domingo?", la saludó.

"Estaba tranquilo. Pasé la mayor parte de mi tiempo pensando en ti".

"Traté de trabajar en el auto, pero cuando escuché una canción el sábado por la noche, no podía dejar de pensar en nosotros. Ojalá volviera a ser sábado". Se acercó a ella.

"Lo sé. Yo siento lo mismo". Ella llenó el espacio vacío entre ellos y acurrucó su cuerpo contra el de él.

"Hola, clase, ustedes dos; ¡Se acabó el fin de semana!", les dijo su profesor de inglés.

Blake sonrió y susurró al oído de Lilly:—Nos vemos a la hora del almuerzo, junto a las puertas del oeste. Podemos escuchar música en mi coche". Ella se sonrojó y asintió con la cabeza.

"¡Lilly, tu escritorio te está esperando! Es inglés, a primera hora, ¡muévete!" Lilly pasó tímidamente junto a su profesora.

"Sí, mamá, saldremos el sábado por la noche".

—No, a menos que hayas hecho los deberes.

Lilly se mordió la lengua para no responder. *Mamá estaba cansada de ser ama de casa, así que se puso a trabajar y ahora me pasa todo el trabajo a mí.* "¿Sabes qué, mamá? Desde que volviste a la escuela y encontraste una carrera, siento que me he convertido en tu esclavo".

"Si no quieres trabajar para mí, entonces trabaja para Dios. Él también apreciará tu trabajo".

"Eres increíble". Lilly negó con la cabeza. "¡Pero prefiero trabajar para Dios! ¡Podría ser más gratificante!"

"Cuida tu lengua, Lilly Francis, y asegúrate de que los pisos estén limpios esta semana. Cambie el agua con frecuencia. Sabes que papá comprobará si se ha hecho correctamente".

—¿Algo más, madre?—preguntó Lilly con sarcasmo.

"La semana pasada no te sacudiste el polvo de debajo de las chucherías. Asegúrate de hacerlo hoy. Y, por favor, dale un rápido golpe a la parte superior de los marcos de las puertas".

"¿Por qué tanto alboroto, alguien viene a cenar el domingo?"

"Tuve la llamada más extraña de Millie esta semana. Ella y Frank se van a quedar aquí el sábado por la noche y se van el domingo después del almuerzo".

Lilly dejó la tostada cuando un nudo de miedo le impidió tragar. "¿Por qué el renovado interés ahora? ¡Ha sido la tía Dee durante más de un año!"

"No tengo idea, pero ¿no es maravilloso? Nos divertimos mucho cuando estamos juntos".

El filtro de Lilly dejó de funcionar temporalmente.—No lo hago.

Gwen le dirigió una mirada de "Será mejor que tengas cuidado".

"Sé que crea más trabajo para ti, pero mencionaron específicamente que querían pasar tiempo con su ahijada y conocer a Blake".

Lilly se dio la vuelta, ocultando la expresión de angustia en su rostro. "Eso no va a pasar. No quiero que lo conozcas—murmuró—.

"Ahora estás haciendo el ridículo. Solo quieren verlo y saludarlo, y luego puedes irte".

En voz baja, Lilly respondió: "Ya lo veremos".

—¿Qué dijiste?—preguntó Gwen.

"Nada importante. ¿Puedes hacer una lista de mis tareas para que pueda comenzar de inmediato?" Gwen le entregó la lista.

"Creo que esta es la forma más común de nuestra comunicación desde que empezaste a trabajar". Lilly deslizó el comentario sarcásticamente.

"¿Hay algún problema con que yo trabaje? Esta es la segunda vez que lo mencionas hoy".

"No me gustan todas las responsabilidades adicionales que me hacen hacer, y los niños de la escuela se burlan de mí. Dicen que tienes que volver a la escuela para conseguir un trabajo porque papá no gana suficiente dinero".

"Bueno, eso es ridículo. No les hagas caso. No empecé a trabajar porque éramos pobres. Empecé a trabajar porque siempre quise una carrera médica. Ahora, si quieres salir esta noche, te sugiero que te pongas a trabajar. ¡Fuera!"

Lilly empezó en el baño que compartía con Eva, fregando la ducha mientras pensaba en las palabras de su madre. "Cómo demonios quieren verme; están tramando algo, ¿y qué es este 'encuentro con Blake'?

Gwen asomó la cabeza, "¿Estás hablando contigo misma?"

"Yo soy; ¿Eso también es un problema?

"Tu tía, la del este, habla sola. Dicen que está loca. Tal vez deberías pensar solo por ti mismo. De todos modos, esa no es la razón por la que estoy aquí. ¿También podrías cambiar las sábanas de Eva y limpiar su habitación de arriba a abajo? Ahí es donde Frank y Millie se van a dormir.

Lilly se detuvo en seco, sintiendo un nudo en su pecho, "¡Pero duermo justo al lado de la habitación de Eva! ¿No pueden usar la habitación de invitados de abajo, al lado de ti y papá?"

"El piso de arriba está remodelado y es nuevo, y ahí es donde quiero que se queden. ¿Te molesta que duerman en el piso de arriba?

"Sí, me molesta. Se siente raro. ¿Puede Eva dormir en mi habitación?

Gwen agitó la mano con desdén. "¡Qué sensible eres! ¡Debe ser la idea de que crees que estás enamorado!"

"Estoy enamorada y eso no tiene nada que ver. Ahora soy mayor y no está bien compartir el baño con una tía y un tío".

"¡Eso es una tontería! Puedes usar nuestro baño si quieres durante el fin de semana". Gwen estudió el trabajo que Lilly estaba haciendo.—¿Puedes fregar mejor esta espuma de jabón?—preguntó, señalando una pequeña sección a la que Lilly aún no había llegado. Solo tienes dieciséis años. Estás enamorado de Blake y tendrás muchos más.

"Tenías dieciséis años cuando te casaste", recordó Lilly.

El comentario irritó a Gwen. "Me faltaban dos semanas para cumplir diecisiete años, y entonces era diferente. Crecí en la Depresión y luego en la guerra".

Pronto cumpliré diecisiete años. Lilly pasó junto a su madre, dándole un pequeño empujón con el hombro.

"Escucha aquí: no tienes que salir esta noche. Eso es un privilegio, así que cambia tu actitud ahora mismo. Y usa las nuevas sábanas blancas del armario de ropa de cama con el manta azul claro de la cama de Eva".

"Hay una cerradura en mi puerta. ¿Papá no tiene llave? ¿Puedo usarlo durante el fin de semana?" Lilly sabía que sería un blanco fácil, sola y muy lejos de la habitación de sus padres.

Gwen dejó de alisar y alisar las toallas de los huéspedes. "Puedo preguntarle a tu padre, pero no veo por qué es necesario".

Lilly hizo una mueca a la espalda de su madre mientras se daba la vuelta y se alejaba. *No creo que pueda manejar otro ataque de Frank, no con todo lo que he aprendido sobre mí mismo y sobre él. No tiene derecho a tocarme. Mi cuerpo es mío y lo comparto con Blake porque nos amamos. El mundo de Frank no tiene amor: es pura maldad.*

La ansiedad y el miedo avanzaban en los compartimentos de su mente, reemplazando su nuevo mundo de amor. "Querido Dios, si realmente existes, necesito tu protección este fin de semana".

Se salta el almuerzo y termina rápidamente su trabajo, lo que le deja mucho tiempo para relajarse. Escribe en su diario, escucha música y camina hacia el río. *He dejado el mundo en el que crecí, ahora vivo en mi mundo y es el* único *que importa. Millie y Frank vienen a visitarme y quieren arruinarme la vida. No tengo un buen presentimiento. ¿Qué voy a hacer?*

EN LA MISERIA MO RIBUNDA

Frank y Millie entraron en la casa, y su familiar saludo falso reavivó el odio de Lilly. Frank estrechó la mano de Vincent, besó a Gwen y luego a Eva, y cuando llegó a Lilly, deslizó su lengua en su boca y le pellizcó la cintura. Era rápido y astuto, sin crear sospechas. A Lilly se le revolvió el estómago mientras se alejaba.

—Lilly, llévate tus maletas arriba, a tu habitación—ordenó Gwen—.

—Con mucho gusto—dijo ella, queriendo alejarse lo más posible de Frank—.

Levantando el pequeño estuche de maquillaje y una maleta más grande para la ropa, se volvió hacia Millie. – Te enseñaré tu habitación.

Millie subió los escalones cojeando como si tuviera cien años y se quejó sin parar. "Ya no soy joven y estos escalones son empinados". Resopló sus palabras. "No te hemos visto en mucho tiempo. Estás demasiado ocupada con ese novio para pensar en tus padrinos de boda envejecidos".

Hace años me habría sentido mal por ella, pensó Lilly, *pero ya no. Es una bruja vieja y enferma que merece vivir en su propia miseria.*

"El baño tiene toallas limpias y puedes abrir las ventanas si quieres". Lilly mantuvo la conversación corta y no respondió a las quejas de Millie.

"Sabes que eres el único que entiende lo dura que es mi vida". El comentario de Millie llamó la atención de Lilly. Se detuvo y se volvió para mirar a su tía.

"Acabo de escucharte decirle a mamá lo maravillosa que era tu vida". Tan pronto como abrió la boca, se dio cuenta de que había caído en la conversación manipuladora de Millie.

"Oh, no quiero preocupar a tu madre; Además, tú y yo tenemos más en común.

Está tratando de meterse en mi cabeza. "No creo que eso sea cierto".

Lilly estaba lista para irse rápidamente cuando, por el rabillo del ojo, vio al menos una docena de frascos de pastillas en el organizador superior del estuche de maquillaje de Millie.

Millie esperaba que su ahijada sintiera curiosidad y rápidamente explicó: "Oh, mi querida Lilly, mi corazón está fallando. Los médicos no saben qué me pasa. He tenido tantas pruebas y todavía no hay respuesta de por qué. Ahora tengo que tomar estos medicamentos para aliviar los síntomas. Déjame mostrártelo.

Mientras Millie explicaba cada frasco y su propósito, Lilly contaba doce pastillas al día. *Debería estar muerta, o tal vez eso es lo que está tratando de hacer: suicidarse. Yo también lo haría si tuviera que vivir con ese monstruo enfermo.* Lilly hizo una pausa. *No, toda esta escena es demasiado obvia y ensayada. Millie está tramando algo para ayudar a Frank.*

"Soy demasiado joven para morir", dijo y comenzó a llorar. "Ven aquí y consuélame". Le dio unas palmaditas en la cama a su lado. Lilly se acercó a la puerta.

"Estás enfermo, eso es seguro, pero no creo que sea tu corazón". Las lágrimas se detuvieron al instante y el rostro de Millie se convirtió en desprecio.

"¡Eres una ahijada ingrata! Después de todo lo que he hecho por ti, no puedes ofrecerme ni una pizca de simpatía. Eres demasiado atrevida, y le dije a Frank que la culpa era de ese novio suyo. Crees que ya no nos necesitas, pero lo haces. Vamos a verlo esta noche".

"De ninguna manera. Nunca lo van a ver".

Millie se acercó a la gran maleta y la abrió, con la voz temblorosa como la de una bruja mientras decía: "¡Y mira qué ingrata eres!

Compramos esto y era caro, pero queríamos que te sintieras especial". Se subió un sujetador negro con braguita de bikini a juego.

"Este es el tipo de ropa interior que a tu tío le gusta ver en las mujeres, y tú tienes la edad suficiente para usar lencería más moderna, como todas las chicas de tu edad. Tal vez podrías ponérselos esta noche a tu tío. Cuando él es feliz, mi vida es mejor".

Millie ignoró a Lilly mientras charlaba sobre Frank y sus necesidades y deseos, y lo infeliz que había estado de que no hubieran podido visitarlo, culpando a Blake.

Lilly se quedó paralizada, incrédula. Nada podría haberla preparado para este acto descarado y lo impactante de todo fue que Millie no parecía sentirse incómoda hablando de sexo, Frank y su ahijada de dieciséis años. La presión sobre la cabeza de Lilly parecía una implosión inminente.

Esto es una locura, pensó. Se tapó las orejas con las manos con firmeza y gritó: "¡Basta!"

Arrugó su ropa interior y se la arrojó a Millie, viéndolas flotar hacia la maleta a la que pertenecían.

"¡Cómo te atreves a hablarme así!"—gritó Millie mientras Lilly salía furiosa y bajaba corriendo las escaleras, pensando en su propia seguridad y en la de Eva. Escudriñó desesperadamente la casa y vislumbró a su hermana a través de una ventana. Estaba en el columpio de su patio delantero.

Corrió hacia Eva. "Vamos, vamos a cavar gusanos y a pescar", dijo mientras sostenía a su hermana.

"¡No me gusta pescar, lo sabes!" Eva trató de liberarse, pero Lilly la arrastró en un ataque de ira, deteniéndose solo para agarrar la horquilla para cavar y el cubo para los gusanos. Estaba lívida.

¿Cómo se atreve Millie a ponerme en la posición de una prostituta que da placer a su marido? Ella es una psicópata, como él. Son igual de malvados. Se han vuelto demasiado desvergonzados; Nada parece molestarles. No le temen a nada ni a nadie, y lo que dice sobre que Blake me está arruinando no es más que mentiras para presionar a mamá y papá. Ella está detrás de las peleas y grita en casa. Mis padrinos no quieren que sea feliz porque ellos no lo son. Yo…el…odiar.

Usando cada músculo de su pequeño y esbelto cuerpo, hundió el pie en la horca y lo clavó en el suelo mojado. *Sería tan fácil clavar esta horca en el gordo vientre de Frank, o mejor aún, en sus ojos.*

—Me estás asustando, Lilly. Eva estaba a unos dos metros de distancia de Lilly, observándola con cautela.

Lilly se dio cuenta de que se había perdido en otro mundo, el mundo oscuro y doloroso que trajeron consigo. Tenía que luchar para mantener su mente alejada de él, o caería débilmente en sus garras.

Removió la rica tierra negra, exponiendo a los gusanos, y calmó su voz.—Aquí, Eva, ya hay suficiente en esta excavación para nosotros. Ayúdame a sacarlos".

"No saco gusanos de la tierra. No me gusta cómo se sienten. ¿Podemos volver al columpio?

"Eva, vamos a pescar, ¿no me escuchaste?" Lilly la reprendió, aunque se sentía culpable por hacerlo. Nunca le gritó a Eva. De hecho, estaba tratando de ser lo contrario, de enseñarle a Eve que las personas no necesitan lastimarse entre sí. Lilly abandonó la horca. "Lo siento. No soy yo mismo. No me gusta que mis padrinos estén aquí".

—A mí tampoco me gustan—respondió Eva rápidamente—.

Lilly detuvo su berrinche y se sentó en el montón de tierra. *Sé lo que eso significa. No hace falta preguntar. Pensé que la estaba protegiendo, pero me equivoqué.*

Ha sentido el tacto de Frank. Las ondas de choque recorrieron su cuerpo.

¿Cómo puede estar sucediendo esto? Me desperté emocionado por esta noche, y en nueve horas mi mundo se ha desmoronado. Eva, hermosa Eva.

En ese momento, escuchó la llamada aguda de Gwen. "¡Ahí están ustedes dos! Lilly, por el amor de Dios, ¿qué le dijiste?

¿Tía Millie, que la molestaba tanto? Está en la cocina, llorando y quejándose de que su corazón da saltos de latido, ¡tal vez un ataque al corazón, por lo que le dijiste!"

Lilly apretó los dientes y respondió: "¿Por qué no le preguntas tú mismo?"

"Lo hice, y él lloró más fuerte. ¿Qué le dijiste?", preguntó Gwen.

"Le dije que estaba enfermo. Sube las escaleras, mira en el estuche de maquillaje de tu hermana y pídele que te explique *sus pastillas*. Pregúntale de quién es la culpa, y si dice que es mía, te está mintiendo como siempre. Voy a pescar con Eva. Lilly volvió a tirar del brazo de Eva, y esta vez Eva no se resistió.

Lilly negó con la cabeza como si ahuyentara moscas, alejando la imagen de Millie arrojándole su lencería y diciéndole que debería complacer a Frank usándola. Entonces Eva le dice que a ella tampoco le gustaba Frank y la voz chillona de mamá gritando: "¡Espera a que tu padre llegue a casa!" Empujó el bote desde la orilla y remó hasta que la casa se perdió de vista.

Echó el ancla y dirigió su atención a su hermana. "Eva, ¿Quieres sujetar la caña? No importa si no atrapamos nada. Paz y tranquilidad es lo que ambos necesitamos". Lilly cebó el anzuelo y sujetó la caña con Eva.—¿Quieres hablarme de Frank?"

Eva negó con la cabeza. Lilly se sintió enferma.

"Eva, ¿puedes decírmelo? Conozco al tío Frank y sus juegos. Su hermana giró la cabeza, evitando los ojos de Lilly.

Si no puedo hacer que hable, al menos puedo darle algunas ideas sobre cómo protegerse. Lilly le tendió la mano. "Asegúrate de quedarte al lado de mamá. No salgas a caminar ni dejes que Millie convenza a mamá de que necesitas uno. Defenderte. ¡Rehusad! No me van a hacer daño a mí o a cualquier otro miembro de la familia. Cuando dice que lo hará, es un truco. ¿Lo entiendes? Eva asintió.

—Está bien, y dime si alguna vez te pone la mano encima. No le tengo miedo y te creo. No tienes que estar asustado todo el tiempo. Sé lo que se siente".

"Pero vas a salir esta noche". Eva miró a Lilly.

El corazón de Lilly estaba desgarrado. "Sí, voy a salir y estarás seguro durmiendo junto a mamá y papá. Y te veré cuando llegue a casa. Eva se sentó como una estatua, sin prometer nada. Lilly sabía que ya había metido el miedo a la muerte en la cabeza de su hermana.

En voz baja, Eva preguntó: "¿No tienes miedo de dormir sola en el piso de arriba?"

Lilly respiró hondo. "Tendré cuidado y me mantendré a salvo".

No pudo evitar juzgarse a sí misma. *He fracasado en mantener a Eva a salvo, y el único propósito de Frank y Millie es contarlo, pero ¿quién me escuchará? Mamá nunca me va a creer. Yo diría que el temperamento de Millie y papá ha sido muy corto. Probablemente me golpearía por alguna razón tonta.* Se inclinó sobre el bote y vomitó.

Ropa interior negra: allí estaban, con un brillo en su cabeza. *Si Millie se enfrentara a* él, *no necesitaría las pastillas, pero espera que yo haga ese trabajo por ella. ¿Cómo puedo? Tengo dieciséis años. Millie tiene cincuenta años y el hecho de que mencione el nombre de Blake me enfurece. Blake nunca será parte de esta vida retorcida. Lo protegeré a toda costa. La vileza de Frank llena nuestra casa, pero no se extenderá más. Lo prometo.*

—¿Estás enferma?—preguntó Eva.

Lilly se echó hacia atrás. "No, debe ser el balanceo del bote. Izaremos el ancla y regresaremos a casa. Necesito ducharme y limpiarme".

—¿Llegarás tarde?

La preocupación en la voz de su hermana era punzante.—A más tardar de lo habitual.

"Me quedaré despierto hasta que llegues a casa".

Lilly cerró los ojos, sintiendo que el hueco de su estómago se hacía más grande. "Oh, Eva, eso es muy dulce, pero no te preocupes por mí. Blake es un conductor responsable y me protege. Estoy seguro y feliz cuando estamos juntos".

—Me gusta. Eva sonrió.

—A él también le gustas.

Para cuando atracaron y amarraron el barco, Lilly tenía poco tiempo para pensar en su cita. Esa noche, su mente estaba llena de ideas sobre cómo romper su promesa de silencio.

Podría pedirle a Blake que me llevara a su casa por la noche. Ella le contaría a él y a sus padres sobre Frank. Ellos ayudarían, pero yo los estaría poniendo justo en medio de mi lío, ¿y cómo sé cuál sería el resultado? Lo desconocido me asusta y me mantiene callado. Tal vez sea realmente mi culpa y yo tengo la culpa. Ya no lo sé.

"No hay forma de que lo vean", murmuró para sí misma mientras terminaba de vestirse. "Me escabulliré de la casa y lo esperaré en el camino. Millie y Frank están tomando unas copas con mamá y papá. No se darán cuenta hasta que sea demasiado tarde".

Bajó las escaleras de puntillas y salió sigilosamente por la puerta trasera.

EMBOSCADA

Blake aminoró la marcha al ver a Lilly arrancando pétalos de una margarita silvestre al lado de la carretera. "¿Me ama, no me ama?" Se acercó a ella.

"¿Estás tratando de levantarme?"

Blake se echó a reír.—¿Qué haces aquí?

"Solo quería salir de la casa un poco antes". Lilly abrió la puerta y entró.

Lo envidiaba. Tenía una vida cómoda y normal, una vida que ella deseaba que fuera suya, pero no lo era y tal vez nunca lo sería. Sentía dudas sobre sí misma y una sensación de indignidad.

—Esta noche estás inusualmente callado.

"Tuve un día difícil con mamá".

—¿Quieres hablar de ello?

"No, la verdad es que no. ¿Qué tal si conducimos a la ciudad?"

"Puede que no lleguemos a tiempo para el toque de queda". Él la miró y notó su mirada lejana. "Pero podemos intentarlo, si eso es lo que quieres hacer".

"Quiero estar contigo, y eso es todo".

"Conozco un lago cerca de la ciudad. Tiene unas puestas de sol estupendas. ¿Qué tal si pasas el rato allí?"

"Suena bien". Apoyó la cabeza en su hombro y se permitió perderse en su mundo.

El lago era pintoresco, con aguas tan tranquilas que parecían hielo. Llevaron un banco del parque hasta el banco de arena, donde se sentaron y observaron cómo se unían los azules y rosas del horizonte.

"¡Esto es lo mejor de todo! Mira lo lejos que estamos de la orilla, y estamos sentados en un banco, en el agua. ¡Qué gran idea!"

"Pensé que te gustaría, pero hace un poco de frío".

—No mientras estés a mi lado. Ella sonrió con picardía.

Su mente volvió al presente, dejando la tarde donde estaba. Blake le hizo eso. Llenó su mente de pensamientos sobre lo bueno que era el mundo y lo hermoso que era.

—Ojalá pudiera ir a casa contigo esta noche—dijo Lilly en voz alta—. "Eso no funcionaría con ninguno de nuestros padres".

"Lo sé. Es solo…" Permaneció en silencio. "Adelante, es solo…¿qué?"

¡No puedo *hacerlo!* ¿Qué pensará *de mí?* ¿Cómo *podría volver a amarme de la misma manera?* "Es solo que…Te quiero tanto que duele estar separados. Siento que me protegerías de cualquier cosa, ni de nadie".

"¡Lo haría!"

—¿Podemos hacer el amor? Ella lo miró.

Regresaron al coche y el frío del agua fue reemplazado por el calor de la pasión.

Blake se detuvo en la entrada de su casa. Inmediatamente, Lilly miró por las ventanas del segundo piso. La casa estaba a oscuras, excepto por la luz de la cocina. La preocupación y los nervios se renovaron. La hicieron temblar.

"¿Estás seguro de que estás bien? Algo te está molestando. Puedo sentirlo".

"Todo está bien". Ella lo besó suavemente. "Me preocupa que estés conduciendo tan lejos tan tarde en la noche".

Blake le apretó la mano. "Te llamaré mañana cuando termine de trabajar, probablemente a última hora de la tarde".

"Gracias por la hermosa velada. Dormiré con la sensación de las olas acariciando mis tobillos". Ella lo abrazó, sin querer soltarlo.

—Será mejor que me vaya.

—No, espera. Ella tiró de su mano hacia ella. *¿Por qué no puedo decir lo que quiero?* Las palabras estaban en la punta de su lengua.

Vio su mirada preocupada. "Oye, no te preocupes. Mantendré la radio encendida y me aseguraré de que las ventanas estén abiertas". Chasqueó la lengua, le guiñó un ojo y la señaló. Lo hacía a menudo y siempre la hacía sonreír.

Lo vio alejarse y luego entró silenciosamente en la cocina, cerrando la puerta detrás de ella y procediendo con cautela.

Lo primero que pensó fue en Eva. Entró con cuidado de puntillas en la habitación de invitados para echarle un vistazo. Estaba dormida, acurrucada en su edredón con su tigre de peluche en los brazos. Amaba a Eva, tal vez demasiado, como a una madre, pero no podía evitarlo. Amaba profundamente y con demasiada facilidad, excepto cuando se trataba de sí misma.

Miró las escaleras que conducían a su dormitorio.

"Debería dormir en el sofá, pero luego mamá y papá pensarán que he estado bebiendo o consumiendo drogas". De nuevo, miró hacia la escalera.

Con pasos ligeros y escuchando atentamente cada uno de sus movimientos, caminó hacia su habitación. Una vez dentro, se apoyó contra la puerta, sintiendo que su corazón latía con fuerza y una sensación de ahogo en su garganta. ¡No puedo respirar! Puedo sentir sus manos en mi cuello.

Sacudiendo la cabeza, se reprendió a sí misma. "Es un recuerdo, tonto, eso es todo. Estoy a salvo en mi habitación". Se acercó a la ventana y la abrió para que entrara aire fresco.

Mirando hacia la noche, trató de pensar en las palabras que le había dicho a Blake. *Por favor, vuelve, tengo que decirte la verdad sobre por qué* estaba tan gruñón esta noche. *Es lo suficientemente importante como para que nuestros padres entiendan por qué rompimos el toque de queda.* Una tristeza arrepentida se apoderó de ella.

Yo puedo hacerlo. Realmente puedo. Soy valiente contigo a mi lado. Por favor, escúchame y date la vuelta. Mañana a esta hora, Frank y Millie estarán en la cárcel, y aceptaré lo que venga el destino, incluso si eso significa que ya no serás parte de mi vida.

Miró el teléfono de su escritorio. Fue inútil. Él no llegaría a casa tan pronto, y ella no iba a despertar a sus padres. *Dejarlo ir fue un gran error. No pude tomar una decisión, y aquí estoy, mirando por la ventana y sintiendo los tentáculos de la muerte envolviendo mi garganta.*

"¡Reacciona!", dijo en voz alta. "He estado en esta habitación durante quince minutos, y estoy completamente seguro. Frank y Millie están durmiendo y mañana por la mañana me despertaré con el recuerdo de nuestra cita y sin pesadillas. Estoy exagerando porque está muy cerca. ¡Me da escalofríos!" Se puso el pijama y se metió en la cama.

Tan pronto como se vayan, lavaré las paredes para Eva, limpiaré las sábanas y el protector de colchón, y lavaré todo lo demás en su habitación. Metió la mano debajo de la almohada y sacó el libro de oraciones negro. Lo colocó sobre su pecho, sintiendo su consuelo.

Estoy más seguro si me mantengo alerta y me despierto hasta la mañana. Miró al techo y a las paredes. *Puedo aguantar, y mañana no hay escuela, así que ¿qué importa si estoy agotado?* Sin embargo, los esfuerzos del día se hicieron cargo, y se encontró quedándose dormida y luchando más duro para volver a abrir los ojos.

"Vamos, Lilly, mantente despierta. Faltan solo unas horas para que amanezca". La brisa nocturna soplaba suavemente en su rostro y de nuevo se durmió. La siguiente vez que abrió los ojos, ya no miraba al techo. Estaba mirando a los ojos saltones que conocía demasiado bien.

Él la montaba, asfixiándola con una bolsa de plástico mientras susurraba: "No eres lo suficientemente buena para ese chico con el que te estás acostando". Lo que sea que dijera o hiciera a continuación se perdió mientras sus ojos rodaban y sus manos se envolvían fuertemente alrededor de su garganta.

Se despertó cuando su madre llamó a la puerta de su dormitorio. "Levántate, dormilón, el desayuno se está guardando".

—¿Qué hora es?—preguntó Lilly, somnolienta. "¡Son más de las nueve!"

—¿Más de nueve?—preguntó, alarmada. "Solo quiero un vaso de jugo. Bajaré las escaleras después de ducharme. Lilly miró su reloj. Esto es extraño. *Nunca duermo hasta tarde. Me despierto a las seis o siete como un despertador.* Un destello de Frank encima de ella desató el pánico. Saltó de la cama y miró las sábanas, el pijama y alrededor de la habitación.

"No uses toda el agua. Tenemos compañía y todo el mundo se ducha. ¿Me estás escuchando?"—gritó Gwen desde la puerta—.

"Sí, mamá, no uses toda el agua. ¡Lo tengo!"

Frank estaba aquí. Recuerdo que me estaba asfixiando. No podía respirar. Dios mío, ¿qué me hizo? Cogió el pincel de oro que Millie y Frank le habían dado, el que sus padres no le dejaban tirar, y lo tiró sobre la cama. Luego cogió el espejo. Vio dos marcas rojas en su cuello.

El mareo se apoderó de ella y agarró la cómoda para recuperar el equilibrio. *Mi cabeza se siente tambaleante, como si fuera a caer.* Se desplomó, acurrucándose en el suelo.

No siento nada. No puedo pensar, no puedo recordar. Blake, ¿dónde estás? Te necesito; Necesito saber que estaré bien Su miedo y ansiedad se convirtieron en lágrimas de impotencia. *Esto tiene que parar antes de que me mate.*

Se puso los vaqueros y una camiseta, salió de la casa y se dirigió a la casa de Jane. Mientras montaba en bicicleta, no podía dejar de pensar en Eva.

La dejé desprotegida, pero ¿cómo iba a quedarme un minuto más en esa casa o verlo sonreírme? Él sabe lo que hizo que no puedo recordar. Si le muestro a mamá y papá mi cuello, negará *tener algo que ver con eso. Dirá que fue para besarse con Blake. Mis padres le creerían más a él que a mí. Confían más en él. Te amo, Eva, pero no puedo estar allí hoy.*

Tan pronto como entró en el camino de entrada de Jane, Lilly apagó sus sentimientos, lo cual era fácil de hacer cuando la abrumaban. Tenía al menos una década de práctica.

Llamó a la puerta de Jane. "Hola, Mary, ¿está Jane en casa?"

"Iré a buscarlo por ti".

A los pocos minutos, Jane salió con Lilly.

"¡Parece que has visto un fantasma! ¿Qué está pasando?", preguntó. Lilly respiró hondo y respondió: "No es un buen día.

¿Quieres ir conmigo al río? "Claro, déjame decírselo a mis padres".

"¿Puedes pedirles que llamen a mi madre y le digan que estoy aquí?"

"¿Estás seguro de que estás bien? Tus ojos se ven raros".

—Sí—Lilly forzó una sonrisa—. "Necesito un poco de tiempo para calmarme".

Remaron hasta el canal y exploraron la zona boscosa hasta que escucharon el sonido de la campana. Era la madre de Jane diciéndoles que el El almuerzo estaba listo. A media tarde, Gwen le pidió que volviera a casa.

—¿Tienes que irte?—preguntó Jane. – No estoy seguro de que te hayas calmado.

Lilly se encogió de hombros. "Volvimos a tener una discusión sobre mis padrinos".

—Me dijiste que estaban de visita.

"Sí, lo son, o lo eran. Se fueron después del almuerzo. Ese era su plan. Una vez que se van, nuestra casa vuelve a la normalidad".

"Nunca te lo he dicho antes, pero creemos que tu tío es espeluznante. Mi mamá no quiere que ninguno de nosotros, los niños, nos acerquemos a él. Merodea por las carreteras con su abrigo y su sombrero de ciudad, fumando ese cigarrillo. Papá dice que no está bien de la cabeza".

Lilly bajó la vista y reacomodó las piedrecitas con sus zapatos. "Tu papá tiene razón". Miró a Jane. "Hoy me ayudaste mucho. Gracias por dejarme pasar el rato y gracias a tu mamá por el almuerzo".

—¿Quieres llamarme cuando llegues a casa y decirme que estás a salvo?—preguntó Jane.

"No es necesario, estaré bien. Nos vemos el lunes por la mañana en el autobús".

Lilly se subió a su bicicleta, sintiéndose en un lugar mucho mejor. Todo lo que necesitaba ahora era ver a Eva.

El viento en su cara se sentía liberador, pero a medida que se acercaba a casa, las turbinas en su mente pasaron de un ronroneo cómodo a un zumbido cada vez más fuerte, sacando a la superficie más preguntas sin respuesta.

Este es mi cuerpo y él *entra en mi habitación, me droga y hace lo que quiere.* ¿Estaba detrás de las fotos o fue una violación? ¿Llevaba esa ropa negra? No me acuerdo, *por mucho que lo intente, no hay nada allí. Me siento tan sucia y usada.*

Sumida en sus pensamientos, prestó poca atención al camino y automáticamente se volvió hacia la entrada de su casa, bajando la colina hacia la casa. Fue entonces cuando vio a Frank parado en medio de la carretera.

Presa del pánico, frenó bruscamente y derrapó hasta detenerse, a solo un pie de él.—Aléjate—le advirtió, temblando de terror—.

Él se burló: "No te vas a casa".

"¡Aléjate o gritaré como un loco! ¡Lo haré!"

Le arrancó la bicicleta. Lilly cayó sobre la grava e inmediatamente se levantó, lista para correr, manteniendo los ojos en el porche delantero de su casa. *Está a menos de un cuarto de milla de distancia. Puedo hacerlo, y si grito lo suficientemente fuerte, alguien me escuchará.*

Sus miradas se encontraron. Se metió la mano en el bolsillo delantero de la camisa y sacó una pequeña botella marrón y su conocido pañuelo blanco. Vertió un líquido sobre ella.

Lilly la hizo moverse, despegando con un gran salto, pero su fuerte brazo la agarró por la cintura, inmovilizándola en los brazos. Mantuvo los ojos en el porche. Todavía estaba localizable mientras pateaba y se retorcía con la esperanza de escapar. Podía oler la comida de su madre. Tenía que llegar a casa.

Se mordió el brazo, lo que lo enfureció aún más mientras presionaba firmemente el pañuelo sobre su boca y nariz. La vista del porche se volvió borrosa. No había olor y no podía oír nada. Luego su vida desapareció.

En la oscuridad de su mente estaba muerto, excepto por la sensación de las hierbas altas y espinosas rozando sus piernas. Lilly luchaba en sus pensamientos mientras su cuerpo se rendía a la inconsciencia.

Se despertó con los rayos del sol filtrándose a través de una pequeña abertura en la copa de un árbol. Desconcertada, observó cómo la luz bailaba de rama en rama. "Conozco este árbol". Miró hacia el cielo azul. "Es el viejo arce al pie de nuestro cerro. Estoy cerca de casa—susurró, tratando de levantarse, pero sus brazos y piernas no respondían.

Con voz débil pero decidida, gruñó: "Levántate, maldita sea, Lilly. ¡Levántate!"

Lo intentó; Era imposible. Su cuerpo y su cerebro funcionaban en planos inconexos. Podía pensar, pero no podía actuar. Yacía atrapada dentro de sí misma.

"Ayuda." Obligó a su voz a gritar, pero apenas se escapó un murmullo.

Débil y asustada, dejó caer la cabeza al suelo, sintiendo un regreso a la oscuridad. "No, no me voy a desmayar. Tengo que levantarme. Tengo que volver a casa".

Respirando con dificultad, puso su memoria en primer plano. "Recuerdo ver el porche delantero y oler la comida de mamá. Estaba montando en bicicleta y pensando en lo de anoche y luego…"

Una lágrima corrió por su ojo izquierdo. "Era Frank. Recuerdo una botella marrón y su pañuelo. Luego las largas hierbas arañando mis piernas. Tendría que haberme traído aquí.

Su respiración se volvió rápida y errática. "Respira, Lilly", se dijo a sí misma. "Solo respira. Todo lo que tienes que hacer ahora es respirar. ¡No pienses!" Los rayos de sol que se filtraban a través de las hojas llamaron su atención.

—¡*Levántate, Lilly!* Su cabeza daba vueltas al ver destellos de la fea cara de Frank. *No puedes dejar que te debilite. Eso es lo que quiere. Demuéstrale lo fuerte que eres: ¡levántate!*

Inclinándose hacia adelante, se aferró al dolor en su corazón. Sentí como si me hubiera caído y golpeado una cornisa rocosa. Miró su cuerpo. Era como yo había sospechado. Los botones de su camisa estaban desalineados. Había vuelto a vestirla de una manera primitiva.

Una culpa abrumadora la avergonzó, liberando una oleada de lágrimas majosas. Imaginó su cuerpo desnudo e indefenso expuesto a su lujuria y al lente de su cámara.

Yacía en la tierra fría entre las hojas muertas y húmedas, meditando. *No hay una historia completa que contar. Diga lo que diga, Frank y Millie se burlarán de ello y crearán una historia ridícula para defenderse. Entonces toda la culpa caerá sobre mí. Seré yo el que parezca culpable. Mamá y papá me enviarán de vuelta con ellos para salvar las apariencias. Lilly se sintió atrapada. No pude defenderme de él; Me tendió una emboscada y me usó como si fuera una muñeca de juguete. Juro por Dios que me vengaré de él.*

El odio dentro de ella silbó, dándose cuenta de que habían regresado para arrebatarle su felicidad y su amor. Habían reintroducido sus sentimientos de miedo, inseguridad, debilidad y vergüenza. Trataron de evitar que se acercara más a Blake por temor a que rompiera su silencio.

—Los odio, joder—golpeó el suelo con los puños—. "Levántate, perra. ¡Levántate de una vez por todas!"

Se levantó cautelosamente, se arregló la ropa y se abotonó la camisa. Sus patas inestables temblaban mientras se movía de árbol en árbol, aferrándose a la fuerza de sus troncos mientras se dirigía hacia el río. El bosque, en el que siempre podía encontrar consuelo, ahora la guiaba hacia las aguas curativas.

Cuando llegó a la orilla, se salpicó la cara con su agua fría. Sus pensamientos la llevaban de un lugar a otro: el pasado, el presente, la escuela, la familia, la iglesia y Blake. Buscó su reflejo y no lo encontró.

El sol se preparaba para retirarse. Se estaba haciendo tarde. Nunca volvió a casa como su madre le pidió. Eso la metería en problemas y, de nuevo, sería su culpa porque no podía decir la verdad. Nunca lo haría. Su vergüenza era demasiado profunda. Finalmente, la había destrozado. Estaba manchado y arruinado. Ya no era la chica que Blake amaba; Ya no más. Esa chica acababa de morir.

Lilly volvió por el camino por el que la había arrastrado y terminó en su camino de grava. Su bicicleta estaba a un lado de la carretera, enterrada bajo un montón de ramas secas. Lo sacó y empezó a pedalear lentamente hacia el garaje. El gran coche negro seguía allí.

Sabía exactamente cómo caminar y hablar al entrar en la casa. Podía representar esta mentira a la perfección. Nunca hubo un momento en el que él abusara de ella y no se quedara a disfrutar viéndola después.

Pesadamente, subió los escalones, abrió la puerta de la cocina y lo miró directamente. Estaba sentado en la mesa de la cocina, bebiendo una bebida, viendo a Gwen y Eva cocinar. Su mirada podía hacer que los fuegos del infierno brotaran de debajo de las tablas del suelo.

Miró a Lilly y se burló. "¿Qué te pasa? ¿El gato te comió la lengua o viste un fantasma?

Gwen se dio la vuelta y, con su voz más amistosa, dijo: "Ahí estás. Empezábamos a preocuparnos, pero el tío Frank dijo que te había visto cabalgando con Jane por un camino forestal. Sabes que no deberías adentrarte tanto en el bosque tan cerca del anochecer. Ve a limpiarte y prepárate para la cena. Frank y Millie quieren irse justo después de que comamos.

La mente de Lilly todavía estaba nublada mientras luchaba contra la fachada. "¿Estás bien? Pareces asustada", le preguntó su madre.

Frank tintineó las monedas en su bolsillo.

"¡Lilly, te estoy hablando a ti! Ve a limpiarte tú mismo y luego ayuda a Eva a poner la mesa. Ha estado a mi lado toda la tarde, siendo una gran ayuda. ¡Puedes agradecérselo por eso!"

Frank se esforzó por poner nerviosa a Lilly con una mirada pecaminosa y Lilly le devolvió una mirada astuta. Sacó su navaja, la misma que solía llevar en el cuello, y comenzó a limpiarse las uñas, quitando la suciedad del suelo del bosque. Estaba pulsando todos los botones que había incorporado desde la infancia.

Lilly miró el cuchillo de carnicero que había sobre el mostrador: brillaba entre la grasa amarilla y la sangre roja del pollo que habían preparado para la cena. Sus ojos siguieron a los de ella.

Alimentó sus sentimientos. *Quiero agarrar ese cuchillo y sacarle los ojos, terminar con esta pesadilla. Papá correrá a proteger a mamá y mamá agarrará a Eva.*

Millie gritará de terror y lloraré, pero yo me defenderé. No dejaré de apuñalarlo. No hasta que sepa que está más muerto que muerto. Frank no estará vivo para cuestionar y sin él, las historias de Millie no se sostendrán. La única forma en que puedo decir la verdad es matando a Frank.

Oyó de nuevo la voz apagada de su madre dándole órdenes, pero no importó mientras Lilly miraba el cuchillo. Frank estaba tan tranquilo como una lechuga, mirando el cuchillo y luego a Lilly.

Puedo imaginar lo que está pensando. Él quiere que yo lo haga. Quiere que me vuelva loco. Puedo escucharlo decir: "Vamos, pruébalo. Mira ¡Tienes miedo! ¡Tienes miedo! No tienes las agallas. Eres un debilucho".

1986 - OCTAVA SESIÓN - COMPARTIMENTOS DE ALMACENAMIENTO

Lilly se movió nerviosa en su silla. "Acéptalo. Diecisiete fue el último año de una posible existencia normal para mí.

—¿Te sientes así porque…?

"Cloroformo, arrastrado como un ciervo muerto por un sendero cubierto de hierba, y luego Dios sabe qué más. ¿Pornografía? ¿Sexo? No tenía límites. Eso me cambió para siempre. Nunca volví a sentir mi 'yo femenino' con nadie más que con Blake".

"El impacto que dejó me cambió la vida".

"Debido a mi edad y conciencia, lo que hizo me desmoralizó. Las preguntas sin respuesta que dejó tras de sí eran inquietantes. Añádase el cloroformo que me hizo estar vivo y muerto al mismo tiempo, con mi cerebro funcionando, pero mi cuerpo incapaz de responder a mis órdenes, ¿qué había para vivir después de eso? Lilly se estremeció al recordarlo. "No hay palabras para explicar ese sábado y domingo. Fue tan horrible".

"A menudo, las palabras no tienen el poder de expresar nuestros sentimientos".

Lilly continuó, frunciendo el ceño concentrado. "Todo ese fin de semana fue el error de mi vida, y no hay nadie a quien culpar más que a mí. Nunca debí haber entrado por la puerta de la cocina. Debería haberme ido a casa con Blake. El tiempo me proporcionó oportunidades, pero tenía demasiado miedo y vergüenza. Me odiaba a mí mismo antes de que me bajara de la bicicleta, y después, fue más profundo que el odio".

"Los 'deberías tener' son del pasado. Regresa y revisa tu memoria, pensando como el adulto que eres hoy".

"Todo lo que veo es que, si me hubiera amado a mí mismo cuando era joven, no habría habido razón para no contarles a mis padres sobre Frank, mucho antes de que fuera adolescente".

"Estás asumiendo la culpa otra vez".

"¡No! ¡Sí! ¡No lo sé!" Levantó las manos en el aire. "Pero antes de ese fin de semana, el amor que sentía por Blake era más grande que cualquiera de mis miedos y me sentía más seguro teniendo a alguien con quien hablar. No había experimentado eso desde el padre Johan. Sin embargo, cuando mis padrinos se fueron, eso ya no estaba. Estaba devastada y no podía controlar mis pensamientos".

"Tus padrinos se sintieron inseguros debido a tu seguridad. Impedirte llegar a ese punto era parte de su ritual".

"Es exactamente por eso que visitaron. Frank y Millie estaban empeñados en destruir todo lo bueno que llegara a mi vida. Millie espiaba cartas con su madre y parientes en la ciudad. ¿Cómo me iba en la escuela?, ¿quiénes eran mis amigos?, ¿salía con alguien?, ¿me metí en problemas? Si percibieran un cambio en mi seguridad, volverían".

—Era un modelo—replicó el doctor Bricks—.

—Yo lo llamo un ritual—contestó Lilly—.

"El uso de patrones es una forma de abuso ritual".

Lilly observó. "Les gustaba vincular sus visitas a eventos religiosos como bautizos, bodas y festividades cristianas". Se sonrojó y tomó un vaso de agua para calmar su ansiedad. "Frank y Millie eran personas horribles que conocían a muchos otros como ellos en la ciudad".

—¿Cómo puedes recordar tantos de los ataques?

"No estoy seguro. Sé que crecí siendo muy hipervigilante y consciente de mi entorno y creo que recuerdo los que más me avergonzaron. Creé un sistema de archivo en mi cabeza y los puse allí".

—Hábleme. -El doctor Bricks se inclinó con interés-.

"Es una pila de cajas etiquetadas que reviso, mirando la historia de los demás, tratando de dar sentido a los recuerdos y encontrando conexiones. Mi infancia pertenece a esta caja, mi primera infancia a aquella, y pronto, todas mis etapas de desarrollo y ataques traumáticos están perfectamente separados, para que pueda referirme a ellos rápidamente".

"Pones cada memoria vieja en un sistema de archivo para ayudarte a funcionar. Ahora los estás conectando, descubriendo que cada caja es un eslabón importante con la siguiente".

"Así es: lo entiendes".

"Se refiere a la *compartimentación*. Es una forma menor de disociación".

"¿Disocio y compartimento?", preguntó Lilly, a pesar de que no le gustaba otra etiqueta asociada a su salud mental.

—Eso no es inusual, Lilly, especialmente durante un trauma. Ambas son habilidades instintivas de supervivencia. La compartimentación es una estrategia de afrontamiento".

—¿En qué se diferencia eso de disociarse?

"La disociación permite que la mente escape mientras se desconecta del cuerpo. Un ejemplo sería cómo te sentiste durante la película en quinto grado. Te referías a sentirte atrapado sin escapatoria.

"Entonces dejé mi cuerpo y mi mente para enfrentar la situación".

"Exactamente, sin recordar nada más que la última imagen que Viste".

"Y cuando compartimenté, me quedé con mi cuerpo, pero mi mente evitó los sentimientos traumáticos". Lilly frunció el ceño con incertidumbre.

"Al colocar lo que te molestaba en una caja, podías separar los diferentes valores de tus padres y padrinos. Eso hizo que fuera más fácil seguir adelante. Fuiste bastante ingenioso".

Lilly tardó un tiempo en procesarlo. "Creé cajas para ocultar lo que me asustaba o me hacía sentir culpable. Una vez que los guardé, pude llevar mi vida con la mayor normalidad posible".

"Exactamente, la compartimentación mantenía tu yo físico y emocional intacto y te permitía quedarte con lo que no era bueno para ti".

"Eso funcionó como niño, pero no como adulto". Se sintió desanimada.

"Correcto. Cuando eras niño, era natural alejar los recuerdos de tu vista mental. Ese tipo de afrontamiento te dio el presente. El problema con la compartimentación es que solo funciona por períodos cortos. Eventualmente, todo lo que se fue regresará al frente, necesitando ser abordado nuevamente".

"Y es por eso por lo que sentí que era una mala madre cuando llegué aquí por primera vez. Los recuerdos que había dejado de lado comenzaron a salir a medida que interactuaba con Owen". Lilly vaciló.

"¿Dejan de salir? ¿O cuando Owen cumpla dieciséis años, esa parte de mi vida también saldrá a la luz?

"Puede ser, pero será diferente, porque ahora se está trabajando en abrirlos. Ha comenzado a procesar. No estás esperando una edad específica y te quedas en el presente".

"Pero al abrir estas cajas, es fácil para mí volver atrás y perder mi protección como adulto. Entonces vuelvo a sentir toda la negatividad en mi vida. ¿Alguna vez podré ver el panorama general y permanecer en el presente?"

"A medida que aceptes el pasado en tu presente y manejes lo que puede y no puede cambiar, llegarás a un punto en el que solo tendrás una caja. Y en esa caja es donde vivirás como un todo".

"Eso sería una nueva normalidad".

"Llegar a términos más saludables con un pasado oculto requiere paciencia y mucho trabajo. Piensa en ello como un plan de auto rescate".

Lilly miró por la ventana a la cascada. "No más secretos que esconder en esas cajas y sé con certeza que no moriré si las abro. Esa es la forma de pensar de Frank. Puedo racionalizarlos y rescatarme a mí mismo". El estado de ánimo de Lilly mejoró con el pensamiento positivo. "Bien, y tu determinación te ayudará con los desafíos".

"Debo ser fuerte para superar esto, y paciente, no solo por mí, sino también por Mick y Owen. He perdido demasiado tiempo viviendo con miedo".

"Reconocer eso es poderoso".

Lilly permaneció en silencio y luego respondió. "La gente dice: 'Olvida el pasado', pero ¿cómo pueden existir el pasado, el presente y el futuro sin uno u otro? Siento que es imposible hacer o pedir".

"Interesante, explica aún más ese pensamiento".

"Siento que podemos tener un presente sin pasado. Sin embargo, no podemos tener un pasado sin el presente. Y el futuro parece impulsar ambas cosas".

"Es un punto de vista interesante. Eres bastante perspicaz, lo cual es otro recurso de tu supervivencia".

EL MONSTRUO FURIOSO

Lilly se miró en el espejo. "Hace unos meses me encantaban mis hombros. Pensé que eran sexys. Ahora se ven huesudos y deformes. Me odio a mí mismo. Mi dulzura de chica de campo es demasiado vulnerable. Tengo que endurecerme. Papá dijo que ya casi no me brillan los ojos. Tiene razón. Me he convertido en una persona complicada en una vida compleja sin nadie que me entienda. Estoy realmente solo en este mundo".

Se cambió la ropa de la escuela y se unió a la familia para cenar.

Vincent comenzó a burlarse de ella por tomar el ACT.

"Papá, ¿por qué tengo que ir a la universidad? Hay muchos trabajos que no necesitan cuatro años más de estudio".

"Si no vas después de la escuela secundaria, nunca irás. Lo veo una y otra vez", respondió.

"El hecho de que tú y mamá lo hicieran, no significa que yo también lo haga", respondió.

—Eso es una falta de respeto, jovencita. Cuando yo tenía tu edad, los tiempos eran diferentes. Había una guerra que librar—gruñó Vincent—.

"Bueno, ahora también hay una guerra. La vemos todas las noches en las noticias…Se llama Vietnam. Tal vez debería unirme a la fuerza aérea, como lo hiciste tú. ¿Es eso lo que te gustaría que hiciera? ¿Sería una carrera respetable?

"¡Ahora estás diciendo tonterías! Serías un buen maestro como tu hermano. Es una buena carrera con beneficios de salud y una pensión".

"Odio a los niños pequeños. Me molestan y no pueden hablar por sí mismos. Mira, esto es lo que quiero decir. Necesito tiempo. No sé lo que quiero. Tal vez me gustaría ser psicóloga o tal vez azafata; entonces podría viajar por el mundo".

"Las chicas no se convierten en psicólogas, y una azafata no es más que una camarera. La enfermería y la enseñanza valen el dinero que gastas en un título universitario".

"Mi instinto me dice que me quede aquí un año, consiga un trabajo y luego me vaya si nada funciona".

—¿Para tener más tiempo para salir con Blake? Entonces estarás embarazada y todas las esperanzas de una carrera se habrán ido".

"¿De qué demonios estás hablando? Blake y yo ni siquiera hemos mencionado el matrimonio. No quiero casarme hasta que tenga por lo menos veintiún años. No quiero ser una novia adolescente como mamá y mirar a Joan. ¡Fue a la universidad demasiado joven, abandonó la escuela y se casó! ¡Ahora tiene hijos! Blake y yo no somos así".

"Vete a tu habitación, eso es suficiente insolencia, y haz esa cita para el ACT el lunes por la mañana. ¡Llamaré a la escuela para asegurarme de que lo hiciste!"

—Claro—murmuró Lilly mientras subía las escaleras—. "Estoy cansada de que me dé órdenes y controle mi vida. La universidad es la ley de la casa, pero no una de mi elección. Estoy harta de que los hombres adultos intenten poseerme y evitar que sea quien quiero ser".

Mirando por la ventana hacia el bosque, continuó: "Sería feliz siendo esposa y madre y tal vez tendría un trabajo a tiempo parcial como secretaria. Me encanta escribir, archivar y mantener las cosas en orden. Esa es mi zona de confort y seguridad. Es una simple felicidad, ¿y qué hay de malo en eso?"

"Pero no, tengo que ir a la universidad. ¡Tantas cosas podrían cambiar! ¿Qué pasa si Blake y yo nos comprometemos, o qué pasa si terminamos? Oh, Dios, no creo que sobreviviría a eso. Le he dado mi corazón y mi alma. No lo rompería…¿Lo haría? Detrás de cada pregunta había una montaña de ansiedad y preguntas sin respuesta.

"No puedo seguir preocupándome así. Me está pudriendo las entrañas y haciendo que mi cabeza se llene de confusión, un pensamiento sobre otro hasta que me marea. Pero no tengo ni idea de cómo ayudarme a mí mismo".

La respuesta llegó un sábado por la mañana, mientras limpiaba el botiquín del baño de sus padres. "¿Qué está haciendo este frasco de medicina aquí? Nunca hay nada más que aspirina".

Leyó la etiqueta de la botella. "Mmm, mamá tiene migrañas. Sé que llega a casa con dolores de cabeza enloquecedores del trabajo, pero no pensé que fueran graves".

La curiosidad la venció mientras sostenía el frasco. "Si estas pastillas ayudan a mamá, entonces tal vez también ayuden con mis dolores de cabeza. Tengo uno casi todos los días. Mamá dice que es porque no almuerzo, pero creo que son mis nervios".

Abrió la tapa y vio muchos pedazos rotos de pastillas blancas, demasiados para que alguien se diera cuenta si faltaban algunos. Lilly agarró a cinco de los ayudantes de su madre y se metió cuatro en el bolsillo. Esta noche voy a salir con Blake sintiéndome como si tuviera dieciséis años otra vez, haciendo el amor sin nada más en mi mente. Se acabaron los pensamientos y miedos incontrolados". Se puso un trozo de la píldora en la lengua, echó la cabeza hacia atrás y se la tragó.

En menos de una hora, las orillas palpitantes de su cerebro se silenciaron en un suave desgarro. Podía ver el cuadro completo y no sólo fragmentos de una idea. Su preocupación crónica y su profunda tristeza disminuyeron, y pudo sentir la feliz emoción de la noche del sábado.

Como de costumbre, terminaron en otro camino a ninguna parte, haciendo el amor. Después, hablaron más del futuro que del presente.

"¡Papá me está presionando tanto con la universidad que se ha convertido en una conferencia diaria!" Lilly evitaba el contacto visual, sabiendo que la universidad era un tema delicado.

Blake respondió de inmediato: "No quiero que vayas a la universidad, punto".

"Podrías ir conmigo y obtener un título en negocios".

"No voy a ir a la universidad. Me quedaré aquí y trabajaré con papá".

"¿Entonces se supone que debo esperar a que te cases conmigo? ¿Has pensado en eso? Esta fue la conversación más cercana que habían tenido sobre el futuro desde que él le había regalado un diamante en un anillo de amistad de oro blanco. Recordó el orgullo que sintió cuando él se lo puso en el dedo. Tal vez esa era una sensación que volvería a sentir. Solo que esta vez sería un compromiso para siempre. Ese era su sueño, su final de Cenicienta.

"Quizás. No sé, ni siquiera hemos terminado la escuela secundaria. Pero la universidad…" Blake dejó la frase inconclusa.

"A mí también me enfurece. Los maestros y los padres quieren que yo tome decisiones adultas. Solo tengo diecisiete años. No tengo ni idea de lo que quiero hacer para ganarme la vida".

—Entonces, ¿por qué te pesa tanto?—preguntó Blake con insensibilidad.

"Porque ya me perdí la primera ronda de exámenes ACT y tengo que tomar ese examen para ingresar a la universidad". Lilly se sintió incómoda. Blake nunca se había sentido tan enfadado e indiferente ante una idea.

"¡No quiero que vayas a la universidad!" Sus ojos se entrecerraron con un ceño fruncido. "No quiero que seas más educado que yo. Mi esposa no tendrá que trabajar".

Lilly se alejó de él. Temía la ira que oía y veía en él. "Es posible que algún día quiera ir a la universidad. Limpiar la casa y cuidar a los niños puede llegar a ser muy aburrido. ¿Qué otra cosa querrías que hiciera si fuera tu esposa?", preguntó en tono desafiante.

"Estar a mi lado y quedar bien".

"¿Hablas en serio? ¡Quieres que sea tu muñeca Barbie! Eso no durará mucho. Me gusta estar haciendo, viendo, aprendiendo…"

Se agachó y abrió la puerta del pasajero. "¡Supongo que no soy lo suficientemente bueno para ti si no voy a la universidad!"

Lilly respondió con la misma intensidad. "¡Tal vez no soy lo suficientemente bonita para que me presumas!" Salió del coche y cerró la puerta de golpe. "¡Vete, vete!" Comenzó a caminar por el camino de tierra hacia su casa.

Blake se fue, derrapando y esparciendo grava con la ira de un niño de dos años.

Balbuceando para sí misma, avanzó furiosamente por el camino. "¿Me ves en tu futuro como tu esposa y por eso no quieres que vaya a la universidad, o me he convertido en un objeto de tu control? ¿Soy solo un juguete reemplazable? Si tan solo entendiera el dolor por el que estoy pasando. Estoy levantando todo con mi vida falsa".

En su autorreproche, se volvió susceptible a los oscuros recuerdos de Frank. Los sonidos usualmente reconfortantes de los búhos nocturnos parecían estar acechándola. Con el corazón latiendo en su pecho, comenzó a ver ojos que la observaban desde los anillos oscuros en la corteza blanca de los álamos. Podía sentir el acecho de Frank.

El paso de Lilly se aceleró hasta convertirse en una carrera, hasta que cayó de rodillas al costado de la carretera. El miedo ahogó sus lágrimas mientras miraba frenéticamente a su alrededor, preparándose para su ataque.

Oyó el sonido distintivo del coche de Blake y vio el resplandor de sus faros. Se secó la cara y vio cómo se daba la vuelta, deteniéndose a su lado.

—Entra. Se agachó y abrió la puerta. "Lo siento mucho, me enojé tanto".

Lilly estaba enojada porque él la había puesto en esa situación.

"Vete a casa. ¡No sé lo que quieres de mí! No sé si me amas".

"Lo siento, lo siento mucho. ¡Por favor, súbete al coche! No me iré hasta que tú lo hagas. Vamos, Lilly, tuvimos nuestra primera pelea y estás temblando. Iré a buscarte". Abrió la puerta.

"No, puedo levantarme solo y ahorrarte la molestia". Lilly se sacudió la hierba seca y se sentó en su lado del coche, cerrando la puerta de golpe. Blake intentó tocarle el hombro. Lo empujó fuera de su alcance.

"Lilly, por favor no te enfades. Vamos, ven y déjame calentarte".

"Solo llévame en casa".

"Está bien, en casa, pero tenemos que arreglar nuestro problema".

Redujo la velocidad del coche hasta un paso de tortuga, lo que enfureció aún más a Lilly.

"No me voy a sentar a tu lado. Me sacarás de este estado de ánimo y quiero seguir en él".

"Eso no está permitido".

Lilly quería deslizarse hacia él, era difícil resistirse, pero eligió quedarse con su ira en lugar de seguir a su corazón, y desvió todas las emociones concentrándose en el reflejo de los ojos del ciervo al costado de la carretera.

"Deja de mirarme y mira al ciervo", lo regañó.

"Entonces todavía te importa". Él la miró con una sonrisa traviesa. Lilly cedió. "Sí, estoy enojado contigo, pero todavía te amo".

"Ven aquí." Lilly se deslizó por el asiento.

"Se sintió horrible pelear. Lo odiaba. ¿Nunca más?", preguntó.

"Nunca más". Le rodeó el hombro con el brazo.

En un instante, vio el reflejo de los ojos en la zanja.

"¡Ten cuidado! ¡Ciervo!", gritó.

Frenó bruscamente mientras Lilly se preparaba para el impacto. Se desviaron hacia la izquierda, oyendo el chirrido de los frenos y oliendo la goma caliente de los neumáticos que se aferraba al pavimento.

Lilly gritó y se cubrió la cara con las manos mientras el gran ciervo se estrellaba contra el parabrisas. Blake giró en la dirección opuesta, lo que provocó que el ciervo se deslizara desde el capó hasta el pavimento. Los sonidos de los neumáticos chirriando, el metal doblándose y los vidrios rompiéndose eran surrealistas. Lo que parecieron minutos fueron solo segundos antes de que el automóvil se detuviera por completo.

Blake buscó inmediatamente a Lilly. Estaba en estado de shock, mirando el parabrisas roto. Unos segundos más y el ciervo habría estado en su regazo.

"¿Estás bien?" Se volvió hacia ella, en busca de heridas. "Lilly, no estás herida. Yo tampoco". Se miraron el uno al otro.

"Vamos, tenemos que salir del auto. Ten cuidado, hay vidrio por todas partes". Blake la ayudó, y juntos quitaron el vidrio de sus ropas y asientos de seguridad.

Lilly vio al enorme ciervo tirado en medio de la carretera.—¿Está muerto?

Blake, en su propio estado de aturdimiento, se inclinó sobre el ciervo y lo revisó. "Está muerto. Lo arrastraré a la zanja.

"Te ayudaré", respondió Lilly automáticamente.

"No, quédate a un lado de la carretera y vigila si hay coches. Si pasa uno, hazle una señal de que nuestro coche está en medio de la carretera".

Blake arrastró al ciervo ensangrentado a la zanja y comenzó a evaluar los daños en su coche. Todo el frente fue destruido. Finalmente pudo abrir el capó.

"Bueno, parece que el motor está bien, pero solo tenemos un faro, no tenemos parabrisas y apenas se puede conducir un neumático".

—Podemos ir andando a la granja más cercana y pedir ayuda— sugirió Lilly—.

"En realidad, creo que tu casa está igual de cerca. Voy a quitar el resto del vidrio, mover el metal del borde y tratar de llegar allí".

"Si hubiéramos caído en la zanja, no se sabe cuánto tiempo habría pasado antes de que llegara alguien. Tuvimos suerte, Blake, pero me siento fatal por tu coche.

Ambos observaron el daño. "Yo también. Mis padres tampoco estarán contentos. El seguro subirá y mi mamá está enojada conmigo por conducir tanto".

El corazón de Lilly se hundió. – Nunca me dijiste eso.

"Ahora no. Somos muy afortunados de estar vivos, como dijiste".

Lentamente se dirigieron a casa en silencio, dando tiempo a la mente de Lilly para divagar.

Tienes razón, debería ir a tu casa cada dos fines de semana, pero nunca volví a tomar mi examen de manejo. Tengo que dejar de ser tan dependiente. Nunca lo fui. Soy fuerte por mí mismo. Mañana hablaré con papá sobre cómo obtener mi licencia.

Entraron silenciosamente en el camino de entrada.

"No puedo apagar el coche. Puede que no vuelva a empezar y tenga que volver a casa. Ya llegamos tarde".

"Puedes entrar y llamar a tu mamá y a tu papá, y conseguir un poco de agua. ¡Alcance! Todavía te tiemblan las manos—dijo ella, sosteniéndolas entre las suyas—.

"¿Puedes llamar a mamá por mí? Tal vez papá pueda encontrarme a mitad de camino y seguirme a casa".

—Lo haré—dijo Lilly—. "Esto es mi culpa. Si no hubiera mencionado la universidad, nada de esto habría sucedido".

"Eso no es cierto. En primer lugar, no debería haberte dejado.

Él la abrazó. "Tú estás bien y yo también. El coche se puede arreglar".

"¿Debería pedirle a papá que te siga a casa?"

"Puedo hacerlo, pero tengo que irme".

Compartieron un breve beso de despedida, él se fue y ella caminó por la acera, abrió la puerta principal y entró a la cocina, donde inmediatamente vio a sus padres en la mesa.

Lilly miró el reloj de la pared sobre la cabeza de su madre. Oh *no, el toque de queda, ¡lo olvidé por completo!* Miró a sus padres. Papá parecía estar furioso, y la cara de Gwen estaba manchada de rojo por el llanto. "Papá, puedo explicarlo, pero primero tengo que llamar a la mamá de Blake".

"¿Estás más preocupada por su madre que por la tuya?", gritó. "¡Eso no es lo que dije! Estás tergiversando mis palabras. Tenía un accidente. Había…—Lilly se detuvo en seco cuando Vincent la agarró del pelo y la obligó a acercarse a Gwen—. "Mira cómo haces sufrir a tu madre".

—Lo siento, papá, pero el accidente estaba fuera de nuestro control…

—¡No piensas en nadie más que en ti y en Blake! ¡Deberías haber llamado! ¡Siempre tienes que aprender por las malas, siempre por las malas!" No pudo decir una palabra más en medio del torrente de gritos.

Las tensiones estallaron. "¡No es mi culpa! No pude llamar, no hay teléfono en medio de la nada…¡Suéltame el pelo!" Perdido en la irresponsabilidad y el desafío de su hija, Vincent la maniobró contra la pared.

"Todos los malditos fines de semana nos haces esto", escupió. "Tu madre no puede soportarlo más".

"¡Eso es mentira! Siempre estoy en casa para el toque de queda. No podemos salir a cenar porque podríamos llegar tarde. ¡Voy a cumplir dieciocho años y todavía tengo un toque de queda para chicas de dieciséis!"

"¡¿Te estás acostando con él, ¿no?! ¡Eso es lo que dicen en el pueblo!" Vincent le puso la mano en el cuello y le apoyó la cabeza contra la pared.

"¡Suéltame, hijo de puta!" Las palabras salieron antes de que Lilly pudiera detenerlas.

En el segundo de silencio, se preparó para la represalia de su padre, cubriéndose las sienes con las manos antes de que él la golpeara con el puño.

Cuando abrió los ojos, la habitación estaba dando vueltas. "¡Detente, papá, atropellamos a un ciervo!" Más golpes. "¡ATROPELLAMOS A UN CIERVO!", gritó más fuerte, sin que nadie la escuchara.

"¡Mami, bebé!"

Lilly recibió golpe tras golpe mientras Gwen observaba.

El odio creció en el corazón de Lilly. "Estoy harto de ser tu esclavo para poder tener una cita".

Otro golpe conectó con su cabeza, haciendo que su cuello se sacudiera hacia atrás. Su padre se había ido. Estaba fuera de sí, perdido en sus propios días violentos de juventud.

Gritando, Lilly se escabulló y corrió escaleras arriba, buscando refugio en su habitación. Vincent lo siguió, bloqueando la puerta mientras Lilly intentaba cerrarla de golpe.—¡Detente!—gritó Lilly, tratando de apartarlo—.

Vincent la inmovilizó de nuevo, esta vez contra la pared de su habitación, y la golpeó repetidamente mientras Lilly se encogía como una serpiente. De nuevo gritó: "¡Atropellamos a un ciervo!" Aun así, nadie escuchaba.

"¡Mamá, detente!", suplicó Lilly, mirando hacia la puerta.

Gwen permaneció como un maniquí y observó, hasta que, con un último golpe, Vincent dejó a Lilly tirada en el suelo, con una mancha de desgracia en la alfombra del dormitorio.

El siguiente sonido fue el de sus pies bajando las escaleras a toda velocidad.

Lilly levantó la cabeza y vio a Eva de pie en la puerta, agazapada detrás de Gwen, con una desgarradora expresión de horror en su rostro.

¿Por qué *permitieron que Eva viera esto?* El corazón de Lilly gimió.

Gwen se volvió disgustada, tomó la mano de Eva y cerró la puerta. Lilly se tumbó en el suelo y lloró.

He querido morir tantas veces antes, pero no tan desesperadamente como desearía poder hacerlo esta noche. Si no fuera por Eva, caminaría sobre el agua y nunca sentiría nada más. Estoy cansado de esta vida. No puedo soportarlo más.

Exclamó. Lloraba por sí misma y por la sensación de que era un peso insoportable en el centro de su pecho: sus padres la odiaban.

Con ira, se secó las lágrimas y endureció su corazón. "No tengo padres", se dijo a sí misma. "Soy huérfano, y de alguna manera siempre lo he sido. Ya terminé de tratar de ganarme su amor. Dicen que soy un fracasado, así que eso es lo que seré. Después de todo, Frank me creó para ser incapaz de ser amado".

"Lo único que me importa es Eva. Tengo que mostrarle lo que es la fuerza. Es la única forma en que podrá olvidar lo que vio. Soy la hermana mayor; Me levantaré como siempre lo hago y la vida seguirá como siempre: una vida de mentiras y secretos, miedo y dolor, y de tener miedo todos los días".

Al ponerse el pijama, vio las marcas rojas en la espalda y las piernas y una enorme en el hombro. Al pasarle la mano por el pelo, sintió varios bultos del tamaño de pelotas de golf. Fue al baño y se colocó un paño frío en la cara y la cabeza.

Le quitó el calor, pero no el ardor. Fue a su cajón y sacó dos de las pastillas mágicas de su madre.

Vio el teléfono de reojo. ¡*Nunca llamé a los padres de Blake! Lo decepcioné. Decepcioné a Eva. Decepcioné a todos esta noche.*

Echó la cabeza hacia atrás y tragó.

DESCARTADO

Ala mañana siguiente, Gwen entró en el dormitorio de Lilly.

"Te dije que atropellamos un ciervo. ¿Por qué no me escuchaste?", preguntó Lilly por última vez, esperando que su madre tuviera una respuesta.

"Siempre tienes una excusa, Lilly," respondió Gwen. "Es difícil saber cuándo dices la verdad o cuándo estás mintiendo. Los nombres que le llamaste a tu padre, bueno, tenías que haber estado bebiendo.

Y el hecho de que no negaste que estabas teniendo sexo…"

"¿Así es como se supone que debe actuar un adulto? ¿Escuchando lo que no quieren oír? ¿Es mejor golpear a alguien que escuchar?"

"Ves, eso es un ejemplo de cómo no hablar con tus padres."

"No lo entiendo. Esto es lo que soy".

Gwen aclaró su garganta. "Esto podría ayudar. Tú y tu padre no pueden vivir más en la misma casa, y nunca lo enviaré lejos. Él llegó antes que tú, y se quedará. Pero tú, Lilly, debes irte.

Las palabras la golpearon peor que los puños de su padre. "Mamá, he llegado a casa a tiempo. Tuvimos un accidente. ¡Llama a sus padres!"

"No se trata solo de anoche. Has sido irrespetuosa durante años, y no podemos tolerarlo más, no bajo este techo. Tu padre no duerme, está terriblemente deprimido, y yo no puedo soportarlo más."

La cabeza de Lilly se llenó de su peor miedo; el completo abandono. Luchó por no caer en el oscuro mundo de los fugitivos que solo personas como Frank disfrutaban. "¿Me estás diciendo que tengo que irme? ¿A dónde iré?"

"Hablé con Millie. Están más que felices de venir a buscarte. Puedes vivir con ellos hasta que termines la escuela secundaria. Solo es un año, y las escuelas allá son mucho mejores que las que tenemos aquí." Tragándose su vómito, Lilly miró fijamente a su madre. "¿Llámas a Millie anoche?"

"No, la llamé esta mañana. Necesitaba hablar con alguien, y ella es tu madrina. Lilly, ella y Frank quieren que seas feliz. Ellos pueden darte eso. Ayudará a todos."

Lilly cayó en un pensamiento silencioso. *El plan final de mis padrinos se está convirtiendo en realidad. Esto es exactamente lo que siempre han querido: que yo sea su hija. Y la última vez que estuvieron aquí, hicieron todo lo posible por arruinarme, para luego poder venir a rescatarme en algún tipo de acto de gracia salvadora. ¡De ninguna manera esto va a suceder!* El pensamiento de Lilly se aceleró.

"¡Tiene que haber otra opción! ¡Voy a ser una estudiante de último año de secundaria! ¡No me iré!" Lilly dijo directamente a Gwen.

"La oferta de Millie es sabia y amable. Estoy de acuerdo con ella. Deberías ir a vivir con ellos y disfrutar de todos los beneficios de la vida en la ciudad. Papá y yo podemos llevarte a su casa la próxima semana y ayudarte a elegir una escuela."

"Este es el plan de Millie, no el tuyo. ¡Me quedaré aquí mismo! Me encanta el campo". Lilly buscaba diferentes opciones. "¿Y si prometo irme después de graduarme en lugar de ahora? Falta un año y me inscribiré en una universidad, haré el examen y haré lo que tenga que hacer. Papá se mantendrá alejado de mí y yo me mantendré alejada de él. Me graduaré de la escuela secundaria y me iré al día siguiente."

"Millie y Frank quieren ser tus tutores legales. ¡Piensa en Eva! No estás siendo una influencia positiva."

¿Está loca? Ir a la ciudad es una sentencia de muerte para mí y libera a Eva para más ataques y control por parte de Frank. Odia que yo esté aquí. No detengo todos sus planes, pero más de lo que le gusta. Me tienen que sacar de la foto.

Podía escuchar la voz burlona de Frank: *Sabes por qué tus padres no pueden ayudarte. No escuchan, ¿y qué les dirías si ni tú misma puedes recordarlo?* Escuchó su risa insultante.

No he hecho nada para que tus padres crean que soy otra cosa que un buen tío. Es tu palabra contra la mía, y tú eres la que tiene un historial de mentiras.

Lilly jadeó por aire, como si se estuviera ahogando, y miró el rostro enfadado de su madre.

Gwen se levantó, preparada para salir de la habitación. "Te irás a casa de Frank y Millie tan pronto como termine la escuela."

Lilly se recompuso. "Bien, si eso es lo que quieres, entonces me iré ahora. Me escaparé y encontraré un amigo con quien vivir, pero de ninguna manera me voy a la ciudad."

"Escucha tus palabrotas."

"Mamá, aprendí todas las palabrotas en mi vocabulario de que me las gritaran."

Gwen respondió con severidad. "No puedes huir en la comunidad. ¿Qué diría la gente? ¿Qué les dirías?¡Eso no es una opción! ¡Lo que pasa en esta casa se queda en esta casa!"

"Estás haciendo que sea mi única opción, y puedo mentir.

Puede ser mi culpa. Que la gente diga lo que quiera. No me importa. Te defenderé a ti y a papá. Mantén tu imagen limpia. Eso es lo importante aquí, ¿verdad?"

Gwen se quedó en silencio. "Voy a pensar en tu idea, pero esto es seguro: eres tú quien necesita enderezarse, no tu padre." Señaló a Lilly con su dedo índice hasta que casi se le cayó.

"¿Y la escuela mañana?" Lilly preguntó en voz baja. "Vas como siempre."

"Pero tengo gimnasia, y tengo que ducharme."

Gwen miró los moretones frescos. "Se me ocurrirá una excusa por escrito. Te caíste montando a caballo y te golpeaste la cabeza. Recuerda, lo que pasa en casa, se queda en casa. Eso incluye no decirle nada a Blake."

"Te gustaría verlo fuera de mi vida, ¿verdad?" Lilly respondió con ojos llenos de odio.

"Creo que deberías salir con otros chicos, no solo con uno."

"No te das cuenta de lo buen chico que es. No bebemos, no fumamos marihuana, nada de eso. Otros chicos sí lo hacen."

"Preguntaste, te respondí. Estás sola, y si te equivocas, es la ciudad."

Cuando Gwen estaba fuera de alcance, Lilly lanzó su zapato contra la puerta. El movimiento la mareó. Cayendo de espaldas sobre su cama, miró al techo y gritó: "Dios, ¿estás escuchando, o me has dejado también? Tal vez Frank tenía razón cuando dijo que Dios no es real, que existe solo en nuestra imaginación, porque ningún Dios abandonaría a un niño."

Una vez más se refugió en la naturaleza, trepando al viejo pino grande que daba al desvío del río. Lejos del suelo y cerca del cielo, liberó sus sentimientos.

"Mamá no tiene idea de lo que enfrento cada día y lo difícil que es mantenerme positiva mientras finjo ser feliz en esta casa." Arrancó una ramita de una gran rama y la vio caer al suelo.

"Miento y pretendo que todo está bien, y la gente piensa que así soy, pero no es así. Me odio por eso. Me hace una falsa como Frank. Si tan solo pudiera detener el tiempo y tener el poder de pararlo, entonces tal vez podría encontrar una solución, pero el tiempo se mueve demasiado rápido."

El viento se levantó, aullando entre las agujas de pino. Lilly permitió que las ramas la sostuvieran, como los fuertes brazos de una madre sosteniendo a un niño, y escuchó su susurro: "Nunca pierdas la esperanza, siempre mira hacia adelante y sigue avanzando."

Fue una semana larga y agotadora. Cada vez que Blake ponía su brazo alrededor de su hombro, ella tenía que tragar el dolor de los moretones. Inventar una historia sobre el caballo que la había tirado era insoportable. Mentiras, todas mentiras. Mentiras sobre sus padres, mentiras sobre Frank, mentiras sobre ella misma, pero mentirle a Blake era lo que más le dolía.

¿Cómo iba a ocultarle los moretones, especialmente la marca de la mano en su muslo? Recordaba ese golpe. Le había hecho caer al suelo.

El sábado por la noche se puso un par de pantalones cortos hasta la rodilla y una camiseta con mangas de tres cuartos para ocultar los moretones. Al mirarse en el espejo, vio su reflejo falso con Frank detrás de ella. Riéndose y mascando su repugnante cigarro. Estaba asustada, preocupada y ansiosa. ¿Cómo podría explicarse a Blake sin mencionar la verdad ni arruinar su relación? Él y el mundo que habían construido juntos eran sus únicas alegrías.

Al deslizarse en su coche, sus pantalones cortos se subieron, revelando la marca de la mano de su padre en púrpura, verde y amarillo. Entró en pánico. "Eso no es un moretón por caer de un caballo. ¿Qué pasó?", exigió Blake.

Lilly permaneció en silencio. Él puso el coche en aparcamiento y comenzó a salir. Lilly lo jaló de vuelta, temerosa de lo que podría pasar si se enfrentaba a Vincent. "Blake, déjalo. Ya pasó. ¿Por favor? Sus ojos se llenaron de lágrimas.

"Esto no está bien, Lilly. ¿Cuándo sucedió?"

"Cuando rompí el toque de queda el fin de semana pasado," exhaló Lilly, sintiendo una sensación de orgullo. Había hablado con la verdad por una vez.

La ira se reflejaba en su rostro. "No rompiste el toque de queda. Atropellamos un ciervo en medio de la nada. ¿Dónde más estás lastimada?"

"No importa," respondió débilmente, pensando, *¡sí, importa! Sí importa. Él debería saber cómo me siento realmente. Cuánto lo necesito ahora mismo.*

Blake tomó su lugar detrás del volante y condujo con ira controlada, dirigiéndose a uno de sus lugares especiales en el bosque de pinos. "Déjame ver," pidió, mirándola fijamente.

Ella se levantó la camiseta.

Él sostuvo suavemente su mano sobre cada moretón. "¿Por qué no me lo dijiste? Toda la semana he estado sosteniendo tus hombros. Eso tuvo que doler."

"No, tu toque era reconfortante". Lilly miró hacia abajo y luego apartó la vista. "No soy buena para contarle a la gente mis problemas. Desde que era niña, me han dicho que los resuelva por mi cuenta, o que no me meta en problemas." Luego volvió su atención a Blake. "Soy más fuerte de lo que piensas. Los moretones sanan".

"Debí haber entrado contigo y explicado lo que pasó", dijo él. "Entonces podría haber llamado a mis padres."

"Y yo debí haberte hecho entrar o haber ido contigo y pasar la noche en tu casa, pero estábamos alterados y no pensábamos con claridad. Es un error mirar atrás y reconsiderar. Eso solo nos hace sentir culpables a ambos, y no deberíamos."

Blake se quedó sentado en silencio, lejos de su cita.

Lilly temía ver tal dolor en su rostro. "Blake, existe la posibilidad de que, si hubieras entrado conmigo, la situación podría haber sido peor. Papá y yo hemos estado caminando sobre una línea muy fina. Está obsesionado con la idea de que estoy teniendo sexo y bebiendo alcohol. Los dos cruzando temperamentos podría ser una chispa esperando ser encendida, y ese es un fuego que nunca quiero ver arder".

"Lilly, duele saber que te dieron una paliza así por una de nuestras citas."

"La cita fue una excusa para que él soltara todo. No creo que ninguno de los dos se acerque al otro por bastante tiempo. Y mamá, ella no hizo nada. Estoy más enojada con ella."

"Lilly, si alguna vez te toca de nuevo, llamaré a la policía. Eso es una promesa".

"¿No le digas nada, por favor?" Blake no respondió.

Lilly sintió un dolor punzante. Su relación se estaba volviendo complicada, como su yo oculto. Algo que antes podía mantener separado ya no lo estaba.

Las líneas paralelas se habían cruzado.

El tiempo curó los moretones, pero no la mentalidad de Lilly. La vida apestaba, y su alijo renovado de las "fichas de libertad" de Gwen se estaba agotando a medida que el estrés aumentaba.

"Lilly, ven a la mesa de la cocina. Tenemos que hablar," llamó Gwen.

Dejando sus tareas y secándose el sudor de la frente, fue a la cocina. Ella y Gwen no habían estado hablando, y lo mismo sucedía con Vincent. En toda la casa había un silencio inquieto.

"¿Dónde está papá?", preguntó Lilly. Gwen nunca tenía una conversación sin Vincent cuando Lilly estaba involucrada. "Está afuera. Esto es entre tú y yo". El lenguaje corporal de Gwen era nervioso.

Finalmente, pensó, *papá tiene suficiente valor para decirle a su reina que maneje algunos de los problemas femeninos por sí misma.* "¿Qué pasa?"

"He notado que faltan pastillas de mi frasco de recetas. ¿Sabes algo sobre esto?"

Lilly había ensayado una respuesta, por si acaso llegaba este día. Ser descubierta sería una excusa inmediata para que Gwen la enviara a casa de Frank.

Bajando la cabeza en señal de culpa, Lilly habló con calma. "El sábado pasado estaba limpiando el gabinete de medicinas del baño, limpiando los estantes, y levanté el frasco por su tapa. La tapa no estaba bien cerrada, y se me cayó de las manos y al fregadero. Detuve tantas como pude para que no se deslizaran por el desagüe."

"¿Por qué no me lo dijiste?", preguntó Gwen.

"Me asusté por miedo a ser castigada o enviada lejos, así que no dije nada y esperé que no se notara. ¡Mamá, pasó tan rápido! No pude ver cuántas se perdieron. Son realmente pequeñas."

Gwen se lo creyó por completo. Lilly se reclinó, dejando escapar un suspiro de alivio.

"Puedo ver cómo podría pasar eso cuando tomo una por la noche. Sería fácil no poner bien la tapa de nuevo."

Cuando Lilly miró en el gabinete de medicinas esa noche de sábado, las pastillas habían desaparecido. Todo lo que quedaba era un frasco de aspirinas, no exactamente un reemplazo para las fichas de libertad, pero tendrían que servir. Lilly se metió unas cuantas en la boca.

HACIA LA NADA

Por mucho que quisiera detener las voces negativas en su cabeza, no podía. *No eres digno de amor, no eres lo suficientemente buena,* las palabras gritaban constantemente dentro de ella, incluso en la escuela y en las citas.

Blake no tenía idea mientras presumía de su diversión de fin de semana sin ella. "El domingo, mi hermano y yo fuimos a la ciudad. Compré unos mini-casetes. ¡Espera a escucharlos! ¡Tienen un sonido increíble!"

"Suena divertido," respondió Lilly, sintiéndose celosa. *Ha estado pasando más tiempo con su hermano problemático, en quien no confío ni un poco, pero no hay forma de que pueda pasar todo el fin de semana con Blake. Tal vez debería escapar.*

"¿Qué es esta tela?" preguntó, frotando el cuello de su vestido entre los dedos.

"Se llama 'grabado'. ¿Por qué no te gusta?" preguntó ella, frustrada porque ahora tampoco podía vestirse bien.

"No mucho", respondió Blake.

"¿Qué más no te gusta que lleve puesto?"

"No me gusta ese suéter negro de manga larga. Es demasiado ajustado y hace que tus brazos se vean demasiado delgados."

"Está bien, no lo usaré de nuevo," dijo Lilly con franqueza, su ya baja autoestima absorbiendo el golpe.

"¿Te importa salir el viernes por la noche en lugar del sábado esta semana?"

Sintió un vuelco en el estómago, de una manera desagradable. "No me importa, pero necesito preguntarles a mis padres si tengo que cuidar niños."

"Podría venir y pasar el rato contigo."

El ánimo de Lilly se aligeró con la idea. "¡Eso sería divertido!

Eva se acuesta a las diez. ¿Pero qué pasa con el sábado?

"Tengo planes para ir a una carrera con algunos chicos."

¿Por qué no quiere llevarme? Siempre lo ha hecho. Tal vez esté viendo a otra chica *de la ciudad*. La idea la nauseaba, *Pero entonces, ¿por qué darme esperanzas viniendo el viernes por la noche?*

"Claro, le preguntaré a mamá y papá," dijo Lilly, pensando que estaba interpretando demasiado. Además, sería una buena oportunidad para que hablaran.

Llegó el viernes por la noche y no hubo conversación.

"Lilly, tienes que volver a tomar el examen de manejo", insistió Vincent. "Cuando vayas a la universidad, necesitarás una licencia para identificación. Llamaré al oficial Jones y organizaré otro examen de manejo."

Dos semanas después, Vincent la llevó de vuelta a la comisaría. Debió haber arreglado algo con el oficial Jones, porque después de una sola vuelta a la manzana, la aprobó.

Abrazando su nueva sensación de independencia, condujo para ver a Blake. Sus padres estaban fuera para cenar y ella tenía grandes planes de caminar por la playa y tener una noche romántica.

Para su sorpresa, eso no fue lo que la recibió. En cambio, terminó en el sofá, con el hermano de Blake en la habitación, recibiendo otro golpe inesperado.

"No es que no me gustes. Sí me gustas. Pero creo que es hora de que ambos sigamos adelante", balbuceó Blake incómodo.

"Si te gusto, entonces ¿por qué tenemos que romper?" Lilly trató de mantenerse firme mientras su mente quería escapar. "Hace seis meses te pregunté si querías salir con otras chicas y te volviste loco. Te molestaste mucho. Incluso lloraste. Ahora, de repente, decides que es una buena idea. ¿Después de hacerme sentir que era la única?"

Había soportado muchos sentimientos horribles en su vida, pero ninguno tan profundamente doloroso. Se perdía y se encontraba, sin querer escuchar más.

El desgarrador rechazo era demasiado. Él era el sol en su vida y todo lo que hacía giraba alrededor de él.

Miró el anillo de promesa, recordando el anillo que Frank llevaba. El odio creció en ella. Todos los anillos eran falsos excepto este. Este venía del amor verdadero, o eso pensaba. Sin embargo, mientras Blake decía esas palabras dolorosas, se dio cuenta de que también era otra mentira.

—Toma, llévatelo. Se lo entregó de vuelta.

"No, mandé hacer ese anillo para ti. ¡Nunca podría dárselo a otra chica!"

¿Eso significa que todavía le importo y quiere que lo sepa? ¿O está jugando con mi cabeza? ¿Me ama o no?

"¿Qué se supone que haga con él? ¿Usarlo todos los días para recordarte?" *¡Cómo se atreve a pensar como Frank!* Ella hervía por dentro, luchando por mantenerse en el momento, pero todavía estaba tratando de lidiar con la decisión de su madre de enviarla lejos y ahora esto. Su cabeza no podía soportarlo más.

"No lo sé, Lilly, pero es tuyo. No le pertenece a nadie más."

"Está bien, se lo daré a mi madre. Ella siempre lo admiró." Lilly se guardó el anillo en el bolsillo. Estaba enojada y herida. Estaba vacía. Sentía un hundimiento en su interior.

Lilly dejó el alma de su esperanzado y alegre mundo sentada en el sofá sin ella. Su corazón entero dolía con una aplastante pesadez. La vida había terminado.

No había más razones para despertarse, y no le importaba el mañana. Sus muros de seguridad y confort habían caído.

Mi cuerpo es para que todos lo usen; para golpear, y disfrutar. No soy nadie. Soy un fantasma, perseguida por una soledad agonizante. ¿Por qué vivo? Maldita sea si lo sé. Una profunda y peligrosa tristeza la atravesó.

Su llanto continuo, día tras día, agotaba los nervios de Gwen. "Por el amor de Dios, Lilly, es solo un chico. Habrá muchos más en tu vida. Necesitas madurar y actuar según tu edad. Ambos eran demasiado jóvenes para saber qué es el amor verdadero. Olvídalo y deja de comportarte como una tonta."

"¡No me digas que no sé lo que es el amor!" ella apretó los dientes.

"Cuando te vayas a la universidad estarás feliz de no tener un novio en casa."

"Mamá, lo amo. ¿Cómo puedes no ver eso?"

"Era un amor de juventud; lo olvidarás para cuando empiece la escuela."

"¡Oh, Dios mío, ¡la escuela!" Lilly enterró su rostro en sus manos. "¡Va a ser horrible! Todos los demás chicos estarán mirando y chismorreando. No lo soportaré. Éramos como pósters en el pasillo."

Lilly pensó en el día vergonzoso en la playa y lo humillada que se había sentido. No sería muy diferente caminar sola por los pasillos, ya no siendo la chica de Blake y con los ojos siguiéndola a cada paso.

"Bueno, aún hay tiempo para inscribirte en la ciudad. Millie todavía me pregunta cuándo vas a venir. Incluso compró un nuevo edredón y cortinas para la habitación de invitados, por si acaso."

Lilly se sentía muerta. No había ningún lugar donde se sintiera segura y protegida.

"Habla con Anthony; él viene a casa este fin de semana," le informó Gwen. Lilly se despertó, tomando una profunda respiración.

"¿Viene el viernes por la noche?"

"Sí, y se va el domingo por la mañana. Sabía que eso te alegraría." Gwen observó cómo el rostro de Lilly se iluminaba por primera vez en semanas.

Él me dirá que todo va a estar bien y que no me sentiré tan horrible para siempre. No quiero ser mimada, pero algunos abrazos especiales serían agradables, especialmente ahora. ¡Sin Blake, no tengo amor!

Después de la cena del viernes por la noche, Lilly y Anthony se sentaron en el porche delantero, en la oscuridad de la noche, mientras ella le contaba todo lo que había sucedido. "Atropellamos un ciervo. No teníamos forma de avisarles y me llevé la paliza por romper el toque de queda."

Anthony sacudió la cabeza, enfurecido con Vincent. "No tenía derecho a golpearte."

"Y mamá solo miraba. ¡Incluso dejó que Eva mirara! No puedo sacarme eso de la cabeza."

"Si alguna vez te golpea de nuevo, tienes que llamarme."

"Eso no es todo. Mamá me dijo que uno de nosotros tenía que irse, papá o yo, y no iba a ser papá."

"¿Te echó?"

"Quería enviarme a casa de Frank y Millie para terminar mi educación."

"¡De ninguna manera! ¡Nunca te ha gustado estar con ellos!"

"Exactamente. Luego le pedí si podía quedarme y simplemente comportarme, yéndome el día después de la graduación. Estuvo de acuerdo después de que amenacé con escapar, pero ¿a dónde voy a ir?¡No sé qué hacer!"

"¿Se lo has dicho a Blake?"

Tragando fuerte, comenzó la segunda fase, la ruptura.

"Lo siento mucho, Lilly. Sé cuánto lo amas. ¿Cómo te sientes?"

"Estoy destrozada. Me siento horrible, y estoy tan triste que no puedo dejar de llorar." Sus lágrimas comenzaron a fluir. "¡Es como si ya no existiera! Mi corazón nunca sanará."

"El amor sucede, hermana, y duele."

"Lo sé, pero no pensé que esto sucedería. Rara vez peleábamos. Éramos amigos y amantes."

"Lilly, no podemos controlar el amor."

"Desearía que pudiéramos."

"Tú y millones de otros. Sabes que te ayudaré en todo lo que pueda. Pasamos mucho tiempo en el armario después de nuestras nalgadas, ¿recuerdas?" Trató de sacarle una sonrisa y de recuperar su antigua perspectiva alegre sobre la vida, pero no parecía estar funcionando. Probó otra vía. "Después de la graduación, ¿por qué no vienes a la universidad y vives conmigo y mis compañeros de cuarto durante el verano? Tendrás que encontrar trabajo—vivir en un apartamento no es barato—pero es un plan."

"¿Cómo me inscribo en la misma universidad?"

"Asegúrate de llenar dos de las tres opciones principales de escuelas, poniendo la mía como primera opción. Luego espera a ver qué te ofrecen. Deberías obtener una reducción en la matrícula, ya que mamá y papá ya tienen un hijo inscrito. Además, hablando académicamente, ¿qué universidad no te aceptaría?"

"Gracias a Dios por mis calificaciones." Hizo una pausa. "¿Puedo quedarme contigo cuando empiece la escuela?"

"No, la política del campus es que todos los estudiantes de primer año deben vivir en un dormitorio. Tendrás que mudarte al campus a finales de agosto."

"¿Con quién viviré entonces?"

"La escuela elige un compañero de cuarto para ti."

"Oh, eso suena encantador." A Lilly no le gustaban los cambios, y toda su nueva vida iba a ser eso, un cambio tras otro. "Tengo miedo, Anthony."

"No tengas miedo. Solo compórtate, gradúate y sal de aquí."

"¿No te preocupa Eva?" preguntó ella.

"Papá y yo vamos a tener una conversación. No usará a Eva como saco de boxeo, o lo denunciaré."

"No me menciones; por favor no le digas que te lo conté."

"No lo haré. Tengo mi propio plan. ¿Tienes alguna amiga con la que salir?"

"¿Qué amigas?¡Han sido solo Blake y yo durante dos años!"

"Julie todavía te habla, ¿verdad?"

"Sí, pero ahora es porrista. No sé si ese grupo me aceptará. No he estado en el grupo desde hace mucho tiempo."

"No puedes quedarte en casa y llorar todas las noches. Enfócate en la universidad, pensando en estar libre de este pequeño pueblo, sin padres y con diez mil chicos."

"Pero está tan lejos de Blake. No podré intentar recuperarlo."

"Déjalo ir, Lilly. Si realmente te ama, volverá contigo; no importa dónde estés, te encontrará."

Lilly no respondió. En cambio, se sentaron escuchando los sonidos de su juventud y la Madre Naturaleza. "No puedo," confesó Lilly.

"¿Qué no puedes hacer?"

"No puedo dejarlo ir."

"Lilly, lo superarás, confía en mí."

"No lo creo. Él era mi mañana y mi noche. Ahora no me importa ninguna. Los días son para los calendarios, no para mí. Camino mirando el pavimento. Ya no hay razón para mirar hacia arriba y sentirse agradecida. El cielo es parte de mi imaginación infantil. Hubo un tiempo en que pensé que había alguien o algo mirándome y ayudándome a pasar la vida, pero ya no me siento así. Cuando miro hacia arriba, está negro, nada más. Nadie me cuida; nunca lo han hecho."

"Lilly, no crees eso. Te conozco. Tienes fe."

Ella negó con la cabeza. "Ya no."

1986 – SESIÓN NUEVE - NUNCA ES DEMASIADOTARDE

"L por parte de mi familia, pero cuando Blake se fue, su rechazo a mayor parte de mi vida sentí algún tipo de abandono o rechazo fue el peor. Podía vivir sin padres y hermanos, incluso sin amigos, pero no veía la vida más allá de Blake."

"Tu mundo no incluía una red de amigos."

"No. Encontré amistad y amor con Blake. Tener amigas habría añadido más complejidad; yo quería algo sencillo. Con Blake como el centro de mi vida, eso era posible. Nuestro mundo no tenía cargas adjuntas. Se construía día a día. Estaba más centrada que nunca y luego, ¡bam! Como una idiota, pensé que seríamos para siempre." Lilly miró hacia otro lado. "Supongo que también me equivoqué con nuestro amor."

"Sientes que él no era quien pensabas que era."

"Tal vez nunca me amó. Me veía como su propiedad."

"Tú crees eso."

Lilly inclinó la cabeza hacia abajo. "No realmente, pero luego no sé, porque nunca volvimos a hablar."

"¿Nunca?"

"Lo intenté, pero de todas las maneras incorrectas, cada una haciéndome parecer más desesperada y fuera de control que la anterior.

Todo lo que quería era una conversación más para decirle cómo me sentía y qué estaba escondiendo. Pero nunca sucedió."

"Brindar cierre a ambas partes es importante. Sin embargo, la realidad de las rupturas es que una persona queda en el campo izquierdo con un montón de preguntas sin respuesta, mientras que la otra está en el plato de inicio con una visión clara de su futuro. Y con Blake siendo tu primer amor, tuvo que ser aún más difícil aceptar y seguir adelante sin finalizar tus sentimientos."

"Era como una tortura despertar y tener que ir a la escuela. Me disocié y me enteré en vivir los mensajes negativos de toda mi vida."

"¿Incluso los de Frank?"

"Eran los más fuertes. Su forma de pensar se alimentaba de mi depresión."

"Una vez más haciéndote sentir culpable."

"No era lo suficientemente bonita; no era lo suficientemente alta… No era honesta. La lista es interminable."

"Y Blake no tenía defectos."

"No, pero los aceptaba y algunos los encontraba entretenidos, incluso lindos. Amar profundamente a alguien significa aceptar a la persona entera tal como es."

"Y como no te sentías amada en casa, amabas a Blake completamente."

"Así es. Pero ahora desearía no haberlo hecho."

"¿Estás dispuesta a renunciar a todos esos maravillosos sentimientos que tuviste?" Preguntó en el silencio de la habitación.

"No, y como no lo he soltado, todavía se siente inconcluso, creando un dolor crudo y perpetuo en el fondo de mi estómago."

"Intentemos lograr algo de cierre. Pregúntame cualquier cosa sobre cómo te sentiste o qué hiciste cuando la relación terminó," ofreció el Dr. Bricks mientras se reclinaba, dejando su bolígrafo a un lado.

"Nadie me ha pedido hacer eso." Lilly también se reclinó.

"Primero, ¿qué bien puede venir de perder el primer amor de uno?"

"En realidad, hay algo bueno."

"¡No puedo esperar a escuchar esto!" Lilly puso los ojos en blanco. "El hecho es que la mayoría de las personas no se casan con su primer amor."

"¿De verdad?"

"Sí, para la mayoría, encontrar el amor y una pareja de vida significa arriesgarse a perder el primero. Es una etapa positiva en nuestras vidas."

"Oh, por favor, ¿positivo? No puedo pensar en un solo factor positivo, y casi me mata."

"¿Nunca volviste a encontrar el amor?"

"Me enamoré varias veces, y, sin embargo, nadie pudo reemplazar los sentimientos que tenía con Blake. Es decir, hasta que conocí a Mick."

"Esa es la parte positiva del primer amor."

"No entiendo lo que estás diciendo."

"¿Cómo supiste que Mick podía sanar el agujero en tu corazón?"

"Lo supe por cómo me sentía cuando me tocaba."

"La electricidad que sentías con Blake."

"Muy similar."

"Por eso el primer amor es una etapa positiva. Superaste el rechazo y aprendiste qué te hacía sentir amor. Luego lo buscaste de nuevo, encontrándolo en Mick."

Lilly permaneció en silencio.

"¿Todavía amas a Blake?" preguntó el Dr. Bricks de manera directa. Lilly levantó la vista sorprendida.

"No puedo sacarlo de mi corazón. ¿Es amor o el hecho de que no tuve cierre? Nuestra relación terminó en uno de los momentos más delicados emocionalmente de mi vida, y nunca tuve la oportunidad de explicarle."

"Si pudieras, ¿qué le dirías? Permite que tu yo de dieciocho años te escuche defender quién eres ahora y quién eras entonces. Usa tu voz."

"No tiene sentido hacer una ruptura imaginaria con un novio de hace años." Lilly puso los ojos en blanco.

"Te lo ofrezco como otra herramienta para avanzar."

"Creo que esto es una tontería, pero lo intentaré." Lilly aclaró su garganta, se sentó erguida y segura, mientras miraba fijamente a los ojos imaginarios que una vez podía leer como un libro.

"¿Sabes qué, Sr. Blake? Estás cometiendo el mayor error de tu vida. Nunca encontrarás otra chica que te ame por quién eres, desde adentro hacia afuera, como yo lo hago. Nos equilibramos y me necesitas para seguir adelante. Para ayudarte a construir tu vida. Nada será igual sin mí. Siempre tratarás de llenar el vacío que era yo. Sin embargo, eso será imposible porque solo hay una de mí y la estás dejando ir. Si eliges ser ese idiota, bien. Me iré. Y solo para que sepas, no será fácil recuperarme."

"¿Cómo te hizo sentir eso?"

"Un poco mejor, pero dejé fuera a Frank y cómo él me había cambiado. Todavía no puedo abordar eso cuando se trata de Blake."

"La vida se trata de aprender a ser una mejor persona y luego avanzar para lograr ese objetivo. Piensa desde el momento con Blake hasta ahora. ¿Qué aprendiste para llevar contigo?"

"Nada más que desamor."

"No lo creo. Saliste de cada ataque más fuerte. Saliste de esta relación más fuerte y sabia también. Lo amabas completamente, pero tal vez él no sabía cómo devolverte ese amor."

Lilly centró su atención fuera de la ventana y sobre la cascada. "Aprendí algunas cosas de su rechazo, como la resiliencia, mantener la vista en el futuro, y que ahogarse en el dolor es destructivo, casi mortal. También se volvió importante no mantener mis emociones ocultas por mucho tiempo, y nunca con Owen o Mick. A menudo me pregunto cómo sería si fuera una persona normal. ¿Habría quedado en blanco cuando Blake me hablaba, o habría dicho lo que quería? ¿Habríamos podido resolver algo, o seguir siendo amigos? Teníamos una gran amistad. Otro momento de 'nunca lo sabré'."

"Es importante que te sientas reconocida."

Lilly reflexionó sobre la declaración. "Nunca lo había pensado de esa manera, pero tienes razón. Busco el reconocimiento de quién soy y de lo que tengo que decir. Mis padres me veían como una extensión de ellos y nunca me permitieron ser yo misma. Su rutina de talla única para todos era exasperante. Tal vez mis hermanas y mi hermano se sintieron diferentes. Pero yo sentía que necesitaba ser vista y escuchada como individuo."

"El abuso puede influir en ese sentimiento. Las víctimas también pueden experimentar emociones más intensas de lo normal en las dificultades de la vida. Las víctimas de trauma necesitan *más* protección, *más* amor y *más* orientación para ayudarlas a encontrarse a sí mismas de nuevo."

"Lo cual no sucedió; en cambio, perdí la mayor parte de eso." Lilly se recostó, dejando que sus hombros se relajaran y moviendo ligeramente el cuello para liberar la tensión. "El hecho de que nací con un impulso increíble de existir, sin importar lo que tuviera que enfrentar, ha sido una gracia salvadora."

"Lilly, no eres esa adolescente derrotada."

"No, no lo soy," dijo, mirando por las ventanas. "Y gracias por decirlo en voz alta. Necesito escucharlo más a menudo y captarlo aquí." Señaló su cabeza. "¡Y aquí!" Señaló su corazón.

"Lo harás. Eres determinada."

"Eso soy. Intentando nadar hacia mi océano donde todos los afluentes y ríos se convierten en uno. Esa es una imagen mental poderosa para mí."

LA GOLDEN ALE

Lilly se sentó junto al río, lanzando guijarros al agua y observando las ondas dispersarse. *Así de patética se ha vuelto mi vida. El último año se supone que es el mejor. ¡Qué broma es esa!* Subió el volumen de su radio portátil y cantó una canción sobre remendar un corazón roto. Ya no se secaba las lágrimas. Su vida les había dado razón para manchar su rostro.

Bien podría empezar la vida de fiesta. Sin las pastillas para el dolor de cabeza, necesito algo para moderar mi estado de ánimo. *Tal vez la cerveza sea la respuesta. Puedo beber a Blake, ahogarlo en mi sistema y tal vez olvidarme de* él. *Rechacé una cita para una fiesta, pero creo que lo llamaré y le diré que he cambiado de opinión.*

No es uno de los amigos de Blake. Ellos todavía me ven como su propiedad; esperando poder continuar donde él lo dejó. Así es la vida en un pueblo pequeño.

Caminó de regreso a la casa y llamó a LeRoy. "Hola, soy Lilly. Me preguntaba si todavía querías llevarme a la fiesta el próximo fin de semana."

"Me encantaría."

"¿A qué hora?" Esbozó una leve sonrisa. "¿Qué te parece a las siete?"

"Nos vemos entonces." Lilly colgó el teléfono.

Gwen observó con incredulidad. "Lilly, fuiste muy franca con ese joven. Nadie va a querer salir contigo con esa actitud."

"No es cierto, saldremos el próximo fin de semana."

"Llega a casa a la una."

Lilly soltó su frustración y respondió, "Sí, madre. ¡Como Cenicienta, me convertiré en una calabaza!"

Cuando estaba con Blake tenía que estar en casa a las once y luego a medianoche. Lilly murmuró para sí misma. Ahora que soy un senior puedo quedarme fuera hasta la una. Tal vez si ella no hubiera puesto tanta presión en volver a casa y nos hubiera dejado tener citas reales, las cosas habrían sido diferentes.

LeRoy llegó a su entrada a las siete en punto.

"¡Mamá, me voy!" gritó Lilly mientras salía por la puerta principal hacia el auto y se subía. Él comenzó a hablar sobre su cita. "La fiesta es en la cabaña de los Willberg."

"Vaya, es un lugar bonito. ¿Cuántos chicos habrá allí?"

"No estoy seguro, tal vez treinta o cuarenta."

"¿Tantos chicos beben por aquí?"

"Has estado protegida."

Lilly estuvo de acuerdo. "Supongo que sí. Esta es mi primera fiesta con cerveza."

"¿Nunca has bebido antes?"

"No, nunca. ¿Algún consejo?"

"Tómalo con calma, no lo bebas de un trago, y detente en tres o cuatro esta noche. Tienes que aumentar tu tolerancia o te vas a enfermar bastante."

"¿Qué quieres decir con enfermarme?" preguntó Lilly inocentemente.

"Vomitar, no poder caminar, todo gira como si acabases de bajar del tiovivo."

"No me gustaría eso. Necesito sentirme en control y eso suena todo lo contrario."

"Quédate cerca de mí. Te cuidaré."

"¡Eres muy dulce!" Ella le sonrió.

LeRoy giró en un camino de tierra. "Aquí estamos. ¿Lista?" Se miraron a los ojos.

El ritmo cardíaco de Lilly se aceleró. *¿Estoy lista? No, estoy muerta de miedo, pero aquí estoy. Adelante, Lilly.* "Vamos." Tomó su mano. "Pero quédate cerca."

"No te perderé de vista."

Se sorprendió al ver a tantos de sus compañeros de clase. Rápidamente, comenzó a conversar sobre sus días escolares anteriores, sin prestar atención a la constante rellena de su jarra de cerveza.

"Esto está bueno." Intentó hablar con fluidez, pero las palabras salieron arrastradas y entrecortadas. "Baja más fácil de lo que pensaba." LeRoy le recordó que fuera más despacio.

"¿Por qué? No estoy borracha," insistió, disfrutando de la nueva sensación de no tener inhibiciones y de la risa espontánea. "¡Ni siquiera sé qué es estar borracha porque nunca he estado borracha!" Se rió, poniéndose de puntillas para darle un beso. "¡Eres realmente lindo!"

LeRoy la levantó en sus brazos. "Es hora de ir a casa."

"¡Bájame!" Lilly se enojó ante la idea de ser controlada.

"¡Estoy divirtiéndome! Miren a todos mis amigos. Oigan, amigos, ¡díganle que me baje y me deje fiestar!" Lilly animó a la multitud, sin sentir miedo, ni una pizca, mientras la vitoreaban para que bebiera más. LeRoy la bajó.

"¡Gracias, Sir Lean-a-Roy!" Hizo una reverencia ante los aplausos de sus compañeros de clase.

LeRoy vio que no había forma de detenerla mientras continuaba bebiendo una cerveza tras otra. La tímida Lilly, que evitaba las multitudes de chicos y parecía interesada solo en conversaciones inteligentes, ahora era la atracción principal en una fiesta salvaje y borracha.

Él se mantuvo sobrio por su bien. "Oye, amigo," dijo un amigo, poniendo su brazo sobre el hombro de LeRoy, "nunca pensé que ella tuviera este lado salvaje. ¡Es hilarante! Piensa que está caminando sobre fuego y es solo un piso de madera."

"Está borracha. Tengo que hacerla recobrar la sobriedad antes de que se enferme."

Su amigo le dio una palmada en la espalda. "¡Buena suerte con eso!"

LeRoy se acercó a Lilly nuevamente, y esta vez ella no resistió.

"Oye, Lean-a-Roy, ¿dónde has estado? Te extrañé." Luego, en una voz casi inaudible, le susurró al oído, "No me siento muy bien." LeRoy le quitó la jarra de la mano y la puso a un lado.

"Deberíamos dar un paseo."

Le puso el abrigo encima y la llevó afuera.

"¡Eres tan encantador! Apuesto a que todas las chicas están enamoradas de ti." Ella enroscó su largo cabello alrededor de su dedo. "Uh-oh, creo que voy a vomitar." LeRoy la bajó y le sostuvo el cabello mientras vomitaba.

"Eso no es divertido," murmuró.

"Vamos, arriba." Le ofreció un brazo de apoyo.

"¡Espera! ¡Mira!" señaló su vómito. "¡Hay peces pequeños por todas partes! ¿Cómo pueden nadar sin agua? ¿Puedes verlos?" Lilly recogió las hojas del suelo que contenían el contenido de su estómago.

"Lilly, esos no son peces pequeños; es lo que has estado comiendo."

Lilly dejó de hurgar. "¿No son pececillos?" preguntó sorprendida.

"¡Ni cerca! Vamos, arriba."

"Eso es gracioso, ¿no, Lean-a-Roy?" Rió y rió hasta que volvió a vomitar y se desmayó.

Media hora después se despertó en el coche de LeRoy. "¿Tienes que conducir tan rápido? Mi cabeza está dando vueltas y el mundo pasa demasiado rápido. Me revuelve el estómago."

"¡Bienvenida de vuelta, Lilly! Me alegra ver que estás saliendo de esto. Intenta no mirar por el parabrisas delantero."

"¿A dónde se supone que debo mirar?" se quejó. "¿A qué velocidad vas?" Se tapó los ojos con las manos.

"Voy a treinta y cinco."

Lilly se rió, "Oh, es mi cabeza… ¡tan mareada!"

"Eso es normal por la cantidad de cerveza que bebiste. Te llevo a mi casa. Mi mamá nos hará café y algunos bocadillos. Eso te ayudará a recobrar la sobriedad."

Lilly miró su ropa: todo estaba exactamente como se lo había puesto. "No intentaste nada conmigo, ¿verdad?"

"Te desmayaste. No soy uno de esos tipos."

"No tenía idea de lo que el exceso de alcohol podía hacer, pero fue divertido. Me sentí libre, como si fuera una niña otra vez sin preocupaciones."

"Te divertiste mucho, no hay duda de eso."

"Gracias por mantenerte sobrio y cuidarme. Me gustaría salir en otra cita, pero no a una fiesta. Sin embargo, entiendo si no quieres."

"No, me gustaría eso. Eres especial, Lilly, de verdad lo eres."

"¿Puedes decir eso después de verme vomitar?" Sintió el olor de su vómito. "¿Dijiste que me llevabas a la casa de tu mamá?" Su voz aumentó un par de tonos.

"No te preocupes; es genial."

"Me sentiré tan avergonzada. ¿No podemos tomar café en otro lugar?"

"Podríamos, pero confía en mí, esto es lo correcto." Estaba demasiado enferma para discutir.

Después de tomar una cafetera de café, comer productos caseros y hablar de todo, desde la luna hasta la secundaria, Lilly se limpió y LeRoy la llevó a casa, como el joven educado que era. Después de un beso amistoso de buenas noches, hicieron planes para el siguiente viernes.

Vincent escuchó el auto salir de la entrada mientras se mecía en su silla, esperando el regreso seguro de su hija. Había jurado no tocarla nunca más de manera dañina o perjudicial. Le había hecho mal y su culpa pesaba en su corazón. Esperaba que algún día ella lo perdonara y, hasta entonces, tenía que demostrar su amor con paciencia y orientación.

La puerta de la cocina se abrió y no tardó mucho en que el hedor a alcohol llenara la habitación. *No estoy sorprendido,* se dijo tristemente. *Está herida y enojada. Nunca debí acusarla de hacer algo mal. Siempre fue una buena chica. Yo creé esto. La alejé cuando me necesitaba.*

Vio a Lilly subir las escaleras, tropezando y cayendo, pero siempre levantándose y avanzando un poco más con cada intento. Finalmente, llegó a la cima y tambaleándose bajó por el pasillo hasta el baño.

Se cepilló los dientes y, distraídamente, se quitó los lentes de contacto, enjuagándolos con solución salina y dejándolos en sus contenedores. Vincent lo vio de manera diferente.

Apagó la luz y arrastró su cuerpo cansado a la cama. Vincent cerró su puerta, bajó la cabeza con el peso de un padre arrepentido y bajó las escaleras hacia el dormitorio de él y Gwen. Estaba aliviado de que su Lilly estuviera en casa y a salvo.

Lilly abrió los ojos a los rayos de sol que entraban por las cortinas abiertas.

"Maldita sea, no las cerré anoche." Se dio la vuelta sobre su estómago y puso la almohada sobre su cabeza palpitante. Justo cuando estaba volviendo a dormirse, escuchó la voz de Eva en su puerta. "Mamá dice que tienes que levantarte y prepararte para la iglesia. El desayuno casi se acaba."

"Gracias, Eva, ya me estoy levantando," dijo contra la almohada.

Lilly podía sentir los ojos de Eva mirándola. "¿Qué pasa?" Lilly se dio la vuelta para mirar a su hermana.

"Llegaste tarde anoche."

"¿Estás esperándome despierta?" Lilly había olvidado ese pequeño secreto que compartían.

"Blake ya no viene, y él te mantenía segura. ¿Quién te cuida ahora?"

Lilly reflexionó; *es muy lista, esa pequeña Eva.* "Ahora soy lo suficientemente mayor para cuidarme sola. No necesitas preocuparte por mí. Además, no pasará mucho tiempo antes de que me vaya a la universidad."

"¿Tienes que irte?" Eva suplicó.

"Sí, Eva. Tengo que aprender una carrera, como mamá, pero no te voy a dejar. Nunca haría eso. Podemos hablar por teléfono y me puedes escribir cartas." Su cabeza palpitaba con cada palabra que decía.

"Lo haré." Eva se fue saltando, satisfecha con la vida.

Lilly puso ambos pies en el suelo para estabilizar su mareo, "Ser joven otra vez, ¡y espero que nunca beba tanto como yo anoche!

¡Esto se siente peor que cualquier gripe que haya tenido!"

Caminó al baño para ponerse los lentes de contacto. Pasando los dedos por el estuche, se dio cuenta de que los discos resbaladizos no estaban allí.

"Estoy segura de que me los quité anoche," se aseguró a sí misma. "Tal vez los puse en el estuche que guardo en mi bolso. Lo dejé junto a la puerta del comedor, creo."

Se cepilló los dientes, se recogió el cabello en una cola de caballo y respiró hondo para relajarse. *No puedo dar a entender que estaba borracha anoche. Ponte las pilas, Lilly,* se ordenó frente al espejo, enderezando los hombros y practicando una sonrisa agradable de la mañana.

Una vez bajó las escaleras, vio su bolso exactamente donde recordaba haberlo dejado, no lejos de donde Vincent estaba leyendo las noticias del domingo. Silenciosamente, comenzó a buscar su estuche de lentes de contacto.

"Buenos días, Lilly. ¿Te sientes un poco cansada?" preguntó, asomándose por encima del periódico.

"Juro que me quité los lentes de contacto anoche, pero no están en sus estuches." Revolvió su bolso y luego comenzó a vaciarlo. "Tal vez deberías intentar buscar en el desagüe," sugirió, con los ojos moviéndose por los titulares.

"¿Por qué en el desagüe? ¿Qué desagüe?" Estaba confundida. "¿Sabes algo que yo no?"

Dejó el periódico. "Te vi tirarlos por el desagüe anoche.

Pensabas que los estabas poniendo en sus viales, pero no lo hiciste."

El pavor la invadió. Eran sus ojos. Odiaba las gafas. La hacían sentir más fea de lo que ya pensaba que era. De repente, su corazón se hundió. "¿Por qué no me detuviste?"

Vincent se encogió de hombros. "No me habrías creído. No en el estado en que estabas."

Tenía razón; no le habría creído. La sensación de malestar siguió creciendo.

"¿Qué se supone que haga ahora?¡Cuestan cien dólares! No puedo usar el dinero de mi cuenta de ahorros porque lo necesito para el verano."

"Te sugiero que empieces a usar tus gafas de nuevo."

"¡Papá! ¡Sabes cuánto odio que me llamen cuatro ojos!"

"Podríamos intentar desmontar las tuberías."

"¿Harías eso por mí?"

"No. Lo haré contigo, no por ti."

Con éxito recuperaron una lente. La otra era historia. "¿Y ahora qué? Solo podré ver con un ojo."

"Habla con tu madre. Creo que la tía Dee está buscando una niñera para los fines de semana."

Lilly suspiró, nuevamente decepcionada de sí misma. "Gracias por ayudarme, papá. Hablaré con mamá sobre la tía Dee."

Deseaba tanto poder rodearlo con sus brazos y sentir el amor de un abrazo de padres, pero se contuvo. Sería demasiado difícil irse de casa si no mantenía su odio dentro.

ESTO ES FELICIDAD

Graduación. ¡Durante *doce años no podía esperar a que llegara este día y ahora lo temo! Todo lo que esperaba se ha ido. Incluso la persona que pensaba ser se ha desvanecido.*

La depresión de Lilly se abrió camino en su mente mientras se probaba su toga y birrete en la casa de Julie.

"Creo que la toga parece barata y se siente como plástico, y estos sombreros son ridículos. ¿Qué idiota insistió en que este evento requiera un sombrero cuadrado?" Lilly seguía inclinando y girando el birrete para ver si de alguna manera podía complementar su rostro con su forma.

Julie la observaba divertida. "Es raro no verte a ti y a Blake juntos. Lo siento. Simplemente lo es. Estaba segura de que ustedes dos serían la primera pareja en casarse de nuestra clase."

"Dímelo a mí. Cada vez que lo veo parece nervioso, como si estuviera molesto por algo."

"Tal vez está enojado por tus fiestas. O tal vez está celoso de que salgas con otros chicos."

"Si estuviera celoso, ¿no diría o haría algo al respecto? ¿Qué tipo de hombre dejaría que alguien a quien ama se alejara sin siquiera intentar recuperarla? Todo lo que tiene que hacer es decirme '¡Bú!' y estaré de vuelta en sus brazos."

"Los chicos son divertidos en ese sentido. Actúan todos grandes y rudos, pero cuando algo así sucede, no saben qué hacer."

"¡Y yo tampoco! ¿Hablo con él en la escuela, lo arrincono en algún lugar para que no pueda escapar, o espero a que él tome la iniciativa?"

"Es una decisión difícil. Todo lo que veo es que él no está feliz, tú no estás feliz, y no sé por qué ustedes dos no pueden arreglar algo."

"Cuando lo intento, arruino todo. Llamé cuando estaba borracha y su madre contestó."

"Eso es estúpido," afirmó Jane.

"Lo sé, pero al menos lo intenté. Él no hace nada. Ha seguido adelante, y eso es todo. Ojalá yo pudiera sentir lo mismo."

"¡Ustedes dos son tan tercos!"

Lilly no respondió. El tema la hacía sentir peor que estar demasiado borracha. "¿Vas a la fiesta de graduación esta noche?" preguntó Julie.

"Sería bueno decir adiós, pero no quiero beber."

"¿Qué quieres decir con 'adiós'? Tenemos el verano para eso. ¡Y de todas las fiestas en las que beber, esta es la indicada!"

Lilly podía sentir las lágrimas intentando salir. *No puedo decirle a Julie que me voy de casa. Ella no sabe que tenemos hoy juntas y eso es todo. No habrá verano para mí.*

Reprimió la verdad. "¡Qué tonta soy! Claro que tenemos el verano. ¡Debería ser divertido!" Lilly se quitó el birrete y lo lanzó junto a la toga. No sentía orgullo al mirarlo. Sus logros, premios, becas y aceptación en la universidad de Anthony significaban poco para ella. Su corazón roto se llevaba toda la atención.

"Oye, Julie, ¿quieres ir a tomar una Coca o algo? ¡Tengo el auto!"

"¿Qué tal si damos un paseo por el pueblo?"

"Perfecto, ¡disfrutemos de ser jóvenes irresponsables mientras podamos!"

Después de la ceremonia de graduación, se cambió de ropa y se dirigió al campo donde era la fiesta. Encontró una roca lejos de la multitud y apoyó su espalda contra ella. Tenía una vista completa de todos. Eran las personas con las que creció. Y ahora se sentía como si fueran extraños.

Julie la vio sentada sola y se le unió. "¿A quién estás mirando?" preguntó curiosamente.

"A Blake. Míralo. Está más allá de intoxicado. Ese no es él. Siempre está en control. Es fuerte y no débil. Me duele verlo en ese estado."

"Tal vez así se sintió él cuando te vio borracha."

"Yo tengo una razón para beber. ¿Qué razón tiene él? Debería hablar con él, hacerlo recobrar la sobriedad y asegurarme de que no se meta en su coche."

"¿Quieres que te acompañe?"

"¿Lo harías?"

"Claro."

Cuando estaban a unos seis pies de distancia, uno de los amigos de Blake se acercó. "Aléjate de él. Esto es tu culpa. ¿No ves lo miserable que está sin ti?" Actuaba como si Blake fuera un raro tigre blanco y ella la cazadora furtiva.

"¿Yo? ¿Esto es mi culpa? Él es quien terminó la relación. Él es quien anda con alguna chica de la ciudad. Él sabe dónde vivo."

"Aléjate." Su amigo se dio la vuelta y continuó ayudando a Blake.

"Vaya, siento que eso tuviera que pasar," dijo Julie en voz baja.

"¿Tiene sentido para ti?" preguntó Lilly.

Julie observó a Blake, que apenas podía mantenerse en pie. "No lo sé, Lilly. ¿Blake alguna vez sabe lo que realmente quiere?"

"Él ha cambiado. Ese no es mi Blake." El corazón de Lilly estaba lleno de tristeza. "Sin ofender, pero esta fiesta no es para mí. Me voy a casa. ¿Quieres un aventón de regreso al pueblo?"

"Gracias, pero no, gracias. Me voy a quedar un rato más."

Sin despedidas ni explicaciones, Lilly caminó de regreso a su coche. Se dio la vuelta para mirar por última vez a sus compañeros de clase de doce años. "Es hora de dejar todo atrás: casa, escuela, amigos, el río y los bosques, Frank y Millie, Blake, incluso mi sauce. Este mundo y esta vida se han acabado. Tengo que construir otra con lo que quede de mí. Es curioso cómo nadie sabe realmente quién soy después de dieciocho años. ¡Diablos, ni siquiera estoy segura de saberlo yo! Nunca tuve una oportunidad."

Se alejó conduciendo por los oscuros caminos rurales, para pasar su última noche en casa.

"¿Dormitorio de Lilly? ¿Era temprano en la mañana y sabía que quedó entrar?" preguntó Vincent desde fuera de la puerta del ella estaría empacando.

Este no es el momento para disculparse. Eso debería haber ocurrido hace meses. Tal vez entonces no estaría empacando ahora, pensó Lilly con emociones encontradas. "Entra," respondió.

"Mamá y yo te compramos esto. Las necesitarás para la universidad." Vincent sostenía dos maletas nuevas en sus manos. *¡Me compraron equipaje después de echarme de la casa! ¿Qué tan irónico es eso?* Lilly sacudió la cabeza con incredulidad. "Supongo que debería decir gracias." Las colocó en la cama. "Pero las bolsas de plástico y las cajas habrían estado bien."

"¿Necesitas ayuda?" Luchaba por encontrar las palabras correctas para decir, sin querer molestarla más.

"No, papá, puedo hacerlo sola."

Eligió quedarse, con la esperanza de arreglar algunas de sus diferencias. "Lilly, lamento que tenga que ser así."

Sin expresión, respondió, "No tenía que ser así, papá. No si tú y mamá hubieran escuchado en lugar de atacarme."

"Lo que hice estuvo mal," luchaba por enfrentar su fracaso. "Quiero explicarme."

"No hay nada que explicar. Hiciste lo que hiciste y mamá dijo lo que dijo. Recibí ambos mensajes alto y claro."

"Por favor, escúchame, Lilly. No estoy poniendo excusas. Pero quiero que entiendas."

"¿Entender?" Lilly lo miró. "¿Tú no me escuchas a mí, pero quieres que yo te escuche a ti?"

"Mi padre era un hombre enojado y amargado que me golpeaba sin razón. Lo odiaba por eso, pero después de la guerra me di cuenta de lo corta que es la vida y encontré en mí la manera de perdonarlo. Sé que ahora no te sientes así, pero espero que algún día puedas perdonarme también."

Sin piedad, ella respondió, "Me alegra que hayas perdonado a tu padre, pero yo no soy tú. No estoy lista para perdonar, y tal vez nunca lo esté."

Lilly recordó el ardor de su mano. *No necesito perdonar. Necesito salir de aquí y empezar de nuevo.* Su lenguaje corporal dejaba claro que no quería ver ni escuchar sobre la desgracia de su padre.

Vincent se fue, cerrando la puerta silenciosamente detrás de él.

Lilly llenó sus maletas, envolviendo cuidadosamente sus estatuillas en sus suéteres, y luego se sentó en el borde de su cama, echando un último vistazo a su habitación.

"Si estas paredes pudieran hablar, tendrían una gran historia que contar. Conocen los secretos que guardo y la verdad de quién soy realmente. Saben por lo que he pasado. Allí está la esquina donde papá me inmovilizó."

Miró al armario y sonrió. "Y allí es donde Blake y yo hicimos el amor una vez."

La sonrisa se desvaneció rápidamente cuando miró la esquina detrás de la puerta. "Y allí es donde Frank se quedó mirándome."

Miró sus ventanas, donde solía escuchar a los chotacabras, los búhos nocturnos y el fuerte escape del coche de Blake.

Cerró las persianas y las cortinas. Puso el cepillo y el espejo dorados en el cajón, por última vez. Nunca más tendría que mirarlos y lidiar con sus recuerdos. Recogió las maletas y bajó las escaleras.

Gwen estaba sentada en la cocina.

Lilly detestaba mirarla. *Papá hace el trabajo duro para que ella no tenga que sentir el dolor ni explicar una despedida difícil a Eva. Puede que piense que no fue su culpa, pero se equivoca. Es como su hermana, echando la culpa a cualquiera menos a ella misma.* Lilly sintió un escalofrío cuando Gwen la abrazó para despedirse. Fue frío, tal como lo esperaba.

Vincent colocó el equipaje debajo del autobús y, en un momento de falta de preparación, le dio un abrazo. Lilly se apartó. No quería que él viera el océano de lágrimas que estaba tratando de contener ni el deseo de abrazarlo de vuelta.

Miró por la ventana del autobús y vio la silueta de un hombre derrotado. No podía dejar de amarlo y no podía dejar de odiarlo.

Lilly se sentó. Este era su castigo; tenía que aprender a vivir con él. Nadie iba a rescatarla. Blake ni siquiera lo sabía, y mucho menos le importaba. Esto no era un cuento de hadas con un final feliz. Era dolorosamente real.

Metió la mano en su mochila y sacó el libro de oraciones negro de Vincent. Lo sostuvo sobre su corazón y se puso la capucha de su sudadera sobre la cabeza. El hogar durante dieciocho años había terminado. Ahora era solo un lugar para visitar.

Pensó en irse para siempre, pero la muerte no era una opción. Eso traería placer a Frank. Se regodearía en su debilidad, en su incapacidad para mantenerse fuerte. Tenía que lograr más que sobrevivir. Tenía que luchar. Tenía que triunfar. Tenía que ser fuerte.

Esa era la única manera de derrotar a Frank. Pero estaba cansada, muy cansada.

Se secó los ojos. *De aquí en adelante, la vida es mía. Es lo que haga de ella.*

1986 - SESIÓN DIEZ MULETAS

"Reflejas tus propias inseguridades en tu propia psique por cómo te sentías cuando estabas con Frank, tus padres y Blake." Lilly comprendió la idea. "Eso explica muchas cosas. Cuando me permito vivir en el pasado, me alejo del presente y eso cambia la realidad. De alguna manera, disociarse se convirtió en una muleta de evitación. Igual que beber y las drogas."

"¿Bebías para evitar la ansiedad de ser sociable?"

"Más o menos," confesó, sin sentirse orgullosa de su vida de borracha de antaño. "Todo lo que quería era ser como los chicos que amaban la atención de la multitud. Sabes, los chicos que eran seguros y cómodos con quienes eran, lo que vestían y cómo actuaban. Los juicios o comentarios de otras personas no les molestaban. Los veía como normales y yo deseaba con ansias ser normal."

"Te estabas automedicando la ansiedad y la depresión, como lo hiciste con la medicación de tu madre."

"Vamos. Siempre supe lo que estaba haciendo."

"¿En serio?" Adoptó una mirada de comadreja astuta, y Lilly se deslizó hacia atrás en su silla, poniendo distancia entre ellos. "Sí," confirmó. "¡Tú crees que bebía para escapar de mi dolor y depresión!"

"¿Lo hacías?" preguntó él.

"No. Mi primer trago fue con una cita en mi último año de secundaria—la primera cita que me emocionaba desde Blake."

"¿Y elegiste beber porque…?"

"Éramos ambos mayores de edad. Él estaba bebiendo, yo estaba bebiendo, y todos los demás también."

"¿Qué hubiera pasado si tu cita no te hubiera rescatado?"

Lilly se fue irritando cada vez más. "Lo entiendo. Quieres que vea lo vulnerable que estaba antes de ir a esa fiesta. Las pastillas de mamá no estaban accesibles. Estaba en dolor emocional, así que planeé todo. Quería lastimarme y asumí el riesgo de que mi cita me salvaría."

"Esa es una perspectiva interesante."

"Esa noche estaba con un grupo de chicos, en un evento social que nunca había experimentado. Para encajar, tomé una botella de cerveza. Pensé que eso me haría menos vulnerable. Estaba cansada de la lucha constante por mantenerme alerta y a salvo. No quería sentirme diferente nunca más. ¿Eso es escapar de la realidad?" Ella paseaba frente a las ventanas.

"Estás enojada."

"¡No me digas lo que estoy sintiendo!" replicó ella. "No estoy enojada. Me siento abatida. Quería que alguien más, aparte de mí, viera que estaba herida, pero todos pensaban que todo era sobre Blake, lo cual no era cierto. ¡Se trataba de mí! ¡Ni siquiera mis propios padres podían ver eso!"

"Querías ser conocida como alguien más que 'la chica de Blake'."

"La gente puede cambiar; ¿por qué no puedo yo? Quería alejarme mucho de la Lilly que ellos conocían. Y en esa noche en particular, la cerveza era la respuesta."

"Querías 'un cambio'."

"¡Sí! Quería cambiar inmediatamente. Como si una varita mágica se agitara sobre mi cabeza," gruñó. "¡Puf! De repente me convierto en otra persona."

"La mayoría de los jóvenes de dieciocho años todavía necesitan guía y supervisión de adultos. Las partes del cerebro que manejan la impulsividad y el riesgo no se desarrollan hasta los veinte o veinticinco años."

Lilly dejó de pasear y enfrentó al Dr. Bricks. "¿Qué estás diciendo? Que mi cerebro no estaba tan desarrollado como el de mis padres. ¡Claro! Me echaron de la casa. Me empujaron a un rincón oscuro y aterrador."

"Tus padres no tomaron una buena decisión."

"No, no lo hicieron, y a los dieciocho sabía que lo que estaban haciendo estaba mal, pero ellos no lo veían. ¡Así que no me digas que me faltaba capacidad cerebral!"

"No lo digo. Lo que quiero que pienses es en el hecho de que los adolescentes están más tentados a involucrarse en comportamientos arriesgados cuando hay presión de grupo o un fuerte estrés emocional."

"Si hubiera tenido un hogar feliz y reconfortante, podría no haber aceptado la cita en primer lugar. Mi corazón estaba roto por Blake y papá, mientras mamá me abandonaba."

"Sentías que te dejaban valerte por ti misma y no necesitabas la supervisión de los padres."

"Podrías decir eso. Llámalo venganza, o llámalo un grito de ayuda; en ese momento se sentía necesario."

"Exactamente: tu cerebro no estaba desarrollado al punto de tomar una decisión más racional. He oído que los años de la adolescencia se refieren como una repetición de los terribles dos años."

La ira de Lilly cambió con la visualización de una adolescente mimada de dieciocho años, actuando como una niña de dos años, queriendo que la vida fuera a su manera lo antes posible. Luego colocó a esa adolescente en una habitación llena de otros iguales a ella. Era una receta segura para el desastre.

"Si eso es cierto, ¿por qué la sociedad nos hace graduarnos para llenar los zapatos de adultos cuando no estamos listos hasta los veintiunos? ¿No estamos destinados al fracaso antes de comenzar?"

"Se espera que las enseñanzas de los padres te lleven hasta que puedas resolverlo por ti misma."

"Es gracioso que lo digas. Tanto como mis padres me guiaron, hubo veces que vi el rostro de mi padre, o escuché sus palabras, y tomé una decisión más sabia. Sin embargo, cuando saqué a papá de mi vida, también dejé esas enseñanzas atrás. Solo tenía dieciocho años. No sabía sobre los peligros de beber. Estaba sola y asustada. Desearía poder revivir ese año."

"¿Tener veintiún años?"

Lilly se dejó caer en la gran silla acolchonada. "Sí... una muy sabia. A los dieciocho, estaba fuera de control, entrando en pánico en todas partes y en cualquier lugar donde hubiera gente. La soledad total era mi único consuelo y sensación de seguridad."

"Estar sola te ayuda a controlar y evitar los detonantes que disparan tu ansiedad."

"Esos malditos detonantes estaban disparándose sin parar."

"Háblame de ellos."

"Había muchos... el humo de los cigarros, especialmente si era dulce; la gente mirándome por cualquier razón; el sonido de las monedas tintineando; la sensación de ser seguida; la gente riendo mientras me miraba, por nombrar algunos. Los detonantes me impedían ver el panorama completo. Mi mente se dispersaba y todo lo que veía eran fragmentos. Entonces entraba en pánico y quería correr. Era casi imposible bajar la guardia."

"¿Qué pensabas que pasaría si lo hacías?"

Lilly frunció el ceño. "Alguien me atacaría. La gente vería mi pasado con Frank. Parecería estúpida, o peor aún, loca. Quizás moriría."

"Sería difícil para cualquiera mantenerse equilibrado con ese tipo de pensamientos catastróficos," expresó el Dr. Bricks con profunda preocupación.

"¡Eso es! Cuando se desencadenan, no hay presente, solo el pasado. No hay racionalidad, solo el miedo a lo irracional," respondió Lilly. "¿Eres racional ahora?"

"Intento no volver a los pensamientos de mi niña interior. ¡Intento que el pasado no me afecte! Pero fallo, una y otra vez."

"Ahora te estás defendiendo, no fallando, sino creciendo hacia una nueva realidad," aseguró el Dr. Bricks.

Ojalá pudiera creer eso sinceramente, pensó Lilly en silencio.

JOVEN ADULTO

1972–1976

DESPUÉS DE HORAS

El autobús disminuyó la velocidad mientras recorría Main Street hacia la estación. Las tiendas de ladrillo rojo, los bancos de piedra y los rústicos restaurantes de madera captaron el interés de Lilly por su semejanza a una ciudad de principios del siglo XX. Sin embargo, la verdadera belleza era cómo la calle se inclinaba hacia abajo, mirando las vastas aguas azul aguamarina de un enorme lago que levantaba el espíritu de Lilly.

Al bajarse del autobús, vio a Anthony parado junto a su coche. Caminó rápidamente hacia él, con su mochila colgada al hombro y el peso de la maleta tirándola de lado.

"¡Hola, hermanita, bienvenida a Black Rock!" Anthony le dio un abrazo suave. "¿Qué te parece hasta ahora?" Señaló hacia el lago.

"Es una belleza: olas con puntas blancas y todo. ¡Como un océano! Siento que me está llamando a jugar en sus olas. Está viva y llena de energía. ¡Creo que vamos a ser amigas!"

Anthony tomó su maleta. "Lección número uno, ten cuidado. Ella tiene su propia personalidad, que puede ser peligrosa a veces con olas de hasta ocho pies de altura, incluso más grandes. Te romperán el cuello y tiene una marea. No te dejes engañar."

Lilly miró a Anthony con desaprobación. "Eres tan parecido a papá, siempre evaluando los peligros. ¡Mira!" Lilly giró sobre sí misma. "¡Es preciosa! ¡Huele el agua! ¡Abraza la vista!"

Ese es Lilly, se recordó a sí mismo, poniendo su equipaje en el maletero.

"¿Cómo fue con papá y mamá esta mañana?" preguntó.

"No quiero hablar de eso. Esa parte de mi vida ha terminado," cortó Lilly abruptamente.

"Lo siento." Anthony le abrió la puerta del pasajero. "Pensé en mostrarte dónde están algunos restaurantes populares. Siempre están buscando camareras y podemos detenernos a recoger algunas solicitudes."

La idea de conseguir un trabajo la ponía nerviosa. "¿Y si a nadie le gusto o piensan que no puedo hacer el trabajo, entonces qué?"

"Lilly, sabes cómo trabajar. Mamá y papá nos enseñaron bien. ¡Sé confiada y cree que no hay nada que no puedas hacer!" Anthony se detuvo en la entrada de un resort en el lago.

Los ojos de Lilly se iluminaron. "¡Aquí es donde quiero trabajar!"

"¡Sabía que te encantaría! A todos los demás chicos de la universidad también. Es difícil entrar, pero inténtalo."

"¡Lo haré, definitivamente!" Lilly ya había decidido. Había encontrado su lugar de trabajo.

Después de unas cuantas paradas más, se aburrió de entrar y salir para recoger formularios de solicitud. "Creo que esto es un buen comienzo. ¿A dónde vamos ahora?"

"El campus," respondió él.

Un nudo de miedo se formó en su garganta.

"¿Crees que podré pasar las clases? No tomé preparación universitaria en la secundaria."

"¿Por qué no lo hiciste?"

"Fue mi elección y la universidad no era mi primera opción. Pensé que Blake y yo estaríamos juntos, trabajando en el negocio de su familia. Luego mi vida se desmoronó. Fue bastante difícil pasar el último año sin el estrés adicional de los cursos universitarios."

"No quise traer recuerdos. No te preocupes; no estoy seguro de si nuestra escuela en casa preparó a alguien para la universidad. Es completamente diferente a la secundaria," comentó Anthony.

"Tienes buenos hábitos de estudio y deberías usar a los tutores gratuitos. Pero ten cuidado con las fiestas."

"Sí, papi," sonrió Lilly. "Siempre me estás apuntando en la dirección correcta."

"Lo intento, pero a veces no eres fácil de guiar."

Lilly puso los ojos en blanco. "Si me conocieras, sabrías que eso no es cierto. Oye, me muero de hambre. ¿Podemos comer algo?"

"Primero, dejemos tu equipaje en el apartamento. Luego recogeremos a mis compañeros de cuarto y comeremos algo."

"Tienes suerte de haber mantenido a tus amigos de la secundaria. Yo nunca tendré un amigo de la secundaria con el que haya sido tan cercana, excepto con ya-sabes-quién."

"Aquí harás muchas amigas. Hay miles de universitarios. Oye, ¿qué te parece salir por una hamburguesa y una cerveza?"

"¿Hablas en serio, una hamburguesa y una cerveza?¡No tienes que preguntarme dos veces!

"¿Tienes tu licencia?"

Lilly sonrió radiante. "Papá insistió en que obtuviera mi licencia. A regañadientes, acepté y estoy muy contenta de haberlo hecho."

"Buena decisión. ¡No puedes hacer mucho en la universidad sin una licencia de conducir!"

Lilly pidió otra jarra. Era la cuarta.

Anthony la agarró del codo. "Vamos, hermanita, es hora de regresar al apartamento. Has bebido suficiente."

Lilly apartó el brazo. "¡No me toques!" ordenó.

Anthony la soltó. "Te estás emborrachando, Lilly," la reprendió. "¡A nadie le importa más que a ti!" Alargó la frase y le dio un pequeño empujón en el pecho.

"Vamos a regresar al apartamento—¡ahora!" Anthony no estaba divertido.

Sin embargo, Lilly sí lo estaba. Una vez que se emocionaba, no había manera de calmarla hasta que se desmayaba. "Bill, Tom… ¿Quieren irse a casa con Anthony o quedarse y tomar otra jarra?" preguntó coquetamente.

Tom respondió, "¿Por qué no Bill y yo te llevamos al coche? Compraremos algo de cerveza y la terminamos en el apartamento."

"Esa es una idea. Capitán Anthony, ¿conducirás el barco de regreso a casa?" Lilly bromeó mientras miraba a su hermano.

Ambos compañeros de cuarto la guiaron suavemente fuera del bar. "Ustedes son lindos. Nunca dije nada en la secundaria porque eran los mejores amigos de mi hermano. Pero ahora somos grandes." Se detuvo ante ese pensamiento y se rió. Su risa era contagiosa y pronto todos estaban riendo, excepto Anthony.

De regreso en su apartamento, en el piso superior de una antigua casa de dos pisos, la guiaron mientras subía por la empinada y estrecha escalera. Una vez dentro, se tambaleó hacia el dormitorio improvisado que los chicos habían hecho para ella en una esquina de la sala, usando sábanas como paredes. Se desplomó en la cama, sintiendo el mareo por el exceso de alcohol. Cuando abrió los ojos, vio a Anthony mirándola y gritando.

"¡Anthony, no sé lo que estás diciendo!" Se rió.

Él ya no era su hermano ni su compañero de pesca, ya no más, ahora era un joven. El pensamiento continuó divirtiendo su imaginación y no podía contener la risa.

Miró y se concentró en su boca, que se movía cada vez más rápido sin ningún sonido, como si estuviera viendo una película muda. Su risa llenaba la habitación. Anthony se detuvo, y fue entonces cuando vio que la ira en su rostro se transformaba en dolor.

Era demasiado tarde para retractarse.

Él se alejó, cerrando la puerta de su habitación de un portazo, mientras sus amigos lo seguían.

"Bien, sean así," murmuró para sí misma. "Todos ustedes han crecido, pero yo no. No sé si alguna vez creceré. ¡Soy demasiado un desastre enredado de Lilly!" Se rió de su metáfora. "Necesito ir y jugar con el lago." Rodó hasta el borde de la cama, estabilizó sus piernas y lentamente se tambaleó por la sala hasta las escaleras—los miles de escaleras que llevaban al exterior.

"¡Mierda santa!" Miró hacia abajo y luego a su cama, que ahora parecía estar a una milla de distancia, pero era un camino mucho más fácil de recorrer. A cuatro patas, volvió a arrastrarse hasta la seguridad.

Puso una pierna fuera de la cama y en el suelo para ayudar a detener el giro de la habitación, y luego se desmayó, cayendo en el sueño que un buen borracho trae consigo. No tuvo pesadillas con Frank ni las dudas constantes de lo que podría o debería haber hecho diferente con Blake. Solo durmió.

El éxtasis terminó a la mañana siguiente cuando llegó la punzante jaqueca sin compasión.

"¿Dónde está todo el mundo?" Se puso su bata y se arrastró hasta la nevera, donde encontró una nota de Anthony: *Estamos en clase todo el día o en el trabajo. Nos vemos esta noche.*

"Esto es conveniente, todo el apartamento para mí sola," dijo, sintiéndose satisfecha.

Con una mano sosteniendo su cabeza, se dirigió a la ducha. Después del desayuno, se sentía más como ella misma y notó que el apartamento necesitaba un toque femenino. Lavó los platos, limpió la cocina, limpió el baño y luego salió a dar un largo paseo por el lago.

Una vez que llegó a las costas arenosas y respiró el aire húmedo y fresco, su cabeza comenzó a despejarse.

"Oh, Dios, me reí de Anthony cuando intentaba ayudarme," recordó, sintiéndose culpable por haber sido irrespetuosa y herir su orgullo.

Acostada en una de las rocas negras cerca de la orilla, cerró los ojos y escuchó las olas. Estaba justo donde necesitaba estar y no tenía que irse. Estaba sola, sin toque de queda, sin lista de tareas del hogar.

Simplemente absorbió los rayos del sol y contempló cómo hacer que el desastre que creó anoche desapareciera.

"¿Por qué no puedo meter en mi dura cabeza que el pasado no va a cambiar? Es una hazaña imposible y, sin embargo, día tras día, pienso que Blake va a regresar y volveremos a estar enamorados. Pienso que mis padres van a disculparse y pedirme que vuelva a casa. ¡Soy una maldita tonta!" se maldijo a sí misma. "Y tengo que dejar de mirar por encima del hombro buscando algún caso mental enviado por Frank para vigilarme. Frank no va a venir aquí. Crece, Lilly. Contrólate."

"¡Lo que se fue, se fue!" continuó. "Así que levanta tu trasero perezoso y empieza a buscar un trabajo. Tal vez Anthony sea más indulgente si ve que no desperdicié el día." Se sacudió la arena, caminó de regreso al apartamento y se preparó para una entrevista.

Mientras caminaba las cinco millas hasta el resort, recordó el consejo que Vincent le había dado sobre conseguir un trabajo. Dijo que hablara con el gerente y no aceptara a nadie más. Hizo exactamente eso, y pronto estaba hablando con el encargado.

No se había dado cuenta de lo útil que sería en el mercado laboral la estricta ética de trabajo que sus padres le habían inculcado. Al finalizar la entrevista, el gerente le hizo una última pregunta: "¿Considerarías trabajar después de horas?"

"¿Me pagarían mi salario por hora?" preguntó, y luego se preocupó de haber sido demasiado directa.

"No, sería más que eso porque no recibirías propinas."

¿Cómo podría salir mal? Probablemente me tendrán limpiando *la cocina y preparando todo para la mañana. El trabajo duro no me molesta, y es dinero fácil.* "Claro, trabajaré después de horas."

"¡Genial! Entonces te veré mañana por la noche. Consulta con la anfitriona para tu uniforme y ella responderá cualquier otra pregunta que tengas. Lleva un menú a casa para memorizar. Seguirás a una camarera durante tres días y luego comenzarás a tomar pedidos por tu cuenta." Extendió la mano. "Fue un placer conocerte."

Lilly la estrechó firmemente y le devolvió un sincero apretón de manos de agradecimiento.

Una vez fuera del alcance del oído, saltó al aire con un grito de celebración. "¡Lo hice! ¡Tengo un trabajo!" El camino de regreso fue más rápido mientras se regodeaba en su logro, una sensación que no había tenido en bastante tiempo.

CALIFORNIA SOÑANDO

Lilly aprendió rápidamente los entresijos del negocio de restaurantes y resorts. Para la cuarta noche, estaba atendiendo seis mesas con confianza y sonrisas. Le encantaba conversar y conocer gente nueva. Como resultado, sus propinas eran generosas, elevando su tarifa por hora de un dólar con veinticinco centavos a un mínimo de siete dólares por hora. Abrió una cuenta de ahorros para el año escolar, pagó el alquiler y aún le quedaba dinero de bolsillo. Estaba aprendiendo a sobrevivir por su cuenta, basada en horas de trabajo arduo.

Después de su turno, hacía la rutina habitual: registrarse con la anfitriona, reportar cuánto dinero había ganado en propinas y declarar lo sugerido. El resto era su dinero extra para gastar.

La anfitriona era una mujer maternal con acento británico. Las chicas la llamaban "Mamá".

"Mamá, ¿qué es esto?" preguntó Lilly, sosteniendo una servilleta y una llave en sus manos.

"¿Dónde conseguiste eso?" le preguntó Mamá.

"Un tipo lo deslizó en el bolsillo de mi delantal."

"Lilly, ¿aceptaste trabajar después de horas?" La cara de Mamá pasó de sorpresa a pesar.

"Sí, después de horas, ya sabes, horas extras, para ganar más dinero, ¿verdad?" Lilly frunció el ceño. "¿No es así?"

"No, querida, eres la mesera más linda y dulce, pero después de horas es exactamente eso. La llave es para una habitación donde debes 'atender las necesidades de un huésped.'"

Lilly retrocedió, horrorizada, y de inmediato escuchó la voz de Frank diciéndole lo linda campesina que era, digna de ganar buen dinero. "¡Oh, Dios mío, Mamá, ¡eso nunca va a pasar! ¿Qué debo hacer?" preguntó Lilly frenéticamente.

"Primero, devolveré la llave y le diré que hubo un malentendido."

¿Qué es lo segundo?" El tamaño de los ojos de Lilly casi se tragaba su cara. Mamá puso su brazo alrededor de Lilly. "No te preocupes, cariño. Yo me encargaré de eso."

"Pero necesito este trabajo. He trabajado tan duro y finalmente estoy ganando suficiente dinero para vivir y ahorrar para la escuela."

"Lo sé. Eres una de nuestras mejores, pero el turno de noche no será posible. Te cambiaré al turno de la mañana."

Los hombros de Lilly cayeron de decepción. "Los turnos de la mañana no generan tantas propinas como la cena de la noche."

"Eso es cierto, pero aún te irá bien. Veré si puedes trabajar durante el almuerzo. Eso compensará la diferencia. La mañana es mejor que no tener trabajo en absoluto," respondió Mamá.

"Lo sé. Gracias."

"¡No te sientas tan derrotada! Te encantará la mañana una vez que te adaptes," dijo Mamá, tratando de animarla. "La gente generalmente está de buen humor y conocerás a muchos más huéspedes, pero Lilly, debes prometer no decirle a nadie sobre la llave. ¿Puedes hacerlo?"

¿Qué es un secreto más en mi vida? pensó. "Confía en mí," respondió Lilly, "soy una experta en guardar secretos."

"Entonces estaremos bien. Tómate mañana libre y te veré el domingo por la mañana. La gran diferencia con el desayuno es que se mueve muy rápido. Estudia el nuevo menú. Te pondré en entrenamiento solo por un día."

"Eso ayudará, gracias."

"Recuerda, solo entre nosotras."

"Entiendo."

Lilly tomó el autobús y se dirigió a casa. Juntó las manos para detener su temblor. *Eso estuvo demasiado cerca,* pensó. *Podría haber terminado justo como Frank dijo que lo haría. La ciudad tiene sus peligros. Necesito recordarlo.*

Dijo adiós al vino y los bistecs y buenos días al tocino y los huevos. Llenó las tazas de jarabe con jugo de ciruela y las tazas de jugo de ciruela con jarabe. Ese fue su primer día. Poco después dejó caer un Reuben en el regazo de un hombre y trató de ayudarlo a limpiarlo. Con otro cliente entregó la cuenta antes de la comida, pero poco a poco, Lilly se adaptó a la locura de la mañana y al frenesí del almuerzo. Su empeño y ambición le valieron un puesto de jefa de camareras y nuevas amistades, incluida una joven de su edad que se sentaba sola, cerca de una ventana, mañana tras mañana.

"Hola, ¿qué te gustaría hoy, café o jugo?"

"Ninguno, tomaré agua y una orden de tostadas."

"Claro." Lilly levantó la vista de su libreta de pedidos. "¿Todo está bien?"

"No, vivir en este resort se está volviendo aburrido. El trabajo de mi padre lo transfirió aquí desde California. Tuve que dejar la universidad y mudarme con él." Sus ojos se inclinaron hacia abajo como un perrito decepcionado.

"Lo siento. Debe ser solitario."

"Podrías decir eso. Tenemos que quedarnos aquí hasta que mis padres encuentren una casa."

"¡Oh, wow! ¡Lo entiendo!" Lilly sintió que se estaba formando un vínculo. Ella tampoco tenía un hogar real. "¿Tienes coche?" preguntó, con un brillo en los ojos.

"Sí, ¿por qué?" La joven devolvió la misma mirada.

"Me llamo Lilly. Me encantaría mostrarte la ciudad después de mi turno."

"¡Eso sería divertido! Me llamo Ann." Ella le ofreció la mano.

Lilly estrechó su mano suavemente, "Hola, Ann."

Finalmente había conocido a una chica de su edad que se sentía tan sola en la vida como ella.

Esto tenía que ser una buena señal.

Después de una tarde de escalada en roca, beber unas cervezas y hablar, surgió una amistad entre la linda chica del campo y la alta y delgada rubia de California.

La actitud excepcionalmente relajada de Ann era un ingrediente que faltaba en la vida de Lilly. Su amistad floreció, y rara era la tarde o noche en que no estaban juntas. A menudo pasaban el tiempo en la orilla del lago con una botella de licor y bocadillos mientras hablaban durante horas.

Cuando los padres de Ann se mudaron a su nueva casa, Lilly se sentaba a la mesa de la cena casi tan a menudo como lo hacían sus propios hijos. Pronto se encontró pasando más noches con Ann y su familia que con Anthony en su apartamento. Con cautela, se permitió sentirse feliz y empezar a creer en el mañana nuevamente, con el amor de una verdadera amistad en Ann.

Los pensamientos sobre Blake disminuyeron y dejó de buscar un reemplazo. Ann llenó ese vacío. Durante uno de sus momentos tranquilos, Lilly sintió una emoción que había guardado hace mucho tiempo: confianza. Quería arriesgarse a aceptarla de nuevo.

"Ann, quiero contarte algo que me explique."

"¿Es eso posible?" Ann se rió.

Lilly sonrió. "Sí lo es. ¿Puedes mantenerlo en secreto?"

"Claro. Estás muy seria; eso no es típico de ti."

"Lo que tengo que decir es serio y no es fácil." Lilly dejó escapar un suspiro y continuó, "Creo que soy imposible de amar; primero por mis padres y luego por Blake. Mamá y papá vieron mi comportamiento como intolerable y me echaron. Blake me vio como un juguete viejo y quería algo más nuevo y brillante. No tenía adónde ir excepto a las calles. Fue entonces cuando Anthony sugirió venir aquí e ir a la universidad."

"Lo siento, Lilly, pero nunca deberías llamarte a ti misma imposible de amar. ¡Eres la persona más fácil de amar que he conocido!"

"Gracias." Lilly hizo una pausa. "Pero hay algo más."

"No tienes que decírmelo si no quieres. Pareces preocupada."

"Quiero hacerlo y lo necesito." Lilly vaciló, recordando los peligros de seguir adelante con las pérdidas que había experimentado a lo largo de su vida.

"Ann." Lilly se inclinó hacia delante. "Tengo un tío enfermo que es malvado y peligroso. Él... él me ha tocado de maneras de las que no he hablado... nunca. Amenazó con hacerme daño a mí y a cualquiera al que se lo contara. Moriría si algo te pasara a ti o a tu familia. Por eso quiero que me oigas y luego olvides."

Ann vio y oyó el miedo de Lilly. "¿Estás diciendo que abusó de ti?"

"Sí," respondió Lilly, esperando que la tierra se abriera y la tragara hasta el infierno debajo, pero eso no sucedió.

La voz suave y reconfortante de Ann la mantuvo en el presente.

"No diré nada, Lilly, pero ¿estás a salvo? ¿Puede este tío encontrarte aquí?"

"No, su nombre es Frank y su esposa se llama Millie. No vendrán aquí. Sería demasiado sospechoso. Solo visitan donde hay familia. No creo que pagarían por un hotel. Y no tengo ninguna razón para volver a casa. Así que supongo que, sí, estoy a salvo aquí." Hay que admitir que se sentía fuera de peligro fue un alivio útil.

"El tiempo reunirá a tu familia. Ten paciencia. Todo se resolverá."

"Espero que tengas razón."

"Todos llevamos un peso. Por eso nos necesitamos unos a otros."

"¿Cuál es tu peso?" preguntó Lilly, curiosamente.

"Tuve que dejar California, amigos y el océano. Pero desde que nos conocimos, eso está quedando en el pasado."

"Siento lo mismo. Disfruto estar contigo. No he tenido una amiga de verdad desde quinto grado. Sus padres se mudaron y desde entonces no he confiado en las chicas."

"¡Soy la primera chica en la que confías desde quinto grado! ¡Guau!" Ann sonrió.

Eso era lo que Lilly amaba de Ann: su optimismo, su punto de vista desenfadado y lo fácil que era creer en ella. Ann no era complicada.

TRES NO SON MULTITUD

"A compañera de cuarto y todavía tener tu casa para pasar los, piénsalo un poco más, por favor, para mí. Podríamos ser fines de semana, ¡con el beneficio adicional de la cocina de tu mamá!" Lilly usó su voz más convincente para tratar de que Ann volviera a la universidad.

"Sería divertido, Lilly, pero no quiero volver a la escuela. Seré más feliz en un programa de dos años."

"¿No puedes hacer eso en un campus universitario?" insistió Lilly.

"Mi programa solo se ofrece en el colegio comunitario. Seguiremos estando juntas, solo que no tan a menudo."

"Lo sé," cedió Lilly. "Me horroriza la idea de mudarme a una jaula de hámster después de haber sido libre todo el verano. Pensar en empezar de nuevo me pone ansiosa y nerviosa y luego bebo más. ¿Ves lo importante que es que vivamos juntas?" Era su última esperanza.

"El cambio es inevitable," dijo Ann con su voz sensata. "Por eso estoy aquí hoy. Para ayudarte a empacar tus cosas."

"¿Siempre tienes que ser tan racional? ¿No crees que ya he tenido suficientes ajustes para toda la vida, o al menos para unos años?"

"¡Este es un nuevo comienzo para ti! Míralo de esa manera. Tal vez el hombre de tus sueños viva en tu dormitorio."

"Oh, claro, ¡mira qué exitosa he sido con los chicos este verano!"

"Tenías una cita cada fin de semana."

"Eso es todo lo que eran… citas, bebidas gratis y sexo."

"Deja la actitud de 'pobre de mí'. No podrás enamorarte de nuevo hasta que dejes de amarlo a él," le recordó Ann a Lilly. Lilly dejó de escucharla y levantó una tostadora vieja. "¿Qué piensas, llevar la tostadora o no?"

"No, déjasela a Anthony."

Ann miró alrededor del apartamento. "No creo que nos tome un día empacar tus cosas. ¡Más bien una hora!"

"Oye, vine aquí con una maleta y una mochila," bromeó Lilly. "Debe haber suficiente ropa y cosas ahora para al menos una bolsa de basura más, ¡como mi ropa de cama!" Lilly señaló su edredón y almohadas. "¡Los compré con mi primer sueldo!"

"Vaya, eso tomará tres minutos en empacar," bromeó Ann. "Entonces, ¿cuánto espacio crees que necesitaré en el dormitorio?" preguntó Lilly, mirando sus simples pertenencias.

"Diría que unas tres gavetas y estarías loca si no pides la mitad del armario. Después de todo, estás pagando por ello."

"Cierto, pero ¿y si mi compañera de cuarto necesita más espacio que yo?"

"Sé lista, Lilly, compartes la habitación. Divídelo justo a la mitad y, a medida que se vayan conociendo, hagan cambios."

"Tiene sentido; simplemente no es la forma en que pienso."

"Para ti siempre es cómo se siente la otra persona. Ahora es el momento de prestar atención a lo que siente Lilly."

"Como si eso fuera a pasar. Tengo la palabra 'tonta' estampada en la frente. Todos los demás vienen primero."

"Espera, ¡no digas otra palabra!" Ann interrumpió, con una expresión misteriosa.

"¿Qué pasa?" susurró Lilly.

"Necesito un Kleenex. Tus historias tristes son demasiado emocionales."

Lilly lanzó la caja de Kleenex a Ann y preguntó, "¿Listilla, quieres una cerveza?"

"Claro."

Lilly fue a la cocina y regresó con dos botellas frías de cerveza. Se sentaron en su cama, mirando alrededor y pensando en las despedidas que debían hacer a la humilde habitación.

"Lilly, ¿vas a llevar esas estatuas al dormitorio?" Ann señaló a la Virgen María y a la pequeña monja.

El corazón de Lilly se hundió. "Esto es lo que quiero decir sobre hacer cambios. Mi compañera de cuarto pensará que soy una especie de fanática religiosa, lo cual no es el caso. Esas dos estatuas han sido mi protección desde que tenía ocho años. Nunca las dejaría ni el libro de oraciones de papá. Esa soy yo en pocas palabras: una monja, una santa y un montón de palabras esperanzadoras."

Hubo una pausa silenciosa y luego Ann respondió con fuerza, "Definitivamente no la monja ni la santa."

"Listilla." A Lilly le encantaban las bromas de Ann.

"No me has contado mucho sobre tu compañera de cuarto, ¿por qué?"

"¿Qué hay que decir excepto que estoy nerviosa por vivir con una desconocida?"

"Ahora estás en la universidad. Todos se sienten abandonados y asustados en cierta medida."

"Tal vez, su nombre es Trudy y es de algún lugar cerca de Detroit."

"Es una chica de ciudad. Esto debería ser interesante."

"Oye, estoy trabajando en ser menos campesina." Lilly miró sus botas de ingeniero, jeans ajustados y una camisa atada que revelaba su ombligo.

"Me gustas tal como eres y a Trudy también le gustarás. No hay necesidad de cambiar."

"¿Vendrás conmigo el día de la mudanza? Creo que será difícil ver a los chicos y sus familias juntos."

Ann mostró una expresión preocupada. "Me gustaría, pero tengo que trabajar hasta las cinco y media."

Lilly ocultó su decepción y cambió de tema. "Este fue uno de mis mejores veranos. Nos divertimos mucho, ¿no?"

"Sí. Me alegra que vinieras y me atendieras esa mañana. Piensa en lo solas que hubiéramos estado, viviendo aquí y sin conocer a nadie. Toda mi familia está feliz de que hayas llegado a nuestras vidas."

"Y yo estoy igualmente feliz de ser parte de tu familia. Realmente lo digo, Ann."

"Oh, ¡no te pongas sentimental! ¡Solo te mudas a los dormitorios, no a otra ciudad!"

Lilly se rió de su propio drama y propuso un brindis. "¡Por el cambio!"

Unos días después, Lilly se sentó en la colina cubierta de hierba que daba a su dormitorio. Observaba las despedidas entre los padres y sus hijos adolescentes. Era un duro recordatorio de lo rota que estaba la relación entre ella y sus padres. Desde que se fue de casa, había habido poca comunicación y ningún interés en visitarla.

Incluso rechazó a LeRoy cuando se enteró de dónde estaba y vino a visitarla. Le ofreció inscribirse en la universidad si ella le daba una oportunidad. Sin embargo, las decisiones de Lilly ahora eran todas sobre mantenerse viva por sí misma y eso, en sí mismo, era una misión difícil. No había espacio para nadie más que una amiga en su vida.

Después de unas horas de auto-tortura, se limpió la cara manchada de lágrimas, agarró sus pertenencias y bajó la colina hacia su habitación, que sería su nuevo hogar.

Tocó la puerta. Trudy respondió. Se enfrentaron sin nada que decir. Lilly hizo un rápido estudio. Es absolutamente hermosa. *Mira cómo parpadea esos grandes ojos marrones y sacude su largo y grueso cabello envidiable, y no hay ni una libra de peso extra en ese cuerpo pequeño y esbelto. Se viste a la moda y huele como un ramo de flores tropicales. ¿Cómo pudo la universidad juntar a dos personas tan diferentes?*

Trudy también hizo un rápido estudio: *Vaya, un poco pasada de peso, y obviamente no sabe nada sobre moda, o maquillaje para el caso. Mira su cabello aburrido. Necesita un estilo y esas botas de ingeniero tienen que desaparecer. ¿Es una hippie o una chica del campo o ambas? Tiene potencial, mucho potencial, pero definitivamente necesita refinamiento. ¡Esto es un desajuste de personalidades si alguna vez he visto uno!*

La habitación se encogió unos pocos pies más. Lilly rompió el silencio. "Hola, soy Lilly." Extendió la mano en señal de paz.

"Soy Trudy." Se estrecharon la mano. "Entra." Trudy agarró la maleta. "¿Dónde está el resto?"

"Eso es todo; viajo ligero." Lilly se sintió un poco avergonzada mientras seguía a Trudy.

"Te di los tres cajones superiores como pediste. No son muy profundos, pero el armario es grande. Creo que ocupé más de la mitad, pero si necesitas espacio"—hizo una pausa y miró la única maleta de Lilly—"simplemente empuja mi ropa."

Lilly miró alrededor de la pequeña habitación, que se conectaba a otra a través de un baño compartido. La única vista a su amado mundo exterior era una ventana junto a un escritorio empotrado, que Trudy había tomado. Apretó los dientes, obligando a su boca a cerrarse. El aire libre era su equilibrio, su fuerza de arraigo, ¿y cómo se atrevía esta chica de ciudad a tomar el escritorio sin preguntar o echarlo a suertes?

Trudy siguió la mirada de Lilly. "Oh, el escritorio," dijo con indiferencia, "no pensé que te importaría si tomaba el lado de la ventana. Es genial tener un árbol tan cerca. Algo que no tendría en la ciudad."

"A mí también me encanta mirar por la ventana. Tal vez el próximo semestre podamos cambiar," sugirió Lilly, sin obtener respuesta de Trudy. Comenzó a desempacar las estatuas primero, para evitar dañarlas. Movió tres frascos de perfume en la parte superior del tocador para hacer espacio.

Trudy saltó de su silla y apartó la mano de Lilly tan rápidamente que las estatuas casi cayeron al suelo. En un tono sorprendentemente alto, gritó, "¡Nunca toques mis cosas sin permiso!"

Lilly dio un paso atrás, pensando, esto es exactamente por lo que no puedo vivir con la mayoría de las chicas. Son demasiado posesivas y sensibles. "Whoa," dijo Lilly. "Solo hay un tocador, y necesito un lugar seguro para poner mis estatuas. Eso es todo; no quiero tu perfume. No uso perfume."

"¿Eres una fanática religiosa o qué?" preguntó Trudy.

La expresión en su rostro entretuvo a Lilly. Decía todo y más. "No, no soy una fanática religiosa. No quería dejarlas atrás para que alguien las rompiera o las tirara. Vienen de mi Primera Comunión."

Trudy miró a Lilly con sospecha. "Bueno, entonces ponlas ahí, pero no toques mis cosas. Las moveré yo misma, solo pide." *Esto va bien*, pensó Lilly con escepticismo.

"Oh, nuestra RA se pasó por aquí, y tenemos una reunión en la sala de televisión en veinte minutos. Es *obligatoria*."

"Me apuraré." Lilly dejó escapar un suspiro frustrado.

"¿Quieres ir juntas?"

Lilly dejó de organizar. "Claro, es una buena idea. No puedo esperar a la conferencia." No había tenido muchas reglas durante el verano, solo las que ella y Anthony hicieron juntos y él trató de imponer.

Cuando entraron en la sala de reuniones, Trudy se dirigió directamente al asiento de adelante. Lilly se detuvo y se quedó cerca de la puerta. Cuando la RA no estaba mirando, se escabulló para llamar a Ann e invitarla a venir, y luego se recostó en su cama para un descanso de ansiedad.

Una hora después, escuchó abrirse la puerta. "Trudy, ¿eres tú?"

"¿No se supone que debemos cerrar siempre nuestra puerta con llave?" preguntó.

"Sí, pero como estaba aquí, no pensé que importara. Pero tienes razón; debemos mantenerla cerrada todo el tiempo. Me aseguraré de hacerlo," prometió Lilly.

"Te vi escabullirte."

"Lo siento, pero no soy buena con las reglas. ¿Hubo algo que absolutamente tenía que saber?"

"No realmente, todo lo que dijo está en el folleto."

"Espero que no te importe, pero invité a una amiga a venir a conocerte después de la cena. Ella y su familia se mudaron aquí desde California."

"Claro, cuantos más, mejor, y no hay nada que hacer esta noche de todos modos."

Lilly podía escuchar el desagrado en la voz de Trudy, pero no se preocupó. No había nada que no gustara de Ann.

Fue la decisión correcta. Compartieron conversaciones sobre crecer, la secundaria, la familia y asistir a la universidad. Lilly se sintió esperanzada al ver que el borde helado entre ella y Trudy parecía estar derritiéndose.

Otra amistad comenzó a formarse.

MANTÉN TUS
MANOS FUERA

La cabeza de Lilly se llenó de confusión después de leer las primeras cinco preguntas del examen de mitad de curso de su clase de Psicología 101. *¿Qué es esto?* Se preguntó. *Las preguntas no tienen sentido. ¿Entré a la clase equivocada o a la hora equivocada?* Miró alrededor a los otros estudiantes. *Parecían estar bien.* Valientemente levantó la mano.

El profesor se acercó y le susurró al oído: "¿Tienes alguna pregunta?"

Ella susurró de vuelta: "Sí, ¿este es el examen correcto? Porque nada de este material está en el texto o en los folletos."

El profesor se enderezó y la miró hacia abajo. Tranquilamente respondió: "No estoy familiarizado con tu cara."

"Esta es Psicología 101 y usted es el profesor Samuel, ¿verdad?"

"Sí, lo soy. ¿Has asistido a mis conferencias?"

"Asistí a algunas, pero elegí no asistir a todas. Era una opción, ¿verdad?" El corazón de Lilly latía con un ritmo diferente, menos confiado.

"Oh, sí, todavía es una opción. La asistencia no es obligatoria, pero el ochenta por ciento del examen proviene de las conferencias en clase." Le dio una palmada en la espalda. "Te deseo lo mejor." Lilly se quedó sin palabras. Debería haberlo sabido. Nada tan fácil venía sin un inconveniente. Rezó por una C afortunada.

En cambio, recibió una D. Fue la primera calificación reprobatoria en su vida. Solo quedaba un examen para el semestre, y tenía que sacar una A en él para pasar la clase con una C.

"¡Estoy tan enojada conmigo misma! Nunca volveré a perderme una clase, incluso si tengo las dos piernas y los brazos rotos," se reprendía mientras regresaba furiosa a su dormitorio. "Debí haber tomado doce créditos y no quince; no en mi primer semestre y con un horario de trabajo. Una lección aprendida. ¡Maldita sea, estoy tan enojada!"

De vuelta en su habitación, encontró a Trudy sorprendentemente irritable también, culpándolo a un examen de química que había salido muy mal. El silencio volvía loco a Lilly, haciendo imposible quedarse quieta.

"Lilly, ¿puedes dejar de pasearte por ahí? Estoy tratando de estudiar, y tú estás recogiendo esto y arreglando aquello. ¡Me estás volviendo loca!" explotó Trudy.

"Estoy limpiando como siempre después de la cena. ¡Es un hábito!" respondió Lilly, levantando uno de los frascos de perfume y quitando el polvo debajo.

Trudy empujó su silla hacia atrás. "¡Pensé que te dije que nunca tocaras mis cosas de nuevo!"

Lilly se quedó confundida. Siempre limpiaba la parte superior del tocador, moviendo las cosas, "¿Cuál es tu problema con esos frascos de perfume de todos modos?"

"¡No es asunto tuyo! ¡Eres tan molesta, siempre haciendo algo, como un animal enjaulado!"

"¿Yo soy irritante y tú eres la compañera de cuarto perfecta?¡Eso es una broma!" Lilly había estado conteniendo su impaciencia con Trudy; ahora se sentía bien dejarlo salir.

"¿Qué quieres decir con eso?¡Escúpelo!" Trudy se acercó más a Lilly.

"Creo que eres una niña mimada de ciudad que tiene todo lo que quiere en la vida."

"¿Es eso correcto? ¿Quién consiguió los tres cajones superiores del tocador?" Trudy se acercó y abrió un cajón tras otro, sacando cosas de cada uno y tirándolas al suelo. "¿Cómo se siente que toque tus cosas?¡Mira, ahora tienes mucho que recoger!"

Lilly caminó hacia el armario, agarró algunas de las blusas de Trudy y las tiró al suelo en represalia.

"¡Eso es todo!" Trudy agarró una lata de refresco vacía y la lanzó a la cabeza de Lilly.

Lilly se agachó. Estaba sorprendida y sin palabras. En toda su vida, nunca una chica, ni nadie más, le había lanzado nada más que un puño. Recogió la lata de refresco y la devolvió, golpeando a Trudy en la cabeza. Trudy parecía igualmente sorprendida. Agarró un libro y lo lanzó a Lilly. Lilly abrió uno de los cajones de Trudy y arrojó sus pertenencias por toda la habitación.

La pelea continuó hasta que el armario y cada cajón estaban vacíos. Luego se dirigieron a los colchones de la otra, lanzando sábanas, mantas y almohadas al suelo, contra la pared y entre sí. La habitación parecía una pequeña zona de guerra.

Se detuvieron abruptamente al escuchar el sonido de un silbato fuerte. Primero se miraron la una a la otra y luego a la puerta donde estaba la RA. "¿Supongo que las dos se sienten mejor?" inquirió con voz severa.

Trudy y Lilly miraron alrededor de la habitación, observando la destrucción.

Lilly comenzó a reír. Empezó como una pequeña risa de *Oh no, mira lo que hicimos*, y luego creció en una risa incontrolable. Era la primera vez que alguna de ellas había estado en una pelea. Trudy también empezó a reír.

El silbato sonó de nuevo. "No veo ningún humor en este comportamiento y tampoco deberían ustedes. Tienen una hora para poner esta habitación en orden antes de que inspeccione los daños y entregue las multas."

A este punto, ambas chicas estaban en el suelo, sosteniéndose el estómago y tratando de no mirarse. Si lo hacían, la risa volvería a empezar. Observaron a la RA salir.

Lilly se sentó primero. "¿La escuchaste? Dijo la palabra 'multa'. Deberíamos ponernos en marcha. ¿Yo me encargo de un lado y tú del otro?"

Corrieron para recoger ropa interior, calcetines, libros, rizadores de cabello, bolígrafos y lápices; toda la habitación estaba fuera de lugar. Ya no les importaba qué cajón contenía las pertenencias de quién, o de qué lado del armario pertenecía la ropa, o quién tocó qué. Todo lo que importaba era poner la habitación en orden y, para hacerlo, tenían que trabajar en equipo.

"¿Sabes por qué soy tan sensible con los frascos de perfume?" Trudy preguntó, sosteniendo uno en su mano. Lilly negó con la cabeza mientras ponía los colchones de nuevo en las camas.

"Tengo un seminuevo en casa, y cada frasco representa una ocasión especial que pasamos juntos, como el baile de graduación y el baile de fin de curso."

¡Dios *mío!* ¡Dónde *están mis estatuillas!* Lilly las recordó de repente. Se dio la vuelta lentamente. Por primera vez en la noche, hubo un silencio total en la habitación.

Allí yacía su fe rota. Trudy recogió cuidadosamente la cabeza de la Virgen María y la estudió.

"Es una ruptura limpia. Podemos pegarla fácilmente. Lo siento mucho, Lilly." Sostuvo las piezas en sus manos mientras sus grandes ojos marrones se llenaban de remordimiento.

Lilly vio el incidente en un marco de imagen. La imagen de Trudy sosteniendo la cabeza de la Virgen María era demasiado, y una vez más, estalló en carcajadas.

"¿No estás enojada conmigo?" preguntó Trudy, desconcertada. "No, no tengo ni una pizca de enojo en este momento, solo agotamiento. La pegaremos y pondremos la pizarra de mi monja de nuevo al mismo tiempo. Estoy aprendiendo que lo que está roto se puede arreglar. Nunca se ve igual, pero lo suficientemente parecido."

Las dos trabajaron como una sola, revisando la habitación en busca de daños. El dinero era escaso y ninguna de ellas quería desperdiciar el dinero del fin de semana en madera astillada y marcos abollados.

Pasaron la inspección.

"¿Quieren mudarse a diferentes habitaciones?" preguntó la RA.

Trudy y Lilly se miraron a la cara. "No," dijeron al unísono.

La RA se encogió de hombros, pero advirtió, "Este comportamiento no está permitido. Si vuelve a suceder, las dos estarán fuera de aquí."

"No volverá a suceder. Lo prometo," dijo Lilly, cruzando el corazón.

"¿Y tú, Trudy?" preguntó la RA.

"¡Nunca más!" Trudy también cruzó el corazón, tratando de no reírse.

Después de que la RA se fue, las chicas se sentaron en sus escritorios. Trudy habló primero. "¿Cómo empezó esto?"

"Toqué un frasco de perfume y estaba haciendo demasiado ruido para que te concentraras en química."

"Esa es mi clase más difícil. La universidad apesta. Extraño mi hogar." Luego devolvió la pregunta a Lilly: "¿Por qué estabas tan enojada?"

Lilly hizo una pausa. *¿Cómo respondo a eso? Se remonta a cuando tenía cuatro años.*

"¿Tienes clases mañana por la mañana?" preguntó Lilly. "No hasta la una. ¿Por qué?"

"¿Qué tal si salimos a tomar unas cervezas? Entonces te contaré mi versión."

Agarraron sus abrigos y se fueron a un bar que Lilly había frecuentado durante los meses de verano.

"¡Es una locura!" Trudy no podía comprender la idea de que el entonces nunca se lo dijiste a tus padres y no piensas hacerlo? Era sorprendente que el miedo pudiera dominar a alguien tan fuerte y decidida como Lilly.

"No espero que tú o nadie lo entienda. Quiero que lo hagan, pero ¿cómo podrían sin pasar por eso ellos mismos?"

"Lilly, no son tus secretos. Son de él, y él quiere que te quedes callada. Eso está mal. Él necesita ir a la cárcel y tú necesitas decírselo a tus padres."

"¿Y si los mata, o si no me creen? No puedo correr ese riesgo."

"Pero estás corriendo ese riesgo ahora mismo, sentada aquí, contándomelo a mí."

"Lo sé, y me aterra que Millie y Frank vengan y te hagan daño a ti o a Ann o a tus familias. Mis padrinos son personas peligrosas. Si nunca vuelvo a casa para sentirme segura, no lo haré. Así de aterrorizada estoy."

"Estás tratando de construir una nueva vida para ti, pero necesitas ayuda. Has pasado por demasiado como para intentar superarlo sola."

Lilly sirvió otro vaso de cerveza. "Se supone que las personas deben arreglar sus propios problemas."

"¡Pero este *no es tu problema!* ¿Por qué no puedes ver eso?" Trudy se recostó contra la cabina de madera, disgustada.

Lilly se irguió. "No lo sé. Cuando se trata de él y Millie no puedo pensar con claridad. Están en mi cabeza con amenazas. Es un lío complicado y entiendo si no quieres compartir cuarto conmigo.

¡Demonios, no sé si yo misma podría compartir cuarto conmigo!" Se preparó para la respuesta negativa que seguramente seguiría.

Trudy exageró sus expresiones faciales animadas. "¡Oh, claro que no! ¿Quién más en el campus tiene una compañera de cuarto tan misteriosa como yo?¡Seguro que me quedo!"

Lilly tuvo uno de sus momentos sin voz, este creado por una alegría abrumadora.

VACAS VOLADORAS Y NOTAS MUSICALES

Lilly y Trudy lo hacían todo juntas: estudiar, comer, lavar la ropa, limpiar y salir de fiesta. Escuchaban y se reían. Llenaban el vacío de la nostalgia con la compañía mutua. Compartían ropa; Lilly se vestía elegante, mientras que Trudy se vestía casual. Y ocasionalmente, Trudy compartía su colección de perfumes. Los fines de semana, Ann se unía a ellas. Eran los Tres Mosqueteros, unidos en amistad y risas mientras visitaban bares y exploraban la ciudad.

Para Lilly, el mundo volvía a estar vivo y grande. Quería poner el tiempo en una burbuja, manteniendo todo exactamente como estaba. Había encontrado de nuevo el amor, un tipo diferente—el amor entre mejores amigas—y eso le bastaba.

Luego Ann se enamoró, seguida de Trudy. Esto afectó sus noches de los Tres Mosqueteros, dejando a una Lilly melancólica.

A medida que se acercaba el final de su primer año, Trudy y Lilly se reunieron, como de costumbre, para la cena del dormitorio. "¿No es extraño la vida?" reflexionó Lilly. "Yo soy la que está buscando el amor y ustedes dos lo encontraron. Luego ambas se casarán y yo estaré sola de nuevo. Abandonada y dejada para secar mis propias lágrimas."

"Oh, llora un río, Lilly. Hablas como si fuera el fin del mundo."

"En cierto modo lo es, Trudy. Nadie va a reemplazar lo que las tres tenemos."

"Es cierto, pero llegan nuevas personas."

"No será lo mismo."

"Deja de ser tan pesimista; ¡aún nos queda el resto del semestre!" Lilly se quedó sin aliento. "¿No vas a volver el próximo año?"

Trudy dudó. "Claro que sí. ¡No he estudiado tanto para abandonar!"

"No te creo." Lilly tenía sus sospechas.

"No seas ridícula. Cuéntame sobre este tipo Stu." Trudy se inclinó, captando toda la atención de Lilly. "Está en una de mis clases de música y mencionó tu nombre. ¿De qué se trata eso?"

"Fue una cita a ciegas y nos llevamos bien, eso es todo."

"¿Te gusta?"

Lilly se sonrojó. "Sí, me gusta. Sabe cómo tratarme… la mayoría de las veces."

"Vaya, eso es impresionante, ¡alguien que puede manejarte!"

"No soy difícil de manejar," protestó Lilly.

"No, para nada. La semana pasada regaste las cabezas de todos los hombres calvos en el bar con cerveza y nos echaron, ¿recuerdas?"

"Oh, eso. Bueno, estaba muy borracha y pensé que podría ayudarles a que les creciera el cabello." Lilly mostró una sonrisa inocente.

"¿Y qué hay de la vez que pensamos que te habíamos perdido? Ahí estabas, arrastrándote por el suelo, ¡mordiendo tobillos!"

Lilly soltó un gran suspiro. "Vamos, esas no son situaciones difíciles, solo tontas."

"Lilly, cuando alguien te reta, aceptas sin pensar en los peligros."

"Pero eso está cambiando. No quiero ser esa persona nunca más. Stu me mantiene equilibrada, excepto la otra noche."

"¿Qué pasó?"

"Nos fumamos un porro y tuve un mal viaje. Salí corriendo de su habitación del dormitorio y bajé por el pasillo, y una vez que salí, corrí hasta la casa de Ann. Pensé que su habitación estaba en llamas y que me iba a quemar viva. Luego vi a Frank riéndose de mí y sosteniendo mi muñeca derretida. ¡Pensé que iba a morir! ¡No podía respirar!"

"Estabas hiperventilando y eso fue tu cabeza jugando contigo sobre el pasado. No era real. Deberías haberle dicho a Stu que te sentías incómoda."

"Me sentía bien al principio. No es la primera vez que fumo marihuana." Lilly le lanzó a Trudy una mirada dudosa. "Su banda toca la próxima semana en el club, ¿quieres ir?"

"Claro, he querido escuchar su música y decirle que deje de tocar esa estúpida canción de los Beatles que te gusta a las seis de la mañana."

"¡Solo estás celosa de que tengo mi propio DJ personal!" Lilly hizo una pausa. "Parece surrealista estar terminando nuestro primer año. ¿No es así?"

"¡Sí! ¡Y pasó tan rápido!"

"Necesito empezar a buscar un lugar para alquilar este verano."

"¿De verdad no vas a volver a casa?" preguntó Trudy sorprendida.

"No, este es mi hogar y es donde tengo un buen trabajo."

"¿No puedes alquilar el lugar de Anthony ahora que se ha graduado?"

"Tendría que encontrar dos compañeros más. Para el poco tiempo que tengo, creo que sería más barato y fácil encontrar una habitación individual. Además, en realidad estoy obteniendo un ascenso en el trabajo. ¡Seré tu anfitriona con más estilo!" Lilly bromeó con una pose sexy. "¿Y cuáles son tus planes?"

"No puedo esperar para llegar a casa y más allá de eso no tengo idea," respondió Trudy.

"¿Puedo ir a visitarte, o estarás muy ocupada con tu chico del instituto?"

Trudy sonrió cálidamente. "Me encantaría, y Stu no vive lejos de mí. Podríamos visitarlo y tener una cita doble."

"¡No puede ser! Es consejero en un campamento privado o algo así, y luego se va de vacaciones a los Cayos. Sus padres tienen una casa allí."

"¡Qué vida tan agradable! Oye, ¿vas a salir conmigo y Ann mañana por la noche?" preguntó Trudy.

"No, no lo creo," respondió Lilly. "Estoy tan agotada. Todo es un esfuerzo últimamente. Me tomé el día libre en el resort mañana y pensé en descansar todo el fin de semana para recargarme y estudiar mucho."

Trudy miró a Lilly con preocupación. Ella nunca estaba enferma o demasiado cansada para socializar. "Eres tan dura contigo misma, tomando dieciocho créditos, tratando de mantener una beca académica, caminando cinco millas para ir al trabajo, sirviendo mesas durante seis horas, saliendo de fiesta y estudiando. Es demasiado. Necesitas relajarte, chica. Por eso estás cansada."

"Lo intentaré, *mamá*, y estudiar no debería haber sido lo último en la lista," bromeó Lilly de vuelta.

La noche siguiente, Lilly se puso el pijama y visitó a Trudy, que estaba ocupada preparándose para encontrarse con Ann.

"Diviértete, pero no me despiertes cuando llegues a menos que lo necesites. Voy a tomarme una ducha larga y a dormir."

"¿Seguro que no quieres ir?¡Nunca es lo mismo sin ti!"

"Estoy segura. Dile a Ann que la llamaré este fin de semana."

Trudy se arregló el cabello y agarró un suéter. "Nos vemos luego, cocodrilo, y cierra la puerta detrás de mí." Trudy salió corriendo, dejando su aroma. Lilly bajó de su litera, cerró la puerta con llave, se duchó y volvió a la cama. Durmiendo profundamente, fue sacada de un estado de sueño. Se despertó confundida y en una neblina mental. Miró alrededor de la habitación. Estaba viva.

¿Por *qué está la vaca rosa de Trudy flotando cerca del techo?* se preguntó Lilly, desorientada.

"¿Qué hora es, qué día es, ¿dónde está Trudy?" dijo en voz alta, mirando hacia el suelo. "Algo no está bien. ¡Necesito levantarme!" Sin embargo, cuando colgó las piernas de la cama, vio que el suelo se hundía y la habitación se convertía en un gigantesco gimnasio con ella en el techo.

Whoa. Lilly recogió sus piernas de nuevo. *Me mataré si intento bajar. ¿Qué está pasando? ¿Qué son esas formas negras flotando en el aire?*

Parecen notas musicales. Intentó agarrar una, pero su mano pasó a través de ella. *Esto no es real,* se dijo a sí misma.

Un dolor intenso golpeó en su cabeza. *Algo horrible está pasando en mi cerebro.* Escuchó latidos en sus oídos y los sintió detrás de sus ojos. *Estoy asustada. Necesito ayuda. ¿Dónde estás, Trudy?*

En las primeras horas de la mañana, Lilly escuchó la puerta desbloquearse. Trató de llamar a Trudy, pero apenas tenía voz. Lo que fuera que estaba mal había empeorado. Trudy se acercó sigilosamente a su cama y agarró su pijama.

Lilly gimió su nombre, asustando a Trudy.

"¡Deja de bromear! Casi me muero del susto." No hubo respuesta. "Lilly, levántate, te contaré sobre esta noche." No hubo reacción.

Trudy subió y miró un par de ojos apagados y vidriosos. "Por el amor de Dios, ¿qué tomaste?"

"Trudy," Lilly intentó alcanzar a su amiga.

"Lilly, ¿qué pastillas tomaste?¡Esto no es gracioso!"

"No pastillas," respondió Lilly en un susurro apenas audible. "Vamos, vamos a bajarte." Trudy extendió la mano hacia el brazo de Lilly, pero Lilly lo apartó, encogiéndose más contra la pared al pensar en lo lejos que estaba el suelo.

"¿Qué pasa?¡Me estás asustando! Dame tu brazo, y te ayudaré." Trudy notó gotas de sudor en la cara de Lilly y tocó su frente.

"¡Estás ardiendo! Necesito llevarte a la enfermería. Tienes que ayudarme. ¿Me estás escuchando, Lilly?¡Tienes que levantarte!"

Lilly reunió sus fuerzas y Trudy no perdió tiempo en ayudarla a bajar. Le puso una sudadera a Lilly y la llevó fuera del dormitorio. Era una noche oscura de primavera con una ligera neblina en el aire. Lilly comenzó a temblar.

"¡Oh no, no lo harás! ¡No ahora, Lilly Francis! Usa tus piernas y sigue caminando."

"No puedo caminar. Estoy demasiado cansada y con frío. Bájame y ve a buscar ayuda," suplicó débilmente Lilly.

"De ninguna manera voy a dejarte sola." Trudy colocó su brazo alrededor de la cintura de Lilly. "Aquí vamos. Puedes hacerlo," la animó Trudy, cargando la mayor parte del peso ella misma.

Estaban cerca de su destino cuando las piernas de Lilly cedieron. Nuevamente, Trudy la regañó. "No puedes desmayarte aquí. Estamos a unos cincuenta pasos. Lilly, Lilly…" Trudy no estaba obteniendo respuesta. Comenzó a arrastrar a Lilly por la acera, tratando de mantenerla semiconsciente hablando con ella.

"Trudy, no me dejes morir," dijo Lilly débilmente, desvaneciéndose.

Trudy usó su voz más alta y autoritaria: "Nadie muere de fiebre hoy en día. ¿Entiendes?"

Las puertas fueron una vista bienvenida. Trudy apoyó a Lilly contra la pared y tocó el timbre de emergencia fuera de horario. Un ordenanza llegó y se lanzó hacia adelante para atrapar el cuerpo inconsciente de Lilly.

UN BARRIL DEMONOS

Lilly abrió los ojos lánguidamente. *¿Dónde estoy?* Miró alrededor de la habitación, observando las paredes de bloques de cemento de color amarillo pálido y el suelo de linóleo blanco. Sobre su cabeza y a los lados había dos bolsas de líquido claro goteando en tubos que llevaban a sus brazos. La vista de las agujas perforando su piel la enfermó. Desvió la mirada hacia la ventana.

Allí, en el alféizar, había un cerdo de peluche rosa. *Ann y Trudy deben haberme comprado eso. Solo ellas saben cuánto amo los cerdos.* Su intento de sonreír se detuvo rápidamente cuando un dolor punzante la atrapó. Instintivamente tragó saliva y sintió una garganta áspera, casi como tiza. *Maldita sea, eso duele.* Juntó los labios, manteniéndolos inmóviles, y tomó varias respiraciones profundas.

Un enfermero y una doctora entraron, acercándose a su cama. La doctora dirigió su atención a Lilly y dijo con severidad: "Hola, bienvenida de nuevo a la vida." Rebuscó en un grueso montón de papeles en un portapapeles. Le recordó a Lilly a un oficial militar preparándose para reprender a uno de sus cadetes fallidos.

"¿Puedes oírme?" Casi gritó. Lilly asintió suavemente con la cabeza.

"Bien. Aquí tienes un bolígrafo y una libreta. Va a ser difícil hablar durante otra semana, así que, si tienes preguntas, escríbelas." El enfermero le entregó los materiales de escritura.

"Tu diagnóstico es mononucleosis infecciosa con amigdalitis estreptocócica severa. La hinchazón de tu hígado y bazo es significativa. Están más allá de la protección de la caja torácica, lo que significa que tendrás actividad limitada durante seis meses. Tu hígado también necesitará sanar, así que nada de alcohol o drogas. Si lo haces, volverás aquí con posiblemente daños irreversibles en el hígado. ¿Entiendes?" Lilly asintió.

"Bien. ¡Tienes suerte de que tu hígado no se haya perforado en el camino a la clínica! Esa fiebre no bajaba. Tal vez recuerdes el baño de hielo. Ayudó, y luchaste duro para quedarte con nosotros. Ahora mismo te tenemos en cuarentena porque eres contagiosa, y los únicos visitantes permitidos son la familia. ¿Preguntas?" Bajó el portapapeles, esperando la respuesta de Lilly.

Lilly cerró los ojos, entendiendo el mensaje. *Estoy jodida y no voy a ningún lado pronto.* Estaba enojada y asustada y tenía una pregunta que necesitaba respuesta. Tomó el bolígrafo y el papel, lo escribió y se lo entregó a la enfermera.

La doctora lo leyó en voz alta. "¿Cuánto tiempo he estado durmiendo?" Se quitó las gafas y las dejó colgar de su cuello con una correa de cuentas. "Has estado durmiendo durante dos semanas.

Te hemos mantenido en un semicama para ayudar en tu recuperación. Tus signos vitales eran extremadamente débiles cuando tu compañera de cuarto te trajo. No creo que te des cuenta de lo cerca que estuviste de dejarnos."

Dos semanas, eso no puede ser posible. ¡La gente no duerme dos semanas!

Lilly entró en pánico y escribió su siguiente pregunta. *¿Qué pasa con la escuela?*

"Hay algunas opciones para ti, pero no queremos que te preocupes excesivamente por la escuela en este momento. En cambio, pon tu energía en sanar. Por cierto, tu padre y tu hermano han estado aquí varias veces para acompañarte. Buena familia."

Lilly escribió una última pregunta: "¿Vino mi madre?"

La doctora se puso las gafas nuevamente. "He hablado con ella por teléfono. Tiene muchos conocimientos en medicina y estoy deseando conocerla."

La doctora salió tan rápidamente como había entrado, dejando a la enfermera atrás.

Abrumada, Lilly miró al techo y pensó: ¡Esto es imposible! *Recuerdo a Trudy ayudándome a bajar de mi cama. Recuerdo notas musicales flotando en el aire y yendo a la enfermería en medio de la noche y una bañera de metal con agua fría. ¡Ahora me entero de que he perdido dos semanas de clases, y al final de un semestre!*

El dolor y la sensación de sequedad y costra en su garganta no se disipaban ni un minuto. Tomó su libreta y bolígrafo para hacerle otra pregunta al enfermero.

"¿Por qué mi garganta se siente como si estuviera hecha de cartón?" Escribió en su libreta.

El enfermero respondió: "La costra y la sensación de tiza que tienes son por las llagas del estreptococo."

Lilly escribió: "¿Esas llagas están también en mis labios?"

"Sí. Todavía tienes un caso grave de estreptococo bacteriano. Te tenemos con una dieta líquida por unos días más, y luego podrás comer alimentos blandos. No te preocupes; voy a ayudarte. Cada día mejorará ahora que has terminado con los cuidados intensivos. ¡Es hora! ¿Estás lista para que limpie esas llagas con costra?"

Lilly escribió otra nota: "Debo verme fatal."

El enfermero sonrió. "He visto cosas peores, no por mucho, pero ha habido peores."

Sabelotodo, pensó Lilly.

"Dime si te estoy lastimando. He estado limpiando y rascando mientras dormías, así que hoy es el primer día que sabré cuánto dolor te estoy causando realmente."

Genial, duele sin ser tocada. Lilly recostó su cabeza en la almohada y se preparó para más dolor excruciante.

"Sigue respirando y abre lo más que puedas."

Lilly apretó los puños. La limpieza no solo era agonizante, sino francamente grotesca. El enfermero intentaba distraerla con charla sin sentido. "¿Sabes lo que dice la doctora sobre los estudiantes universitarios? La única diferencia entre los monos y ellos es que un mono sabe cuándo irse a la cama y los universitarios no. ¡Me encanta ese dicho!" Rió y buscó una leve sonrisa de su paciente. No hubo ninguna.

Él y esa doctora probablemente le dijeron a papá que estaba de fiesta demasiado y por eso me enfermé, pero eso no es toda la verdad. Estudio muchísimo, trabajo de veinte a treinta horas a la semana y mantengo una beca académica. ¡No soy solo una chica fiestera! ¡También tengo responsabilidades! Lilly estaba francamente enojada, una señal familiar de que estaba mejorando.

Los puntos destacados diarios eran poder mantenerse despierta durante una hora y beber batidos de chocolate. Lo peor eran las limpiezas repetidas. Sin nada que hacer más que sanar, su autocompasión creció en un discurso interno negativo diario cada vez que despertaba. Extrañaba a Trudy y Ann, pero no les permitían visitarla. Y luego, una mañana, al abrir los ojos, vio a Vincent sentado en una silla junto a su cama. No lo había visto desde Navidad. Se veía preocupado y triste. Dos sentimientos que ella conocía bien.

Con una respiración trabajosa, preguntó, "¿Dónde están mamá y Eva?"

Él tomó su mano, "Mamá tenía que trabajar y no quería exponer a Eva a la infección."

El que mamá no pueda salir del trabajo es una tontería. No quiso venir porque la avergoncé. En su lugar, envió a papá.

Lilly giró la cabeza, ocultando la lágrima que necesitaba caer. "Tu madre quería venir, realmente lo quería, Lilly," intentó tranquilizarla Vincent. "Cuando vengamos a llevarte a casa, ella y Eva estarán aquí. Te lo prometo." Vincent le apretó la mano.

El odio que sentía por él hace un año estaba desapareciendo. Cuando fue a la casa de Trudy para Pascua, él le envió dinero. Cuando se quedó en el campus durante las vacaciones de primavera para trabajar, él llamó. Nunca fue mucho, pero ayudó, y se tomó el tiempo para hacerle saber que estaba allí. Eso significaba mucho para ella.

Con una voz suave, Vincent continuó, "No quiero molestarte más de lo que ya estás, pero necesitamos hablar sobre la escuela."

Lilly soltó un suspiro de alivio. "¿Tengo que retomar todas mis clases?"

"No, esa es la buena noticia. ¡Realmente supiste cómo ganarte el respeto de tus profesores! Dijeron que eras su mejor participante en clase, provocando muchos buenos debates. Eso me sorprendió; en la secundaria eras tímida y odiabas hablar frente a la clase."

Lilly sonrió a medias, "La universidad me cambió. También el dejar el hogar." Lo dijo con voz áspera.

"Puedo ver eso, pero también veo a la pequeña Lilly curiosa que conocí hace mucho tiempo."

No estoy de humor para rememorar y ponerme cómoda, aún no. Todavía hay muchos puentes por cruzar para nosotros, pensó, y volvió a su principal preocupación, la escuela.

"¿Dijeron algo más los profesores?"

"Todos estaban preocupados por ti y están dispuestos a llegar a un acuerdo tras tu alta. Algunos dijeron que podrías grabar tus respuestas en lugar de escribirlas. Otros sugirieron un examen modificado, con más tiempo permitido."

Al menos no escuché que tenga que retomar ninguna clase. Puedo ser una estudiante de segundo año el próximo año. Lilly ofreció una sonrisa apática y enfermiza. "¿Dijiste que me llevarías a casa?"

"Tan pronto como podamos. Una vez en casa necesitarás otras seis semanas para recuperarte completamente."

La idea de regresar a casa la horrorizaba. Le gustaba no tener a Frank o Millie, sin el estrés del castigo físico, sin recordatorios de Blake, y amaba su trabajo.

"El trabajo. Me promovieron. Me necesitan. No puedo perder este trabajo."

"Lilly, sé sensata. No podrás trabajar este verano. Ya he hablado con tu asesora. Está buscando un programa de trabajo y estudio en el campus para el próximo año. El resort está demasiado lejos y son demasiadas horas."

Lilly se apartó para reflexionar. *No voy a renunciar a mi trabajo. Puedo trabajar en el resort los fines de semana y también tener un programa de trabajo y estudio. No quiero ir a casa; todavía no.*

"No nos preocupemos por el dinero y el trabajo. Tu única directiva es mejorar. Oh…" Vincent se detuvo, metió la mano en su bolsillo y sacó un sobre. "Tengo una carta aquí de un chico llamado Stu." Se la entregó. "¿Es un amigo?"

"Sí," dijo. "Ponla en la mesita de noche. La leeré más tarde."

"¿Hay algo que necesites antes de que vuelva a la carretera?"

"No, la enfermera es genial."

Se inclinó y le besó la frente. "La próxima vez que te visite, podré llevarte a casa. Ese será un día feliz."

Para ti, pensó Lilly, temiendo la idea de volver a recuerdos de pesadilla. Entendía que tenía limitaciones y que necesitaba ayuda, pero quería recibirla en otro lugar, como en la casa de Ann.

Con la partida de Vincent, la soledad volvió a instalarse. Extendió la mano hacia el sobre. Dentro había una cinta de casete y una carta.

Hey Lilly,

Terminé mis exámenes finales temprano y me fui a los Cayos para tener una semana de sol antes del campamento. La universidad insistió en que me hiciera una prueba de mononucleosis. La pasé con éxito, como suelo hacer con los exámenes. Te hice esta cinta en el estudio. Extraño despertarte en la radio con tus canciones favoritas y espero que esto te saque una sonrisa. Sé cuánto te gusta mi voz ronca.

Tengo tu dirección de casa. Te escribiré. Aquí está la mía. Te extraño. Nos vemos en otoño.

Con cariño, Stu

Lilly miró la cinta con cariño y tarareó una línea de "Lonely Days". Cerró los ojos y volvió a tiempos más agradables con Stu, Ann y Trudy.

"¡Gran día! Estás saliendo de este lugar. ¡Levántate y brilla! La enfermera abrió sus cortinas.

"¡Hoy es el no será lo mismo sin ti! Nunca nos diste un día aburrido, señorita Lilly."

Lilly sonrió y respondió: "¿Qué tal si vienes a casa conmigo? No creo que pueda vivir sin tus batidos. ¡Son los mejores del mundo!"

"¡Vas a pasar a hígado y cebollas! Mmm, apuesto a que no puedes esperar."

"¿Estás bromeando?"

"No, ayudará a reconstruir tu sangre," respondió él, ocupándose de sus signos vitales.

"Dime que puedo quedarme unos días más." Se sentó en la silla. "Dime por qué no querrías ir a casa y ser mimada."

Lilly miró hacia otro lado, evitando la verdad. "Soy independiente. Que otros me cuiden no es mi fuerte y estar sentada sin hacer nada es mi pasatiempo menos favorito. Sin embargo, eso es todo lo que soy capaz de hacer."

"Cada semana podrás hacer más y más. En dos meses estarás casi de vuelta a la normalidad."

"¿Por qué casi?"

"Algunas personas nunca se sienten tan enérgicas después de tener esta combinación de infecciones."

"Esa no voy a ser yo. Me aseguraré de eso. Por cierto, ¿qué voy a usar para irme a casa? ¿Tengo alguna de mis ropas aquí?"

"Tus padres dejaron algo de ropa en el armario. ¿Qué tal si te duchas y te vistes?"

"Está bien." Lilly arrastró los pies por la habitación, sin sentir el rebote familiar en sus pasos. *Tal vez nunca vuelva a ser la misma.* Lilly miró su reflejo en el espejo. *Creo que me veo un poco azul. En realidad, parezco un muerto viviente.* Se bajó la piel de debajo de los ojos, haciendo una cara de monstruo. *Eva nunca querrá ir a la universidad si piensa que así es como todos se ven después de un año.*

En su mayor parte, ha sido un buen año, tan bueno como podría ser y el próximo año será aún mejor. ¡Siempre busca el mañana! ¡Sigue avanzando! Monta en la corriente del río.

Desde el espejo, vio a su hermana asomándose. Lilly giró para abrazar a Eva.

"¡Hola, pequeñaja, te extrañé! Déjame verte." Lilly se apartó, estudiando a su hermana pequeña, que ya no era tan pequeña. "¡Te ves bien, señorita Eva! ¿Ya tienes novio?"

Eva se sonrojó. "¡No! Aún no, ¡pero casi!"

"Hola, querida." Gwen se adelantó con los brazos abiertos. Lilly dudó. No estaba segura de si quería que Gwen la tocara. Había aprendido a vivir sin el amor de una madre y no sentía la necesidad de que volviera. Logró un débil abrazo sin emoción y luego dirigió su atención a Vincent. "Hola, papá. ¿Cómo fue el viaje?"

"¡Es un gran día! Disfrutarás de los bosques de primavera en el camino a casa. ¡Las hojas nuevas huelen tan frescas! Y los arroyos tienen pequeños rápidos por el deshielo."

"No he salido en casi un mes."

"¿Qué hiciste todo este tiempo?" preguntó Eva con preocupación.

"Dormí, eso es todo. Ah, y construí esa pirámide." Lilly señaló su alféizar, que mostraba una alta pirámide hecha de pequeños vasos de pastillas.

"Eso es genial. ¿Quién te dio el cerdito?" preguntó Eva.

"Mis amigas," informó Lilly, llenándose de orgullo.

"Bueno, Lilly, repasemos las reglas del doctor…" Gwen estaba lista para cumplir con su trabajo de enfermera.

Lilly canturreó en su cabeza: *Ejercicio limitado, diez minutos al día durante unas semanas, absolutamente nada de alcohol o drogas, nada de relaciones sexuales y nada de multitudes hasta que el hígado esté nuevamente protegido por la caja torácica. Por último, pero no menos importante, la directiva de diez horas de sueño por noche con un tiempo de descanso por la tarde.*

"¡Estoy impresionada, mamá, lo tienes muy claro!"

Gwen sonrió. "Sabes cuánto me gusta cuidar a las personas enfermas."

"Sí, lo sé. Fuiste una gran enfermera cuando era niña."

"¿Recuerdas cuando tuviste sarampión alemán y luego, unos meses después, tuviste fiebre escarlata? ¡Perdiste un mes de clases!"

"Y aquí estoy, con diecinueve años, igual de enferma y perdiendo otro mes de clases." Lilly miró alrededor de la habitación y a su familia. "Es hora de salir de aquí."

Lo que podría haber sido un verano lleno de diversión se convirtió en días aburridos contando autos y camiones de madera mientras pasaban por su casa. En un buen día, contaba hasta siete. El tiempo avanzaba lentamente mientras Lilly recuperaba fuerzas viviendo la vida en el campo una vez más.

Tuvo algunas recaídas; una fue buscar a Blake y la otra fue involucrarse con un excompañero de clase que era más parecido a un joven Frank que al chico que recordaba en la escuela. Sin embargo, las llamadas telefónicas con Ann y las cartas de Trudy ayudaron a reavivar su felicidad. Aun así, el deseo de regresar a su hogar más seguro y emocionante en la universidad era insaciable.

El correo volvió a ser el momento más emocionante del día. Era una conexión con el resto del mundo, aparte de las noticias nocturnas. Ese día, Lilly recibió una carta. Por el olor, adivinó que era de Trudy.

"¿No la amas?" le preguntó a Vincent. "¡Es tan femenina! ¡Mira, hasta besó un sello con su lápiz labial rojo!"

"Deberías tomar algunas pistas de ella," intervino Gwen. "Claro mamá, tal vez este año." Lilly decía lo que pensaba que su madre quería escuchar, lo cual era más fácil de hacer sabiendo que su verdadero hogar estaba de vuelta en Black Rock.

Aproximadamente sesenta segundos después de comenzar a leer, Lilly se detuvo, rompió la carta de Trudy en pedazos, la tiró al suelo y la pisoteó. "¡Te odio!" gritó y salió corriendo por la puerta.

Gwen miró a Vincent. "¿Qué fue eso?"

"No lo sé, pero hablaré con ella cuando regrese. Sea lo que sea, necesita tiempo ahora mismo."

Aún débil por la enfermedad, se derrumbó de agotamiento sobre la hierba seca del campo. Mirando al cielo, le gritó a Dios.

"¿Por qué me odias tanto? ¿Qué he hecho para enfadarte conmigo? ¿Cuántos pedazos de mi corazón vas a romper?" le gritó al cielo. "¡Dímelo!"

No hubo respuesta, y tenía poca fe en que alguna vez la habría. Se quedó allí, sin hacer nada más que sentir la tristeza de sus lágrimas, hasta que el sonido de los pasos de Vincent crujiendo a través de las malas hierbas secas la devolvió al presente.

"No necesitas estar aquí," dijo.

Vincent se sentó a su lado. "¿Qué te parece si me dices qué decía la carta?" preguntó.

"Trudy no va a regresar a la universidad. Está enamorada y quiere quedarse cerca de casa. Se inscribió en la universidad comunitaria.

¡Y luego tuvo el descaro de decir que quiere seguir siendo amigas y mantenerse en contacto! ¿Por qué mi mundo nunca puede quedarse igual?" Lilly mantuvo sus ojos en las grandes nubes cúmulos.

Vincent escuchó con empatía y luego respondió lentamente. "Trudy encontró la felicidad y quería compartir eso contigo."

"Pero ella es una gran parte de mi felicidad también."

"La amas como amiga."

"Sí, es mi mejor amiga. Ahora se ha ido, como todos los demás.

La gente me ama y me deja. ¡La odio como los odio a ellos!"

"Lilly, el odio no está en tu sangre ni en tu corazón. ¿Vale la pena perder una buena amistad por algo sobre lo que ella no tiene control, como enamorarse?"

"Pero podría haber dicho algo antes en lugar de esperar hasta un par de semanas antes de la escuela."

"Ponte en su lugar. Probablemente fue tan difícil para ella escribirlo como para ti leerlo."

Lilly pensó en las palabras de su padre. "Probablemente sea cierto."

"No es el fin de tu amistad. ¿Por qué no le escribes de vuelta y planeas una visita durante tu primer receso?"

"¿A ti y a mamá no les importará si no vengo a casa para el Día de Acción de Gracias?"

"Lo entendemos."

"¿Y qué hay de una compañera de cuarto? ¿A quién va a meter la universidad en mi habitación con tan poco tiempo de aviso? La idea de empezar de nuevo sin ella me mata."

"Llamaré a la universidad si quieres."

"No, me encargaré yo misma."

"No siempre tienes que elegir el camino más difícil. Déjame ayudar esta vez."

"Gracias, pero no gracias. He tenido que lidiar con situaciones peores. Duele, eso es todo. Todo será diferente. Tengo que empezar de nuevo y Anthony no estará para apoyarme."

"Aún tienes a Ann y su familia."

"Sí, claro," murmuró Lilly, sabiendo que Ann y su familia eran importantes para ella y aún estaban allí, pero no como un reemplazo para Trudy. El mundo solo tenía una tan especial.

"Ha sido difícil volver a la normalidad y ahora más desafíos. ¿Alguna vez la vida se vuelve fácil?" preguntó Lilly.

Vincent puso su brazo alrededor de sus hombros.

1986 - SESIÓN ONCE - ACEPTACIÓN DOLOROSA

"C tumbó y cerró los ojos, volviendo a la escena. Lilly soltó un suspiro, se levantó y caminó hacia el sofá. Se cuéntame sobre el día que abriste la carta de Trudy."

"Puedo verme de pie en la cocina, cerca del comedor, desgarrando la carta en pedazos. Luego vi el papel caer al suelo y pisoteé los trozos. Después, salí corriendo de la casa."

"Explica las emociones que estabas sintiendo."

"Me sentía furiosa. Ella me abandonó. Sabía que no iba a volver y ¡me mintió! Ella sabía antes de que terminara el curso que no iba a regresar."

"Eso es un hecho que sabías con certeza."

Lilly se retorció en su silla. "No, no exactamente, pero no importa. No puedo odiar a Trudy. No podría sentirme así hacia ella. Era el hecho de que iba a desordenar mi nuevo mundo ordenado."

"Junto con el sentimiento de ser abandonada nuevamente y tener que enfrentar el cambio."

"Sí. Perdí el control y el enfoque de cómo iba a sobrevivir. Mi bola de nieve se agrietó, dejando que el agua se filtrara lentamente, destruyendo el asombro de nuestra burbuja."

"Cuando la bola se rompió, sentiste que tus sueños para el futuro se agotaban. Eso tenía que ser aterrador."

"Sí, llegó el día del juicio… otra vez. No querer compartir a Trudy puede haber sido infantil, pero perderla fue una gran sacudida en mi vida. No quería empezar de nuevo con una compañera de cuarto y estaba cansada, tan cansada, de una vida difícil."

"Tu amistad con Ann y Trudy te dio una nueva vida."

"Ellas le dieron a mi mundo una gran dosis de esperanza. Dependía de ellas y cuando se enamoraron y siguieron con sus vidas… Bueno, fue devastador."

"Las víctimas de trauma son más propensas a estar deprimidas y sentir fracaso personal si su mundo comienza a cambiar."

"¡De verdad! Podría escribir un libro sobre eso. El cambio me asusta porque necesito mantener un equilibrio de control. Sin esa sensación, la vida da miedo y vuelve a Frank y a los tiempos desagradables con papá y mamá. El cambio crea caos y el caos crea miedo y el miedo es paralizante."

"Sin embargo, enfrentaste tu miedo al abrirte con Ann."

"Estaba tan asustada y tensa, pero también orgullosa de mí misma, aunque las palabras eran difíciles de encontrar. Dejar ir mis miedos silenciosos y secretos vergonzosos es difícil. ¿Cómo pongo en palabras las acciones de Frank? ¿Cómo describo la vergüenza que dejó? ¿Cómo puede alguien contarle a otra persona sobre la muerte emocional?"

"¿Cómo lo hiciste?"

"Le conté solo lo necesario para que entendiera. Pero cuando terminé, me asusté durante semanas pensando que Frank iba a encontrar a su familia y lastimarlos."

"Luego el miedo desapareció."

"Sí. Sentí una increíble sensación de seguridad. Nada podía hacerme daño. Era invencible. La realidad estaba echando raíces dentro de mí. Frank me preparó para el fracaso y no iba a dárselo. Me estaba encontrando a mí misma de nuevo. Me sentía fuerte."

"Te sentías racional y luego conociste a Trudy, desarrollando otra amistad en la que podías abrirte."

"Al principio, nuestra amistad no fue tan fluida como con Ann. Trudy y yo teníamos que vivir juntas, compartir nuestro espacio, y ninguna de las dos quería hacer eso."

"¿No querías compartir?"

"No al principio. Había trabajado duro por lo que tenía y algunos objetos eran sentimentales. Trudy sentía lo mismo con respecto a sus pertenencias."

"Dime qué objetos eran sentimentales para ti."

"Mis estatuillas."

"Te llevaste las estatuillas de tu Primera Comunión contigo."

"Sí, y el libro de oraciones negro que mamá me dio para mantener las pesadillas alejadas cuando era pequeña."

"De todos los objetos que un niño lleva a la universidad, esos tres eran los más importantes para ti."

"Simbolizaban mi fe, esperanza y amor. Me recordaban mis miedos y tristezas, y que superé esos días oscuros. Por lo tanto, podría hacerlo de nuevo si fuera necesario. Eran mis tablas de resonancia. Guardan mi vida secreta; de hecho, todavía los tengo en mi habitación. Son todo lo que tengo de mi juventud. Mamá era lo opuesto a una acumuladora. Tiraba nuestros juguetes tan pronto como los superábamos. Por eso me llevé las estatuillas conmigo, si no lo hubiera hecho, habrían desaparecido como todo lo demás que me pertenecía."

"Muestras poca emoción acerca de tus recuerdos perdidos de juventud."

"Esa es mi lado duro. La emoción está ahí, pero no tener recuerdos de mi infancia está lejos de ser un problema importante."

"Tú y Trudy resolvieron sus diferencias."

"De la manera más extraña, pero sí, llegamos a tener un profundo respeto mutuo. Éramos muy cercanas. Raramente hacíamos algo sin la otra. Nos reíamos más que cualquier otra cosa y nos encantaba ser amigas."

"Eso fue sanador."

"Tener amigas era algo que no había experimentado antes de Trudy y Ann. Eran mis ángeles guardianes de la época. Estaba llena de fracaso personal y eso se detuvo con Ann y Trudy. Me ayudaron a reconectar con mi feminidad. Escuchaban sin juzgar. Son recuerdos felices y siempre los llevaré cerca de mi corazón."

"¿Qué otros recuerdos del pasado son felices para ti?"

"Todo lo que hice con Anthony creciendo y viviendo en el río, pero recordar Black Rock es lo mejor. ¡Fue el comienzo de una nueva yo, un nuevo mundo! La vida iba a ser lo que yo hiciera de ella. El lago, los pinos, los acantilados, las rocas… era el lugar más hermoso del mundo para mis ojos."

"El aire libre es un lugar importante para que te sientas conectada. ¿Alguna vez vuelves?" preguntó el Dr. Bricks.

"Casi todos los años por unos días. Es como una adicción y necesito mi dosis."

"Te centra."

"Es donde me encontré a mí misma. Fue el comienzo de mi viaje hacia la independencia. Tuve éxitos y fracasos, pero los asumí. Si me equivocaba, no había a quién culpar más que a mí. Si lograba un éxito, me recompensaba a mí misma. Volver es un recordatorio de cómo y por qué sigo aquí. Siempre es una visita agradecida."

"Me alegra saber que te mantienes conectada con esa parte de tu vida."

"A veces regreso a donde crecí. Es un sentimiento melancólico con una punzada agridulce. No es la canción de lucha de Black Rock."

"¿Qué significa eso?"

"Los arrepentimientos me hacen llorar, los momentos felices me hacen reír, los caminos que recorrí con Frank me revuelven el estómago y, en general, quiero llorar por mi niña pequeña. No tengo esas emociones mixtas en Black Rock."

"Te sentías más segura en Black Rock."

"Tenía un trabajo para ser libre de mi mamá y papá. Trabajar me hacía sentir como un adulto. Me dio habilidades sociales. Estaba orgullosa de mis cheques de pago. Era una trabajadora dura y el gerente lo notó. Eso me ayudó a ascender."

"Te enfermaste mucho al final del segundo semestre."

"Fue un momento aterrador." Lilly se inquietó en su silla, era difícil hablar de eso. "Cuando era niña, tuve fiebre escarlata, muchos casos de amigdalitis, tos ferina, paperas y sarampión alemán, ¡pero nunca estuve tan enferma!"

"¿Cómo te cambió?"

"Me desaceleró y trajo a mis padres de vuelta a mi vida. Esos fueron los aspectos positivos."

"¿Cuáles fueron los negativos?"

"Sentí que todos los adultos me veían como una chica fiestera desastrosa y no lo era. ¡Realmente sentía que la vida se estaba uniendo para mí! Enfermarme me hizo retroceder, en mi opinión. Mi autoestima bajó. No tenía a Ann ni a Trudy a mi lado. Tuve que regresar al campo y a sus recuerdos. En casa estaba a menudo enferma. Un signo de debilidad."

"¿Por qué dices eso?"

"Mi maestra de quinto grado me dijo que nunca viviría para graduarme de la escuela secundaria debido a una tos crónica que resultó ser asma. Millie decía que me parecía mucho a ella y que siempre estaba enferma, llevando una maleta de pastillas. Supongo que escuché mensajes de que era frágil y enfermiza desde que era pequeña."

"Un desarrollo deficiente del sistema inmunológico y nervioso debido al trauma infantil ha estado recibiendo más atención en la investigación."

"Gracias, Frank y Millie. Cuando dijeron que estarían en mi vida para siempre, era verdad. Eso a menudo me hace preguntarme más sobre quién estaba destinada a ser desde el principio."

La habitación se llenó de un silencio doloroso. Luego Lilly concluyó: "Pero nunca lo sabremos. Estoy empezando a aceptar eso."

"A medida que continúes sanando, puedes sorprenderte con descubrimientos que muestren cómo tu verdadero ser está regresando."

"Estoy lista: física, mental y emocionalmente."

VACILANTEMENTE SOSPECHOSO

En su primer semestre como estudiante de segundo año, se dedicó por completo a sus estudios para no recurrir al alcohol o a un porro.

Sin Trudy, sentía que su estabilidad se tambaleaba y la sensación de abandono comenzaba a instalarse en su mente. No se sentía segura ni en control; era todo lo contrario, cayendo en un estado mental más frágil. Su nueva compañera de cuarto, Kenzy, era más una amiga casual. No una con la que se sintiera cómoda hablando y compartiendo el pasado. Gracie, por otro lado, era simplemente rara. Para Lilly, la llamada telefónica de Vincent el sábado por la mañana era un salvavidas. "Hola, Lilly, soy papá. ¿Cómo va todo con tus compañeras de cuarto?"

"¡Estoy tan cansada! Gracie lee hasta altas horas de la madrugada con una lámpara de cama que me brilla en la cara. Kenzy y yo nos llevamos más o menos bien, pero es solitario. Extraño a Trudy. Gracias a Dios por Ann y su familia por acogerme los fines de semana. Si no consigo más sueño pronto, tendré que dejar el semestre. Estoy tan cansada."

"Entiendo que quieras manejar esto tú sola, pero a veces un padre puede hacer que las cosas sucedan más rápido. Llamé al departamento de vivienda y actualmente tienen una habitación disponible en tu dormitorio."

Lilly sintió una oleada de esperanza. "¿De verdad, papá?"

"Sin embargo, hay un problema. Vivirías sola."

"¿Qué? ¿Dijiste que tendría una habitación para mí sola? ¿Por cuánto tiempo?" La esperanza de Lilly se convirtió en euforia.

"Sin compañera de cuarto hasta el próximo semestre y luego tendrás que encontrar una o pagar la tarifa adicional."

Lilly chilló de alegría. "¡Sí, mi propia habitación! ¿Cómo lograste eso? El campus está abarrotado."

"Dijeron que tu nota médica eximió el costo adicional y les permitió asignarte una habitación individual."

"Papá, eres un hacedor de milagros. Muchas gracias." Lilly soltó un largo suspiro de alivio.

"Tú llenaste los papeles y eso ayudó a que el proceso fuera más rápido. Todo lo que necesitas hacer ahora es hablar con tu RA para fijar una fecha de mudanza."

"¡No lo puedo creer! Podré dormir toda la noche."

"Con suerte, te dejarán mudarte este fin de semana y luego podrás descansar." La noticia era exactamente lo que Lilly necesitaba escuchar.

"¿Qel dormitorio, disfrutando del espacio, y se dejó caer en su ué piensas, Ann?" Lilly bailaba por su nueva habitación en cama. "No puedo creer que tengo una habitación para mí sola. ¡Esto va a ser maravilloso!"

"Me preocupa que estés sola."

"¡Oh, no seas tonta! Estoy bien. Frank ha estado fuera de mi vida durante casi tres años y no tengo novio que me rompa el corazón. Esto es, Ann. Estoy girando la esquina, alejándome de las calles del infierno."

"Sí lo estás, Lilly. Fue una experiencia cercana a la muerte, pero oye, estás sacando algo positivo de ello."

"Así es, y solo va a mejorar evitando las tres B—chicos (boys), bares y cerveza (beer)—y enfocándome en mi carrera en su lugar."

Ann sonrió ante la actitud optimista y decidida de Lilly, pero se preguntaba si eso era lo que Lilly sentía en lo más profundo; ¿o estaba escondiendo algo? Era difícil saberlo con Lilly.

Con su salud nuevamente fuerte, Lilly decidió ir a casa de visita.

Quería desesperadamente remar en el río antes de que cayeran las hojas y ver a Eva, que estaba por cumplir trece años.

Puso un aviso para un viaje en el tablón de anuncios comunitario y pronto recibió una llamada de una chica que vivía en un pueblo cercano y necesitaba ayuda con el dinero para la gasolina.

"Este es un gran paso para mí," se dijo a sí misma mientras empacaba. "Todo lo que tengo que hacer es pasar el fin de semana sin peleas o conduciendo por ahí en busca de amores perdidos. Tengo que estacionar mi trasero y quedarme quieta."

No dudó de su decisión después de llegar y ver el crecimiento de Eva. Fue toda la afirmación que necesitaba. "¡Eva!" Lilly le dio un gran abrazo y apretón. "¡Mírate! ¡Brackets!" Eva bajó la cabeza con timidez.

"No, ¡se ven geniales! ¡Te ves más linda y mayor! ¡No escondas tu sonrisa!"

"¿De verdad lo crees?" preguntó Eva con orgullo. "¡Absolutamente! Oye, mamá, papá, ¿cómo es que ella tiene brackets y yo no?" preguntó Lilly, señalando su diente torcido.

"No podíamos pagarte a ti y a Anthony y a Eva," respondió un Vincent preocupado.

"Vamos, papá, solo estoy bromeando contigo. Cuando consiga mi primer trabajo lo arreglaré. De hecho, lo veo como mi marca de belleza." Les dio un abrazo a ambos.

"He preparado una de tus cenas favoritas," dijo Gwen, llevando a Lilly a la cocina.

"¿Cuál es…?" Lilly siempre tropezaba con esa palabra, favorito.

"¡Lucioperca fresca!"

Lilly sonrió: después de la trucha de arroyo, la lucioperca estaba en lo alto de su lista. Comenzó a charlar con Gwen. "Eva está creciendo.

Parece que fue ayer cuando estaba en la escuela secundaria. ¿Alguna novedad sobre Anthony o Joan?"

"Joan está bien, ocupada con los niños. A Anthony le encanta su trabajo como maestro y sigue saliendo con la chica que conoció en la universidad."

"Puedo ver a esos dos casándose," respondió Lilly. "Tengo ese presentimiento."

"Hablando de matrimonio, ¿Anthony te contó sobre tu prima Dawn?"

"Ella sigue saliendo con Roger, su amigo de la secundaria, ¿verdad?"

"Sí, y se van a casar esta primavera. Ella quiere que seas una de las damas de honor. ¿Qué debería decirle a su madre? ¿No sería divertido?¡No ha habido una boda en nuestra familia en años! ¡Y tú y Anthony pueden caminar juntos por el pasillo!" Sonaba casi eufórica.

"Déjame pensarlo, mamá. Podría ser justo en la época de los exámenes finales. Eso no funcionaría."

"Oh no, es a principios de la primavera, más cerca de tus vacaciones.

¡Podemos hacer la primera prueba de tu vestido cuando vengas a casa por Navidad! ¡Estoy tan emocionada!" dijo Gwen.

"¡Ya veo eso! ¿Algo más, mamá? ¿Cómo está tu trabajo?" Lilly apenas podía sobrellevar la charla trivial mientras los recuerdos de bodas pasadas se agolpaban en su mente.

"El trabajo es trabajo; ya sabes cómo es. Me levanto a las cuatro y llego a casa a las cinco. Quería preguntarte, ¿no estás bebiendo, ¿verdad? Recuerda lo que dijo el doctor sobre el alcohol y tu hígado."

"No, mamá, solo agua, té y café. El semestre ha sido difícil sin Trudy."

"Tu salud es importante, más importante que los amigos y las fiestas. ¡Recuerda eso!"

"¡Lo haré!"

"Y déjame saber cuál es tu decisión sobre ser dama de honor antes de que te vayas."

"Claro que sí. Lo pensaré. Todo se ve y huele delicioso. ¡No puedo esperar para comer! La comida del dormitorio es horrible este año."

"¡Bueno, siéntate! ¡He hecho más que suficiente!"

Había beneficios en visitar, pero sola en su habitación, sus pensamientos se dirigían al pasado, mientras luchaba con la decisión de ser dama de honor o no.

Por supuesto, ellos estarán en la boda y no quiero estar cerca de ese pervertido y manipulador de Millie. Pensar en ellos hace que mi corazón lata como tambores de guerra. Esa es una buena razón para no ser dama de honor.

Las bodas familiares nunca son buenas. Y no sobreviviré otro ataque, no a esta edad. Si alguna vez me toca de nuevo, o me droga para que no pueda defenderme, creo que me volvería loca. Entonces, ¿qué hago? ¿Decepcionar a mamá cuando finalmente estamos hablando pacíficamente o empezar otra pelea y discusión familiar?

Cogió el teléfono.

"Hola, Ann, tengo una pregunta. ¿Puedes hablar?"

"Siempre me preguntas eso. Te diría si no pudiera," respondió en broma.

"Mi prima quiere que sea dama de honor en su boda esta primavera. Sé que Frank y Millie estarán allí, pero siento que no puedo fallarle a Dawn, no en su día especial, y significa mucho para mamá. Lo último que necesito es iniciar una disputa familiar."

"Bueno, una boda es solo un día, ni siquiera veinticuatro horas, y luego volverás a la escuela."

"Cierto. Sin embargo, eso son al menos catorce horas de vigilancia constante, y no he necesitado hacer eso desde que me fui de casa. Estoy fuera de práctica."

"Pero eres mayor y más sabía que a los diecisiete."

"Él solo necesita un momento y un plan hecho con Millie. No he tenido mucho éxito en superarlo y lo he intentado muchas veces."

"Tienes que ser la más sabia o…"

"¿O qué?¡Esa es la respuesta que estoy buscando!"

"Díselo a tu papá."

"¿Y arruinar el día de la boda de Dawn?¡Nunca!"

"Entonces di que no. Tu madre y Dawn lo superarán."

"Causar una escena familiar ahora no sería bueno para mí."

"Lilly, ten cuidado. Me preocupa que vuelvas a todo ese escenario familiar de la boda. Por una vez, haz lo que sabes que es correcto para ti."

Lilly respondió valientemente, "Me siento atrapada. No quiero decepcionar a mamá, ni a mi prima, pero no creo que pudiera soportar otro ataque. Por otro lado, tengo diecinueve años. ¿Sería tan atrevido de ir tras una mujer adulta?"

"No lo sé, pero te apoyaré en cualquier decisión que tomes."

El domingo por la mañana, Lilly fue a la iglesia con la familia y regresó a casa para el brunch antes de que su transporte la recogiera. "¿Has decidido?" preguntó Gwen.

Lilly miró hacia otro lado y luego al rostro feliz de su madre. "Sí, claro, seré dama de honor. Será divertido estar con ellos en su día de boda."

"¡Tú y Anthony están en el mismo grupo de la boda, ¡qué emocionante!" Gwen juntó las manos de alegría.

Durante el viaje de regreso y mientras desempacaba, todo lo que Lilly hacía era repensar su decisión. Tanto, que se volvió obsesivo.

En las semanas y meses que siguieron, se convirtió en una reclusa. El completo opuesto de su vida normal en el campus. Caminaba a clases sola y estudiaba sola. Los únicos otros estudiantes en el campus que parecían estar tan solos como ella eran los veteranos de Vietnam.

El número de jóvenes con uniformes de combate había aumentado. Las noticias decían que la guerra estaba terminando, pero al ver a los jóvenes en el campus, sabía que la guerra nunca terminaría para ellos.

Lilly podía ver en sus ojos incomprensivos y sentir la inquietud de su lenguaje corporal. Eran mayores de lo que aparentaban, al igual que ella.

Conocía el desafío de intentar olvidar el horror mientras dejaba ir la culpa. Entendía compartir días y noches de pesadillas y desencadenantes. Sabía cómo sus secretos gobernaban sus vidas y cómo nadie quería escuchar sus horrores. Lilly no llevaba el uniforme, pero había vivido décadas luchando una guerra contra un enemigo maligno. Ella y los veteranos compartían ser rarezas de la sociedad.

Entonces comenzaron los ataques de pánico aleatorios a medida que se acercaba la boda. Su instinto le decía que no fuera. Pero su corazón le decía que siguiera intentando ser parte de la familia.

Estaba de nuevo en guerra consigo misma y con los mundos en los que vivía.

Lilly respiró hondo y lo soltó. *La ceremonia ha terminado. Ahora tengo que lidiar con las fotos de la boda. Estoy en un grupo y el fotógrafo no tiene ningún parecido con Frank. Después, vamos a la recepción. Ahí es donde necesito recordar lo que Ann dijo: "No bebas y mantente cerca de la gente toda la noche. Nunca estés sola." Puedo hacer eso, solo quedan cuatro horas.*

Frank observaba a Lilly mientras encendía su cigarro de pie en los escalones de la iglesia con Millie en su brazo. "Se ha convertido en una mujer tan hermosa. ¿No lo crees?" comentó Millie. "Hmmm, sigue siendo una encantadora campirana. ¿Tiene novio?"

"No que yo sepa, y según Gwen no ha estado en serio con nadie desde su enamoramiento en la secundaria. Ese joven le rompió el corazón. Traté de decirle a Gwen que lo detuviera. Luego estuvo esa pelea con Vincent. Casi fuimos sus padres. Estuvo tan cerca. Todavía siento un vacío en el estómago por perderla."

"Ella volverá a nosotros."

"No sé cómo puedes decir eso. Es independiente y rara vez viene a casa. Gracias a Dios todavía tenemos otras sobrinas a las que amar.

Vamos, vayamos a la recepción temprano. Quiero ver a todos entrar, ver qué llevan puesto y cómo han cambiado. ¡Esto es tan divertido!" dijo Millie con entusiasmo.

Por el rabillo del ojo, Lilly examinó a sus padrinos.

Él todavía usa su color favorito: marrón, ¡y se quedó calvo! Oh, es feo y espeluznante cómo la parte superior de su cabeza brilla como sus zapatos. Luego tiene *esos pocos cabellos peinados sobre ella.*

¡Asqueroso! Parece estar disfrutando de una vida de glotonería con ese flotador alrededor de su cintura. Millie no se ve tan mal para ser una mujer moribunda. Demasiado arreglada, si me preguntas. Todavía juega el papel de chica de ciudad. ¡Oh, me dan asco!

En la recepción, su vigilancia volvió a estar tan aguda como siempre, revisando cada salida: los baños, las ventanas, las esquinas, incluso la disposición de las mesas. *Sé cómo trabaja Frank. Hará parecer que está bebiendo mucho, cuando en realidad no lo está. En cambio, está comprando bebidas para todas las jóvenes madres y padres para que no vigilen a sus hijos. Luego comienza a merodear. Buscando a su víctima.*

"Lilly, cariño," le dijo Gwen. "Ven y visítanos."

Lilly miró para ver quién estaba en la mesa de sus padres. Eran ellos, Millie y Frank. "Voy a ir a pasar el rato con Anthony."

Gwen le tomó del brazo. "Oh, vamos. Solo por unos minutos y luego puedes hacer lo que quieras." Frank comenzó a agitar las monedas en su bolsillo. Se rió mientras explicaba cómo se había convertido en un hábito nervioso. *Eso es mentira,* pensó Lilly. *Es su sonido. Está listo para jugar su juego de acecho.*

Mantén la calma y la cabeza fría. Sus trucos ya no funcionarán conmigo. En cuatro horas estaré en casa y mañana… de vuelta en la escuela, de vuelta en mi mundo seguro. El que yo creé. Ahora es momento de encontrar a Anthony.

"Bueno, esto ha sido interesante, mamá y papá, pero necesito unirme al grupo de la boda."

El ojo de Frank se contrajo.

"Está bien, querida," respondió Gwen. "Ve y diviértete."

"Gracias, mamá. Lo haré."

Lilly se alejó, sintiendo los ojos de Frank observando cada uno de sus pasos. Encontró una esquina donde podía observarlo y recuperar la compostura.

Esta no iba a ser una de sus bodas familiares habituales. No con sus ojos en cada movimiento de él.

Cuando la banda tomó un descanso, pidió una cerveza, solo una. Cuando se giró, Frank ya no estaba. Ansiosa, recorrió la sala con la mirada. No estaba en ninguna parte. El terror tomó su lugar.

Tal vez está en el baño. Observó la puerta de los hombres durante unos minutos y no vio a Frank. *¿Dónde está papá? Podría estar tomando una copa con papá.* Vio a Vincent bailando con su tía. Luego el peor pensamiento posible se apoderó de ella. *Dios mío, Eva, ¿dónde está Eva?* El pánico puro la invadió. Ya no estaba tranquila y enfocada. Era un desastre total.

Sus piernas se debilitaron, haciéndola sentir una pérdida de control y desequilibrándola. Parecía como si estuviera borracha. *Solo tomé una cerveza, pero se siente como si hubiera tomado veinte. Es el pánico apoderándose de mí. Tengo que mantener la calma y encontrar a Eva.*

Se detuvo y se apoyó contra una pared, buscando a su hermana. *¡Ahí está! ¡La veo! Está bailando con sus primos.* Lilly cerró los ojos con alivio. *Todo estará bien si mi cabeza dejara de dar vueltas.*

Me siento como aquella noche en que Trudy me llevó a la enfermería. Tal vez sea algún tipo de recaída por mis nervios. Voy a desmayarme si no consigo un poco de aire fresco.

Dando un paso inseguro a la vez, llegó a la puerta y salió. Anthony estaba a lo lejos, bromeando con un grupo de amigos. *Eso es lo que necesito, pasar un rato con los chicos. Son un grupo divertido y Frank no se acercará a mí. Les tiene miedo a los jóvenes. Son fuertes y lo derribarían en un segundo.*

Se aferró a la barandilla y bajó los escalones, llamando a Anthony. Para su sorpresa, no tenía voz, solo un susurro ronco salió de su boca.

En el último escalón, vio a Frank acechando en las sombras de la esquina del edificio, observándola perder el control.

"¡No!" murmuró Lilly. "Esto no es una recaída. Drogó mi cerveza. Debió pagarle al camarero. Esa era su única oportunidad." Intentó quitarse los tacones y correr hacia Anthony.

Se había quedado sin tiempo. Frank se abalanzó, colocando su pañuelo blanco sobre la boca de ella. Medio arrastrándola hasta su coche, abrió la puerta del asiento trasero y la empujó adentro.

El olor a tocino la despertó de su sueño. De un movimiento se incorporó, asustada y enfadada. Estaba saliendo de una horrible pesadilla, y luego vio el vestido rosa en el suelo de su habitación.

"¡Ese maldito bastardo, voy a matarlo!" Caminó hacia el vestido desmadejado y lo pateó por la habitación. Recordó su fuerte agarre antes de llegar al coche. Sus piernas eran inútiles al igual que sus gritos. ¿Quería recordar algo más? Sí, pero no estaba allí. Su mente estaba vacía excepto por el recuerdo de un coche y Frank y su vestido cayendo sobre su cara mientras caía en el asiento trasero del coche.

No tenía dolor de cabeza ni resaca.

De un lado a otro paseaba por su habitación. *¿Qué le hizo?* Agarró su bata, la apretó alrededor de su cuerpo y bajó las escaleras para encontrar a Anthony.

"Buenos días, dormilona." Gwen la saludó demasiado alegremente. "Te divertiste mucho en la boda anoche, pero tengo que admitir que me preocupaba que estuvieras bailando demasiado. No ha pasado ni un año desde tu enfermedad."

Lilly agarró una rebanada de tocino crujiente. "Mamá, ya no tengo más restricciones. ¿Dónde está Anthony?"

"Sigue durmiendo en la habitación de invitados. Ve a despertarlo y dile que el desayuno está listo."

Me siento sucia y despreciable, como una prostituta. Trabajé duro para deshacerme de esa sensación de basura y ahora… ha vuelto. ¿Por qué pensé alguna vez que tenía una oportunidad de ser normal?

Sentada al borde de la cama de invitados, sacudió ligeramente a su hermano.

"¡Anthony, despierta!" Podía oler el alcohol mientras él gruñía y se daba la vuelta. "¡Te estoy diciendo que despiertes, ahora!" Lo empujó con más fuerza.

Él abrió los ojos. "¿Cuál es tu problema?" preguntó con voz ronca.

"¿Cuál es mi problema? Empecemos por quién me llevó a casa."

"¡No fui yo!" respondió bruscamente, poniendo la almohada sobre su cabeza. "Estaba demasiado borracho para conducir. Creo que Willy te dio un aventón. Vas a romperle el corazón a ese chico un día de estos. Estuviste coqueteando con él toda la noche mientras bailaban."

Lilly dejó de presionar a su hermano y se llevó la mano a la cabeza. "¿Willy? Oh, Dios mío. No lo he visto en años."

Anthony levantó la almohada. "Por cierto, ¿qué te tomaste anoche? Estabas volando por todas partes."

Saltó de la cama, lista para golpearlo. "¡Nada! Por cierto, el desayuno está listo." Le lanzó la almohada extra a la cara y salió pisoteando. *¡Cómo se atreve a acusarme de estar drogada! Yo estaba… ¿qué estaba yo…? ¿Violada? ¿Cómo lo sé? Fotografiada… otro "no sé".*

Lilly se puso unos viejos jeans y una camisa y se dirigió hacia el río, empujando la canoa hacia las frías aguas. Mientras remaba, trató de dejar atrás la noche. *Lo que pasó está en el pasado, pero ¿qué fue lo que realmente pasó? Estoy de vuelta justo donde estaba cuando me fui de casa.*

¿Qué le diré a Ann? Creo recordar haberlo escuchado decir que se lo debía a ellos. ¿Qué podría deberles? ¿Estar agradecida de que sigo viva?

"Tu transporte está aquí," dijo Vincent, deslizándole diez dólares extra para la gasolina.

"Gracias, papá." Bajó la cabeza, sin querer mirarlo a los ojos. Se avergonzaba de ser su hija. "¿Estás bien? Pareces ansiosa."

"Estoy bien, solo cansada de nuevo. No puedo esperar para volver a la privacidad de mi habitación. Valió cada centavo extra que ahorré."

"Me alegra que eso haya funcionado bien para ti. Ten un viaje seguro de regreso. Ten cuidado y recuerda que te quiero."

Lilly miró cuidadosamente su rostro. Sus ojos estaban tranquilos, como los que recordaba de niña. Con voz débil, logró decir, "Yo te quiero más." Les había fallado a ellos y a sí misma. No era tan fuerte como pensaba, ni tan sabia. Todavía era una cautiva de Frank.

El odio y la ira que sentía hervían dentro de ella durante las cuatro horas de regreso a la universidad y, cuando llegó al dormitorio, los cuernos rebeldes de su vida secreta habían regresado.

El teléfono sonó. Era Ann. "¿Cómo fue la boda?"

"Como dijiste, solo veinticuatro horas y lo logré."

"¡Sí, sabía que estarías a salvo! ¡Ayer estaba hecha un manojo de nervios pensando en ti! ¿Quieres cenar y contarme sobre ello?"

"Gracias, pero estoy cansada y tengo un montón de sobras de casa. Creo que me acostaré temprano. Saluda a tu mamá y a tu papá de mi parte, ¿de acuerdo?"

"¡Lo haré! ¿Nos vemos esta semana, tal vez el jueves?"

"Suena genial, nos vemos entonces. ¡Gracias por llamar!"

Ahora estaba de vuelta a las mentiras, incluso con Ann, a quien nunca le había mentido. La humillación de ser una víctima a su edad, con un pervertido que conocía del pasado, la estaba devorando por dentro. No podía lidiar con la vergüenza y el asco.

Necesito algo que me ayude a olvidar y seguir adelante. Necesito una buena cerveza dorada. Tal vez una buena borrachera expulsaría las toxinas de Frank.

UN SOLDADO
DESCO NOCIDO

"Hola, soy Lilly, del final del pasillo," se presentó al anfitrión de la fiesta.

"Hola, Lilly, me alegra que hayas venido. Sírvete el licor. La cerveza está allí; el vino está en el cubo. En la estantería del escritorio hay licor fuerte." Señaló cada elemento.

Esa botella de vodka se ve bastante bien, pensó Lilly, caminando hacia la estantería y agarrándola.

"¿Te gustaría un vaso para eso?" preguntó un joven.

Lilly no lo había visto antes y no estaba de humor para una línea de ligue. De hecho, la vista de cada hombre le repugnaba.

Tomó un buen trago de la botella e hizo una mueca mientras explicaba: "Solo los primeros tragos son duros. Después de eso, es un camino suave hacia abajo."

"¿Te importa si te acompaño?"

Lilly lo miró detenidamente. Tenía que ser un estudiante de primer año y, con esa mala línea de ligue, tampoco muy sabio. "Sí, me importa." Bebió de nuevo y lo dejó solo.

Reconoció algunos rostros, pero ninguno en quien pudiera apoyarse y desahogarse. *Ojalá supiera dónde está Kenzy,* pensó. *Con todo este licor y marihuana gratis, podríamos pasar un buen rato, pero maldita sea esa chica. Desaparece como un mago, sin dejar pista alguna.*

Lilly encontró una silla de frijoles metida en una esquina, se dejó caer y alimentó su autocompasión con cada trago hasta que solo quedaron unos pocos sorbos.

Llevando la botella con soltura, se levantó y tambaleó de regreso a su habitación.

Sentía como si la estuvieran observando; una sensación demasiado familiar. Se dio la vuelta y gritó con voz arrastrada, "¡Pedazo de mierda!"

Pensando que estaba hablando con Frank. "¡Como si siempre pudieras verme! ¡Si estás ahí, entonces ven! Acábame. Termina de una vez."

Se tambaleó, esperando escuchar el tintineo de las monedas y el hedor de su asqueroso cigarro. Sin embargo, el pasillo estaba vacío y en silencio.

"Pues entonces, ¡que te jodan! ¡Que me jodan! Al diablo, que se joda todo este maldito mundo." Levantó su botella de vodka, terminó el último trago y rebotó contra las paredes hasta su habitación. En cuestión de minutos, se desmayó en su cama, sumida en el olvido.

Silenciosamente, el joven de la fiesta entró por la puerta abierta y se dirigió directamente hacia la cama de Lilly. La miró con preocupación. "¿Estás bien?" Empujó su cuerpo aparentemente inerte.

Ella gimió de dolor. "¿Necesitas ayuda?"

Abrió los ojos con dificultad. "Me duele el estómago," susurró. Su respiración era superficial e irregular.

De nuevo, el joven estudiante la despertó y esta vez pudo ver la silueta de tres personas más. Estaban hablando. Sus voces sonaban preocupadas mientras caminaban como hienas nerviosas.

"Creo que deberíamos llamar a la ambulancia," sugirió uno.

Lilly lo escuchó. *No, no llamen a nadie. Solo déjenme sola. Déjenme ir.* Hablaba solo en pensamiento, incapaz de hablar. "Tal vez deberíamos llamar a seguridad."

"¿Estás loco? Somos responsables de traer el licor a la fiesta. ¡Nos matarán!"

El joven que la había seguido intervino. "Si no hacemos algo, ella estará muerta. Y eso también puede recaer sobre nosotros."

"Nos vamos," dijeron sus amigos, dejándolo solo con la carga de tomar una decisión.

El dolor en el abdomen de Lilly se agudizó, despertándola a un estado de seminconsciencia. *No quiero morir,* pasó por su mente. *Necesito ayuda. Alguien tiene que ayudarme.* Intentó hablar con la sombra que estaba sobre ella, pero lo único que salió fue un gemido de dolor extremo.

"Voy a conseguirte ayuda. Aguanta," susurró el joven en su oído y luego corrió al cuarto piso donde vivía un veterano.

Todavía no había soltado el mundo, pero la puerta de salida estaba cerca y su resistencia se había vuelto delgada como el papel. Un frío profundo y penetrante creció dentro de ella, causándole temblores incontrolables.

El veterano se arrastró detrás de ella. Levantó su cabeza y giró su cuerpo de lado. El movimiento le provocó vómitos. Sintió un dedo en su boca, provocando arcadas, y vomitó de nuevo. Luego le levantó la cabeza con una almohada extra y le puso el edredón sobre el cuerpo. Intentó rodar sobre su espalda, pero él insistió en mantenerla de lado.

¡Deja *de moverme! Me duele y me hace sentir enferma.* ¡Déjame *en paz!* quería decirle en su estado mental confuso.

La giró hacia su otro lado. Esto provocó una última gran arcada y luego la consciencia.

A través de sus ojos borrosos vio a un hombre vestido con uniformes militares y sosteniendo lo que parecía un galón de leche. Lilly estaba ahora consciente de su entorno, pero demasiado débil para hablar. Ella estaba decidida a volver a dormir y él estaba decidido a mantenerla despierta.

"Aquí, quiero que tomes unos sorbos de leche," dijo, levantando su cabeza para ayudarla a beber.

"No, no puedo," dijo ella con voz débil. "¡Me duele el estómago!"

"Toma sorbos muy pequeños, muy despacio."

La asistió, controlando cuánto tragaba.

Le causó arcadas y vómitos, provocándole un dolor aún más insoportable. Con el tiempo, Lilly recuperó la fuerza suficiente para sentarse mientras contenía el contenido de su estómago.

Lilly puso ambas manos en el borde de la cama. "¡Guau, la habitación está girando demasiado rápido!" El hombre se apresuró a guiar su cuerpo de nuevo a la cama.

"Hola." Le limpió suavemente la cara con un paño frío.

"¿Cómo te llamas?"

"Lilly."

"Lilly, voy a ayudarte a levantarte y luego vamos a caminar," dijo, sosteniéndola del brazo.

"No, no, no," fue su respuesta en estado de embriaguez. "No tengo piernas. ¿Cómo voy a caminar?"

"Con mi ayuda." La envolvió con el edredón y dejó que su peso cayera sobre él mientras la levantaba. "Bien, Lilly, vamos a caminar por tu habitación y luego saldremos al pasillo."

"No quiero. Me hace sentir enferma y mareada."

"No importa lo que quieras. Es lo que vas a hacer."

¿Quién *es este tipo?* La ira combativa que la había mantenido viva tantas veces antes regresó brevemente. *¿Quién se cree que es, dándome órdenes?*

Logró caminar a medias por su cuenta, mientras él arrastraba el resto. "¿Qué pasó?" preguntó Lilly con confusión.

"¿Qué pasó?" dijo él, rezumando sarcasmo. "Te envenenaste al beber una botella de vodka. Eso es lo que pasó." Lilly no dijo nada. Recordaba querer liberarse de su vida, pero no había intentado envenenarse.

"No retengas el vómito; si sientes la necesidad, déjalo salir.

Está limpiando tu interior."

"Pero hace que toda duela más."

"Esa es la realidad de ser estúpida."

"No soy estúpida," gruñó ella.

"No puedes convencerme de eso. Sigue caminando."

"No quiero hablar."

"Bien, sigue caminando."

Caminaron lo que parecieron horas antes de llevarla de regreso a la habitación. "¿Y ahora qué?" preguntó, aferrándose a sus fuertes hombros.

"Tú, jovencita, vas a darte una ducha."

"Oh no," dijo Lilly, retrocediendo. "No puedo mantenerme de pie sola. No quiero una ducha, por favor, te lo ruego."

El veterano ya había encendido el agua. "¡Aquí tienes!" En un solo movimiento, la levantó y la colocó en el suelo de la ducha directamente bajo el chorro de agua tibia.

Las gotas golpeaban la cara, la cabeza y el cuerpo de Lilly. "¡Apágala! ¡Ahora! ¡Me está golpeando!" gritó, con las manos sobre la cabeza y la cara para protegerse.

"Te va a ayudar."

"Entonces baja la presión," ordenó ella.

Él no se movió. Se sentó en el suelo, mirándola.

"Vete; no me gusta que la gente me mire," gritó Lilly a través de sus manos. Él se quedó inmóvil y en silencio, observándola.

"Te odio, odio a todo el mundo, ¡sácame de esta maldita ducha!" Se puso de rodillas, pensando que podría salir por su cuenta.

"Eres patética," dijo él, con poca empatía, mientras la ayudaba a secarse y la envolvía en su bata.

El movimiento causó otra oleada de vómitos, pero esta vez Lilly llegó al inodoro por sí misma, notando que el desconocido no estaba tan ansioso por ayudar. "¿Quién eres?" Lo miró desde el suelo del baño. Había algo inusual en sus ojos. Eran iracundos y crueles, pero a la vez suaves y confiados.

Con la ayuda de las paredes, se levantó y caminó hacia el lavabo para cepillarse los dientes.

"Sé que eres un veterano." Exprimió la pasta de dientes en su cepillo, una tarea simple que le resultó sorprendentemente difícil. "¡Di algo y deja de mirarme! ¡Me estás volviendo loca!"

Él se levantó y se movió detrás de ella. Lilly lo observó en el espejo. Puso su cepillo de dientes abajo, lista para defenderse. En un segundo rápido, él agarró un puñado de su cabello, estrelló su cara contra el espejo y le gritó al oído, "¿En qué demonios estabas pensando? Esos chicos podrían fácilmente enfrentarse a un cargo de asesinato, expulsados de la universidad y en prisión por culpa de una chica universitaria borracha que no le gustaban su mamá y su papá."

Las últimas palabras rebotaron en el cerebro envenenado de Lilly. "No me conoces ni sabes nada de mi vida. ¿Quién te crees que eres?" le respondió con los dientes apretados. "¡Vete *al infierno!*"

Él no cedía. Usando el mostrador, Lilly intentó empujarlo. Él la estrelló de nuevo contra el espejo.

"Mírate, ¡mírate!" ordenó mientras sus manos poderosas maniobraban su cabeza. No había nada que ella pudiera hacer más que mirar su reflejo.

Lilly cerró los ojos para escapar de la cara en el espejo.

"¡Mira!" gritó. "Abre tus malditos ojos y mírate a ti misma."

"¡No! ¡Aléjate! ¡Me estás lastimando!" gritó, tratando de liberarse.

"Me iré cuando te mires bien a ti misma."

Cautelosamente, Lilly abrió los ojos. Odiaba mirarse a sí misma. Frank siempre estaba al acecho justo detrás, riendo, masticando su cigarro, y recordándole lo poco que valía. Escupió al espejo y siseó; "Es una basura. Es fea. ¡Y realmente la odio!"

"¿La odias lo suficiente como para matarla? Porque eso es lo que estás haciendo. ¿Qué puede ser tan malo que quieras morir por ello?" dijo él con desdén.

"¡No lo sé!" La voz de Lilly bajó. "Ya no sé nada. Solo déjame ir. ¿Por favor?" Su voz se quebró mientras las lágrimas comenzaban a deslizarse entre ella y el espejo. "Estaré bien," suplicó, dejando que sus músculos se debilitaran.

"No, no estás bien. Casi te matas. ¿En qué estabas pensando?"

Sintió compasión en su tono mientras guiaba su cuerpo agotado al suelo. Los dos se sentaron con las espaldas contra la fría pared de bloques de cemento.

"No estaba pensando, estaba sintiendo. ¿Y qué te importa a ti?" Soltó las palabras entrecortadas. "¿Y por qué quieres saber cuándo a nadie más le importa?"

"Llevé a muchos hombres fuera del campo, muertos a los veinte años, algunos más jóvenes, y ninguno de ellos quería morir. Luego vuelvo a casa a esto. No puedo imaginar qué podría ser tan malo. Necesito saber." Él sentía que, si ella podía verse a sí misma y a su problema, podría superarlo. Había estado en sus zapatos.

Lilly se burló. "Como dijiste, no estaba contenta con mi mundo de mamá y papá. Eso es lo que quieres escuchar, ¿verdad? Así que ve a ser un héroe en otro lado y déjame en paz."

"Eres una niña mimada y malcriada; ¿sabes eso? De lo que sea que estés huyendo, la carrera ha terminado. Si sigues actuando así, no habrá más tú." Se levantó para irse.

Lilly tenía más preguntas. Suplicó, "¡No, espera! Escúchame. Todos piensan que soy alguien que no soy, y ciertamente no soy una niña mimada y malcriada. No luché en tu guerra, pero tengo una propia que no termina. ¡Simplemente no termina!"

Él miró a Lilly. "¿Qué clase de guerra tendría que pelear una chica como tú?"

Ella le devolvió una mirada desafiante. "Violación, pornografía, miedo a morir o ver morir a alguien que amo. Empezó cuando era pequeña y no ha terminado. Hace una semana me drogó, y no sé qué me hizo. No puedo decirle a nadie porque no tengo memoria.

¿Qué hay que contar? Después de que me arrojó en el coche y se sentó encima de mí, perdí el conocimiento." Lilly se secó la cara con la manga de su bata. "¿Sabes lo que vi en el espejo? Vi el desastre feo que hizo de mí, y las mentiras; hay tantas mentiras. Ya no sé cómo puedo vivir conmigo misma. He fallado en todo. He perdido toda esperanza."

Él volvió a sentarse a su lado. Lilly se hizo una bola defensiva, esperando un golpe en la cabeza o una patada en el estómago. Él observó su reacción. "También has recibido una paliza antes, ¿verdad?" Lilly asintió con la cabeza.

Él puso su brazo alrededor de sus hombros y se sentaron, sin hablar, pero reviviendo sus propias batallas personales en el suelo frío y húmedo. Lilly se sintió segura con él a su lado. Apoyó su cabeza en su pecho y lloró. Lloró por cada año que vivió mientras él le acariciaba el cabello.

"Lo que ves en ese espejo no es lo que ven los demás. Eres una chica hermosa e inteligente. Cuando te mires en el espejo, necesitas ver quién te está mirando y no quién está detrás de ti. Has tenido que ser valiente para superar esto. Y tienes que volver a ser fuerte para levantarte y contarle a tus padres lo que me has contado a mí."

"No es fácil. Casi me mataste antes de que me abriera."

"Cierto. Si no puedes contárselo a nadie, entonces mantente alejada de las personas que te lastiman."

"¿Incluso si eso significa que tengo que dejar a mi familia?"

"Si eso es lo que se necesita para mantenerte a salvo, sí."

Lilly negó con la cabeza. "No puedo. No me va bien estando sola. Esta noche es un buen ejemplo de eso."

"Escucha, no caminaría en un campo de minas solo porque pensara que debería estar del otro lado. Iría alrededor para mantener a mis hombres y a mí a salvo. El enemigo no te controla a ti ni tus movimientos. Tú haces tu propio plan y tus propias estrategias. No te coloques en un camino peligroso o mortal."

"Cada plan que hice fracasó," dijo Lilly solemnemente.

"Se te ocurrirá otro. No dejes de intentarlo. Vi la lucha en ti. No eres su prisionera, ni ahora, ni nunca." Lilly miró a sus ojos inquietantes, creyendo y confiando en sus palabras.

Continuó, "Encuentra un buen hombre y deja de beber por un tiempo, ¿me lo prometes?"

"Lo prometo." Esas dos palabras salieron de lo más profundo de ella.

"Tampoco fumes cigarrillos ni marihuana. Tu hígado necesitará un descanso. Agua, bebe mucha agua."

"Beberé un montón de agua… no fumaré nada… cruzo mi corazón." Él caminó hacia la puerta con su mochila en la mano.

"¡Al menos dime tu nombre antes de irte!" gritó.

No hubo respuesta, solo el cierre silencioso de su puerta de seguridad.

"¿Dónde está este tipo?" se preguntaba Lilly. Había buscado en los dormitorios durante dos semanas.

"Quiero agradecerle y decirle que estoy cumpliendo mis promesas, pero nadie parece tener información sobre dónde está! Los chicos de la fiesta no dicen nada, no quieren meterse en problemas."

Él no estaba en ningún lugar y Lilly no podía dejarlo ir. Al igual que sus ojos, sus palabras se quedaron con ella. Ella se mantuvo fiel a su promesa.

Buscando consuelo en el lago y el viento, se sentó en una roca negra que estaba a una distancia segura del fuerte agarre de las olas. Mirando el horizonte azul interminable, no podía dejar de pensar en lo que había comprendido cuando el soldado sostuvo su cara frente al espejo. *Nunca quise mirarme profundamente. No podía, porque Frank siempre estaba detrás de mí, burlándose y menospreciándome. Solo veía lo que él quería que viera. No podía ver la verdad. Eso es diferente ahora. Frank no va a estar atormentándome en mi reflejo. Ahora me enfrento a una nueva pregunta… ¿quién soy yo? ¿Quién es esa chica que me mira? ¿Cómo nos volvimos tan distantes?*

EN EL VERDADERO MUNDO

"Comida no es saludable y no es tan seguro como tú y mamá apá, tengo que salir de estos dormitorios el próximo año. La piensan. Hay fiestas y drogas por todas partes y no quiero estar cerca de nada de eso. Siendo estudiante de tercer año, puedo vivir fuera del campus, cocinar mis propias comidas y tener noches tranquilas para dormir y estudiar."

"Los apartamentos son caros."

"Encontré algunas unidades nuevas en alquiler a una milla del campus. ¿Las verías conmigo?" suplicó Lilly. Desde la noche de su experiencia cercana a la muerte, había enterrado su energía aún más en sus estudios y horario de trabajo para evitar las tentaciones de la vida en el dormitorio.

"No sé si es la mejor idea, Lilly." Vincent dudó. "La vida en el dormitorio nos da la sensación de que estás protegida. Vivir en un apartamento sería más peligroso."

Oh, en serio, pensó Lilly, *¿ahora se va a preocupar por mi seguridad?¡Si tan solo supiera!* "Haz las cuentas, papá. Nos ahorrará dinero. Es más barato que lo que cobra la universidad, especialmente si comparto el apartamento con tres compañeros de cuarto, ¡y es más seguro! Tienen un sistema de intercomunicación y una puerta de entrada con cerradura. Vamos, por favor, papá."

"¿Cómo te vas a mover para comprar comestibles y hacer la lavandería?"

"¿Tal vez podría usar el auto viejo de Anthony?" Cruzó los dedos, sabiendo que estaba lanzando mucho para que su papá lo considerara.

"No, ese es definitivamente un tema en el que no vamos a aventurarnos."

"Está bien, lo entiendo. Puedo caminar. Camino a todas partes ahora y lo he hecho durante dos años. Ann me ayudará en emergencias. Y prometo cuidar del apartamento como si fuera mi hogar. No importa cuándo vengas a visitarme, estará impecable."

"Déjame hablar con tu madre. Tal vez—y estoy diciendo tal vez— lo consideremos."

Lilly se enrolló un mechón de cabello. Le resultaba difícil no permitir que las emociones de lo que le había sucedido en la boda y luego en el dormitorio se infiltraran en su conversación. Se aclaró la garganta y formuló la siguiente gran pregunta.

"También quiero preguntarte sobre el trabajo. Necesito ahorrar dinero si quiero un apartamento."

"No, Lilly, no te vas a quedar aquí, en la universidad, durante el verano."

"¡De acuerdo! No puedo permitírmelo. Así que, me preguntaba si podría volver a casa y trabajar en la propiedad hermana del resort.

Está a unos cuarenta y cinco minutos de nuestra casa."

Vincent no respondió. Lilly se preguntó si su rostro se veía como el de ella, sorprendida de que estuviera de acuerdo en vivir en casa. "¿Quieres volver a casa para el verano?" preguntó.

"Sí, papá."

"¡Esa es una gran idea! Te ahorraría unos meses de alquiler. Y entonces podríamos hablar sobre usar el auto viejo de Anthony." Fue cauteloso.

Lilly se mordió el labio inferior para no gritar de alegría. "¡Eso sería increíble! ¿Crees que mamá estará de acuerdo con el plan?"

"Estoy seguro de que sí, y a Eva le encantará tenerte en casa también."

"Hay una cosa más." Lilly cuidadosamente soltó el resto de su frase. "No puedo vivir con las reglas que tenía a los diecisiete años. Pronto cumpliré veinte y he estado viviendo sola durante dos años."

"Lo entiendo. Llegaremos a un acuerdo. Y mamá y yo miraremos los apartamentos cuando vengamos a recogerte al final del semestre."

Suspiró con satisfacción. *Con los dedos aún cruzados—escaneó la habitación—nunca volveré a vivir en un dormitorio. Estoy tan lista para dejar esta vida y ser independiente: cocinar, limpiar y hacer las compras. Esa es la vida que entiendo y en la que me siento segura.*

Dos semanas después de que terminara la escuela, sus padres acordaron ser cofirmantes del apartamento. El propietario tenía reglas estrictas que seguir, lo cual complació a sus padres, y el precio era manejable siempre y cuando lo compartieran cuatro chicas.

Lilly estaba rebosante de alegría. No solo podía mudarse fuera del campus, sino que también había conocido a un joven que estaba en casa durante las vacaciones de verano de una universidad privada no muy lejos de Black Rock. Era educado, divertido y la trataba como si fuera la única chica en el mundo.

Su independencia se había fortalecido y había mantenido la promesa que le hizo a su soldado desconocido. Estaba creciendo en la realidad.

1986 - SESIÓN DOCE - ANTES Y AHORA

"A mi pasado. Cuando surge el tema, es momento de decir 'no afrontémoslo, la gente no quiere escuchar el lado oscuro de hablemos de eso'."

"¿Cómo te hace sentir eso?"

"Frustrado, perplejo y solo."

"Mencionas a menudo sentirte incomprendido."

"Eso es porque la gente deja claro que no quiere escuchar sobre eso; evitando una conversación difícil. No saben lo difícil que es esforzarse por ser normal, tratando de encajar con el resto del mundo, cuando has sido traumatizado y sabes que eres diferente."

"Todo esto lleva tiempo. Has guardado todo durante tanto tiempo y ahora quieres contárselo a todos. Llegará un momento en que se equilibrará."

"Tal vez sí. He dado grandes pasos con mamá y papá, y nunca pensé que eso iba a suceder, pero ha pasado, y estoy agradecido. Además, soy capaz de enfocar mis pensamientos en el presente de manera más consistente. Ahora que lo pienso, estoy mucho mejor ahora que cuando era adolescente."

"Esos fueron años formativos para ti."

"Y confusos; estar dividido entre amistades, amantes, beber, trabajar, el hogar y la universidad. Si me equivocaba, me iba a decepcionar a mí mismo, no a nadie más. Esta fue mi era del 'yo'. Me acerqué a las fiestas, al sexo y a todo lo demás. Luego vino la boda."

"Cuéntame sobre ese día."

"Me sentí tan avergonzada después de ese día. Su recuerdo no salía de mi cabeza, así que decidí beber hasta desmayarme por intoxicación alcohólica. Si no hubiera sido por mi héroe de guerra, habría muerto esa noche por ser estúpida."

"Él salvó tu vida."

"Sí, y en muchos sentidos. Me hizo ver una Lilly que era buena, cariñosa y llena de vida, no la que se escondía detrás de la humillación y la culpa, queriendo morir y ser derrotada. Tocó una emoción que casi se había ido."

"Háblame de esa emoción."

"Fuerza de voluntad—ese último ataque en la boda me destrozó. Fue degradante y humillante más allá de las palabras. Me despojó de mi autocontrol y determinación para sobrevivir. Por eso casi me bebí hasta morir."

"Cuando eras joven, era demasiado peligroso para Frank estar cn público contigo porque un joven es bastante impredecible. El día en la playa fue en una edad en la que estabas tomando conciencia de tu ser físico, y él lo sabía. Saliste del agua más profundamente humillada y dañada, asegurando tu silencio. Él salió del agua con más control y dominio."

Lilly agregó, "Y necesitaba hacer eso de nuevo, por eso me atacó esa noche. No había podido acercarse a mí durante unos años. Yo estaba segura y feliz en el nuevo mundo que había construido. Disfrutó destruyendo mi felicidad y devolviéndome a sentirme victimizada e indefensa."

"Eso se asemeja a sus acciones pasadas."

"No quería que tuviera éxito, así que me hundió, y funcionó porque a los diecinueve años era completamente consciente de mi cuerpo, sexual y físicamente. Era mío. Sabía que la vergüenza sería destructiva y devastadora."

"Claro que sí. Y sabía que no podría dominarte, así que te deshabilitó." El Dr. Bricks añadió lentamente, "No tenías forma de saber lo que Frank estaba tramando en la recepción."

"Estás equivocado. Sabía que era peligroso. Sabía que me estaba poniendo en peligro."

"Eso es como decir que sé que viene una tormenta de granizo y quiero proteger cada hoja y flor en mi jardín."

"Eso es imposible," respondió Lilly. "Frank es una tormenta de granizo, y nadie puede predecir qué daño va a hacer. Si no hubiera sido tan importante para mamá que fuera dama de honor, no habría aceptado. Sabía que había peligro, pero pensé que estaba un paso adelante en su juego. Estaba bastante segura de que nunca volvería a ser su víctima."

"Esta no fue una decisión fácil para ti. ¿Culpas a tu madre?"

El rostro de Lilly reflejó una profunda preocupación. "Hice lo que pensé que la haría feliz, así que no puedo culparla a ella más de lo que puedo culparme a mí misma."

"La gente hace cosas por aquellos a quienes ama, incluso cuando sabe que no es la mejor decisión."

Lilly apartó la mirada del Dr. Bricks y contempló sus palabras. Luego respondió, "Tienes razón. A cualquier edad podemos tomar una mala decisión, sin embargo, la vergüenza que puede causar puede ser perjudicial." Lilly hizo una pausa, pensando para sí misma, y luego se volvió hacia el Dr. Bricks. "Si la vergüenza desaparece, ¿también se irá la ira de esa noche?"

"Es muy posible, ya que la vergüenza conduce a la ira."

"Estoy lo suficientemente furiosa como para matarlo. Recuerdo claramente el acecho de esa noche de boda. Es un acto malvado y angustiante de hacerle a alguien. Lo odio. Odio el acecho con todo mi ser. Era su preludio," dijo enojada, apretando los puños. "Debería haber mucha más información sobre el acecho."

"Tienes razón. El acecho no se ha investigado en profundidad hasta hace poco, y apenas ahora comenzamos a entender sus efectos."

"Destruyó mi fortaleza mental."

"El acecho puede hacer eso, ya que es una muestra de dominación para ganar control."

"Y aquí estamos, de nuevo con la palabra 'control' y cómo puede cambiar a una persona cuando se abusa de él." Cerró los ojos. "Las monedas, el cigarro, su silbido… todavía puedo sentir el miedo que me creaban. Me escondía para protegerme, pensando que lo superaría. Pero rara vez lo hacía."

"No puedo imaginar el terror y la impotencia que sentiste esa noche."

"Era puro miedo. Cómo me observaba. Es inquietante."

"Comprensible," respondió él. "Sin embargo, es posible superar y manejar los efectos."

"No veo cómo. El miedo me hace temblar. Quiero gritar. Quiero apretar su cuello gordo y verlo ahogarse con el jugo del cigarro. Una vez que siento que alguien me está observando, no puedo pensar racionalmente. Es casi imposible hacer las actividades diarias y todo proviene del acecho de Frank."

"Dejó una reacción negativa."

Lilly comenzó a sentir que el presente se le escapaba. Se aferró a su entorno, esperando mantenerse en el aquí y ahora. "Por eso no puedo hablar de ello. El acecho es un gran desencadenante. Siento que retrocedo a los doce, seis y luego tres… No sé cómo hablar de ello, así que lo evito."

"Las palabras vendrán a medida que te sientas más segura y protegida. Por ahora, concéntrate en la habitación. Sé consciente de tu respiración. Siente la tensión en tus músculos y dirige tu respiración allí para liberarla." Respiraron juntos varias veces.

Lilly cerró los ojos y susurró, "Asustada. Escondida.

Silencio. Él viene; sé que viene."

"¿Cómo sabes que viene?"

"Puedo oírlo."

"¿Qué oyes?"

"Oigo las monedas en su bolsillo y lo oigo silbar. Oigo sus zapatos. Oh no, está cerca; muy, muy cerca. ¡Me va a encontrar!" Jadeó por aire. "Quiero vomitar," dijo, conteniendo las arcadas.

"Es seguro para ti vomitar."

"No, no puedo vomitar; me hará comérmelo." Tragó varias veces.

"Lilly, ¿cuántos años tienes?"

"Seis."

"¿Dónde estás?"

"Estoy en los arbustos bajo la ventana del dormitorio de Anthony. Lo veo venir. Puedo oler su cigarro. Silba y sacude las monedas en su bolsillo. No hay a dónde ir."

"Lilly, quiero que respires profundamente y vuelvas a mi oficina, donde estás a salvo."

"Shh, no puedo hablar. No puedo respirar. Así es como me encuentra. Me oye respirar."

"Lilly, no estás bajo los arbustos. Estás en mi oficina. Estamos teniendo una terapia." El Dr. Bricks le dio tiempo a Lilly para procesarlo. Su respiración se volvió menos laboriosa y parecía estar volviendo al presente. "Eso es bueno. Quiero que muevas los dedos de los pies y de las manos," dijo. "Siéntelos conectados a ti."

Ella movió los dedos de las manos y de los pies, luego de repente hundió sus pies en los cojines del sofá mientras se retorcía y giraba, como si estuviera peleando con alguien.

El Dr. Bricks acercó su silla a ella. "Soy el Dr. Bricks. Voy a poner una pelota antiestrés en tus manos. Apriétala con todas tus fuerzas. Siente ese poder dentro de ti." Hubo una pausa seguida de sus palabras reconfortantes, "Estoy aquí mismo."

Lilly susurró, "Tío Frank va a hacerme daño. Siempre me hace daño después de encontrarme. No puedo moverme. ¿Por qué no puedo moverme?" La pelota antiestrés rodó de su mano al suelo, su cuerpo cayendo lánguido y lleno de terror.

"Puedes moverte, Lilly. Tus pies y dedos, brazos y manos han estado moviéndose. Has movido tu cabeza de un lado a otro. Tu tío no está aquí. No puede hacerte daño."

"Dile que quite su mano de mi boca. Quiero gritar, pero no puedo. Es demasiado fuerte."

"Puedes gritar. Él se ha ido y su mano ya no está sobre tu boca. Tienes el poder de gritar."

Lilly gritó y gritó hasta agotarse. Sus brazos cayeron a sus costados y su respiración comenzó a regularse. "Estoy a salvo," repitió las palabras que había escuchado del Dr. Bricks.

"Estás en el presente donde estás a salvo. Eres Lilly: madre, esposa y maestra. Siente la frescura de tu respiración al inhalar y su calidez al exhalar."

Varios minutos después, Lilly se sentó y miró alrededor de la habitación. Luego fijó su mirada en el Dr. Bricks. "Me siento agotada. ¿Qué pasó?"

"Estabas reviviendo una experiencia pasada; en este caso, el acecho."

Lilly comenzó a recomponerse, aun sintiéndose aturdida. "Fue tan real, como si estuviera viendo televisión. Podía verme claramente con mi camisa blanca y mis capris azules. El pasto aún no estaba verde, pero el hielo había dejado el río. Era primavera. Los arbustos apenas tenían brotes de sus hojas. Oí las monedas tintinear y…" Lilly se dio cuenta de que había perdido completamente el control; la razón por la cual evitaba revivir el pasado.

Avergonzada, se sonrojó y preguntó, "¿Hice algo embarazoso?"

"No, no lo hiciste. Hiciste un trabajo importante y valiente. Tu niña interior se sintió segura al liberar este recuerdo. Estabas lista para escucharla y protegerla. No hay nada de estúpido en eso. La fuerza de voluntad que el soldado vio en ti todavía está ahí. Nunca se ha ido."

"Le cumplí mi promesa. Me estoy cuidando mejor." El silencio llenó el momento de reflexión. "Pero aquí estamos. Una década después y todavía tengo flashbacks y reacciono a los desencadenantes."

"Pero ahora eres consciente de ellos y están perdiendo control sobre ti."

"La conciencia es el comienzo del cambio, ¿no es así?"

"No podemos cambiar lo que no somos conscientes o no estamos dispuestos a aceptar."

"La única parte de mí que siempre fue constante era mi objetivo de no sucumbir a las palabras de Frank sobre mi inutilidad y ser como él. Iba a ser una buena persona. Justo lo contrario de él."

El Dr. Bricks se inclinó, mirando directamente a Lilly. "Por eso nos enfocamos en ti y no en Frank."

Soy el enfoque, se dijo Lilly a sí misma y sonrió tímidamente. "No permito que eso suceda muy a menudo."

"¿Te resulta un poco incómodo ser el centro de atención?"

"Eso es decirlo suavemente. Pienso en ir a terapia por mi familia, especialmente por Owen y Mick, pero en el fondo, sé que estoy aquí por mí misma. No es fácil admitirlo, pero no soy de guardar secretos y mentiras. Ya no más; eso fue antes; esto es ahora. Incluso dejé de beber. Lo dejé de golpe, gracias a una reacción alérgica. La vida tiene una forma curiosa de arreglar las cosas para mí."

Lilly se relajó, escuchando el agua caer fuera de la ventana. Estaba exhausta, una buena clase de agotamiento, como después de un día de trabajo duro.

HALLELUJAH

Lilly se movió al borde de su silla. "He estado pensando mucho en esto." Hizo una pausa, sabiendo que la siguiente frase iba a sorprender a su asesor universitario. "Es importante para mí hacer la práctica docente en Ledo."

"¿De verdad…?" Su asesor se recostó, sorprendido. "Dime tu razonamiento."

"Es una ciudad grande y la población estudiantil es más diversa. El currículo es avanzado y me gustaría aprender de él. Además, el programa de necesidades especiales es cuatro veces más grande que cualquier otra asignación." Lilly esperó ansiosamente una respuesta positiva.

"Entiendes que Ledo está a seiscientas millas de distancia y solo colocamos a cuatro estudiantes allí, aquellos que son seguros de sí mismos y capaces de valerse por sí mismos, escuchar a sus supervisores y ser representantes responsables de nuestra escuela. Estos estudiantes en práctica no reciben mucha ayuda."

"¡Por eso uno de esos estudiantes tiene que ser yo!" Lilly mostró una sonrisa confiada. "He estado trabajando en el resort desde que tenía dieciocho años y he avanzado hasta ser gerente del comedor. Conozco la responsabilidad y respeto a mis superiores. Además, he sido líder en mis clases de educación."

El asesor revisó una lista larga de nombres. "El semestre de otoño se está llenando rápidamente; sin embargo, tenemos dos vacantes para Ledo. Puedes aplicar de inmediato, y Lilly, no tengas muchas esperanzas."

"Gracias. Soy la candidata correcta. Haré que la universidad se sienta orgullosa." Lilly salió con la confianza de un león. Dos semanas después recibió la buena noticia; iba a ir a Ledo.

Llena de orgullo, tenía que llamar a alguien y la persona más cercana a ella era su novio, el joven que conoció durante el verano en casa. "¡Sam, tengo grandes noticias! ¡La universidad aceptó mi solicitud para Ledo! ¿No es genial?"

"¡Wow! Eso es emocionante," dijo él sin entusiasmo.

"¿Sabes lo que significa este honor? Los estudiantes en prácticas en Ledo siempre se quedan. ¡Los contratan!" Hablaba rápidamente, llena de emoción y orgullo.

"Me gusta lo que tenemos ahora. Ledo está a seiscientas millas de distancia."

"De verdad, Sam, ¡pensé que estarías feliz por mí! Y orgulloso." La alegría en su corazón se estaba desvaneciendo.

"¡Lo estoy! Pero comenzarás una nueva vida sin mí. Me queda otro año de escuela, mientras que tú estarás buscando un trabajo permanente. Esas son grandes diferencias y cambios."

"¿Tienes miedo de que te engañe, es eso?" preguntó con tristeza.

"Estarás en una gran ciudad. Eres linda y soltera… sí, me preocupa." Sam hizo todo lo posible por no verla triste, pero esta vez no pudo encontrar un ápice de humor en la situación. Tras un momento de silencio, Lilly prosiguió: "Si te hiciera sentir mejor, ¿por qué no nos comprometemos? Ya sabes, comprometidos, pero no casados; aún no estoy lista para ese paso."

Lilly estaba cansada de jugar. No iba a perder el tiempo con alguien que no la veía en su vida para siempre. Estaba lista para asentarse, dar el siguiente paso, y pensó que él sentía lo mismo. Había tenido demasiadas relaciones largas sin compromiso.

Sam permaneció en silencio, mientras ella alejaba su corazón para protegerse.

Las olas pertenecen al agua y no a mi vida, pensaba ella. Estoy agotada de nadar contra ellas, y no quiero enfrentarme ni a la más mínima ola

durante mi práctica docente. Mi mente tiene que estar clara y enfocada.
Sam tiene miedo de perderme y yo tengo miedo de que me esté utilizando.

Pasaron la Navidad separados, dándose tiempo para pensar.

Gwen, Vincent, Eva y Lilly se reunieron alrededor del árbol. "Con Anthony casándose y tu puesto de práctica docente por comenzar, no pudimos permitirnos mucho para Navidad. Sin embargo, esperamos que entiendas y encuentres este regalo útil." Gwen le entregó a Lilly una pequeña caja sin peso.

"Ustedes y papá ya me han ayudado bastante al encontrar el apartamento estudio en Ledo," respondió Lilly. Abrió lentamente la caja, encontrando un sobre sellado. Dentro del sobre había una llave, una llave de coche. "¿Es esto lo que creo que es?" preguntó, levantándola y esbozando una enorme sonrisa.

Vincent se rió. "Sí, lo es. Vamos al garaje."

Fue entonces cuando Lilly conoció al Blue Goose, un Plymouth Fury de 1967.

"Oh Dios mío, papá, ¡no puedo creerlo! ¡Muchas gracias!" Ella envolvió sus brazos fuertemente alrededor de sus hombros.

"¿Qué piensas?" preguntó él cuando ella lo soltó, frotándose el cuello.

Lilly se quedó sin palabras. No le gustaba conducir, pero era una necesidad para la práctica docente y había estado mirando autos usados, pero nada como esto: enorme y azul.

"¡Creo que encontraste el auto más grande y brillante que existe, y me encanta!" Abrió la puerta y se sentó detrás del volante.

"Sabes cuánto se preocupa tu padre porque conduzcas y ahora que vas a estar en la ciudad queríamos asegurarnos de que estuvieras segura," dijo Gwen felizmente. "Eso explica el tamaño y el color."

"No tienes idea de lo agradecida que estoy." Lilly contuvo las lágrimas.

"Mañana te ayudaremos a empacar el coche," añadió Gwen. "¿Estás segura de que no quieres que papá y yo te sigamos y te ayudemos a mudarte?"

"No esta vez, mamá. Estaré bien. Tengo veinticinco estudiantes esperando para conocerme y espero poder cambiar la vida de al menos uno de ellos. Y… ¡no más… clases universitarias!" Abrazó fuertemente a Eva.

Más tarde ese día, Lilly se abrigó y caminó por el campo hasta el río.

"¡Hola, aquí estamos!" dijo a la extensión helada. "Estás toda congelada y blanca, pero sé que el agua se mueve debajo de ti. Así que aquí estoy, yéndome de nuevo y esta vez a la ciudad. Puede que no vuelva. Podría haber un trabajo para mí allí."

"Estoy en un buen lugar y estaré a salvo. Si Frank y Millie vienen, tienes que proteger a Eva por mí. Tal vez podrías ahogarlo." Sonrió para sí misma. "Aunque estaremos a millas de distancia, sabe que eres parte de mí y te agradezco por sostenerme en los peores momentos."

Se quedó en el silencio de un día de invierno, mirando la vasta capa de nieve y hielo. Se sentía frío e inquietante, como si la Madre Naturaleza supiera que no volvería.

Con su coche lleno y todas las despedidas dichas, salió de su camino de grava, subió la pequeña colina que recordaba tan bien, y se dirigió al sur hacia la carretera y Ledo. Se soltó el pelo, subió el volumen de la radio y condujo sin miedo bajo la protección de su Blue Goose.

SIEMPRE EN MI CORAZÓN.

"¡Se acabó! Tres meses siendo maestra practicante y me encantó, pero estoy tan feliz de estar de vuelta en casa en Black Rock. En una semana me graduaré. Eso me da un poco de tiempo para empacar el apartamento. ¿Vas a estar por aquí? ¿O tu esposo te tiene atrapada haciendo la lavandería y las tareas del hogar?" le preguntó a Ann.

"¡Hola, Lilly! ¡No, no estoy atrapada en eso!" Ann se rió.

"¡Tórtolos!" bromeó Lilly. "¿Podemos vernos? Hay tanto de qué ponernos al día: historias sobre mis estudiantes, Sam y la vida en la ciudad. ¿Y escuchaste que Trudy se va a casar?"

"Sí, lo escuché. ¡Va a ser una gran boda! No puedo esperar a verte, ¿dónde quieres encontrarnos?" preguntó Ann.

"¿Qué tal el rompeolas en el parque? Me encanta ese lugar. Odio pensar que lo voy a dejar." La voz de Lilly era sombría.

"¿Estás segura de que no te vas a quedar aquí?" preguntó Ann. "Hay un trabajo en Ledo que se ve bien, pero si no se concreta, intentaré más al sur. Los trabajos de enseñanza en el norte son escasos. Dejar Black Rock no va a ser fácil. Siempre será mi primer hogar, el que construí por mí misma, pero es hora de seguir adelante. Mis días de universidad han terminado."

"Fue un viaje increíble, ¿verdad?" sonrió Ann.

Lilly devolvió la sonrisa mientras pensaba en algunos de sus mejores momentos juntas. "Claro que sí," respondió, y volvió a concentrarse en hacer planes. "¿Qué tal si te recojo en el Blue Goose mañana por la mañana?"

"¡Eso funcionará!"

"Entonces está decidido. ¡Nos vemos alrededor de las diez!"

Después de colgar, Lilly miró el apartamento en busca de daños y determinó que, en su mayoría, necesitaba una limpieza profunda para asegurar el reembolso completo del depósito de seguridad de Vincent.

Recuerdo lo emocionada que estaba cuando papá firmó este contrato de arrendamiento. Reflexionó. Estaba emocionada de salir del campus, pero este estilo de vida también ha perdido su emoción. Soy más feliz en la ciudad.

Despertando temprano y con energía, condujo hasta el resort para desayunar y despedirse de los muchos empleados con los que se había encariñado a lo largo de los años.

No fue fácil, pero no tan doloroso como iba a ser despedirse de Ann.

Condujeron hasta el rompeolas y se acomodaron en sus perchas familiares.

"Hay algo en este lago que aún me tienta," dijo Lilly, observando y escuchando las poderosas olas romper contra la pared de cemento.

"Es hermosa y provocadora, pero recuerda lo que dijo tu hermano," recordó Ann.

Lilly sonrió. "Como si fuera ayer. 'No cedas a sus tentaciones.'"

Ann miró a Lilly con sorpresa y preguntó, "¿Querías hacerlo?" Lilly asintió, "Más a menudo de lo que me gustaría admitir." La quietud se instaló en la comodidad y comprensión de su amistad. Con el tiempo, Ann habló. "¿Cómo vas a ser feliz sin un río o un lago que te guíe?"

"Esa es una buena pregunta. Lo he pensado, y en este momento, no tengo una respuesta," respondió Lilly.

"¿Estás asustada? Siempre odiaste los cambios."

Lilly tomó la mano de Ann y la sostuvo entre las suyas. "Esa es la cuestión; el cambio siempre me ha asustado y me ha hecho retroceder a tiempos desprotegidos, pero no ahora. Siento que puedo mantenerme segura y ayudar a otros al mismo tiempo."

"¿Extrañas a tus estudiantes?" preguntó Ann.

"Mis estudiantes son pequeños terapeutas que me mantienen en el presente, porque es donde están y donde me necesitan. No hay tiempo para soñar despierta cuando estás enseñando." Lilly dudó. "¿Puedo pedirte tu opinión sobre algo?"

"Lo harás de todos modos," rio Ann, al igual que Lilly.

"Mamá y papá me están organizando una fiesta de graduación y no quiero que Frank y Millie estén allí. ¿Qué debo hacer?"

"Es tu fiesta. Eres una adulta. Creo que deberías invitar a quien tú quieras."

"Mamá seguirá y seguirá, preguntando por qué esta persona o aquella persona no está invitada."

Ann la miró a los ojos. "¿Qué quieres decirle?"

"Que solo quiero amigos y familiares que vivan cerca. Solo una vez desearía que pudiera hacer eso por mí."

"Entonces eso es lo que le dices."

Lilly miró a Ann. *Ella siempre ha sido una pensadora clara, sacándome de muchas debilidades. Esa es mi Ann; hermosa, inteligente y honesta.*

Dios, voy a extrañarla. Ella quita la complejidad de la vida como nadie que conozca.

"Te voy a extrañar, Ann. ¿Podemos mantenernos en contacto?"

"¡Por supuesto! Tal vez pueda escaparme y visitarte en la ciudad."

"Me encantaría eso. Así que no digamos 'adiós'. Quedémonos con 'hasta pronto'."

L A ADULTEZ

1976–1986

COMPLETAMENTE INESPERADO

Dos semanas después de graduarse, Lilly consiguió su puesto de maestra en Ledo y salió a celebrar con su nueva compañera de cuarto, Janus. "Tomaremos dos jarras, una para ella"—Lilly señaló a Janus—"y otra para mí."

"¿Celebrando?" preguntó el camarero. "Sí, lo estamos," respondió Lilly con orgullo.

Se sentaron, relajándose después de un día caluroso y húmedo de mudanza a su dúplex.

"Nunca creí que llegaría el día en que sentiría que vivía como la realeza. ¡Tenemos un garaje, un patio y una sala enorme, sin mencionar que cada una tiene su propio baño! Es un gran paso adelante desde la esquina de la sala de estar de mi hermano, la celda del dormitorio, un apartamento con cuatro chicas y mi estudio."

Janus agregó, "Y un sueldo cada dos semanas,"

"Quince mil dólares al año—no más cenas de sopa de pollo con fideos, galletas saladas y Tab. ¡Qué alivio despedirse de ese estilo de vida! Y mi préstamo se pagará solo después de cinco años, porque estoy trabajando en una escuela de bajos ingresos." Lilly estaba eufórica.

En su segunda jarra, un hombre empujó su cuerpo entre ellas, acercándose demasiado a la cara de Lilly para su comodidad. Ella se echó hacia atrás.

"¡Hola! Soy Mick," se presentó. "El camarero es amigo mío. Dijo que escuchó a las dos hablar sobre la enseñanza y asistir a la universidad en Black Rock. Soy maestro y también me gradué de allí."

"Claro que sí," dijo Lilly con escepticismo.

Tenía una gran sonrisa, un poco como un bromista. "Me gradué en el '69 y he estado enseñando arte aquí desde entonces."

"¿Y viniste a nuestra mesa a ofrecernos consejos?" bromeó Lilly. "¡Absolutamente! Para empezar, no todos los niños te van a amar. Siempre habrá conflictos de personalidad."

"Es bueno saberlo." Lilly le dio a Janus una mirada cautelosa. "¿Dónde creciste?" preguntó Janus.

"Crecí en un pueblo al norte de aquí llamado Greenberg. ¿Has oído hablar de él?"

Janus y Lilly compartieron más miradas de superstición. Había demasiadas similitudes entre ellas y este hombre llamado "Mick."

"Sí, he oído hablar," dijo Lilly. "Está cerca de la montaña de esquí."

"¡Exactamente! ¿Esquías?" preguntó él. "No, nunca." Respondió Lilly fríamente.

Sintiendo que era un tercero en discordia, Janus interrumpió, "Oye, creo que me iré a casa. Lilly, ¿quieres que te lleve?"

Quiero y no quiero, pensó Lilly. Desde Sam, no he mirado a otro hombre con interés. Entonces, ¿cómo explico que este tal Mick me está atrayendo? No se parece en nada a ningún novio de mi pasado. ¿Quizás demasiado honesto? ¿Quizás demasiado mayor? No lo sé, pero estoy completamente intrigada por él. Su sonrisa, sus líneas de ligue cursis, su chaleco de cuero con flecos de hippie y su cabello largo y descontrolado.

"Yo te llevaré a casa," ofreció Mick.

Janus miró a Lilly, claramente sugiriendo que se fuera ahora y con ella.

Sin embargo, Lilly no quería. Su instinto le decía lo contrario. "Haré que Mick me deje."

"¿Estás segura?" preguntó Janus una vez más, luciendo preocupada.

"Estoy segura. ¡Nos vemos en la mañana!"

Lilly reflexionó sobre su decisión mientras veía a Janus salir por la puerta. *Voy a confiar en un extraño para que me lleve a casa, después de que ambos hemos bebido más de lo que deberíamos. No confío tan fácilmente. ¿Qué está pasando en mi cabeza?*

"No puedo creer que crecimos cerca uno del otro," dijo Mick. "Es extraño, aunque yo habría tenido once años cuando tú tenías diecisiete." Lilly se rió. No les faltó terreno común y hablaron durante otra hora hasta que casi era medianoche.

"¿Qué tal si terminamos esta jarra y vienes a mi apartamento a ver mi arte?" sugirió Mick.

Lilly negó con la cabeza con incredulidad. "¡Esa es la peor línea de ligue de la historia!"

Mick se río, "Nunca he sido bueno con las líneas de ligue, pero realmente soy artista y me gustaría mostrarte mi trabajo. ¿Te gusta el arte?"

"Me encanta el arte," hizo una pausa, pensando en su invitación. *¡Hemos estado hablando solo por unas pocas horas, pero se siente como si lo conociera desde hace años! ¿Estoy tomando un riesgo aquí?* Generalmente soy buena leyendo el carácter de las personas. ¿Qué dice mi instinto? Cerró los ojos, concentrándose en sus sentimientos internos, y luego respondió, "Claro, por una hora, y luego necesito irme a casa. Estoy trabajando como camarera en el club de campo hasta que empiece la escuela y necesito estar allí a las diez de la mañana."

Él la llevó por el estacionamiento hasta su coche, que no era un coche. Era una furgoneta. *Las furgonetas son para que los pervertidos secuestren y violen a las chicas jóvenes,* pensó ella. "¿Este es tu coche?" preguntó con cautela.

"Sí, es una furgoneta de chasis corto. Estoy convirtiendo el interior. Échale un vistazo." Abrió las dos puertas laterales para mostrar un lujoso interior de madera, alfombra y cobre.

"Vaya, estás haciendo un gran trabajo aquí. ¿Quién hizo las incrustaciones de cobre?"

"¡Eso es mi trabajo!" respondió orgullosamente. "Mira la parte trasera de la furgoneta. También pinté el mural."

Lilly caminó hacia la parte trasera con cautela. El mural estaba allí, tal como él había dicho. Era arte hecho a la perfección. "Es asombroso, Mick. ¿Cómo lo hiciste?" Ella tocó suavemente la superficie metálica de la pintura.

"Se llama aerografía."

"¿Cuánto tiempo llevas haciendo arte?"

"Desde que tenía siete años." Caminó hacia la puerta del pasajero y la abrió para Lilly.

"¡Impresionante!" Ella subió al estribo y se acomodó en una suave silla de capitán. "Nunca he viajado en algo como esto." Miró alrededor a todos los botones iluminados del sistema estéreo. "¿Tú hiciste todo este cableado también?"

"Con ayuda de un amigo," y cerró la puerta.

Ella pudo sentir el miedo a lo desconocido resurgir. *Está bien, Lilly, mantén los ojos abiertos y presta atención a su forma de conducir, a las carreteras y a los puntos de referencia. Mantente a salvo.*

Él se detuvo junto a una acera. "Este es mi hogar." Señaló una casa victoriana antigua pintada de blanco con adornos burdeos. "Alquilo el primer piso."

"Bonita." Lilly escaneó el entorno. Había dos pisos por encima de él. Había una puerta principal y, probablemente, una puerta trasera. Las ventanas eran largas y bajas. El edificio no estaba hecho de cemento, lo que significaba que las paredes podían compartir sonidos. Vigilante, salió y siguió a Mick hasta la entrada principal. Era otra pieza de arte, mostrando las habilidades de la carpintería y el vidrio teñido. La abrió, permitiéndole entrar primero.

"¿Te gustaría una copa de vino o una lata de refresco?"

"Tomaré el refresco, gracias." *Parece bastante amable,* pensó para sí misma mientras caminaba lentamente por el estrecho pasillo hacia la sala de estar, observando el arte y los carteles que estaban por todas partes. *Realmente es un artista—una buena señal de que mi instinto está en lo correcto.*

"Sabes que el arte está en el ojo del espectador. Ven aquí, te mostraré algunas otras piezas." Recorrieron el apartamento durante horas, como si fuera una galería.

Finalmente, Lilly comenzó a sentirse mareada por la fatiga. "¿Qué hora es?" preguntó, cubriendo un bostezo.

"¡Son casi las cuatro!" respondió Mick con sorpresa.

"¡Oh, wow! No me di cuenta de que era tan tarde. ¡Necesito irme a casa!" Ella tensó sus músculos, pensando que esta sería la prueba final.

"Claro, perdón por haberme extendido tanto," contestó él mientras empezaba a recoger, poniendo los vasos en el fregadero y guardando las papas fritas y los bocadillos. Estaba impresionada. *Solo he salido con chicos de la secundaria y la universidad y nunca me di cuenta de lo diferente que puede ser un hombre soltero que trabaja.* Es bastante genial.

"¿Quieres una chaqueta o un suéter?"

Lilly seguía cautivada. "No, gracias. Estaré bien."

Mientras la llevaba a su apartamento, continuaron hablando. Era la misma sensación que había tenido con Blake; siempre había algo que compartir y discutir.

"Aquí estamos." Apagó el motor y se giró hacia Lilly con esa mirada insinuante. "¿Puedo verte de nuevo?" preguntó.

Lilly no sabía qué decir.

Viendo su indecisión, Mick se arriesgó. Se acercó más y la besó tiernamente, dándole espacio para que ella se involucrara o se retirara. Nerviosa, ella se echó hacia atrás. Había disfrutado el beso y quería repetirlo, pero era demasiado pronto después de Sam.

"¿Puedo tener tu número de teléfono?" Le entregó una tarjeta de presentación y un bolígrafo.

Ella sostuvo el bolígrafo nerviosamente y se preguntó, *¿Debería o no debería? Me gusta y quiero conocerlo, pero* Tomó una respiración profunda y escribió su número.

Devolviéndole la tarjeta, le agradeció y salió rápidamente.

Él llamó varias veces. Jugaron tenis, salieron a almorzar y, eventualmente, la invitó a su apartamento para cenar. Era el Cuatro de Julio, el Bicentenario: una gran celebración, pero ella y Mick eligieron hacer sus propios fuegos artificiales.

A la mañana siguiente, dieron un paseo junto al río industrial que fluía por el centro de la ciudad.

"Siento como si hubiéramos estado esperando el uno por el otro toda nuestra vida y todas las otras relaciones que hemos tenido nos llevaron a esta," le dijo Lilly a Mick.

"Yo siento lo mismo. Nos complementamos." Y él sostuvo su mano con fuerza en la suya.

LUZ DE VELAS

Solo estaba Mick. El pasado era exactamente eso y no había suficiente tiempo en el día para que estuvieran juntos.

Nueve meses después, ella se acurrucó junto a él en su apartamento. "Estaba pensando que deberíamos casarnos." Ella se giró para mirarlo. "¿Te casarías conmigo?" Lo dijo rápida y sigilosamente, como un bombardero furtivo, esperando su reacción.

Mick hizo una pausa. "Sí, me casaré contigo."

Lilly se incorporó, bastante sorprendida. "No estoy bromeando. Hablo en serio. No necesito dos años para averiguar si estoy enamorada o no. Podría haberte casado tres semanas después de conocerte. Así me sentí entonces y ahora. No necesito una relación larga."

Él respondió con todo su corazón, mirándola profundamente a los ojos, "¡Ni yo! Y le dije a mi tío, solo un mes después de que nos conocimos, que finalmente había encontrado a la chica correcta."

"¿Así que estás diciendo que sí?" preguntó ella con agradable sorpresa.

"¡Sí, Lilly, me casaré contigo!"

El amor nunca ha sido tan fácil, pensó ella. *Se está burlando de mí. Solo hay una manera de ver si realmente habla en serio sobre esto.*

Astutamente, continuó, "Si realmente lo dices en serio, entonces llama a tu madre y dile que nos vamos a casar."

Mick tomó el teléfono y marcó mientras la mandíbula de Lilly caía.

"Hola, mamá, ¿está papá allí?" dijo Mick con una alegría sospechosa. Lilly pudo escuchar su respuesta. "Sí, ahora lo llamo."

"Quiero hablar con los dos." continuó Mick.

"Está bien, espera un momento. ¡Tony!" llamó ella. "Tony, apúrate y ven aquí. ¡Mick necesita hablar con nosotros dos!"

"Hola, hijo, ¿qué pasa?"

"Quería que ustedes dos fueran los primeros en saber. Lilly y yo nos vamos a casar." Una celebración italiana de palabras y alegría brotó del teléfono.

"¿Cuándo van a casarse? Tu madre quiere saber," preguntó el padre de Mick.

"Lilly, ¿cuándo queremos casarnos?" preguntó Mick a su atónita prometida.

"No tengo idea. Te propuse matrimonio hace unos minutos. Creo que tendremos que hablar sobre una fecha." Aturdida, frunció el rostro en desconcierto.

La madre de Mick tomó el teléfono. "Mick, estoy viendo el calendario del club de campo para el próximo año. Aquí, el ocho de agosto está disponible."

"¿Lilly? ¿Qué te parece el ocho de agosto en el club de campo?" preguntó Mick.

Aún en shock, sin saber qué decir o hacer, simplemente respondió, "¡Claro! El ocho de agosto será perfecto."

Planearon casarse en el pueblo de Mick, en su iglesia, con una ceremonia vespertina a la luz de las velas. Lilly mantuvo la promesa que se hizo a sí misma hace tantos años, el día de su Primera Comunión. Nunca volvería a usar un vestido blanco. En su lugar, eligió un vestido ajustado color marfil, bordado con encaje de crochet que se adaptaba graciosamente a su delgada figura femenina. No era el vestido de chiffon que su madre había elegido. Era la elección de Lilly.

Se mantuvo vigilante para no incluir conexiones con su pasado, lo cual fue bien, hasta que llegó el momento de los anillos y la lista de invitados. Ambos fueron desencadenantes que reavivaron su ansiedad. Tenía que contarle a Mick sobre el mundo secreto en el que creció, y para hacerlo, tenía que confiar en él.

Mientras veían televisión, ella lo miró y le preguntó, "¿Puedo compartir un secreto contigo?" Mick bajó el volumen.

"Solo le he contado a dos personas sobre esto y prometieron mantenerlo tal como es, un secreto. ¿Tú también lo prometes? No puede salir de esta habitación." No ocultó su aprensión.

"¿Qué pasa? ¿Por qué estás tan nerviosa?"

"No has prometido que mantendrás el secreto entre nosotros."

"¡Claro que lo haré!"

Lilly estudió su rostro en busca de sinceridad. Estaba allí, pero con su historial de fracasos en el amor, procedió con cautela. "Tengo miedo de que después de contártelo, no quieras casarte conmigo."

"Te amo, Lilly. Nada puede quitar eso. ¡Vamos! Siéntate.

Cuéntame sobre este secreto."

"Es sobre mis padrinos, Frank y Millie."

"Recuerdo haberlos conocido; ¡parecían gánsteres de la gran ciudad!"

"Ellos son. Tienen alguna conexión enfermiza con la pornografía y las drogas."

"¿Qué estás diciendo?"

"Que Frank me usó para su pornografía y algo más." Lilly giró la cabeza para que Mick no pudiera ver la vergüenza en su rostro. Mick se quedó en silencio.

El corazón de Lilly latía rápidamente y sus ojos palpitaban de nervios. "Me hace sentir enferma y quiero vomitar. No se detuvo hasta que tuve casi veinte años. He evitado estar cerca de él y de Millie, pero ahora mamá y papá insisten en invitarlos a nuestra boda."

"Eso explica la tensión entre tú y tu madre. Millie es su hermana, ¿verdad?" preguntó Mick.

"Sí, Millie es su hermana manipuladora y malvada."

"¿Millie sabe sobre Frank?" preguntó Mick sorprendido.

"Millie ayuda a Frank y manipula a mamá para llegar a mí." Aún temerosa de que Mick la rechazara, Lilly se sintió obligada a continuar, "Tenía que decírtelo. No quiero secretos entre nosotros.

¿Qué debo hacer?" Lilly se levantó y comenzó a caminar de un lado a otro. "Contar secretos familiares antes de la boda quitaría protagonismo a nuestro día y se convertiría en una pesadilla para ambas familias."

"Lilly." Mick se levantó y extendió sus manos hacia ella. Sosteniéndolas, continuó, "No me importan tu tío y tu tía. Solo me importas tú y nosotros. Nada de lo que digas o hagas cambiará eso. Dijiste que Frank no te ha tocado en cuatro años. ¿Verdad?"

"Así es, y no creo que intentaría algo en nuestra boda porque demasiadas personas están mirando a la novia. Además, estaría en territorio desconocido."

"¡Exactamente! Está en tu ciudad y en el club de campo de tus padres."

"¿Es por eso por lo que no querías casarte en tu ciudad natal?" preguntó él. "Sí, sé que hacerlo sentir incómodo me hará sentir más segura."

"Entonces mantengámoslo así. Deja que tus padres los inviten. Estarás segura en la boda, así como todos los demás. No tengo miedo de Frank y tú tampoco deberías tenerlo. Por ahora, mantendremos esto en secreto, y te aseguro que otros estarán vigilándolo toda la noche. Tengo muchos amigos. Como dijiste, Frank está en nuestro territorio y podemos hacer que se sienta muy incómodo. Confía en mí."

Confiar en él. Confié en él, y así es como llegamos a estar juntos. Esa era una palabra tan difícil para mí hasta que él llegó a mi vida. Lilly tomó una respiración profunda mientras él la envolvía en sus brazos. "¿Qué hay sobre los anillos?"

Mick susurró en su oído, "¿Es este otro secreto?"

"No realmente, pero está relacionado. Tengo este problema con los anillos. Es parcialmente por Frank y parcialmente por ya-sabes quién."

"¿Blake?"

"Sí, los anillos no son el símbolo que una vez pensé que eran."

"¿Cómo te gustaría manejarlo?"

"¿Podemos mirar alianzas en lugar de diamantes?"

"Iremos a la joyería y podrás elegir lo que te haga feliz y te sientas cómoda. No tienes que volver a usarlo. Sabemos que estaremos casados sin necesidad de usar un anillo."

"Te amo, Mick—más de lo que jamás sabrás. ¿Podemos escribir nuestros propios votos también?" Lilly estaba eufórica de alegría y amor.

Mick sonrió. Le encantaba su espíritu libre. "Escribiremos nuestros votos."

Fue una hermosa ceremonia a la luz de las velas y una recepción llena de diversión. Frank y Millie pasaron la mayor parte de la noche en una esquina, sin sentirse parte del grupo, que estaba compuesto mayormente por la familia y amigos de Mick. La intuición de Lilly de tener la boda fuera de la ciudad resultó ser la decisión correcta para todos.

CÓDIGO AZUL

"¿Enfermera que empujaba su silla de ruedas? Lilly le preguntó a la siento bien. ¡Podría quedarme embarazada por el resto de mi vida!

¡Solo quiero volver a casa!"

"Finalmente me o puedo quedarme embarazada?"

"Eso no es lo que siente tu bebé."

Oh, hermano, pensó Lilly. *Todo este embarazo fue difícil, excepto por el* último *trimestre. Eso es lo que me tomó aceptar los cambios en mi cuerpo y sentir algo de control. ¡Ahora todo eso está a punto de cambiar nuevamente y no estoy lista! Durante cinco años, Mick y yo estuvimos tan ocupados divirtiéndonos que me olvidé de Frank. Sin embargo, desde que me quedé embarazada, ha vuelto, rondando en mi cabeza en los momentos más extraños, y no le he contado a nadie.*

"¡Aquí estamos! Puedes empezar a desempacar y volveré pronto." La enfermera se fue.

Lilly, a regañadientes, guardó sus cosas mientras intentaba decirle a Mick lo que le preocupaba. "Mick, ¿puedes bajar el volumen de la televisión, por favor? Necesito hablar contigo." Mick rápidamente la apagó.

"Estoy preocupada y tengo miedo de no estar lista para ser madre."

"Cariño, eres la madre más preparada que he conocido. Piensa en mañana, cuando estarás sosteniendo a nuestro hijo."

"¿Puedes dejar de decir eso? No sabemos si es una niña o un niño. ¡Durante los nueve meses has estado diciendo a todos que tendremos un niño! ¡Ni siquiera tenemos un nombre para niña!" Lilly comenzaba a impacientarse.

"No es necesario. Sé que es un niño." Él sonrió con suficiencia. La enfermera regresó. "Entonces, ¿qué piensan que van a tener, un niño o una niña?"

"¡Oh, por favor!" Lilly puso los ojos en blanco. "Justo estábamos hablando de eso. Mick sabe que es un niño."

"¿Y tú?" preguntó la enfermera.

"Realmente no quería una niña, así que un niño estaría bien."

"¿Por qué no querrías tener una niña?"

Las preguntas de la enfermera hicieron que Lilly se sintiera incómoda. "Es una larga historia familiar," respondió, y su tono convenció a la enfermera de dejar el tema.

Si supieran todas las luchas que he estado enfrentando últimamente. De nuevo, las palabras de Frank resuenan siempre estará conmigo durante los momentos más importantes de la vida. El maldito enfermo. Debería haberle contado al doctor, pero estoy demasiado avergonzada, y es complejo. Necesito usar mis herramientas y controlarlo. ¡Este sería un buen momento para empezar!

Respira, se recordó a sí misma. *¡Sal de mi cabeza! ¡Vete! No eres nada para mí ya,* gruñó a los recuerdos que aparecían en la pantalla de sus pensamientos.

"¿Cómo te sientes?" preguntó la enfermera.

"Bien," mintió Lilly.

"Hazme saber si puedo ayudar."

Lilly asintió mientras las imágenes de un bebé envuelto en una manta con dibujos de payasos, en un ataúd, corrían por su mente. Bebió un poco de agua, tragando con fuerza, esperando ahogar la memoria parcial. No funcionó. En su interior sentía que algo horrible iba a suceder.

"Necesito caminar," le dijo a la enfermera.

"Lo siento, cariño, pero tu bolsa se rompió y el doctor ordenó que no camines."

"¿Puedo caminar al baño y regresar?" preguntó Lilly con desesperación. "Claro, déjame ayudarte."

"No, puedo hacerlo sola," respondió Lilly. Se dirigió lentamente al baño. *Necesito tiempo a solas. Cuanta más conmoción hay a mi alrededor, más flashbacks tengo.*

"¿Lilly?" llamó la enfermera. "¿Cómo estás?"

¿No puede irse? se preguntó Lilly. Estoy perdiendo el control aquí. Siento como si hubiera corrido un maratón. El sudor perlaba su frente. "Ya casi termino," llamó Lilly, limpiándose la cara con una toalla.

Volvió a la cama arrastrando los pies, frotándose ambas manos por la parte baja de la espalda y observando nerviosamente a la enfermera que estaba instalando una máquina junto a la cama. "¿Qué estás haciendo?" preguntó Lilly, aún más vigilante.

"Estoy configurando los monitores. Todo esto es normal. Nos ayuda a controlar tus signos vitales y los de tu bebé. También nos ayuda a monitorear tus contracciones. No te preocupes. Estás justo donde debes estar."

Fácil para ella decirlo. No es ella quien está en trabajo de parto. No es ella quien está teniendo destellos de su infancia. No confío en ella. Ojalá estuviera aquí mi doctor.

"¿Qué tan separadas están mis contracciones?" preguntó Lilly, sintiendo otra envolverla como una pitón.

"Es diferente para cada mujer, pero en este momento las tuyas están a cinco minutos de intervalo." Señaló la pantalla. "Puedes ver el latido del corazón del bebé."

Lilly lo observó. "¿Por qué bajó? ¿Está bien el bebé?"

"Es una caída común una vez que comienza el trabajo de parto, especialmente si es un niño. Creo que tu esposo puede tener razón." Lilly esbozó una sonrisa.

"¿Cómo lo llamarán?" preguntó la enfermera.

"Owen Jon. Son nombres del árbol genealógico de la familia de Mick."

"Owen Jon Marzone. ¡Me gusta! Puedo imaginarme a un maestro llamando su nombre," respondió la enfermera.

Lilly se río. "¡Estoy completamente de acuerdo!"

Doce horas después, Lilly se encontraba al borde de perder el control. Ya no tenía imágenes. Estaba en su pasado y en su presente al mismo tiempo, ambos dejándola con diferentes tipos de dolor y demasiado con lo que lidiar.

La habitación del hospital la estaba alterando, el pitido de las máquinas, el dolor, y no podía controlar nada de eso. Su cuerpo estaba en su propia misión, con o sin ella. Demasiado parecido a los recuerdos con Frank.

"¿Dónde está mi doctor?" preguntó Lilly con enojo a la enfermera de la mañana recién llegada. "¡No he visto a un doctor desde que me ingresaron anoche!"

"Debería estar aquí pronto. Nos mantuvimos en contacto con él durante toda la noche."

"¿Sabe él que no estoy avanzando muy rápido?"

"Voy a verificar exactamente cuál ha sido la comunicación y vuelvo enseguida."

Tan pronto como la enfermera se fue, Lilly se volvió hacia Mick. "Ve a la estación de enfermeras y habla con alguien," le suplicó. "No me siento bien con esto. Algo está mal, Mick. Lo puedo sentir."

Mick regresó con el doctor. Inmediatamente se dirigió a Lilly. "Llamé a medianoche y la enfermera dijo que estabas bien y avanzando normalmente. Llamé de nuevo a las cuatro y recibí el mismo mensaje. Hace solo unos minutos me informaron que no lo estabas pasando fácil," explicó su doctor. "Quiero sugerir que te pongamos una anestesia espinal. Sé que querías que esto fuera un parto natural, pero estás muy ansiosa y una parte de ti está luchando contra la otra."

Lilly sabía exactamente cuál era la batalla. Su cuerpo estaba tratando de protegerse, lo cual no tenía que hacer. "¡No sé si puedo seguir! Si la anestesia espinal ayudará, entonces háganlo," accedió. La poderosa fuerza del miedo había tomado el control.

"¡Doctor, el bebé está en distrés fetal!" gritó una enfermera unas horas después en la sala de partos.

"Lilly, vamos a usar fórceps y tenemos que hacer unos pequeños cortes. El bebé viene de hombro. Solo necesito un último empujón fuerte. ¿Puedes hacerlo por mí?"

Lilly le dio un pulgar arriba. Se aferró a las palabras "un último empujón" mientras la habitación caía en un silencio inquietante lleno de anticipación.

Luego, el sentimiento más extraño la invadió. Todos los signos de trabajo de parto desaparecieron. No había contracciones, no había nada. "No estoy teniendo contracciones." Agarró la mano de la enfermera. "No hay nada con lo que empujar."

"¡Puedes hacerlo, Lilly! A la cuenta de tres, empuja tan fuerte y tanto como puedas. ¡Uno, dos, tres!" Todos en la sala la ayudaban a empujar, animándola, y finalmente escuchó al doctor decir, "¡Lo tengo!"

Mick se inclinó y le susurró al oído de Lilly, "Es un niño." Minutos después, Lilly sostenía a su hijo. "Así que nos conocemos, mi precioso Owen."

El bebé Owen se volvió hacia ella y estaba segura de que reconocía su voz de todas las historias que le había leído y las conversaciones que compartieron durante 9 meses. Lo observó detenidamente. Tenía orejas perfectas, un cuello fuerte y piernas poderosas. "¡Es fuerte!" comentó Lilly.

"¡Claro que sí! Me lo llevaré ahora." Una enfermera se lo llevó.

"Está bien, Lilly, un empujón más para la placenta y tu trabajo habrá terminado," dijo el doctor, esperando. Ese empujón nunca llegó. Lilly comenzó a hemorragia.

"Ella se está desplomando; la presión sanguínea está cayendo." Lilly extendió la mano hacia Mick.

"¡Saquen a él y al bebé de aquí! ¡Código azul!" gritó el doctor. La enfermera más cercana a Lilly se inclinó sobre ella y gritó, "¡Quédate con nosotros!"

Lilly quería irse, dejarse llevar a un lugar donde no sintiera ansiedad ni dolor, pero el equipo no se lo permitió.

Una enfermera se subió a ella y comenzó a presionar su abdomen, tratando de hacer el trabajo de las contracciones que ya no existían. Otra estaba buscando una buena vena en su brazo, sin éxito, mientras otra le daba ligeras bofetadas en las mejillas para mantenerla despierta.

"¡Está colapsando!"

"¡Inyecten la oxitocina ahora!" gritó el doctor. "¡O iré yo mismo a hacerlo!"

"Sus venas están colapsando."

Lilly entraba y salía de una paz interna dichosa. Sentía la tentación de ir hacia la nada, de dejar de luchar su guerra personal por última vez, pero no podía retirarse sin su bebé y Mick. Ellos la necesitaban y ella los necesitaba a ellos. La guerrera dentro de ella regresó y, poco después, su presión arterial mejoró y la hemorragia interna se detuvo. Recuperó la conciencia. "¿Dónde están Mick y nuestro bebé?"

"Están juntos; ambos están bien," declaró una enfermera desconocida.

Lilly cerró los ojos en agradecimiento.

"¡Nos diste un buen susto!" dijo el doctor, sosteniendo su mano.

"Necesitarás una transfusión de sangre, tal vez dos, y eso te ayudará a sentirte mejor. Vamos a mantenerte aquí durante la semana, con visitas limitadas y mucho descanso. Estarás bien." Le dio una palmada en el hombro. "Eres fuerte. ¡Hiciste un gran trabajo!"

"Gracias, doctor."

Sin embargo, al final de la semana, sus nervios no se habían calmado. De hecho, Lilly no podía controlarlos. Disparaban constantemente.

Una vez más, se encontró incierta y con miedo del momento que estaba viviendo. "¿Por qué sigo sintiéndome mareada y aturdida?" le preguntó a Mick.

"Necesitas más descanso. Tu cuerpo pasó por un trauma. Tomará tiempo sanar. El doctor dijo que todo esto es normal y que vas a estar bien," dijo él alentadoramente.

"Aún creo que algo está mal. Me siento asustada por dentro. Mi corazón y mis pensamientos van a mil por hora. ¿Cómo voy a cuidar de un bebé sintiéndome así?"

"Será más fácil cuando lleguemos a casa. Nunca te gustaron los hospitales ni los consultorios médicos. Estar en casa ayudará con los nervios."

"Espero que sí, Mick, porque no me siento bien."

Se sintió mejor en casa, pero su corazón seguía latiendo más fuerte y rápido de lo normal, y se cansaba fácilmente. Sostener a Owen en sus brazos y mecerlo era la única forma de consuelo en su día. Y sabía que eso no era normal.

No puedo pasar el día como un bebé; meciéndome, acurrucándome, comiendo y durmiendo, pero es todo lo que siento que puedo hacer. Hay una pesadez que me abruma. No estoy segura de quién o qué soy. Definitivamente no soy la madre que Owen necesita. Pobre pequeño. Está recibiendo amor, pero necesita mucho más.

¿Qué demonios me pasa?

Unas semanas después, mientras Lilly empezaba a cambiar el pañal de Owen, se detuvo y se preguntó, "¿Es seguro tocar su trasero desnudo? ¿Eso me convierte en una pervertida? ¿Me estoy convirtiendo en Frank?"

Su mente reproducía la imagen de ella misma experimentando las manos errantes de su padrino. Frank había vuelto a colarse en su cabeza con un miedo paralizante y asfixiante.

Esa noche, se arrodilló junto a su cama y rezó, "Estoy tratando de ser fuerte, pero tengo miedo y no me siento bien. Saca a Frank de mi cabeza. Los recuerdos me hacen sentir indefensa y dudosa como madre.

Antes de tener a Owen, podía enterrar a Frank, pero ahora siempre está en algún lugar de mi mente. ¡No puedo vivir así!" Apoyó la cabeza en el colchón y lloró.

1986 - SESIÓN TRECE - PERDURANDO

"Mi ansiedad se disparó cuando estaba embarazada. Volví a estar enfermiza y débil, como Millie."

"Fue difícil hacer frente a los problemas inesperados del parto y el embarazo."

"Los cambios físicos y emocionales se salieron de control y no sabía cómo detenerlos. Mis peores emociones resurgieron, como el miedo, el pánico y la ansiedad. Me sentía condenada. O Owen o yo no lo lograríamos. Ese mensaje estaba incrustado en mi cerebro."

"Los cambios normales en tu cuerpo actuaron como un desencadenante," dijo el Dr. Bricks con tono tranquilizador a Lilly.

"Así es como lo veo ahora, pero no en aquel entonces. Antes del embarazo, la vida era genial. Estaba confiada en el trabajo y el matrimonio. Habíamos comprado una casa y la estábamos arreglando. Tenía un jardín con flores. Teníamos amigos y fines de semana divertidos. Estaba viviendo un sueño y eso cambió en el segundo mes de embarazo, y no se fue. Todavía me despierto hipervigilante, buscando seguridad, rutas de escape y peligros visibles. Mi corazón late con fuerza y sudo como si acabara de correr una maratón. Ese tipo de vida es lo que me trajo aquí." La cara de Lilly se enrojeció.

"Estás describiendo rasgos comunes del trauma infantil que pueden regresar después de dar a luz," explicó el Dr. Bricks.

"Parece increíble que el abuso haya llevado a esto," dijo Lilly.

"El Dr. Bricks se sentó en silencio, observando al niño asustado y desprotegido que habitaba dentro de Lilly. "Siento que algo te preocupa."

"Sí. ¿Por qué no puedo racionalizar y explicar todo lo que me ha pasado? Incluso con terapia no puedo digerirlo."

"Es mucho para digerir, Lilly. Tienes síntomas de estrés postraumático y ansiedad generalizada. Esto no ocurrió porque fueras enfermiza o débil, sino por lo que tu cuerpo tuvo que pasar para sobrevivir. Es como las secuelas de un terremoto. Dicho esto, estás mucho más allá de la etapa de limpieza; te estás ocupando de los detalles finales."

"Dijiste 'síntomas'. ¿Qué síntomas?" preguntó Lilly en un momento de negación.

"Comportamientos como el sistema de creencias negativas que mantienes sobre ti misma y tu incapacidad para mantenerte presente."

"¡Ambos están mejorando! Me doy cuenta rápidamente si empiezo a desconectarme y es más fácil cambiar los pensamientos negativos por positivos. Pero dijiste 'síntomas', en plural."

El Dr. Bricks hizo una breve pausa y luego continuó, "Sentirse alienada e incomprendida; la hipervigilancia y la disociación. Cada uno de esos tiene una explicación que se conecta con tu vida en el pasado, así como en el presente."

"Mis cargas," Lilly tenía una expresión preocupada. "La gente dice que todo es culpa de Frank, pero yo soy la que tiene que aprender a vivir con lo que él hizo. Él fue el creador y yo soy la portadora. Tengo la etiqueta de estar mentalmente enferma por su culpa. Cuando escucho la palabra enferma, veo a una persona gravemente enferma, postrada en cama, muriendo. ¡Es una imagen negativa y cruel y me hace sentir peor! Eso no soy yo. Soy una luchadora. Soy una soldado de fuerzas especiales que ha estado en una batalla muy larga."

"No dije nada sobre estar enferma. El TEPT afecta la salud mental, de manera similar a como la falta de insulina afecta la salud física."

Lilly soltó un fuerte suspiro de frustración. "¡Eso es exagerado! Nadie ve la enfermedad mental de esa manera. Nací en este mundo siendo una persona feliz y normal, y esa parte de mí todavía existe. Pero los traumas que soporté pintan una imagen tan diferente."

"Has estado trabajando duro para tener éxito y disminuir los efectos del trauma mientras vuelves a ser la persona que eras originalmente." Ella consideró las palabras del doctor. "He mejorado desde el día en que llegué. Definitivamente estoy más equilibrada y volver a revisar los ataques, mientras pienso como una adulta racional, ha respondido muchas preguntas que me estaban frenando."

"Aceptar lo que te sucedió como real y que ya no necesita estar separado del presente es fundamental para la sanación."

"No logré mantenerme presente durante el parto." Lilly se llevó las rodillas al pecho. "Frank casi ganó esa vez. Casi me muero.

Había demasiados desencadenantes activándose al mismo tiempo. Perdí el control."

"Como sabes, los cambios pueden tener un mayor efecto en personas con TEPT."

"No todos entran en pánico y se disocian, ¿verdad?"

"No, no todos, pero tu sentido del miedo durante el embarazo aumentó, lo cual no es inusual para personas con un trastorno por trauma. ¿Cómo ayudarías a alguien que esté pasando por los mismos sentimientos durante un embarazo?"

Lilly respondió lentamente, "Les diría que sean abiertos y honestos con su doctor y si el doctor no lo aborda, busquen otro. ¡Si tan solo hubiera hecho eso!"

El Dr. Bricks se reclinó, dándole tiempo para procesar.

Lilly continuó, "Y como no le conté a nadie sobre mis problemas y miedos, los exageré, lo cual hago a menudo." Ella estaba visiblemente enojada consigo misma.

"Esa es una respuesta aprendida que necesita más reentrenamiento. El cuerpo nunca olvida, hay verdad en esa afirmación. Pero la reacción puede ser alterada," recordó el Dr. Bricks.

Lilly asintió en señal de acuerdo. "Ahora les cuento a los doctores y cuando me miran como si estuviera exagerando algún asunto trivial en mi vida, me voy. Ser capaz de reconocer mis problemas es un progreso."

El Dr. Bricks miró a Lilly con orgullo. "Has avanzado mucho y creo que es hora de que discutamos tu regreso al trabajo."

Lilly parecía sorprendida. "¿En serio?"

"Creo que has reunido suficientes herramientas para ayudarte a reconectar con un equilibrio saludable entre el hogar y el trabajo. Además, es una gran oportunidad para practicar lo que has aprendido y ver qué aspectos aún necesitan ser abordados."

"Tengo miedo de volver, preocupada de fallar en mi trabajo y decepcionar a los niños."

"Lilly, estás lista para usar tus nuevas herramientas para convertirte en una mejor maestra y estoy aquí si me necesitas. No te estoy abandonando. Eso es importante recordarlo."

"¿Entonces estás diciendo que me verás una vez al mes?" Su corazón latía con emoción por estar sola, pero con el temor de cometer errores.

"¿Qué te parecen citas quincenales y luego pasamos a mensuales cuando estés lista? ¿Qué te parece?"

"Eso suena bien." Bajó los hombros y respiró hondo. "Puedo manejar cada dos semanas. Va a ser un desafío, pero nunca sabré qué más me está frenando hasta que vuelva al mundo real. Seguir adelante es el único camino que conozco."

El Dr. Bricks sonrió cálidamente. "Creo que vas a tener muchos más días buenos que malos. Y recuerda que estoy aquí para ti, al igual que tus padres, Owen y Mick. No estás sola. Tienes una red de personas que se preocupan y conocen tus inquietudes."

"Hay un consuelo en saber eso. El tipo que sentía con Ann y Trudy." Lilly se sentó en silencio. "No puedo evitar preguntarme cómo sería de diferente hoy si mamá y papá hubieran elegido otros padrinos."

"Tal vez te convertiste en una mejor persona de lo que hubieras sido."

"¡Esa es una forma interesante de verlo!" Respondió Lilly. "Tal vez habría sido una mocosa y no me habría importado mucho los demás. Podría haber crecido siendo egoísta y narcisista. ¿Qué tan horrible sería eso?"

"Tú definitivamente no eres esa persona," rio el Dr. Bricks. "Dime, Lilly, ¿en qué años te sentiste más como tu verdadero yo?"

"Eso es fácil, en la adolescencia media y luego a mediados de los veinte."

"¿Realmente eres tan diferente hoy de esos años?"

Lilly lo pensó un poco. "Creo que sí, porque me preocupo más y no siento la libertad que tenía en ese entonces. Esos fueron años en los que experimenté nuevos sentimientos de felicidad, sin embargo, tengo mucha vida por delante y quién sabe qué otras emociones están ahí afuera. Así que supongo que tengo que esperar y ver. Como dijiste, ¡estoy en construcción!"

NO MÁS ESCONDERSE

"¿Qde nosotros?" preguntó Mick mientras comenzaba a cenar. qué piensas sobre la decisión de tus padres de mudarse cerca

"¡Estoy emocionada! Será genial para Owen. Y realmente quiero ver más a mamá y papá."

"¿Significa eso que Frank y Millie podrían volver a nuestras vidas?"

Lilly dejó su tenedor. "No había pensado en eso. Sé que mamá todavía habla con Millie y a veces se encuentran en Florida. Mick, no pueden poner un pie en nuestra casa. Nunca."

"¿Has hablado de esto con el Dr. Bricks?"

"Hemos hablado sobre cómo protegí a Owen de mi lado de la familia por Frank y Millie." Inhaló profundamente y dejó escapar el aire lentamente, y continuó, "¿Qué tal si terminamos esta conversación más tarde y disfrutamos nuestra cena?" Lilly recogió su tenedor y volvió a su comida. Mick hizo lo mismo.

Había pasado mucho tiempo desde que permitió cualquier conversación sobre sus padrinos y cuando escuchó el nombre de Frank, los músculos de su cuerpo se tensaron y una ola de miedo recorrió su cuerpo.

Mientras lavaba los platos de la cena, su mente no dejaba de pensar. *Evitar eventos familiares porque Frank todavía me asusta y no se le puede confiar significa que todavía soy su prisionera. Creo que estoy haciendo lo mejor para Owen y para mí, pero ¿lo estoy?¡Deja de pensar negativamente! Mamá y papá se están mudando para estar más cerca. Mantente enfocada en eso. Es un pensamiento feliz. Quiero estar cerca de ellos. Quiero que Owen conozca a sus abuelos.*

En las siguientes semanas, visitó la nueva casa de sus padres, asegurándose de que estuviera lista para que se mudaran. Horneó y congeló algunas comidas, mientras Mick se encargaba del césped y los arbustos. Finalmente, llegó el gran día.

"Mamá, ¡estoy tan feliz de que estés aquí y a una distancia a pie de nosotros!" Le dio un gran abrazo de bienvenida. "Y mira a Owen y al abuelo. ¿No parecen dos almas viejas?" Ambas observaron desde la ventana de la cocina mientras Vincent mostraba un gusano a su nieto.

"Quiere llevarlo a pescar al estanque de los niños", informó Gwen.

"¡A Owen le encantará eso!" sonrió Lilly.

Gwen cambió de tema. "¿Puedes quedarte a tomar una taza de té y pan recién horneado? Acaba de salir del horno."

"¿Cómo puedo decir no a eso? Tengo unos veinte minutos, y luego tengo que volver al trabajo." Lilly nunca rechazaba pan fresco.

"¿Qué tal si vamos de compras este sábado y almorzamos juntas?" sugirió Gwen.

Lilly no lo pensó mucho, "¡Sería divertido! ¿A qué hora?"

"Salgamos de aquí a las diez. El abuelo cuidará de Owen para que Mick no tenga que cambiar su horario de trabajo." añadió Gwen.

Lilly untó mantequilla en su pan caliente. "¡Mick lo apreciará, y yo también!"

"Solo me preguntaba, Lilly, ¿por qué no has devuelto la tarjeta de confirmación de la boda de tu primo? Se acerca pronto," inquirió Gwen.

"Hemos estado muy ocupados. Déjame hablar con Mick. Prometo que enviaré la respuesta esta semana."

Lilly evitó el contacto visual, mientras pensaba en la mentira que acababa de decir. *Desde que recibí esa invitación, han vuelto los recuerdos. Por eso no he respondido. Pero no puedo evitar a la familia para siempre, ni tampoco quiero hacerlo.*

Lilly se sentía como si volviera a tener diecinueve años, inventando excusas mientras se debatía entre lo que quería hacer y lo que debía hacer.

Más tarde, Mick intentó calmar sus preocupaciones. "Lilly, no estás evitando a tu familia si no vas. Estás manteniéndote a salvo a ti y a Owen. Esa es una gran diferencia."

"Pero inventé excusas durante años antes de conocerte. Luego, Frank y mi pasado parecieron desaparecer hasta que tuvimos a Owen. Ahora lo protejo como una osa. Casi nadie ha visto a nuestro hermoso hijo. Si no puedo disfrutar de mi familia, entonces Frank todavía me controla."

"Unos años después de nuestra boda, vimos a Millie y Frank por dos horas y corriste al baño a vomitar. Te llevé a casa. ¿Recuerdas?"

"Sí." Lilly suspiró, recordando la imagen de Frank y el olor de su cigarro, que la enfermó violentamente durante días. "Me enfermé y no los he visto desde entonces. Sin embargo, ¿por qué Owen no debería divertirse con primos de su edad y disfrutar de grandes celebraciones familiares con mi lado? Mamá y papá no están contentos con esto, y yo tampoco."

"Creo que estamos en el camino correcto al mantenernos alejados," respondió Mick con firmeza.

"Pero no es correcto mantener a Owen alejado de parte de sus tradiciones. Tengo dos parientes pervertidos, y todos los demás son personas maravillosas que quiero que conozca. Mantenemos tus tradiciones y eso hace que extrañe aún más las mías."

Mick no estaba de acuerdo. "No estamos expuestos a ellos cuando estamos con mi familia."

"Debe haber una manera, solo esta vez. No quiero perderme la boda. Su familia ha sido buena con nosotros y con mamá y papá." Lilly no se detenía.

Se movieron por la cocina, como en una danza familiar, mientras preparaban la cena.

"Te has estado castigando por esto, sobre pensando de nuevo," Mick le recordó a Lilly.

"Sí, culpable como se acusa." Respondió Lilly, molesta. "Me está molestando. Siento que Frank todavía tiene control sobre mí y no quiero eso. Quiero poder enfrentarlo y aun así mantenerme a mí y a mi familia a salvo."

"Crees que puedes hacer eso." Mick estaba cansado de la abstinencia de Lilly.

"La seguridad es enfrentarlo. No huir o esconderse." Ella respondió con brusquedad.

"¡Entonces diles la verdad a tus padres!" Él respondió con la misma intensidad.

Lilly llenó una tetera con agua y la puso en la estufa a hervir. "Voy a decirles, justo después de la boda."

"No, no lo harás. Después de la boda habrá otra excusa o algo más tendrá prioridad."

"Está bien, enviaré un regalo y lo dejaré así." Golpeó la cuchara grande con fuerza.

"Eso no es exactamente lo que pienso. Creo que deberíamos ir a la boda, pero no con Owen. Podrías dejarlo en casa conmigo e ir con tu hermana," sugirió Mick.

"No voy a ir sin ti."

"Conseguiremos una niñera para la despedida de soltera y la boda."

"Eso derrota todo el propósito de la tradición familiar para Owen. ¿Por qué no podemos hacer un plan para cuidarlo por turnos en la despedida de soltera para que nunca esté fuera de nuestra vista?

Y aun así puede disfrutar de la fiesta y sus primos." Lilly ahora estaba insistente.

"Pero has dicho que solo toma segundos para que Frank atrape a su víctima." Mick estaba intentando con todas sus fuerzas encontrar sentido a las ideas de Lilly.

"A él le gusta prepararlas primero observando y acechando. No ha tenido esa oportunidad con Owen. Owen ni siquiera sabe quién es su tío abuelo Frank. ¡Gracias a Dios!"

"Lilly, tampoco sabes quién es Frank ahora. Han pasado años."

Lilly se quedó callada, recordando respirar. Le molestaba escuchar la lógica de Mick, pero tenía razón. *¿Quién es Frank ahora? ¿En qué se ha convertido?* Se preguntó y luego se recuperó.

Lilly continuó defendiendo sus ideas. "No, en parte tienes razón y en parte estás equivocado. Este es Frank del que estamos hablando, y su encantadora cómplice, Millie. Puede que hayan cambiado, pero los patrones de Frank no. Siempre observa y acecha primero con atención. Luego hace sonar las monedas y las llaves en su bolsillo y atrae a los niños pequeños con lo que ve que les gusta: dulces, dinero, un paseo en un coche grande y lujoso. Eso nunca cambiará. Así es él. Y Millie, solo se preocupa por salvar su propia alma y siempre lo hará."

La preocupación de Mick era ver a Lilly feliz. "Estás decidida a ir a la despedida."

"¡Estás enojado! ¡Puedo verlo y escucharlo!" La voz de Lilly temblaba.

"Por supuesto que lo estoy. Esta no es tu forma normal de pensar. Normalmente eres muy cautelosa."

"Estoy pensando con claridad. Simplemente no quiero que Frank controle lo que puedo y no puedo hacer. Juntos podemos superarlo." Hizo una pausa y luego continuó, "Me quedaré con Owen arriba y tú vigilarás a Frank abajo. Si él sale de la habitación, tú lo sigues, y viceversa. Si necesito un descanso, la abuela estará allí para ayudar."

"Ella te cuidaba cuando tenías su edad," dijo Mick suavemente.

Lilly se sonrojó intensamente. "Eso puede ser cierto, pero mamá es diferente ahora. Sus nietos son todo para ella y no tiene otras responsabilidades. Su único trabajo sería cuidar de Owen, si la necesitara."

"Supongo que está decidido. Hazle saber a Gwen que vamos a la despedida con Owen, pero no a la boda. Conseguiremos una niñera para eso. ¿De acuerdo?" Mick necesitaba poner fin a esto.

"Sí, gracias, Mick. Va a funcionar. Solo espera y verás." Le dio un gran abrazo.

"Lilly, no vamos a hacer esto cada vez que haya un evento familiar que incluya a tus padrinos."

"Lo sé, Mick, un paso a la vez, con Owen siendo nuestra prioridad número uno."

"Lilly, no se trata solo de Owen. También se trata dc ti. Me preocupa que verlos te afecte."

"Sé que me ha llevado toda la vida decirlo, pero puedo sentir que está sucediendo, más que nunca. ¿Y sabes por qué?" preguntó.

El corazón de Mick ya dolía, y ahora había más. "¿Qué es?" preguntó con reticencia.

"No sé cómo decir esto, pero lo intentaré." Respiró profundamente y bajó los hombros. "Si tengo tanto miedo de que Frank vaya tras Owen, ¿qué le impide ir tras cualquiera de los otros niños? El hecho de que yo esté a salvo de él no significa que todos los demás en el mundo también lo estén. ¡He sido tan estúpida por no darme cuenta de esto hace años! Ningún niño está seguro cerca de él. ¿Sus viajes a Florida? ¿Cuántas niñas pequeñas abusó allí? Luego está su 'negocio' en Chicago y sus viajes al Norte. ¿Qué pasa con mis primos y nuestros vecinos? ¿También han sido aterrorizados y abusados? Tengo que proteger a los niños. Tenemos sobrinas y sobrinos." Lilly luchó contra las lágrimas, caminando hacia Mick y enterrando su rostro en su hombro.

Él la abrazó con fuerza. "Cuanto antes hables, mejor para nosotros y para todos los demás."

"¿Estarás allí para mí?"

"Siempre," la atrajo más cerca.

RECOGIDAS FÁCILES

El día de la despedida de soltera, Lilly vistió a Owen con un suéter rojo brillante para poder identificarlo fácilmente en una habitación llena de gente. "¿No estás emocionado de jugar con tus primos?"

"¿Va a ir el abuelo?" preguntó Owen.

"Sí, el abuelo y la abuela estarán allí y no puedes ir a ningún lado sin uno de nosotros. Si necesitas ir al baño, ven y búscame. No vayas con nadie más."

"¿Por qué?"

"Porque solo mamá y papá, o el abuelo y la abuela, saben cómo cuidarte."

Es tan curioso y espontáneo, pensó Lilly, *y solo tiene tres años. Escucharnos no ha sido una de sus fortalezas últimamente. Sería tan fácil para Frank alimentarse de una mente joven y llevarlo directamente a sus manos, como lo hizo conmigo.* Lilly se estremeció al pensar en lo asustada que debió haber estado.

"¡Ma varios niños que rebuscaban en unas cajas de juguetes. amá!" Owen tiró de su brazo.

"¿Puedo ir a jugar allí?" Señaló.

"Claro que sí, comparte y juega bien." Ella lo observó unirse y se volvió hacia Mick.

"¡Míralo! ¡Está tan emocionado!"

"Voy a ir con los chicos. ¿Está bien?" preguntó Mick.

"Claro, saluda a papá de mi parte. Recuerda, ambos ojos atentos en todo momento," le recordó firmemente.

Tan pronto como él salió de su vista, Lilly escaneó la habitación: salidas, ventanas, escalones y pasillos, y luego se acomodó en la mesa de la cocina, al lado de su madre y con vistas al salón.

Pasó una hora, dejando a Lilly pensando que pronto comerían y luego podría retirarse. Todo iba mejor de lo planeado. Entonces, Millie se unió a ellas, bloqueando la vista de Lilly.

"Hola querida, ha pasado tanto tiempo desde que vimos a ti y a tu familia. Estaba observando a Owen. Es especial; un buen niño y lindo como un bicho." Millie se inclinó y le dio un beso en la mejilla a Lilly.

Gwen estuvo de acuerdo, "También es inteligente. Deberías oírlo hablar. Puede discutir y solo tiene tres años."

Gracias a Dios, ahora mamá hará que Millie hable y eso me liberará para vigilar.

"Lilly, ¿podrías traerle a tu madrina un vaso de agua? Estoy seca." Lilly miró a Owen, quien estaba profundamente enfrascado en el juego con otro niño de su edad.

Caminó unos pasos hacia el fregadero. Cuando se dio la vuelta, Owen había desaparecido. No estaba jugando con los bloques. No estaba en la cocina. No estaba en la multitud de niños jugando con papel de regalo y lazos.

El corazón de Lilly se subió a su garganta. Así de astutos eran. Un pequeño cambio en el patrón era todo lo que Frank necesitaba para moverse. Sabía que ella no podía permanecer en la silla de la cocina para siempre, así que envió a Millie para ayudar a avanzar la trama.

Dejando el vaso en la alacena, tratando de no parecer como si hubiera presenciado un asesinato, Lilly buscó frenéticamente a Owen en la planta superior de la casa. "El único lugar que no he revisado es abajo. ¡Voy a matar a Mick si no está vigilando a Frank!"

Se dijo a sí misma mientras bajaba corriendo las escaleras. Al llegar al fondo, giró la esquina y vio el suéter rojo de Owen en un pasillo estrecho y tenuemente iluminado. Estaba riendo y corriendo lejos de Frank, quien lo seguía en un juego de persecución.

"Owen!" gritó en pánico. "¡Detente ahora mismo!"

Owen se dio la vuelta y comenzó a correr hacia ella, pero Frank lo levantó en sus brazos.

"¡Bájalo!" Lilly apretó los dientes y comenzó a trazar cuidadosamente cada movimiento. Sus manos habían tocado a su hijo. Todas las promesas cambiaron. Nadie podía estar más en el presente que ella.

Frank hizo una mueca burlona, con su cigarro colgando de la comisura de la boca. "¿Qué vas a hacer? ¿Qué puedes hacer? ¿Intentar contarle a tu mami de nuevo?" La insultó como si fuera esa niña pequeña de hace mucho tiempo.

"Si no bajas a Owen ahora, gritaré a todo pulmón para que todos escuchen y vengan corriendo. Serás atropellado. Así que. Bájalo." ordenó con una voz lenta y llena de odio mientras se miraban fijamente a los ojos. Por una vez, no sentía miedo de su mirada. Sus pensamientos solo estaban en la seguridad de Owen.

Sus pensamientos estaban en Lilly, seducido por su aguerrida. Queriendo jugar más en el juego, trabajó en debilitar su defensa maternal. "Es un niño adorable y tan feliz, me recuerda mucho a ti a esta edad." Le hizo cosquillas en la barriga a Owen y Owen se rió.

La cámara en la mente de Lilly se encendió. *Esa fue una de sus primeras caricias, las cosquillas.* Por un breve segundo, ella miró hacia abajo y salió del presente.

"¿Recuerdos, Lilly?" Frank la interrogó. "¿Qué tal si hacemos un trato? Lo bajo, nunca lo vuelvo a tocar, y tú vuelves a mí." Sus ojos amarillos se abrieron de par en par con júbilo mientras ansiosamente masticaba el cigarro.

Lilly, se despertó a sí misma. *Mantente en el presente. Mantén a la pequeña Lilly detrás de ti. No dejes que salga adelante.*

Con sus ojos fijos en los de Frank, se acercó lentamente.

"Nunca. Nunca lo tendrás, y nunca me tendrás a mí. Hiciste esa promesa sobre Eva, ¿y recuerdas cómo resultó eso?" Ahora estaba lo suficientemente cerca para oler su aliento impregnado de tabaco y güisqui. "Eres un mentiroso." Se detuvo, a un par de pies de distancia.

No va a ganar esta guerra, se dijo a sí misma y comenzó a planear palabras para enfurecerlo. "Mick sabe todo. Le conté y pronto todos aquí también lo sabrán. Tus días de alimentarte de nuestra familia han terminado; también lo ha hecho mi promesa de mantenerme callada."

El tenso intercambio asustó a Owen y él extendió los brazos hacia su madre, tratando de liberarse. "Mamá, ya no quiero jugar su juego."

"Cariño, nunca tendrás que jugar su juego. Mamá está aquí." Se movió para tomar a su hijo.

Frank dio un paso atrás. "¡Le dijiste a Mick!" le gruñó. "Eres una loca. Puedo atrapar a Owen en cualquier momento. Siempre estoy vigilando, no importa dónde estés; nunca estás lejos. Tampoco lo está tu hijo. Camina a casa después de la escuela con un amigo vecino, una niña pequeña, y juega en el patio los sábados por la mañana. He pasado por tu casa muchas veces sin que te des cuenta. Sería fácil atraparlo, porque no puedes vigilarlo cada segundo."

La valentía de Lilly flaqueó al pensar en un Owen desprotegido. *Estoy dejando que Frank se meta en mi cabeza. Me está alimentando con miedo, y se está asegurando de que vea que sus manos están sobre Owen. No puedo ceder. Esto va más allá de sus amenazas. Esto se trata de la vida de Owen.* Movió su enojo hacia sus pies, se mantuvo firme y comenzó a meterse en la cabeza de Frank por un cambio.

"Cuando le cuente a la policía todo lo que me hiciste, no volverás a usar trajes caros. Más bien un mono naranja. Y he oído que los abusadores de niños son los compañeros favoritos de los prisioneros," Lilly se burló. "Si sabes lo que te conviene, suelta a Owen."

Desde el rabillo del ojo, vio a Mick. "Mick, él tiene a Owen."

Mick corrió hacia Frank, listo para matarlo. Lilly se interpuso entre ellos. "No, Mick, eso es lo que él quiere. Quiere que perdamos el control." Se mantuvo firme. "Por última vez," advirtió. "Suelta a Owen ahora."

Owen comenzó a gemir.

Los ojos de Frank parpadearon de un lado a otro, sin saber dónde enfocarse, y en ese segundo Lilly se lanzó, agarrando a Owen de sus brazos y empujando a Frank hacia atrás contra la pared.

Con manos temblorosas y rodillas débiles, Lilly puso a Owen en los brazos de Mick.

"Estábamos jugando a perseguirnos, papi. Él estaba tratando de atraparme," se quejó Owen.

"Owen, prometiste quedarte cerca de mamá y la abuela," le regañó Mick.

Owen tiró de su bolsillo. "¡Pero mira, papi!" Sacó un dólar de plata. "Ese hombre me dio esto para jugar con él. Tiene más en su bolsillo. Las hizo sonar."

"¡Maldito bastardo!" Lilly avanzó, empujándolo con más fuerza contra la pared, sus manos alrededor de su cuello. Mick puso a Owen en el suelo y se apresuró a proteger a Lilly, separándola de Frank.

"¡Estás loca! ¡Una verdadera loca!" Frank escupió una bola de jugo de cigarro a sus pies.

Vincent y varios otros hombres salieron corriendo de la sala de recreación y bajaron por el pasillo hacia la conmoción. Vincent vio a Mick sosteniendo a una Lilly histérica, mientras Owen estaba aterrorizado. Vincent tomó a su nieto en sus brazos y miró a Lilly con desconcierto, "¿Qué está pasando aquí?" preguntó, mirando a Frank.

Frank habló primero. "Tu hija está loca. Solo estaba jugando un pequeño juego de escondite con Owen, eso es todo. Y ella me atacó." Su voz era tan calmada como el agua en calma. Se alisó el traje y movió el cigarro al otro lado de su boca. "Adelante, pregúntale tú mismo," desafió a Vincent.

"Lilly, ¿eso es verdad?"

Todos la estaban mirando a ella, no a Frank, sino a ella. En su mente, ya la habían declarado una loca.

"No, eso no es verdad." Se volvió hacia Owen. "Dale a mamá esa moneda. No te pertenece, y tenemos que devolverla." No quería que tuviera nada de Frank: ni un desencadenante, ni dinero, y definitivamente ningún recuerdo.

Reluctantemente, Owen le entregó la moneda. Ella la arrojó a los pies de Frank. "Ahí está tu maldito dinero. No vuelvas a hacer otro truco así."

Frank se rió. "¿Qué les dije, chicos? Jugué un pequeño juego de magia con Owen y ella se volvió loca. ¿Cuál es el daño?"

Extendió los brazos, actuando totalmente confundido e inocente.

"Abuelo, mamá está enojada," dijo Owen, mirando la cara de su abuelo.

Lilly se recompuso. "Mamá está enojada porque ese hombre te engañó para que bajaras con él."

"Jesucristo," interrumpió Frank, "estábamos jugando. Vincent, siempre ha tenido mal genio, ¿no estás de acuerdo?¡Esa gran imaginación suya siempre ha sido un problema!"

"No, Frank, ella tiene razón. Estuvo mal llevarse a Owen sin su permiso."

Mick se quedó en shock, entumecido e inseguro de lo que había pasado; su único pensamiento era salir de allí lo más rápido posible.

Con Owen asegurado en su asiento del coche, la realidad de la tarde golpeó a Lilly y comenzó a temblar. Ahora era seguro sentir, y estaba asustada, una niña aterrorizada conteniendo la respiración detrás del calentador, escuchando el tintineo de las monedas y los pasos de Frank acercándose. Ver a Owen engañado y atraído al oscuro mundo de Frank fue la fuerza que necesitaba para dar el paso que más temía.

OLAS DE DESTRUCCIÓN

"¿Estás lista para terminar de explicarles a tus padres lo de ayer?" preguntó Mick a la mañana siguiente.

Lilly se puso la almohada sobre la cabeza. Toda la noche había reproducido el encuentro con Frank, analizando lo que debería haber hecho de manera diferente. Le contestó a Mick, amortiguando su voz, "Llevarlo más allá habría sido incorrecto, con invitados y familiares observando. Pero me di cuenta de que la verdad va a poner nuestra familia patas arriba." Mick se vistió apresuradamente.

"¿A dónde vas?¡Es domingo!" preguntó Lilly, arrastrándose fuera de la cama.

"Al taller. Tengo algo de trabajo que terminar," dijo mientras se cepillaba los dientes. "Siempre es una cuestión de tiempo para ti cuando se trata del secreto de Frank. O lo que todos van a pensar de ti si lo cuentas."

"No es el tiempo," argumentó Lilly. "Hay tanto en mi cabeza. No sé por qué me congelo cada vez que lo intento. Tal vez todavía veo esto como mi culpa."

Mick la miró. "Eso es ridículo. Has pasado por esto en terapia muchas veces." Frustrado y desconcertado, caminó hacia la cocina con Lilly siguiéndolo de cerca.

"No espero que lo entiendas. Nadie lo hace a menos que les pase," dijo ella con dureza.

Él agarró sus llaves del mostrador y se fue.

Lilly se arrastró hasta la cafetera, se sirvió una taza y se sentó en la mesa de la cocina, mirando el jardín. *"Desearía que mi río y mi sauce estuvieran allí. Mick intenta entenderme, pero no puede vivir en mi cabeza, ni siquiera por un día. No tiene conexión con una vida de pánico. Pero tiene razón. La realidad de que Frank vaya tras Owen lo cambia todo. No puedo ser como Millie y mirar hacia otro lado. No puedo ser como mamá y preocuparme por los chismes. Lo que realmente me asusta es el miedo de cómo manejaré la verdad. Creo que me matará. Me desmoronaré. No podré ser la madre de Owen ni la esposa de Mick, y ¿qué pasa si mamá y papá no me creen? Perderé a todos de nuevo. Seré exiliada, no Frank. ¿Es eso un pensamiento irracional o una realidad?"*

Ese mismo día, Vincent y Gwen estaban teniendo su propia conversación en la mesa del desayuno.

"Ayer fue una buena despedida, hasta que Lilly hizo una escena con Owen." Gwen untaba su tostada con mantequilla.

"Yo la vi en el pasillo de abajo. Estaba molesta y Owen también. Mick parecía en shock. Creo que ella está guardando secretos y tengo la intención de averiguar qué estaba haciendo Frank realmente," respondió Vincent.

"Ahí estás, retrocediendo unas décadas, uniéndote a mi madre y su sospecha de Frank. Realmente, Vincent; Lilly siempre está en contra de Millie y Frank."

"¿No te has preguntado nunca por qué se siente así? Ella ama a todos los demás," añadió Vincent.

"Es porque son sus padrinos y Millie tenía mucho que decir sobre su crianza. A Lilly no le gustaba eso. Eso es lo que creo." Vincent sacudió la cabeza. "Te lo digo, Gwen, hay algo más pasando con Lilly y creo que quiere decírnoslo, pero se está conteniendo, y Mick también."

"Si es importante, nos lo harán saber. Lilly no puede guardar un secreto, aunque su vida dependiera de ello, y no vamos a causar problemas en la familia ahora. Sea lo que sea, puede esperar hasta después de la boda, que es dentro de tres semanas." Gwen finalizó la discusión.

"Vamos, comemos y volvemos a casa," Mick dirigió su comentario a Lilly.

"Eso es lo que todos acordamos," dijo Lilly. "¿Verdad, Eva?" le preguntó a su hermana en el asiento trasero del coche.

"Mañana vuelo de regreso temprano, así que no quiero quedarme hasta muy tarde. Kevin está trabajando en un caso y nuestro vecino está cuidando a los niños hasta que llegue a casa. Necesito descansar," respondió Eva.

"Estoy tan feliz de que estés aquí. Nada como el tiempo con la hermana, incluso si es solo por un par de días." Lilly lo decía en serio. Le había dicho a Eva que dejara a los niños en casa, sin dar una explicación. Entre ella y Eva, no siempre era necesario decir las palabras.

Era imposible no notar a Frank cuando entraron en el salón de recepción. Estaba sentado en el centro del bar, de cara a la pista de baile y las puertas principales. Tenía una vista de cada mujer, hombre y niño que entraba.

"Mick, ahí está él, el enfermo, violando con los ojos a cada mujer que entra por esas puertas," Lilly susurró al oído de Mick. "No lo mires; no le des el placer. Agárrate de mí brazo y evítalo por completo."

Lilly escudriñó el salón de recepción. Entrar a una habitación y disfrutar del motivo por el cual estaba allí era algo que Lilly no conocía, incluso ahora en sus treinta. Para Lilly, el miedo entraba primero, luego el escape, seguido de cómo podía protegerse.

Vio a sus padres en una mesa, hablando con otros parientes. Millie estaba de pie junto al pastel de bodas, mirando el libro de invitados. Ella y Eva acordaron que era seguro buscar la mesa con sus tarjetas de nombre.

"¡Las encontré!" llamó Eva.

Lilly se unió a ella. "Mira—¡Mick, mamá, papá, Eva y nosotros! ¡Todos estamos sentados juntos con el tío Dave y la tía Dee! La cena debería ser divertida. Y luego podemos irnos a casa."

"Lilly, Frank nos ha estado mirando desde que llegamos. Es espeluznante," susurró Eva al oído de Lilly.

"Lo he notado," respondió Lilly. "Pero mientras nos mantengamos juntos, no puede hacer nada."

Mick se unió a ellas. "Miren allá." Lilly señaló una mesa apartada del resto de la sala. "Esa es nuestra prima Dawn, que se casó con el amigo de Anthony cuando estaba en la universidad. ¿Quieres pasar a saludar?"

"¿No parecen preocupados? Tal vez ahora no sea el momento," dijo Mick.

"Tienes razón, tal vez después de la cena." Lilly los miró de nuevo. No podía explicar lo que veía en sus emociones, pero era extraño, como si estuvieran de luto.

Los tres caminaron por el salón de recepción, hablando con familiares y primos que no habían visto, hasta que llegó la fiesta de bodas. En ese momento, los invitados fueron dirigidos a sus mesas.

"Eso es raro," dijo Eva. "Mi tarjeta de nombre aún está aquí, junto con las de mamá y papá, pero Mick y Lilly, las suyas se han ido. Alguien más está sentado aquí. Nunca he oído hablar de ellos."

Deben ser de la familia del novio." Eva miró a Lilly con sospecha. "Pensé que estaríamos sentados juntos," añadió una sorprendida Gwen al unirse a ellos.

"¡Lo estábamos, mamá!" respondió Lilly. "Nuestras tarjetas de nombre estaban aquí hace solo media hora."

Millie desfiló con su cuerpo alto y delgado por el comedor y se detuvo junto a Mick, colocando una mano en su hombro. "¡Pensé que tú y Lilly estarían confundidos! Cambié los asientos para que el tío Frank y yo pudiéramos visitar con ustedes durante la cena. Tenemos que disculparnos por la ridícula idea de Frank de jugar con Owen en la despedida. No teníamos idea de que eso te molestaría tanto, Lilly, y quiero conocer mejor a tu esposo," dijo con tono coqueto, como si tuviera veinte años nuevamente.

Lilly evaluó la escena. Era nauseabundo. *Están tratando de reavivar su poder primero yendo tras Owen y ahora Mick. Eso no va a suceder. Yo también puedo jugar su juego.*

Se compuso. "No hay problema," respondió Lilly con confianza. Le dio un asentimiento a su hermana para que la vigilara y Eva le devolvió el gesto. Luego, ella y Mick siguieron a Millie y se sentaron frente a ellos.

Lilly miró la repulsión de Frank. *¿Cómo puede alguien comer con él? La mera idea de comida me da arcadas. Mira cómo sigue moviendo la lengua por la boca y lamiéndose los labios, como un lagarto. Mover las tarjetas de nombre era parte del acecho, su juego previo. Ahora está trabajando mis nervios y atrayendo la atención de Mick hacia Millie, mientras nos suministra una bebida tras otra. No caeré en eso.*

Repitiendo las palabras de consejo del Dr. Bricks, se dijo a sí misma. *Esto es ahora, aquello fue entonces. Soy confiada y estoy en control. No caeré presa.* Sus pies anhelaban escapar, pero los plantó firmemente en el suelo y se esforzó al máximo por centrarse en el presente.

Observó la disposición de la mesa. Los camareros habían llenado los vasos de agua antes de que los invitados se sentaran. *Millie o Frank podrían haber deslizado una droga en ellos, especialmente en el vaso de Mick. No podría llevarla a ella y a Eva a casa, o estaría demasiado drogado para seguir vigilándolos.*

Lilly dejó caer su servilleta al suelo y, al agacharse para recogerla, accidentalmente derribó el vaso de agua de Mick.

"Oh, soy tan torpe. Lo siento, Mick. ¿Te mojé?" Limpió el desastre y, al hacerlo, derribó a propósito su propio vaso. "Deben ser mis nervios," murmuró mientras lanzaba una mirada audaz directamente a Frank.

"¿Qué estás haciendo?" gruñó Mick, irritado y confundido. *Ya están en su cabeza*, observó Lilly.

"Ha sido torpe desde que era una niña pequeña," respondió Frank, mirándola de vuelta.

Millie sabía hacer su trabajo. Sintiendo la tensión, aumentó su juego. "Eres un hombre afortunado, Mick, de tener una esposa como Lilly," se jactó Millie mientras lo miraba a los ojos, tratando de encontrar ese sentimiento que había perdido hace décadas.

Lilly quería vomitar, viendo a Mick caer en su basura.

"Es hora de refrescar estas bebidas. Vuelvo enseguida." Frank se levantó, aparentando ser dominante y en control mientras caminaba hacia el bar y regresaba con una pequeña bandeja de bebidas y vasos de agua. "Aquí estamos, una para ti, Lilly, y otra para Mick." Colocó las bebidas cerca de sus platos.

Lilly apartó la suya a un lado, asegurándose de que él viera su rechazo. "Vamos, Lilly, debes al menos probar la bebida. Descubrimos una mezcla especial para fiestas en la ciudad. ¡Querrás otra, te lo garantizo!" se jactó Millie. "Es como beber postre."

Lilly fingió una sonrisa. "Ya no bebo. Aquí"—la deslizó hacia su tía—"como te gusta tanto, bien podrías tomar dos. No debería desperdiciarse."

Como de costumbre, Millie inventó una respuesta en cuestión de minutos. "Querida, ¿me acompañarías al baño? Sabes que mi corazón es débil y a menudo tengo mareos. Te agradecería que me sostuvieras del brazo para estabilizarme."

¡Esto es increíble! ¿Realmente creen que soy tan vulnerable como lo era a los diecisiete? Tuve que ayudar a llevar sus maletas escaleras arriba debido a su falta de fuerza física. El recuerdo giraba en la cabeza de Lilly. *No tengo que preocuparme por ser amable con ellos por mis padres, ya no. Soy una adulta.*

Respondió con desdén, "Sabes, tía Millie, no necesito visitar el baño ahora mismo, pero puedo ir y pedirle a mamá que te ayude. Está justo allí." Lilly señaló. "Y sé que estaría encantada de ayudarte." Millie cambió de tema, mirando de reojo a Mick.

"Puedo ver que Lilly ha encontrado su voz siendo madre y esposa," afirmó.

Mick miró a Lilly, confundido por toda la conversación, mientras Millie continuaba, "Se ha vuelto bastante determinada e inteligente."

"No tuve otra opción gracias a sus enseñanzas como mis padrinos," le devolvió Lilly, inclinándose hacia Mick, dándole un beso en la mejilla y susurrándole al oído, "No bebas nada que no sea café drogas."

Cuando llegó la comida, la conversación disminuyó, y Lilly pudo pedir dos vasos de agua fresca y dos tazas de café.

Millie continuó controlando la conversación con Mick sobre arte, de lo cual no sabían nada ni tenían ningún interés, pero eso proporcionó tiempo para que Frank trabajara los nervios de Lilly con su constante mirada.

Los recuerdos se dispararon, provocando uno de sus ataques de pánico.

Lilly se levantó, se disculpó de la mesa y comenzó a caminar hacia el baño. El suelo se sentía como una esponja húmeda bajo sus pies. Sus nervios estaban sobrecargados y agotados. Llegar a su destino se sintió como caminar por un campo de minas, y cuando llegó al baño, se agarró al lavabo para estabilizarse.

Eva entró detrás de ella. "Pareces la muerte, Lilly. ¿Qué está pasando?" Puso su brazo alrededor de su hermana, reconociendo el miedo que ambas habían aprendido en su juventud.

"Estoy caminando por el campo de minas y no alrededor de él."

"No entiendo lo que estás diciendo," respondió Eva.

"Es un dicho de la universidad, demasiado complicado para explicar ahora. Frank no deja de mirarme. Me está acechando visualmente, mientras que Millie tiene a Mick bajo su hechizo. ¿Estás lista para irte a casa? Porque yo tengo que hacerlo."

"Sí. Ambas necesitamos salir de aquí," estuvo de acuerdo Eva. "No traje a los niños porque estaba estresada de que él fuera tras ellos. Pero no pensé en ti o en mí. Creí que éramos demasiado mayores. Pero obviamente, eso no es verdad."

"Él nunca se detendrá. Mientras pueda respirar y caminar, no podemos confiar en él. Tan pronto como creamos que yo soy el objetivo, podría volverse hacia ti. Ninguna de nosotras está a salvo." Lilly habló al reflejo de Eva en el espejo. "Cuando vuelva a la mesa, le diré a Mick que la niñera llamó y necesita ayuda con Owen. Vámonos de aquí."

Regresaremos rápido a la mesa, sin darles tiempo para repensar su plan. Y luego vendré a buscarte.

Lilly estudió intensamente su reflejo en el espejo, viendo a su soldado detrás de ella. *Vamos a casa. El hogar es seguro. No soy su víctima. Soy más fuerte.*

Se irguió. Juntas, las hermanas regresaron a su cena. La noticia dejó a Millie objetando y a Frank nervioso.

Lilly mantuvo la cabeza clara. "No se puede predecir el comportamiento de un niño de tres años, pero nos necesitan en casa. Así que, parece que es hora de decir buenas noches." Levantó a Mick del brazo y lo llevó a la mesa de sus padres para recoger a Eva.

"¿Por qué te vas tan pronto?¡Eso parece ser un hábito tuyo últimamente!" se quejó Gwen.

"Es Owen; no quiere irse a la cama y está siendo mandón con la niñera."

Notó la observación silenciosa de Vincent. "Eva, ¿por qué no te quedas y regresas con nosotros?" sugirió Gwen.

"Gracias, mamá, pero me gustaría dormir bien antes de volver a casa."

El ambiente en el coche era incómodamente silencioso. Cada uno estaba en su propio mundo. Una recordaba tratar de beberse el recuerdo de la recepción de la boda de su prima con una botella de vodka. Otra recordaba tener siete años, sentada en el suelo de la cocina con su hermana mayor que sostenía un cuchillo grande, con las espaldas contra la puerta que llevaba al sótano. Esperaban que juntas fueran lo suficientemente fuertes para mantener a Frank fuera si venía a atacarlas.

Luego estaba Mick. Por primera vez, se sintió atraído al mundo de Frank y Millie sin saber cómo. Sucedió tan rápido. Le dio una comprensión más profunda del mundo temeroso de Lilly. Si tenía alguna duda antes de esta noche, se había desvanecido. Sentir la verdad, no solo escucharla, lo hizo sentir mal. En cierto modo, también se sentía victimizado, y ahora entendía cómo Vincent y Gwen habían caído presa. Atraían fácilmente a los adultos a su círculo, especialmente con el uso del alcohol. Un niño no tenía ninguna oportunidad.

"¿Llevarás a la niñera a casa?" preguntó Lilly. "Eva y yo quisiéramos tener algo de tiempo juntas."

"Claro. Dale un beso de buenas noches a Owen de mi parte."

"Lo haré. Te quiero, Mick. Maneja con cuidado." Lilly lo abrazó fuerte.

Eva y Lilly acostaron a Owen y luego se sentaron en la sala de estar. Hablaron de secretos, nunca compartidos.

LA REALIDAD CRUDA

En los días que siguieron, Lilly se sumergió en la limpieza de todo, desde las paredes hasta los armarios y el camino de entrada, y mientras trabajaba, planeaba cómo iba a contarles a sus padres sobre Frank y Millie.

El timbre del teléfono detuvo su torbellino de pensamientos. "Hola," contestó.

"Hola, Lilly, soy Dawn. Te vi en la boda y parecías molesta."

"Yo pensé que tú parecías molesta. Es extraño cómo sentimos lo mismo la una de la otra."

Hubo una pausa y luego Dawn continuó, "He estado yendo a terapia, y mi terapeuta quería que te hiciera una pregunta." Lilly se sorprendió. La terapia no era común en su familia.

"¿Qué es?" preguntó Lilly.

Dawn respondió, "¿Frank alguna vez te ha tocado de manera inapropiada?" El tiempo se detuvo.

Una pregunta tan simple, una que había esperado escuchar desde la infancia. Una que finalmente podía responder para explicar su vida. Con el teléfono pegado a su oído y su espalda contra la pared, se quedó inmóvil.

¿Qué digo, sí o no?

Ambas posibilidades cruzaron por su mente y, lentamente, casi en un susurro, Lilly respondió, "Sí." Se deslizó hasta el suelo, retrocediendo tres décadas en el tiempo.

Dawn continuó hablando, pero Lilly ya no estaba allí. Sus dos mundos colisionaron. El teléfono cayó de su mano, y el cordón enrollado oscilaba de un lado a otro contra la pared de la cocina. Ningún período de tiempo podría haberla preparado para este impactante horror. Sus recuerdos eran reales. No estaba sola. Nunca estuvo loca, ni tonta, ni inventando historias con su gran imaginación. Frank era real; su vida era real; el dolor que sentía y las historias que contaba al Dr. Bricks, todo era real.

La promesa de silencio se rompió. Durante treinta años había temido este día.

Cruda, frágil y asustada, su cuerpo se tensó, esperando el golpe mortal que seguramente seguiría. Cada amenaza que Frank había puesto en su cabeza inundó sus emociones.

Usó su habilidad de supervivencia más fuerte y antigua: escapar flotando.

Gwen llegó con Owen. "¡Lilly, estamos aquí! ¿Dónde estás?" Caminó hacia la cocina y vio a Lilly pegada a la pared de la cocina, con la mirada perdida.

En pánico, Gwen alcanzó el teléfono colgante.

"¡Mamá!" Owen corrió hacia Lilly con los brazos abiertos. Gwen lo levantó. "Owen, tu mamá no se siente bien en este momento."

"¿Tiene dolor de estómago?"

"Sí, tiene dolor de estómago. ¿Por qué no sacas tus bloques de construcción? El abuelo vendrá y jugará contigo." Owen se fue a su habitación.

Gwen puso el teléfono de vuelta en la base por unos segundos y luego marcó.

"Vincent, ven enseguida. Algo le pasó a Lilly." Su voz temblaba de preocupación. Colgó y, suavemente y despacio, tocó la cara de Lilly. "Lilly, cariño, ¿me oyes? Soy mamá."

Los ojos de Lilly volvieron a enfocar. "¿Mamá?"

"Sí, Lilly, estoy aquí."

"¿Dónde está Owen?" susurró. El pensamiento de su hijo la ayudó a aferrarse al poco presente que podía sentir. "Está bien. Está en su habitación jugando con sus bloques. ¿Qué pasó?" preguntó suavemente su madre.

"Necesito un poco de agua," murmuró Lilly. Se puso de rodillas y luego se levantó con cuidado, sintiéndose mareada. "Aquí, déjame ayudarte a una silla, y yo conseguiré el agua. Creo que deberíamos llamar a una ambulancia."

"¡No!" salió de la boca de Lilly.

Gwen se sobresaltó. No quería molestar aún más a una hija ya alterada. "Esperaremos a que llegue papá. Mantengámonos calmadas." Notó que el color y la respiración de Lilly estaban mejorando.

"Tenía tanto frío. Eso es lo último que recuerdo," comentó Lilly aturdida. "Parece que entraste en shock. ¿Recuerdas qué lo causó?"

"Recibí una llamada telefónica."

"¿De quién? ¿Qué te dijeron?"

"Dawn llamó."

"¿Qué te dijo que te molestó tanto?"

"Sigo teniendo frío; tal vez algo caliente sería mejor," murmuró Lilly.

"Voy a prepararnos un poco de té," sugirió Gwen. "Pero creo que deberíamos llevarte al hospital para que te revisen."

"Eso no va a pasar," respondió Lilly. "Sé por qué me desmayé. Ir a un médico solo empeoraría las cosas. ¡Confía en mí!" Sus cajas de secretos se estaban abriendo implacablemente y lo que más necesitaba era a Mick.

"¿Puedes llamar a Mick y decirle que venga a casa?" preguntó. "Claro, cariño."

Cuando Mick llegó, ella se aferró a él como un niño a su madre.

"Lilly, dinos qué pasó," preguntó Mick, con su brazo alrededor de sus hombros.

Ella lo miró a la cara. "Ya lo sabes."

"No tengo idea de lo que ustedes dos están hablando." Gwen caminaba nerviosamente.

"Déjalos hablar," dijo Vincent a Gwen. "Y siéntate." Alrededor de la mesa de la cocina, Lilly explicó lo inexplicable.

"Pensé que estaba protegiendo a la familia. Creí que, si decía la verdad, algo terrible nos sucedería. Por eso me mantuve en silencio, como me dijeron que hiciera. Pero entonces Dawn llamó hoy."

"Lilly, no entiendo lo que estás tratando de decir." Una confundida Gwen la instó a seguir. "¿De quién o de qué nos estabas protegiendo?" Lilly miró a Mick, quien asintió para que continuara.

"De Frank y Millie."

"Oh, por el amor de Dios, nunca te han gustado. Ahora, ¿cuál es la razón?" preguntó Gwen con desdén.

"Frank me abusó sexualmente, y Millie lo ayudó alejándome de la protección tuya y de papá. No son quienes crees que son. Mienten. Son personas sucias y corruptas."

Gwen se recostó atónita. "¿Cómo puedes hablar así de tus padrinos?¡Por el amor de Dios, nunca les has dado una oportunidad! ¿Qué te ha metido Dawn en la cabeza?"

Lilly esperaba esta reacción; después de todo, estaba soltando una bomba escandalosa sobre una hermana querida. "Dawn está viendo a un médico."

"¿Qué tipo de médico? Su madre nunca mencionó nada sobre un médico en la boda." Los labios de Gwen se apretaron.

"Dawn está viendo a un psicólogo y su madre probablemente estaba demasiado avergonzada para decirte que era por culpa de Frank. Es un pedófilo, un psicópata, y Millie es su mano derecha. Es la verdad, mamá." Un doloroso silencio llenó la habitación.

"No te creo," dijo finalmente Gwen. "¿Por qué mantendrías algo así en secreto?"

"Me sentí atrapado sin ningún lugar a donde ir, como Old Yeller en la película, y terminó siendo asesinado."

"Oh, Dios mío, ¡eso explica las pesadillas! Lilly…" Vincent enterró su rostro en sus manos. Verlo debilitarse desgarró su corazón y sintió un golpe aplastante de tristeza en lo más profundo. Esta era la realidad de contar. Era aterrador. Era horrible.

"Eso es ridículo, ¿verdad, Vincent?" preguntó Gwen, buscando la aprobación de su esposo.

Él la ignoró y dirigió su atención hacia Lilly. "¿Cuánto tiempo ha estado sucediendo esto?" preguntó.

Lilly sintió vergüenza calentarle la cara. "Desde que tenía tres o cuatro años."

Vincent no podía mirar a su hija; mantuvo la cabeza baja. "Oh, querido Señor, ¿qué hemos hecho?"

"Es una acusación." Gwen estaba enojada ahora. "Sabes que lo que estás diciendo podría llevar a Frank a la cárcel. Alguien le hizo eso años atrás. Dijeron que tocó a su niña pequeña. Lo arrestaron y luego lo liberaron después de pasar una prueba de detector de mentiras. Millie estaba devastada con los rumores del vecindario. Por eso se mudaron. ¡Millie no necesita pasar por esto de nuevo, especialmente por parte de la familia!"

Los ojos de Vincent se clavaron en los de Gwen. "¿Por qué no me dijiste esto?"

"Millie me pidió que lo mantuviera en secreto; no era asunto de nadie, y Frank era inocente."

Lilly preguntó, "¿La niña tenía alrededor de tres o cuatro años? Esa es la edad de Owen ahora y la que yo tenía entonces."

El puño de Vincent golpeó la mesa. Todos se sobresaltaron. "¡Lo sabía! Nunca he confiado en ese hombre y debí haber escuchado a mi instinto. Desconfiaba de Frank, y tu madre también." Vincent miró a una Gwen conmocionada. "Pero no tenía idea de que nos estaba robando a nuestros hijos. ¡Por el amor de Dios, lo habría matado con mis propias manos!"

Vincent se frotó la palma de la mano sobre la boca. "¿Intentó algo con Owen en la fiesta?"

"Sí, papá, debería haber sido abierta sobre eso entonces, pero puse la boda primero."

"¿Qué te hizo?" preguntó Gwen con un tono escéptico.

No pude encontrar las palabras hace treinta años. ¿Cómo las encuentro ahora?

Cerró los ojos, relajó los hombros y formó lentamente un pensamiento a la vez. "Recuerdo que me tomaba fotos para vender y realmente no íbamos a paseos por la naturaleza. En su lugar, me llevaba al almacén de papas y a los campamentos que Anthony y yo hacíamos en el bosque. Cuando íbamos en su coche, no era a tiendas de helados."

"Oh Dios mío." Gwen enterró su rostro en lágrimas.

Nunca debí haber contado. Debería haber huido y desaparecido. Mick y Owen siempre me extrañarían, pero su familia y la mía eventualmente me reemplazarían, pensó Lilly. Si pensaban que estaba muerta, sanarían más rápido.

Cautelosamente, Lilly continuó, "Él cambió mi vida. Ni siquiera pude pasar mi embarazo sin ser atormentada por sus amenazas. Es por eso por lo que fui desafiante como adolescente y por qué no me importaba si vivía o moría después de que me enviaron a la universidad."

"Esto no está pasando. Vincent, lo que ella está diciendo no puede ser verdad. Millie no dejaría que esto le pasara a su sobrina y a su ahijada. Todo esto es una historia inventada entre Lilly y Dawn," insistió Gwen.

"Mamá, ¿alguna vez viste una de sus fotos de los supuestos exteriores que él amaba y fotografiaba?" preguntó Lilly enojada.

"Tienes razón," dijo Vincent. "Solo vimos una o dos. Y él traía esas repugnantes revistas pornográficas para que yo las compartiera con los chicos del trabajo. No pensé que realmente estuviera involucrado, más allá de las páginas. Y los regalos…eran para ganarse mi confianza…y lo lograron." Su rostro se enrojeció y las venas le palpitaban en la frente.

"Frank tenía un ojo errante con las mujeres, y una vez lo sorprendí mirándote demasiado de cerca, Gwen. Casi nos peleamos a puñetazos."

"No entiendo por qué no nos dijiste si era tan malo." Las lágrimas de Gwen caían.

"Lo hice, mamá, ¿recuerdas cuando me escondí bajo la cama y te dije que no me gustaba Frank? Tú te uniste a Millie, diciendo que yo estaba loca y que era tonta. Intenté otras veces también, pero estabas demasiado ocupada o no me creías. Así que dejé de intentarlo para cuando tenía diez años y me enviabas a la ciudad por una semana cada verano."

"¿Por qué no me lo dijiste?" preguntó Vincent.

"Porque me sentía avergonzada y humillada. Creía que era mi culpa. Pensé que me verías como una vergüenza para la familia y me enviarías lejos. Eso es lo que Frank decía que sucedería. Que iría a su casa o a un manicomio. Lo dijo tantas veces que le creí y luego amenazó con matarlos a ambos. Me lo guardé porque esa era la única forma de sobrevivir sin más pérdidas."

"Tal vez Frank podría hacer algo así," añadió Gwen apretando los dientes, "pero no Millie."

"Mamá, creo que Millie creció como tú. Era feliz y cariñosa, pero la vida en la ciudad y Frank la cambiaron. Ella también tiene secretos."

"¿Cómo lo sabes?" inquirió Gwen acusadoramente.

"Porque lloraba conmigo sobre lo enferma que estaba por culpa de Frank, y me compró la ropa interior que él eligió cuando tenía diecisiete años. Quería que me la pusiera para él. Ella sabía, mamá, siempre lo supo, y ayudó creando caos o falsedades para alejarme de ti y de papá. Era una manipuladora astuta."

"Lo siento mucho," dijo Vincent, todavía incapaz de mirar a Lilly.

"Iba a contarlo, incluso si Dawn no hubiera llamado. En la fiesta, Frank fue tras Owen porque quería que volviera a su mundo enfermo y sectario. Pero sé que también se llevaría a Owen. Nos llevaría a los dos." Lilly se mantuvo firme. "Él no puede estar cerca de nuestra familia nunca más, y Millie tampoco. Tenemos que proteger a nuestros hijos y nietos. ¿Entienden eso, ¿verdad?"

"¿Y qué hay de Joan y Eva?" preguntó Gwen.

"Deberás preguntarles tú misma, mamá. No puedo hablar por ellas." Hizo una pausa. "Hay algo más que quiero decir." Lilly estudió los rostros de quienes amaba. Sabía que esto los iba a molestar aún más, especialmente a Mick. "Voy a llamar al Dr. Bricks. Necesito más ayuda. No me siento segura conmigo misma ni alrededor de otros. Necesito tiempo a solas."

"Lilly, podemos ayudarnos unos a otros sin que te vayas," insistió Gwen.

"Cariño, ¿qué hay de Owen y de mí? Te necesitamos," respondió preocupado Mick.

Vincent se quedó en silencio, en un mundo de su propia venganza odiosa.

1986 - SESIÓN CATORCE - SEGURO DETRÁS DE PUERTAS CERRADAS

"Pensé que era más fuerte y que había aprendido todo lo importante sabes, nunca soñé que terminaría en un centro de tratamiento. con las sesiones que tuvimos juntos." Lilly contempló por un minuto. "Sin embargo, estar aquí y pasar por el programa ha abierto aún más mis ojos a la importancia de permanecer en la realidad y pensar de manera racional, lo cual era una cualidad perdida para mí como niña abusada. He avanzado mucho, pero aún queda un camino lleno de baches por delante." Lilly habló con nueva conciencia.

"Tu comprensión requiere paciencia," respondió el Dr. Bricks.

"Y eso no es fácil. Es algo que consume tiempo y dinero, pero aquí estoy, ¡regresando a casa! ¡Owen no puede esperar! Extraña a su madre."

"Y tú extrañas a tu familia, eso es fácil de ver."

Lilly se apartó el flequillo de los ojos. Se sentía cómoda, relajada y segura en su decisión de regresar a casa, pero aún tenía algunas preguntas. "¿Qué pasa con el pasado de Frank? ¿Crees que alguien le enseñó cómo preparar a las víctimas y convertirse en lo que es?"

"¿Qué sientes al respecto?" preguntó el Dr. Bricks.

"Cualquier cosa es posible." Los psicópatas no sienten culpa y justifican su comportamiento como culpa de la víctima. También se sabe que niegan completamente su comportamiento."

Lilly escuchó, pensando en Frank. "Cuando lo enfrenté sobre el abuso, se llamó a sí mismo un maestro y me señaló, diciendo que yo era una mentirosa. Estaba calmado y no mostró remordimiento ni culpa. Dijo que nos amaba a nosotras 'las chicas' y que nos estaba ayudando a ser buenas esposas cuando nos casáramos—que absolutamente no había hecho nada malo."

"Eso debió ser difícil de escuchar."

"Quería sacudirlo hasta matarlo. Menos mal que tenía a Mick conmigo." Su rostro se sonrojó. "Él pasaba su culpa y vergüenza a sus víctimas; tal como siempre has dicho."

Los recuerdos de Lilly ya no la asustaban tanto, sin embargo, su necesidad de entenderlos era mucho mayor. "Cuéntame más sobre los psicópatas." Le dijo de manera objetiva al Dr. Bricks.

"No estoy diciendo que Frank fuera un psicópata," respondió él. "Tendría que evaluarlo para poder decir eso. Pero de nuestro tiempo juntos y tu diario, veo conexiones."

"Dime cuáles son las conexiones." Ella anhelaba más información.

"Eso no forma parte de mi práctica—diagnosticar a alguien sin verlo."

Lilly insistió. "No lo estás diagnosticando. Me estás enseñando qué es un psicópata. Hay una diferencia."

El Dr. Bricks procedió con cautela. "Es un diagnóstico complejo y va mucho más allá de palabras o expresiones."

Ella se inclinó en el borde de su asiento como si estuviera viendo un thriller y el misterio estuviera a punto de desentrañarse.

El Dr. Bricks continuó. "Si tu tío era un psicópata, o sociópata, o una mezcla de ambos, eligió ser violento y agresivo con sus víctimas. Eso te puso en gran peligro. Sabías que era peligroso y te protegiste tanto como pudiste. Soportaste su comportamiento. Eso te convierte en la vencedora."

Lilly se reclinó. "Escucho esas palabras a menudo en nuestras actividades de grupo y reuniones, pero algo dentro de mí dice, 'Despacio, Lilly, y ten cuidado.' Es como si a veces no quisiera aceptar mejorar."

"El sentimiento o la necesidad de retroceder en el progreso es normal," le recordó el Dr. Bricks a Lilly. "Tu cuerpo te está diciendo que tomes tiempo para procesar y reevaluar. Es una forma de autoprotección. ¿Recuerdas esto?"

Lilly se inclinó hacia adelante, contemplando. "Sí, pero no siempre lo creo. Frank mantenía la compostura en todo momento. Me violó, luego entró en nuestra casa y se sentó en nuestra mesa de cocina con mamá y papá, riendo y hablando como si nada hubiera pasado. No era de este mundo. Era una aberración."

"Así es," coincidió el Dr. Bricks.

"Yo no soy nada como Frank, porque puedo sentir y tengo empatía y sé lo que está bien y lo que está mal. Puedo asumir mis errores. Quiero vivir una vida siendo su antónimo."

"Lo eres, Lilly," el Dr. Bricks hizo una pausa y luego cambió la dirección de sus preguntas. "¿Cómo están las cosas con tu mamá y tu papá?"

"Mamá no cree en la psicología. Ella tiene su fe. La primera noche de padres no vino. Estaba tan herida; no pude ocultárselo a papá. No sé qué le dijo, pero la semana siguiente vino. Eso fue un gran paso para ambos y me hizo sentir orgullosa."

"Te aman mucho."

"Lo sé, y me preocupa cómo esto está afectando su salud. ¡Mira lo que ha hecho a la mía!"

"Tus padres pueden con esto. He hablado con ambos y creo que son más fuertes de lo que te imaginas."

Con duda, Lilly respondió, "Tal vez…Papá ha trabajado tan duro para recuperar mi amor, y lo ha conseguido. Todos sus pequeños gestos en la universidad y después nos acercaron más. Mamá y yo aún estamos en progreso, pero se está moviendo en la dirección correcta. Y deseo desesperadamente volver a mi aula. Extraño a los niños. Me dan tanta estabilidad."

"Estás lista, Lilly, para salir y disfrutar de la vida."

"Sabes, una enfermera me dijo que cerraban las puertas para mantener al mundo fuera, no para mantenernos dentro. Eso tuvo sentido para mí. Este es un gran equipo y los extrañaré." Lilly realmente lo sentía.

"Tú has trabajado duro y tenemos un gran respeto por ti."

El Dr. Bricks le entregó una carpeta. "Tengo mi número en esta carpeta, por si acaso. Y no sientas vergüenza de usarlo."

"Gracias." Lilly se sonrojó.

"¿Te gustaría dar un paseo por los jardines?" preguntó, sabiendo cuánto le gustaba a Lilly hacerlo.

"¿Acaso alguna vez diría que no a eso?" Ella sonrió.

La brisa era fresca y de vez en cuando, ella olía los aromas de salvia y lavanda.

"La naturaleza no es perfecta," reflexionó. "Mira las malas hierbas, las puntas de las flores muertas y las algas en las rocas. Está lejos de ser una imagen perfecta y, sin embargo, es hermosa. Me veo a mí misma en este jardín. A veces las malas hierbas sobrepasan a las flores, como el pasado me ha sobrepasado a mí. Ambas necesitamos que nos quiten las malas hierbas para dar espacio a nuevas raíces más saludables. Mis raíces están establecidas y creciendo de nuevo. Acepto quién soy. Vivir en ese compartimento llamado 'Yo' es algo bueno. Hay solo un sentimiento que no puedo controlar."

"¿Y cuál es ese?"

"El hecho de que no puedo hacer nada sobre Frank. Necesita pagar."

"Lilly." El Dr. Bricks se detuvo y la miró directamente. "No hay nada que se pueda hacer. El estatuto de limitaciones lo hace un hombre libre."

"Bueno, eso es simplemente incorrecto. ¿Qué pasa con que fue tras Owen?"

"No podemos probar sus intenciones, solo lo que realmente hizo. Le dio a Owen una moneda de plata para jugar a perseguirse. Eso nunca se sostendría en un tribunal. No hay repercusiones legales."

"Yo sufro, tomo una licencia del trabajo, voy a terapia, gasto el dinero de vacaciones para pagarla, y él anda por ahí fumando su cigarro y haciendo qué, ¿abusando de otros niños? Tenemos que seguir buscando."

"Mantenerlo alejado de tus hijos y nietos es un paso importante y enorme."

"Eso no es suficiente."

"¿Qué sería 'suficiente'?" preguntó el Dr. Bricks.

"No estoy segura. La cárcel, pero como eso no es posible, ¡no lo sé!"

El Dr. Bricks respondió suavemente, "Recuerda lo que se ha dicho sobre la sanación; algunas cosas no pueden cambiarse. Aprendemos a aceptarlas y seguir adelante."

"Entiendo eso. Sé que no puedo cambiar la ley. Recuerda que también dijiste, 'la ira se puede usar para hacer cambios positivos'. Voy a atraparlo, sin hacer daño a nadie excepto a él y a Millie. No sé cómo, pero la respuesta y el día llegarán," respondió una Lilly fuerte y segura de sí misma.

Rompió una ramita del arbusto de lavanda. "Sabes que cumplí mi promesa a mi héroe de guerra."

"Él estaría orgulloso de tus logros, pero no querría que te pusieras en peligro de nuevo acercándote a Frank."

Lilly le lanzó al Dr. Bricks una mirada de "No soy estúpida," y continuó. "Desearía haber podido verlo de nuevo en diferentes circunstancias," dijo oliendo el dulce aroma de las hojas.

"Las personas entran y salen de nuestras vidas por razones que a menudo no entendemos hasta más tarde. No siempre podemos agradecerles personalmente, pero podemos vivir para ser la mejor persona que ellos querían que fuéramos."

Lilly estuvo de acuerdo, dejando caer las hojas de lavanda al viento.

UNA FORTALEZA
DE PERDÓN

Juntas, Lilly y Gwen comenzaron a limpiar los platos de la cena. "¿Cómo te sientes, querida?"

"Mamá, estoy muy bien. La mayoría de los días son felices. Pero todavía hay trabajo para llegar a donde quiero estar."

"Tu padre y yo también estamos avanzando. Hemos hablado con nuestro sacerdote varias veces y cada reunión ayuda."

"Bien, sigan haciéndolo." Lilly había dejado de asistir a la iglesia, pero entendía su importancia para sus padres. "¿Cómo estuvo tu día?"

"Comenzó bien; quité las sábanas de la cama y comencé a lavar las mantas, almohadas y sábanas, y luego sonó el teléfono."

"¿Quién llamó?"

"Fue Millie," respondió Gwen suavemente.

Lilly dejó de secar el plato en sus manos. "No puede ser."

"No, no lo es, y también estaba en una de sus raras formas."

"¿Qué quieres decir?" preguntó Lilly con gran interés. "Primero comenzó culpándote a ti y a Dawn por causar problemas en la familia. Dijo que ambas inventaron la historia del abuso. Y luego empezó a alardear de que se convertirían en padrinos de nuevo."

"¡Oh, Dios mío!" La mente de Lilly corría. *Dawn y yo cortamos su suministro de víctimas en nuestra familia, ¡así que ahora se está moviendo a otra familia! No pueden ser padrinos de nuevo. Esto es lo que he estado esperando. Este es el momento. Esta podría ser la única forma de detenerlo.*

413

"Cuéntame todo lo que recuerdes." Lilly se sentó, dándole a su madre toda su atención.

"Dijo que ella y Frank estaban patrocinando al bebé de una pareja joven en la iglesia, y que los cuatro se habían hecho amigos."

Lilly imaginó la escena; Millie sin hijos lamentándose por sus años perdidos sin hijos ni nietos, buscando simpatía por su vida solitaria mientras lloraba por la familia que la abandonó. Y Frank cerca, ansioso por satisfacer su apetito con una ofrenda de su bebé. Era espantoso.

"Eso es increíble. Solo puedo imaginar lo alto que Millie estaba haciendo sonar su trompeta. Creo que está tratando de vengarse de ti por exiliarlos. Quiere que te sientas mal. No caigas en eso," advirtió Lilly.

"Estoy tratando de no hacerlo, pero fue convincente. Presumía de que estaban encontrando una nueva familia, una mejor familia, una que adoraba tanto a ella como a Frank. Me hizo sentir culpable."

"Sabes que eso es una mentira. ¿Verdad, mamá? Millie está manipulando la historia para su propia salud mental." Lilly trató de mantener la calma. Necesitaba estar tranquila y obtener más información.

"¿Por casualidad obtuviste el nombre de las personas?"

"No, ella no me lo dijo, pero es en su iglesia este domingo."

"No puedo recordar la iglesia. ¿Cómo se llama?"

"Es Santa Teresa. No irás allí, ¿verdad? Eso no sería prudente," advirtió Gwen.

"Por supuesto que no, mamá, no tengo tiempo ni quiero verlos. Santa Teresa, esa es la iglesia en la Calle Dieciocho, cerca del centro, ¿verdad?" Lilly lo recordó después de todo.

"Sí, esa es. No puedo dejar de pensar en esa pobre familia. No tienen idea de en lo que se están metiendo. ¿Cómo pudo Millie usar la iglesia como su trampolín?" Gwen hizo una pausa con una nueva conciencia. "Lilly, ¡eso es lo que hicieron con nosotros! Insistieron en ser tus padrinos. Si hubiera escuchado a tu padre, habría sido el Tío

David en lugar de Frank. ¡Va a empezar todo de nuevo! ¿Hay algo que podamos hacer?"

Lilly quería quedarse y consolar a su madre, pero ardía en deseos de llegar a casa. Tenía una misión: detener un bautizo. "Mamá, ¿pueden tú y el abuelo cuidar a Owen un par de horas más? Necesito pasar por la tienda y luego me encantaría tomar un baño." Lo que realmente necesitaba era tiempo para elaborar un plan.

"Oh, ¡por supuesto! Le ayudaremos con cualquier tarea escolar que tenga y leeremos juntos."

"¡Nos consienten mucho! Te quiero." Lilly le dio un beso en la mejilla a su madre y se fue apresuradamente.

Con las palmas sudorosas, se dirigió a casa, cargada de energía nerviosa y pensando constantemente. *¿Puedo realmente denunciarlo? La ley lo protege más a él que a mí, sin embargo, no hay una ley contra llamar a un sacerdote. Si la hay, que Frank presente una demanda por difamación. Él mismo se metería en una celda. No tengo nada que perder. Es una situación en la que todos ganan.*

Su acceso a los niños debe detenerse, y posiblemente pueda lograrlo, o al menos hacerle más difícil. No es un hombre paciente, y le gusta mantener su búsqueda ordenada y oportuna. Una interrupción en su rutina lo enfurecería, y la ira puede abrir una puerta al error. Las últimas palabras la hicieron sonreír. Él le había enseñado bien, y ella iba a usar sus enseñanzas contra él.

Corrió a la cocina y marcó información para obtener el número de teléfono de la iglesia. Lo escribió en una nota adhesiva amarilla, caminó hacia la mecedora en la sala de estar y colocó la nota en la mesa auxiliar, junto al teléfono.

La casa estaba en silencio, excepto por el tic-tac del reloj de su abuelo. Se sentó, cerró los ojos y comenzó a calmar sus músculos, luego su mente.

Su corazón se sincronizó con los latidos y el ritmo del péndulo. "Tengo que llamar. Es mi deber," se dijo a sí misma. "Ese bebé no va a tener una vida como la mía. No soy Millie. Protegeré al niño. Soy más fuerte que el miedo. Tengo que serlo."

Lilly miró el teléfono y la nota adhesiva con furia. "Frank no ha sufrido ni un solo día." Con ese pensamiento pudo escuchar su risa humillante. Era un pequeño recuerdo de su pasado, pero suficiente para empezar a dudar.

El sacerdote podría ser parte del mundo de Frank. Eso empeoraría las cosas. En lugar de buscar justicia, podría estar poniendo a mi familia y a mí en más peligro. Iglesia... ¿Qué era sobre la iglesia? ¿Qué dijo mamá... ¿Cómo pudo Millie usar la iglesia para entrar en la familia?

Lilly se quedó en el pasado, recordando las conexiones con sus ataques. "¿Se hizo Frank católico solo para ser mi padrino? Necesitaba esa falsa sensación de poder y control, y fue una entrada fácil en la familia. ¿Usó la iglesia para su beneficio? Torció sus enseñanzas y usó la confesión para lavar su culpa. ¡Dios mío, eso es!

"¿Cómo pude ser tan ciega? La iglesia es más que una religión para ellos. Es su fortaleza de perdón. Es su santuario donde pueden cometer pecados y ser perdonados. Las víctimas no podían perdonar, pero una deidad sí. ¡Ha estado frente a mí durante décadas! El perdón de una víctima no les serviría a él y a Millie para nada más que entretenimiento. Eso es, la iglesia.

"Si un sacerdote descubre la verdad detrás de ellos, estarían devastados y humillados. ¡Imaginen los rumores que empezarían! Millie será avergonzada por el resto de su vida, y Frank tendrá el miedo persistente de las repercusiones de la serpiente. Además de su dinero, la iglesia es la segunda cosa más importante para ellos."

Sin más vacilación, marcó los números.

"Buenas tardes. Esta es la Iglesia de Santa Teresa," respondió amablemente una mujer. "¿En qué puedo ayudarla?"

"Hola, soy Lilly Marzone. Estoy investigando sobre el bautismo de un bebé en su parroquia este domingo. Los padrinos son Frank y Millie Monroe. ¿Podría hablar con el sacerdote que va a realizar el servicio, por favor?"

"Ese es el Padre Richard, y está ocupado con un miembro de la parroquia en este momento. ¿Puedo pedirle que le devuelva la llamada?"

No, pensó Lilly, *esperar no funcionará. Mi valentía es fuerte ahora. Eso podría cambiar en una hora.* Ella se quedó en desorden con el teléfono en la mano, incapaz de hablar por el receptor. *Tiene que ser ahora.* Reguló su respiración.

"Esto es una emergencia y necesito hablar con cualquier sacerdote que esté disponible."

"Quédese en la línea. Vuelvo enseguida."

Lilly no recordaba ningún otro momento que pareciera tan largo y silencioso. Caminaba de un lado a otro, escuchando su respiración rápida y el reloj de péndulo. "Hola, soy el Padre Thomas. ¿Cómo puedo servirle?"

"Mi nombre es Lilly Marzone. Vivo en Ledo."

"Conozco la ciudad. Es una comunidad fuerte y orientada a la familia."

"Gracias, estoy de acuerdo. La razón por la que llamo es un bautizo que se llevará a cabo en su parroquia este domingo."

"¿Es usted familia?" preguntó

"No, no de la pareja, pero soy sobrina de los padrinos, Millie y Frank Monroe. De hecho, yo también soy su ahijada." No había lugar para charla trivial, ya que los nervios de Lilly se acumulaban dentro de ella.

"Oh sí. He conocido a ambos. ¿Cómo puedo ayudarle?"

Lilly comenzó a tartamudear, tropezando con las palabras. "Llamo porque me dijeron que Frank y Millie iban a ser padrinos este fin de semana para el hijo de una pareja joven en su parroquia."

"Eso es correcto. Es parte de un programa que ofrecemos para traer a personas que no tienen familia a nuestra parroquia."

"Millie y Frank tienen una gran familia de hermanos, hermanas, sobrinas y sobrinos. Pero recientemente, se les ha prohibido asistir a cualquier evento donde haya niños presentes."

"¿Por qué es eso?"

"Frank y Millie utilizaron el título de padrinos para acercarse a mi familia y especialmente a mí. No obedecían ni respetaban las leyes de la iglesia. Millie mintió a su hermana, que es mi madre, para que Frank pudiera estar a solas conmigo. Es un pedófilo. Me violó, me agredió, sacó fotos pornográficas y utilizó las enseñanzas de la iglesia contra mí para mantenerme callada y llena de culpa. Mi primer recuerdo de abusos es de unos cuatro años, y hace poco fue a por mi hijo de tres años. Ahora tengo treinta años. No son la buena gente que crees que son, y esta joven pareja está cayendo en su trampa."

"¿Le has contado a alguien más lo de los abusos?"

"Se lo he contado a mi familia, y hay un primo que también está en terapia. La policía de mi ciudad lo sabe, pero el delito ha prescrito. Estoy segura de que mi primo, así como mi padre y mi marido, hablarían con usted. Puedo darte sus números de teléfono. También tengo un médico que lleva varios años trabajando conmigo."

"No, eso no será necesario. El Padre Richard y yo investigaremos el asunto. Nos reuniremos con los padres y con Millie y Frank."

"Padre, si me permite, me gustaría sugerirle que hable con Frank por separado, así como con Millie, y que no estén presentes los padres. Frank es muy bueno con las amenazas, y Millie es una manipuladora muy experimentada."

"Gracias, Lilly. Tendré en cuenta su consejo."

"Por favor, Padre, le ruego que no permita que este bebé y su familia pasen por el infierno que mi familia y yo hemos pasado. No sé si mi vida alguna vez será lo que Dios pretendía que fuera, pero lo estoy intentando. Siempre lo he intentado. Él arruinará a esa familia sin remordimientos. Haga esto por el bebé."

"Siento mucho las dificultades que ha soportado. Tuvo el valor de llamarme. Que las bendiciones de Dios estén con usted y prometo que investigaré el asunto. Ha hecho una gran obra, y fue correcto informarnos."

"Gracias, Padre. Voy a rezar para que haga lo correcto."

Lilly colgó lentamente el teléfono. El abuso comenzó en la iglesia, y ahora la iglesia iba a terminarlo. Se había abierto más allá de su familia y al mundo exterior. *Ya no había "más secreto".*

Todo había terminado. Miró hacia el vasto cielo azul y respiró su libre albedrío. Sentía una sensación de justicia.

Dos semanas después, Lilly y Gwen estaban sentadas en la mesa. "Solo desearía saber si la llamada telefónica funcionó."

"Aquí." Gwen deslizó un pedazo de papel blanco doblado.

"¿Qué es esto?"

"Ábrelo y mira por ti misma."

Lilly abrió la carta y reconoció al instante la letra de Millie.

Comenzó a leer en voz alta:

Mi Querida Lilly,

Ha pasado un tiempo desde que hablamos y quiero que sepas que estoy decepcionada de tu comportamiento.

Llamar a tu tío nombres horribles que lo perjudicarán en la comunidad fue una decisión injustificada. Deberías haber hablado conmigo primero. ¿Por qué le dirías a un sacerdote justo antes de un bautizo? El Padre Richard y el Padre Thomas nos llamaron a su oficina y nos confrontaron sobre nuestras acciones contigo como nuestra ahijada.

Les dijimos que siempre tuviste una gran imaginación, pero luego él dijo que otra sobrina se presentó y tenías un doctor para verificar tus afirmaciones. No sé qué hicimos para hacerte odiarnos tanto, que quisieras destruir nuestras vidas en la comunidad. El Tío Frank no fue más que un maestro amoroso para ti y todos sus sobrinos. Te ayudó a prepararte para el mundo real. Nunca lastimó a ni- nguno de ustedes, y ahora la iglesia lo ha desterrado de todas las funciones que incluyen a niños. Mary y Harold, la joven pareja con la que nos habíamos acercado, presentaron una orden de restricción contra nosotros. Esto es tu culpa, Lilly. Siempre tenías pensamientos inmorales y acusabas a Frank de ellos. Tu comportamiento me duele.

Ahora debemos mudarnos, al igual que hace veinte años. Eres como esa niña que mentía para lastimar a otros. Tu Tío Frank siempre ha sido inocente. Nuestro nuevo hogar estará en un suburbio rico con más privacidad. Lástima que tú y Owen no podrán nadar en su piscina y jugar en los parques. Nos encantaría compartir lo que tenemos, pero has hecho eso imposible. Siento por mi pequeña hermana; ella también debe estar profundamente herida por tus acciones.

Sinceramente, Tu Amorosa Madrina, Tía Millie

Lilly dobló la carta y se la deslizó de vuelta a Gwen. "Puedes quemarla. Eso es lo que yo haría."

"Pero querías saber si tu llamada hizo una diferencia. ¡Sí la hizo! Salvaste a esa familia, y quién sabe a cuántas otras más."

"¿Qué importa? Encontraron una nueva comunidad con aún más familias para que Frank 'enseñe'. Me enfurece muchísimo."

"Lilly, esto requirió valentía. Y una orden de restricción puede significar que él está en el sistema." Gwen puso sus manos reconfortantes sobre los hombros de su hija.

"Gracias, mamá. Hice lo que pude, y puede que frene a Frank, pero desearía que fuera más."

"Piensa en tus primos, tus sobrinas y sobrinos, y Owen."

Lilly secó las esquinas de sus ojos. "Ellos son libres de pensar con claridad y perseguir sueños sin miedo. Los amo a todos, mamá, de verdad. Es la felicidad en sus vidas lo que le da propósito a la mía."

"Cariño, tu propósito era sobrevivir y ayudar a otros. Estoy orgullosa de ti."

El sonido del silencio era ensordecedor. Lilly miró a su madre. "¿Mi propósito aquí era sobrevivir?"

"No tengo ninguna duda," respondió Gwen. "¿Por qué lo dudas?"

Lilly desvió la mirada, hacia un tiempo distante que solo ella conocía.

EPÍLOGO

2016

"Lilly, esa es una historia que debe compartirse," dijo su amiga Mary Sue mientras se sentaban en la playa, disfrutando del sol de verano.

"Nunca habría adivinado que habías pasado por tanto y me resulta difícil relacionarme. Nunca he pasado por algo tan traumático, y vivir con ello durante sesenta años. ¡No entiendo cómo lo lograste!"

Lilly se envolvió en una manta de playa, concentrándose en una respuesta. "Mira el océano," sugirió, señalando el agua. "¿Alguna vez lo ves detenerse?"

Mary observó. "No. Siempre está en movimiento."

"Exactamente; así es como siempre he visto la vida, incluso de niña. Un día llevaba a otro. Cada pesadilla terminaba y llegaba una mañana. Cada asalto se detenía, y mis padrinos se iban. Luché por llegar al final, para poder comenzar de nuevo."

"¿Sabías hacer eso cuando eras niña? Parece… increíble," respondió Mary Sue con duda.

"Tal vez tenga algún tipo de superpoder," bromeó Lilly. "Realmente no lo sé. Excepto que, en los momentos tranquilos con la naturaleza, hablaba en voz alta conmigo misma y las respuestas aparecían. Era el aquietamiento de la mente, en mi opinión."

"¿Todavía tienes recuerdos traumáticos y desencadenantes?"

"Sí, especialmente con sonidos, olores e iglesias. Luego está el tráfico pesado, conducir y las aguas profundas. Muchos recuerdos y desencadenantes nunca desaparecerán. Acepto eso."

"¿Cómo?" preguntó Mary Sue.

"No les doy más atención de la que necesito. Los veo, los reconozco y los dejo ir. Debo seguir adelante. Hay mucho más con lo que reemplazar el pasado. ¡Solo mira alrededor en el presente!"

"¿Tus padres alguna vez te creyeron completamente?"

"Sí, papá me creyó ese mismo día. Nos hicimos amigos, como en los viejos tiempos. Compartimos muchas horas en la cocina juntos, jardinería al aire libre y los partidos de fútbol los domingos.

Con mamá tomó más tiempo, pero eventualmente se puso firme detrás de nosotros, sus hijos."

"¿Alguna vez deseaste no haberles contado?"

"¡No! ¡Absolutamente no! La verdad es lo más difícil de decir y de escuchar, pero es la única manera de sanar. He aprendido que es más fácil, saludable e inteligente buscar ayuda que quedarse en silencio. No hay nada embarazoso en buscar ayuda. Creo que es saludable y necesario. Llámame una sabia vieja guerrera, con lecciones aprendidas de una guerra larga y ardua. Tengo cicatrices profundas dentro de mí. Y cada una representa 'silencio'."

"No puedo imaginar cuán asustada debiste haber estado. ¿Cómo perdonas a tus padres?"

"Fue fácil con papá. Yo era la niña de sus ojos cuando era pequeña. Ese amor regresó, y él trabajó duro para recuperarlo. Incluso fue a terapia conmigo, y lloramos juntos. Pero no estoy segura de que él se perdonara a sí mismo."

"Dijiste que quería morir antes que Frank. ¿Lo hizo?"

"Lo hizo. Falleció doce años después del día de la verdad, de cáncer. Eso me destrozó y todavía duele, lo extraño mucho. Cambió su vida, su temperamento, y cómo se convirtió en un hombre de solo amor y paciencia lo hizo un héroe a mis ojos, y lo logró principalmente a través de la oración y la autodeterminación. ¡Eso es difícil! No puedo imaginar lo que papá tenía reservado para el día del juicio de Frank, pero sé que fue sanador para él—¡no tanto para Frank!"

"Tengo curiosidad, ¿cómo murió Frank?" Mary Sue apretó la toalla más cerca de su cuerpo.

"¡Karma! Lentamente y con dolor, perdiendo la movilidad de sus piernas y luego la enfermedad progresó a sus manos, dejándolo completamente indefenso y dependiente de otros. Eso debió sentirse como una invasión de SU cuerpo. Eventualmente se trasladó a los huesos y órganos, ahogándolo con su propio aliento."

"¡Bien! Suena como una muerte que merecía."

"Sí, pero aún me molesta que Frank nunca pasó un día en la cárcel. No solo por mi asalto, sino por los asaltos de los otros que salieron a la luz. Nunca asumió la responsabilidad de nada y se mantuvo con su historia de que quería enseñarnos a las chicas cómo ser buenas esposas. Nunca nos hizo daño. ¿Puedes creer eso? Nos quitó nuestras infancias y cambió nuestras vidas emocionales y físicas."

"¿Había otros?"

"Creo que cientos debido a su uso del sistema de transporte en la ciudad. También teníamos una gran familia con muchas niñas y niños pequeños."

"¡Eso me da escalofríos! ¿Qué hay de Millie?"

"Ella falleció muchos años después de Frank. Ella tampoco admitió nunca su papel. Nunca le dijo la verdad a mamá. Siguió culpándome de inventar la historia."

"Ella era una víbora en la hierba."

"¡Oh sí que lo era! ¿Pero quieres escuchar algo interesante?"

"¡Sí!" Mary Sue se inclinó más cerca.

"Cuando Millie murió, fue enterrada lejos de la tumba de Frank, a petición suya. Le dije a mamá que si Frank fuera tan inocente como decía ser, ella estaría justo al lado de él en la muerte, como lo estuvo en vida. Lo veo como una admisión de que siempre supo qué tipo de monstruo era él. Así era Millie. La vida siempre giraba alrededor de ella y nunca ofreció ninguna ayuda a las víctimas."

"No hablas mucho de tu madre."

"¡Oh, mi querida mamá! ¿Por dónde empiezo?" Lilly preguntó, apartando el cabello despeinado de su rostro y mirando al cielo.

"Lilly, si esto es difícil, no tienes que decir más."

"No, hablar ayuda. ¡Solo desearía haber tenido esta voz en aquel entonces! Sorprendentemente, mamá y yo nos convertimos en mejores amigas. Nunca pensé que eso sería posible."

"¡Pero es maravilloso! Cuéntame sobre eso."

"Usando la paciencia que me enseñó papá y siendo lo suficientemente perdonadora para dar los primeros pasos. Después de que papá falleció, llevé a mamá de regreso a su tierra natal, Polonia, donde nació mi abuela. Se suponía que ese sería su viaje. Le prometí a papá que me aseguraría de que ella fuera.

Honestamente, si necesitas tiempo de vinculación con un padre, ve a un país extranjero con un idioma que ninguno de los dos hable muy bien. Nos reímos desde el amanecer hasta el anochecer. Nos mareamos bebiendo aguardiente en las montañas. Ella era terriblemente divertida, y esa noche me vi reflejada en ella. Mamá era enérgica, un poco coqueta y no tenía miedo de casi nada. Le gustaba aceptar desafíos. Siempre me pregunté de dónde venía eso porque a mí también me pasa lo mismo. Mamá y yo nos conectamos durante esos días como si nada nos hubiera separado desde la concepción. Me dijo: 'Tengo más que una hija, tengo una mejor amiga'. Eso significó el mundo para mí."

"Desearía haber conocido a tus padres. ¿Cuándo falleció ella?"

"Este verano serán diez años." Lilly miró hacia el océano. "El cáncer también se la llevó, pero luchó durante cuatro años y nunca me alejé de su lado. Falleció un domingo por la mañana, su día favorito de la semana. Sus hijos estaban con ella. Mamá fue más fuerte que cualquiera que haya conocido—¡una mujer increíblemente valiente e inteligente! Trabajó hasta los setenta y dos años."

"Lo siento, te hice llorar."

"No, es bueno para mí. Durante años y años, no me permití mostrar esta emoción. Hay más detrás de las lágrimas que su fallecimiento; son más por el dolor que siento al darme cuenta de cuánto tiempo perdimos y cómo podrían haber sido diferentes nuestras vidas. Es la realidad y no se puede cambiar. Me digo a mí misma que debo estar agradecida por los años que tuvimos, pero es agridulce."

"Incluso si su tiempo juntas fue más corto, parece que fue más profundo y personal."

"Fue muy profundo. Nadie podría entender la complejidad de nuestra relación y viaje. Ahora, con ambos padres muertos, he comenzado a sentirme desprotegida y abandonada de nuevo. Eso es algo en lo que estoy trabajando. Pérdida y cambio. Ha habido tanto en mi vida. Supongo que siempre habrá algo que mejorar cuando uno tiene un problema de salud mental."

"Eres mentalmente más saludable que muchas personas que conozco."

"Gracias, pero todavía lucho con la ansiedad y los ataques de pánico. Tengo una caja enorme llena de herramientas que uso para manejarlos. No es fácil vivir con ansiedad, depresión y lo que sea que el mundo médico me etiquete, pero mis buenos días superan en gran medida a los malos. Cada año, siento que estoy más cerca de la 'normalidad' que perseguí en mis días más jóvenes. Me encanta estar viva. Acepto mucho de lo que no puedo cambiar, pero después del trauma, la vida siempre es un viaje."

"¿Estás segura de que te sientes cómoda en esta isla, tan lejos de Mick y tu hogar?"

Lilly sonrió con picardía y respondió: "Mary Sue, me conoces por quien soy hoy, no por quien era hace sesenta años. Tal como me veo a mí misma en el momento, quiero que tú me veas allí también."

"Pero dijiste, 'El pasado es parte de nuestro presente. No podemos tener uno sin el otro.'"

"Cierto. Y hablando de eso, ¿quieres escuchar lo que pasó justo antes de irnos?" Lilly preguntó con un tono misterioso. "¡Por supuesto!"

"Fui arriba a buscar una maleta del pequeño dormitorio. Cuando entré en la habitación, el aire tenía un olor familiar, pero no podía identificarlo. Tomé otra bocanada. Era un olor extraño, pero no peligroso, como algo quemándose, así que lo dejé pasar y me fui. Unos minutos después me encontré de vuelta, olfateando el aire por curiosidad. Quería saber qué era ese olor y por qué me resultaba familiar. Me paré en el centro de la habitación y luego caminé hacia la ventana. ¡Eso era! El olor del ático cálido de verano, donde dormíamos como familia en la primera casa de Millie, el ático de varios asaltos infantiles. Cuando Frank sabía que iba a subir a buscar algo de mi maleta, siempre lograba llegar primero… Yo tenía cinco o seis años. Ese olor se convirtió en un desencadenante."

"¿Estaba Mick en casa? ¿Lo necesitabas?"

"Sí, Mick estaba en casa, pero no lo necesitaba. No tuve un ataque de pánico. Simplemente lo reconocí y luego lo reemplacé con un recuerdo más agradable de la habitación, como los recuerdos de amigos y familiares antiguos y nuevos. Coloqué mis pies firmemente en el suelo, imaginando raíces creciendo a través del zócalo. El desencadenante se desvaneció. Caminé hacia la ventana y la abrí. Una brisa fresca del oeste despejó el aire en segundos. Sonreí y me recordé a mí misma, *este es el momento. Estoy a salvo. El mundo oscuro está detrás de mí.* Luego, abrí los ojos. La brisa se sentía más fría. Y rápidamente escaneé la habitación." Lilly respiró hondo, la sostuvo durante unos segundos y exhaló. "Sabes, Mary Sue, todavía hay ese miedo silencioso en mí. No me controla todo el tiempo, pero está ahí. Simplemente esperando, supongo."

"¿Esperando qué?"

Lilly se encogió de hombros. "Tuve una sentencia de por vida emocional y físicamente por el abuso, y él se salió con la suya. Vivió una vida plena y lujosa, pero te diré esto." Lilly miró directamente a los ojos de Mary Sue. "Ese horrible y debilitante miedo y vergüenza nunca volverán a adelantarse tanto a mí."

Se sentaron en silencio, envueltas en mantas, permitiendo que el viento del océano y el cálido sol hicieran lo que estaban destinados a hacer.

Se ha dicho que 'el tiempo cura todas las heridas'. No estoy de acuerdo. Las heridas permanecen. Con el tiempo, la mente, protegiendo su cordura, las cubre con tejido cicatricial y el dolor disminuye, pero nunca desaparece.

—Rose Kennedy.

REFERENCIAS

Abuso Sexual Infantil

Una de cada cuatro niñas y uno de cada seis niños serán sexualmente abusados antes de cumplir dieciocho años.1

Cada año, 325,000 niños están en riesgo de convertirse en víctimas de explotación sexual comercial infantil y la edad promedio en la que las niñas se convierten en víctimas de prostitución es de doce a catorce años. Para los niños, es de once a trece años.

Informesde Delitos

La violación es el crimen menos denunciado; el 63 por ciento de los asaltos sexuales no se reportan a la policía.2

AsaltoSexualenelCampus

Una de cada cinco mujeres y uno de cada dieciséis hombres son sexualmente asaltados mientras están en la universidad y más del 90 por ciento de ellos no reportan el asalto.4

NOTAS FINALES

1. Finkelhor, D., Hotaling, G., Lewis, I. A., & Smith, C. (1990). Sexual abusein a national survey of adult men and women: Prevalence, characteristicsand risk factors. Child Abuse & Neglect 14, 19–28. doi:10.1016/0145-2134(90)90077-7.

2. Rennison, C. A. (2002). Rape and sexual assault: Reporting to police and medical attention, 1992–2000 [NCJ 194530]. Retrieved from the U.S. Department of Justice, Office of Justice Programs, Bureau of Justice

3. Rennison, C. A. (2002). Rape and sexual assault: Reporting to policeandmedical attention, 1992–2000 [NCJ 194530]. Retrieved fromtheU.S. Department of Justice, Office of Justice Programs, Bureau of JusticeStatistics: http://bjs. ojp. usdoj. gov/content/pub/pdf/rsarpOO.pdf Krebs, C. P., Lindquist, C., Warner, T., Fisher, B., & Martin, S. (2007). The campus sexual assault (CSA) study: Final report. Retrieved 3. Krebs, C. P., Lindquist, C., Warner, T., Fisher, B., & Martin, S. (2007). Thecampus sexual assault (CSA) study: Final report. Retrieved fromtheNational Criminal Justice Reference Service: http://www.ncjrs.gov/pdffilesl/nij/grants/221153.pdf

4. Fisher, B., Cullen, F., & Turner, M. (2000). The sexual victimizationofcollege women (NCJ 182369). Retrieved from the National Criminal JusticeReference Service: https://www. ncjrs. gov/pdffiles1/nijZ182369.pdf (d)Delisi, M., Kosloski, A., Sween, M., Hachmeister, E., Moore, M., &Drury, A. (2010). Murder by numbers: Monetary costs imposed byasampleof homicide.

Rape, Abuse, Incest National Network (RAINN) Línea Nacional de
Asalto Sexual: Soporte Confidencial 24/7800-656-4673

www.ingramcontent.com/pod-product-compliance
Lightning Source LLC
Chambersburg PA
CBHW051129120626
46547CB00012B/732